U0937560

梁晓声自述

梁晓声 著

人民出版社

申卫星 摄

梁晓声近照

写"他者"与写自己

梁晓声

我一向认为，一个以写作为生涯的人，他的笔主要是用来写"他者"的——写形形色色的"他者"给更多的读者看。故他的眼，须经常睽注所谓芸芸众生的命运。自己与芸芸众生命运相同时应该这样；自己"命达"时亦该如此；甚至，尤该如此。若自己有着如芸芸众生还艰辛悲苦的命运，写自己首先也是为了以己为镜，帮芸芸众生映出社会的问题所在。因为，若那社会问题不被揭示，不被进一步改变，则自己曾经的命运，或也将成为芸芸众生中某些"他者"的命运。

在与我的学生们谈到一个写作者所秉持的写作思想时，我也一向是强调以上写作意义的。

我自己不管怎样的"命达"过，但是，其实

也并没什么艰辛悲苦可言。某时自己觉得某事当然可以证明自己有的，过后再次将目光瞅注何处生，便觉不值一提了。

然而我竟也写了一些"我的小学"之类的回忆性文章——并写它们，特别是关于父母的文章，初衷并不是为了发表；不是为了给人看；主要是为了通过写来了却自己的心结。好比宗教徒的告解，那么做了，自己情感上觉得安生了点。后来这一类文章结成集，我也从不在意印数的，几乎完全不想别人的看与不看，只欣慰于自己的情感归于一种有形方式的保存而已。

所以，将我此类文字再度辑成书，并需我自己写序，我真的是没多少另外的话可说的。

但我对自己另一类文章的看法却不同——比如《论大学》等。

我写这一类文章，目的确实是给别人看的。我希望即便思想肤浅，毕竟认真思过想过。

我的那些文章引起别人共鸣。即使相反，我也还是认为值得一写——因为符合我自己对写作这件事的要求——为社会而写；为青年而写；为某些较公共的话题而写。

前几年，那些文章收在我的某一本书中，那些书只不过出版了，相当长的时期内并不引起关注。后来，书中的某些文章开始被转载。近两年，各出版社重新将那些文章编辑成书——据他们说，市场有一定需求。

这反而使我困惑，进而不安。因为我那大多数文章，委实算不上好文章，只不过是某些肤浅的思想与一般性的回忆的组合罢了。

故我不论对于出版社还是读者，最想说的只能是——谢了！

多谢你们这么多年来，始终厚爱于我这个不甚争气的并且已老了的写作者。

2015年1月30日

北京

目　　录 CONTENTS

梁晓声自述

我的父亲母亲

一九四九年九月二十二日，我出生在哈尔滨市安平街一个人家众多的大院里。我的家是一间半低矮的苏式房屋，邻院是苏联侨民的教堂，经常举行各种宗教仪式，我从小就听惯了教堂的钟声。

父亲目不识丁。祖父也目不识丁。原籍山东省荣成温泉寨村。上溯十八代乃至二十八代、三十八代，尽是文盲，尽是穷苦农民……

独缺父亲的全家福

（那时父亲远在大西北支援三线建设）

独缺母亲的全家福

（当时母亲因为没有一件能穿出门去照相的棉衣，所以没有和我们去市里照相，所以我家至今没有一张完整的全家福）

我的父母

一九四九年九月二十二日，我出生在哈尔滨市安平街一个人家众多的大院里，我的家是一间半低矮的苏式房屋。邻院是苏联侨民的教堂，经常举行各种宗教仪式，我从小就听惯了教堂的钟声。

父亲目不识丁。祖父也目不识丁。原籍山东省荣成温泉寨村。上溯十八代乃至二十八代、三十八代，尽是文盲，尽是穷苦农民。

父亲十几岁时，因生活所迫，随村人“闯关东”来到了哈尔滨。

他是我们家族史上的第一个工人，建筑工人。他转折了我们这一梁姓家族的成分。我在小说《父亲》中，用两万余纪实性的文字，为他这个中国农民出身的“工人阶级”立了一篇小传。从转折的意义上讲，他是我们家族史上的一座丰碑。

父亲对我走上文学道路从未施加过任何有益的影响，不仅因为他是文盲，也因为从一九五六年起，我七岁的时候，他便离开哈尔滨市建设大西北去了。从此每隔两三年他才回家与我们团聚一次。我下乡以后，与父亲团聚一次更不易了。在我的记忆中，父亲是反对我们几个孩子看“闲书”的。见我们捧着一本什么小说看，他就生气。看“闲书”是父亲无法忍受的“坏毛病”。父亲常因母亲给我们钱买“闲书”而对她大发其火。家里穷，父亲一个人挣钱养家糊口，也真难为他。每分钱都是他用汗水换来的。父亲的工资仅够勉强维持一个市民家庭最低水平的生活。

母亲也是文盲。外祖父教过几年私塾，是东北某农村新中国成立前农民称为“识文断字”的人，故而同是文盲，母亲与父亲却不大一样。父亲是个崇尚力气的文盲，母亲是个崇尚文化的文盲。崇尚相左，对我们几个孩子寄托的希望也便截然对立。父亲希望我们将来都能靠力气吃饭，母亲希望我们将来都能成为靠文化自立于社会的人。父亲的教育方式是严厉的训斥和惩罚。父亲是将“过日子”的每一样大大小小的东西都看得很贵重的。母亲的教育方式堪称真正的教育。她注重人格、品德、礼貌和学习方面。值得庆幸的是，父亲常年在大西北，我们从小接受的是母亲的教育。母亲的教育至今仍对我为人处世深有影响。

母亲从外祖父那里知道许多书中的人物和故事，而且听过一些旧戏，乐于将书中或戏中的人物和故事讲给我们听。母亲年轻时记忆力强，什么戏剧什么故事，只要听过一遍，就能详细记住。有些戏中的台词唱段，几乎能只字不差地复述。母亲善于讲故事，讲时带有很浓的个人感情色彩。我从五六岁开始，就从母亲口中听到过《包公传》、《济公传》、《杨家将》、《岳家将》、《侠女十三妹》的故事。母亲是个很善良的女人。善良的女人大多喜欢悲剧。母亲尤其愿意尤其善于讲悲剧故事，如《秦香莲》、《风波亭》、《杨业碰碑》、《赵氏孤儿》、《陈州放粮》、《王宝钏困守寒窑》、《三勘蝴蝶梦》、《钓金龟》、《牛郎织女》、《天仙配》、《水漫金山寺》、《劈山救母》、《杜十娘怒沉百宝箱》……母亲边讲边落泪，我们边听边落泪。

我于今在创作中追求悲剧情节、悲剧色彩，不能自已地在字里行间流溢浓重的主观感情色彩，可能正是由于小时候听母亲带着她浓重的主观感情色彩讲了许多悲剧故事的结果。我认为，文学对于一个作家儿童时代的心灵所形成的直接或间接的影响，对一个作家在某一时期或某一阶段的创作风格起着“先天”的、潜意识的作用。

母亲在我们小时候给我们讲故事，当然绝非想要把我们都培养成为作家。而仅靠听故事，一个儿童也不可能直接走上文学道路。

我们所住的那个大院，人家多，孩子也多。我们穷，因为穷而在那个大院中受着种种歧视。父亲远在大西北，因为家中没有一个男人而受着种种欺辱。我们是那个市民大院中的人下人。母亲用故事将我们吸引在而不是囚禁在家中，免得我们在大院里受欺辱或惹是生非，同时用故事排遣她内心深处的种种愁苦。

这样的情形至今仍常常浮现在我眼前：电灯垂得很低，母亲一边在灯下给我们缝补衣服，一边用凄婉的语调讲着她那些凄婉的故事。我们几个孩子，趴在被窝里，露出脑袋，瞪大眼睛凝神谛听，讲到可悲处，母亲与我们唏嘘一片。

如果谁认为一个人没有导师就不可能走上文学道路的话，那么我的回答是——我的第一位导师，是母亲。我始终认为这是我的幸运。

如果我认为我的母亲是我文学上的第一位导师不过分，那么也可以说我的小学语文老师是我文学上的第二位导师。假若在我的生活中没有过她们，我今天也许不会成为作家。

父　亲

关于父亲，我写下这篇忠实的文字，为一个由农民成为工人阶级者“树碑立传”，也为一个儿子保存将来献给儿子的记忆……

这是我四十几岁的父亲，正直、倔强、宁折不弯的建筑工人形象全写在他的脸上

小时候，父亲在我心目中，是严厉的一家之主，绝对权威，靠出卖体力供我吃穿的人，恩人，令我惧怕的人。

父亲板起脸来，母亲和我们弟兄四个就忐忑不安，如对大风暴有感应的鸟儿。

父亲难得心里高兴，表情开朗。

那时妹妹未降生，爷爷在世，老得无法行动了，整天躺在炕上咳嗽不止。但还很能吃。全家七口人高效率的消化系统，仅靠吮咂一个三级抹灰工的汗水。用母亲的话说，全家天天都在“吃”父亲。

父亲是个刚强的山东汉子，从不抱怨生活，也不叹气。父亲板着脸任我们“吃”他。父亲的生活原则是——万事不求人。邻居说我们家：“房顶开门，屋地打井。”我常常祈祷，希望父亲也抱怨点什么，也唉声叹气。因为我听邻居一位会算命的老太太说过这样一句话：“人人胸中一口气。”按照我的天真幼稚的想法，父亲如果唉声叹气，则会少发脾气了。

父亲就是不肯唉声叹气。这大概是父亲的“命”所决定的吧？真是不幸！我替父亲感到不幸，也替全家感到不幸。但父亲发脾气的时候，我却非常能谅解他，甚至同情他。一个人对自己的“命”是没办法的。别人对这个人的“命”也是没办法的。何况我们天天在“吃”父亲，难道还不允许天天被我们“吃”的人对我们发点脾气吗？

父亲第一次对我发脾气，就给我留下了终生难忘的印象。一个惯于欺负弱小的大孩子，用碎玻璃在我刚穿到身上的新衣服背后划了两道口子。父亲不容分说，狠狠打了我一记耳光。我没哭，没敢哭，却委屈极了，三天没说话，在拥挤着七口人的不足十六平方米的空间内，生活绝不会因为四个孩子中的一个三天没说话而变得异常。全家都没注意到我三天没说话。

第四天，在学校，在课堂，老师点名，要我站起来读课文。那是一篇我早已读熟了的课文，我站起来后，许久未开口。老师急了，同学们也急了。老师和同学都用焦急的目光看着我。教室的最后一排，坐着七位外校的听课老师。我不是不想读，我不是存心要使我的班级丢尽荣誉，我是读不出来。读不出课文题目的第一个字。我心里比我的老师，比我的同学还焦急。

“你怎么了？你为什么不开口读？”老师生气了，脸都气红了。

我“哇”的一声大哭起来。

从此，我们小学二年三班，少了一名老师喜爱的“领读生”，多了一个“结巴磕子”。我，从此失掉了一个孩子的自尊心……我的口吃，直至上中学以后，才自我矫正过来。我变成了一个说话慢言慢语的人。有人因此把我看得很“成熟”，有人因此把我看得“胸有成府”。而在需要“据理力争”的时候，我往往又成了一个“结巴磕子”，或是一个“理屈词穷”者。父亲从来也没对我表示过歉意。因为他从来也没将他打我那一耳光和我以后的口吃联系在一起……爷爷的脾气也特火暴。父亲发怒时，爷爷不开骂，便很值得我们庆幸了。

值得庆幸的时候不多。

母亲属羊。像羊那么温顺，完全被父亲所“统治”。如若反过来，我相信对我们几个孩子是有益处的。因为母亲是一位农村私塾先生的女儿，颇识一点文字。

遗憾的是，在家庭中，父亲的自我意识，起码比“工人阶级领导一切”这条理论早形成二十年。

中国贫穷家庭的主妇，对困窘生活的适应力和耐受力是极可敬的。她们凭一种本能对未来充满憧憬。虽然这憧憬是朦胧的，盲目的，带有浪漫的主观色彩的。

期望孩子长大成人后都有出息，是她们这种憧憬的萌发基础。我的母亲在这方面的自觉性和自信心，我认为是高于许多其他母亲的。

关于“出息”，父亲是有他独到的理解的。一天，吃饭的时候，我喝光了一碗苞谷面粥，端着碗又要去盛，瞥见父亲在瞪我，我胆怯了，犹犹豫豫地站在粥盆旁，不敢再盛。父亲却鼓励我：“盛呀！再吃一碗！”父亲见我只盛了半碗，又说：“盛满！”接着，用筷子指着哥哥和两个弟弟，异常严肃地说：“你们都要能吃。能吃，才长力气！你们眼下靠我的力气吃饭，将来，你们都是要靠自己的力气吃饭的！”

我第一次发现，父亲脸上呈现出一种真实的模样，一种由衷的喜悦，一种殷切的期望，一种欣慰，一种光彩，一种爱。我将那满满一大碗苞谷面粥喝下去了，还勉强吃掉半个窝窝头。为了报答父亲，报答父亲脸上那种稀罕的慈祥和光彩。尽管撑得很难受，但心里却很幸福，因为我体验到了一次父爱。我被这次宝贵的体验深深感动。我以一个小学生的理解力，将父亲那番话理解为对我的一次教导，一次具有征服性的教导，一次不容置疑的现身说法。我心领神会，虔诚之至地接受这种教导。从那天起，我的饭量大了。我觉得自己的肌肉也仿佛日渐发达，力气也似乎有所增长。

“老梁家的孩子，一个个都像小狼崽子似的！窝窝头，苞谷面粥，咸菜疙瘩，瞧，一顿顿吃得多欢，吃得多馋人哟！”这是邻居对我们家的唯一羡慕之处。父亲引以为豪。

我十岁那年，父亲随东北建筑工程公司支援大西北去了。父亲离家不久，爷爷死了。爷爷死后不久，妹妹出生了。妹妹出生不久，母亲病了。医生说，因为母亲生病，妹妹不能吃母亲的奶。哥哥已上中学，每天给母亲熬药，指挥我们将家庭乐章继续奏下去。我每天给妹妹打牛奶，在母亲的言传下，用奶瓶喂妹妹。我极希望自己有一个姐姐。母亲曾为我生育过一个姐姐。然而我未见过姐姐长得什么样，她不满三岁就病死了。姐姐死得很冤，因为父亲不相信西医，不允许母亲抱她去西医院看病。母亲偷偷抱着姐姐去西医院看了一次病，医生说晚了。母亲由于姐姐的死大病了一场。父亲却从不觉得应对姐姐的死负什么责任。父亲认为，姐姐纯粹是因为吃了两片西药被药死的。

“西药，是治外国人的病的！外国人，和我们中国人的血脉是不一样的！难道中国人的病是可以靠西药来治的吗？！西药能治中国人的病，我们中国人还发明中医干什么？”父亲这样对母亲吼道。

母亲辩驳：“中医先生也叫抱孩子去看看西医。”

“说这话的，就不是好中医！”父亲更恼火了。

母亲，只有默默垂泪而已。

邻居那个会算命的老太太，说按照麻衣神相，男属阳，女属阴。说我们家的血脉阳盛阴衰，不可能有女孩。说父亲的秉性太刚，女孩不敢托生到我们家。说我夭折的姐姐，是被我们家的阳刚之气吓得逃了，又托生到别人家中去了。

一天晚上，我亲眼看见，父亲将一包中草药偷偷塞进炉膛里，满屋弥漫着一种苦涩的中草药味。父亲在炉前呆呆站立了许久，从炉盖子缝隙闪出的火光，忽明忽暗地映在父亲脸上。父亲的神情那般肃穆，肃穆中呈现出一种哀伤。我幼小的心灵，当时很信服麻衣神相之说。要不妹妹为什么是在父亲离家，爷爷死后才出生的呢？我尽心尽意地照料妹妹，希望妹妹是个胆大的女孩，希望父亲三年内别探家。唯恐妹妹也像姐姐似的，“托生”到别人家中去。妹妹的“光临”，毕竟使我想有一个姐姐的愿望，从某种程度上得到了一种弥补性的满足。父亲果然三年没探家，不是怕吓跑了妹妹，而是打算积攒一笔钱。父亲虽然身在异地，但企图用他那条“万事不求人”的生活原则遥控家庭。

“要节俭，要精打细算，千万不能东借西借……”父亲求人写的每一封家信中，都忘不了对母亲谆谆告诫一番。父亲每月寄回的钱，根本不足以维持家中的起用开销。母亲彻底背叛了父亲的原则。我们家“房顶开门，屋地打井”的“自力更生”的历史阶段，很令人悲哀地结束了。我们连心理上的所谓“穷志气”都失掉了……

父亲第一次探家，是在春节前夕。父亲攒了三百多元钱，还了母亲借的债，剩下一百多元。

“你是怎么过的日子？啊？我每封信都叮嘱你，可你还是借了这么多债，你带着孩子们这么个过法，我养活得起吗？”父亲对母亲吼。他坐在炕沿上，当着我们的面，粗糙的大手掌将炕沿拍得啪啪响。

母亲默默听着，一声不吭。

“爸爸，您要责骂，就责骂我们吧！不过我们没乱花过一分钱。”哥哥不平地为母亲辩护。我将书包捧到父亲面前，兜底儿朝炕上一倒，倒出了正反两面都写满字的作业本，几截手指般长的铅笔头。我瞪着父亲，无言地向父亲申明：我们真的没乱花过一分钱。

“你们这是干什么？越大越不懂事了！”母亲严厉地训斥我们。父亲侧过脸，低下头，不再吼什么。许久，父亲长叹了一声。那是从心底发出的沉重负荷下泄了气似的长叹。那是我第一次听到父亲叹气。我心中突然对父亲产生一种怜悯。第二天，父亲带领我们到商店去，给我们兄弟四个每人买了一件新衣服，也给母亲买了一件平绒上衣……

“错了，我是大错特错了！……”一一细瞧着我们几个孩子因吃野菜而水肿不堪的青黄色的脸，父亲一迭声地说他错了。

“你说你什么干错了？”母亲小心翼翼地问。父亲用很低沉的声音回答：“也许我十二岁那一年就不该闯关东……猜想，如今老家的日子兴许会比城市的日子好过些。就是吃野菜，老家能吃的野菜也多啊……”

父亲要回老家看看。果真老家的日子比城市的日子好过些，他就将带领母亲和我们五个孩子回老家，不再当建筑工人，重当农民。父亲这一念头令我们感到兴奋，给我们带来希望。我们并不迷恋城市。野菜也好，树叶也好，哪里有无毒的东西能塞满我们的胃，哪里就是我们的福地。父亲的话引发了我们对从未回去过的老家的向往。母亲对父亲的话很不以为然，但父亲一念既生，便会专执此念。那是任何人也难以使他放弃的。

母亲从来也没有能够动摇过父亲的哪怕一次荒唐的念头。母亲根本不具备这种妇人之术。母亲很有自知之明，便预先为父亲做种种动身前的准备。父亲要带一个儿子回山东老家。在我们——他的四个儿子之间，展开了一次小小的纷争。最后，由父亲做出了裁决。父亲庄严地对我说：“老二，爸带你一块儿回山东！”

老家之行，印象是凄凉的。对我，是一次大希望的大破灭；对父亲，是一次心理上和感情上的打击。老家，本没亲人了，但毕竟是父亲的故乡。故乡人，极羡慕父亲这个挣现钱的工人阶级。故乡的孩子，极羡慕我这个城市的孩子，羡慕我穿在脚上的那双崭新的胶鞋。故乡的野菜，还塞不饱故乡人的胃。我和父亲路途上没吃完的两个掺面馒头，在故乡人眼中，是上等的点心。父亲和我，被故乡一种饥饿的氛围所促使，竟忘乎所以地扮演起“衣锦还乡”的角色来。父亲第二次攒下的三百多元钱，除了路费，东家给五元，西家给十元，以“见面礼”的方式，差不多全救济了故乡人。我和父亲带了一小包花生米和几斤地瓜子离开了故乡……到家后，父亲开口对母亲说的第一句话是：“孩子他妈，我把钱抖搂光了！你别生气，我再攒！……”

这是我第一次听到父亲用内疚的语调对母亲说话。母亲淡淡一笑：“我生啥气呀！你离开老家后，从没回去过，也该回去看看嘛！”仿佛她对那被花光的三百多元钱毫不在乎。

但我知道，母亲内心是很在乎的，因为我看见，母亲背转身时，眼泪从眼角溢出，滴落在她的衣襟上。那一夜，父亲叹息不止，长吁接短叹。两天后，父亲提前回大西北去了，假期内的劳动日是发双份工资的……父亲始终信守自己给自己规定的三年探一次家的铁律，直至退休。父亲是很能攒钱的，母亲是很能借债的，我们家的生活，恰恰特别需要这样一位父亲，也特别需要这样一位母亲。正所谓“对立统一”。在我记忆的底片上，父亲愈来愈成为一个模糊的虚影，三年显像一次。在我的情感世界中，父亲愈来愈成为一个我想要报答而无力报答的恩人。报答这种心理，在父子关系中，其实质无异于溶淡骨血深情的缓释剂。它将最自然的人性最天经地义的伦理平和地扭曲为一种最荒唐的债务。而穷困之所以该诅咒，不只因为它造成物质方面的债务，更因为它造成精神上和情感上的债务。

父亲第三次探家那一年，正是哥哥考大学那一年。父亲对哥哥想考大学这一欲望，以说一不二的威严加以反对。“我供不起你上大学！”父亲的话，令母亲和哥哥感到没有丝毫商量的余地。好心的邻居给哥哥找了一个挣小钱的临时活——在菜市场卖菜，卖十斤菜可挣五分钱。父亲逼着哥哥去挣小钱。哥哥每天偷偷揣上一册课本，早出晚归，回家后交给父亲五角钱。那五角钱，是母亲每天偷偷塞给哥哥的。哥哥实则是到公园里或松花江边去温习功课的。骗局终于败露，父亲对这种“阴谋诡计”大发雷霆，用水杯砸碎了镜子。父亲气得当天就决定回大西北，我和哥哥将父亲送到火车站。列车开动前，父亲从车窗口探出身，对哥哥说：“老大，听爸的话，别考大学！咱们全家七口，只我一人挣钱，我已经五十出头，身板一天不如一天了，你应该为我分担一点家庭担子啊！……”父亲的语调中，流露出无限的苦衷和哀哀的恳求。列车开动时，父亲流泪了。一滴泪水挂在父亲胡茬儿又黑又硬的脸腮上。

我心里非常难过，却说不清究竟是为父亲难过，还是为哥哥难过。我知道，哥哥已背着父亲参加了高考。母亲又一次欺骗了父亲。哥哥又一次欺骗了父亲。我这个“知情不举”者，也欺骗了父亲。我因无罪的欺骗感到内疚极了。我，很大程度上是在为自己难过……几天后，哥哥接到了大学录取通知书。母亲欣慰地笑了。哥哥却哭了。我又送走了哥哥。哥哥没让我送进站。他说：“省下买站台票的五分钱吧。”在检票口，哥哥又对我说：“二弟，家中今后全靠你了！先别告诉爸爸，我上了大学……”

我站在检票口外，呆呆地望着哥哥随人流走入火车站，左手拎着行李卷，右手拎着网兜，一步三回头。我缓慢地走在回家的路上，手中紧紧攥着没买站台票省下的那五分钢镚儿，心中暗想，为了哥哥，为了我们家祖祖辈辈的第一个大学生，全家一定要更加省吃俭用，节约每一分钱……

我无法长久隐瞒父亲哥哥已上了大学这件事。我不得不在一封信中告诉父亲实情。哥哥在第一个假期被学校送回来了。

他再也没能返校，他进了精神病院——一个精神世界的自由王国，一个心理弱者的终生归宿，一个明确的句号。

我从哥哥的日记本中，翻出了父亲写给哥哥的一封信，一封错字和白字占半数以上的信，一封并不彻底的扫盲文化程度的信：老大！你太自私了！你心中根本没有父母！根本没有弟弟妹妹！你只想到自己！你一心奔你个人的前程吧！就算我白养大你，就算我没出你这个儿子！有朝一日，你当了工程师，我也再不会认你这个儿子！每句话后面都是“！”号，所有这些“！”号，似乎也无法表达父亲对哥哥的憎怒。父亲这封信，使我联想到了父亲对我们的那番教导：“将来，你们都是要靠自己的力气吃饭的！”我不由得将父亲的教导作为基础理论进行思考：每个人都是有把子力气的，倘一个人明明可以靠力气吃饭而又并不想靠力气吃饭，也许竟是真有点大逆不道的吧？哥哥上大学，其实绝不会造成我们家有一个人饿死的严峻后果。那么父亲的愤怒，是否也因哥哥违背了他的教导呢？父亲是一个体力劳动者。我所见识过的体力劳动者，大致分为两类。一类自卑自贱，怨天咒命的话常挂在嘴边上：“我们，臭苦力！”一类盲目自尊，崇尚力气，对凡是不靠力气吃饭的人，都一言以蔽之曰：“吃轻巧饭的！”隐含着一种藐视。父亲属于后一类。如今思考起来，这也算一件极可悲的事吧？对哥哥，抑或对父亲自己，难道不都可悲吗？

父亲第四次探家前，我到北大荒去了。以后的七年内，我再没见过父亲。我不能按照自己的意愿和父亲同时探家。在我下乡的第七年，连队推荐我上大学。那已是第二次推荐我上大学了。我并不怎么后悔地放弃了第一次上大学的机会。哥哥上大学所落到的结果，远比父亲对我的人生教导在我心理上造成更为深刻的不良影响。然而第二次被推荐，我却极想上大学了。第二次即最后一次，我不会再获得第三次被推荐的机会了。那一年我已经二十五岁了。

我明白，录取通知书没交给我之前，我能否迈入大学校门，还是一个问号。连干部同意不同意，都至关重要。我曾当众顶撞过连长和指导员，我知道他们对我耿耿于怀。我因此而忧虑重重。几经彻夜失眠，我给父亲写了一封信，告之父亲我已被推荐上大学，但最后结果尚在难料之中，请求父亲汇给我两百元钱。还告知父亲，这是我最后一次上大学的机会。我相信我暗示得很清楚，父亲是会明白我需要钱是干什么的。信一投进邮筒，我便追悔莫及。我猜测父亲要么干脆不给我回音，要么会写封信来狠狠骂我一通，肯定比起哥哥那封信更无情。按照父亲做人的原则，即使他的儿子有当皇上的可能，他也是绝不容忍他的儿子为此用钱去贿赂人心的。没想到父亲很快就汇来了钱，两百元整，电汇。汇单的附言条上，歪歪扭扭地写着几个错别字："不勾，久来电。"

当天我就把钱取回来了。晚上，下着小雨。我将二百元钱分装在两个衣兜里，一边一百元。双手都插在衣兜，紧紧捏着两沓钱，我先来到指导员家，在门外徘徊许久，没进去，后来到连长家，鼓了几次勇气，猛然推门进去了。我支支吾吾地对连长说了几句不着边际的话，立刻告辞，双手始终没从衣兜里掏出来，两沓钱被捏湿了。

我缓缓地在雨中走着。那时候一个充满同情的声音在我耳边响着："老梁师傅真不容易呀，一个人要养活你们这么一大家子！他节俭得很呢，一块臭豆腐吃三顿，连盘炒菜都舍不得买……"这是父亲的一位工友到我家对母亲说过的话，那时我还幼小，长大后忘了许多事，但这些话却忘不掉。我觉得衣兜里的两沓钱沉甸甸的，沉得像两大块铅。我觉得我的心灵那么肮脏，我的人格那么卑下，我的动机那么可耻。我恨不得将我这颗肮脏的心从胸腔内呕吐出来，践踏个稀巴烂，践踏到泥土中。我走出连队很远，躲进两堆木楞之间的空隙，痛痛快快地大哭了一场。我哭自己，也哭父亲。父亲为什么不写封信骂我一通啊？！一个父亲的人格的最后一抹光彩，在一个儿子心中破坏了，就如同一个泥偶毁于一捧脏水。而这捧脏水是由儿子泼在父亲身上的。这是多么令人悔恨令人伤心的事啊！第二天抬大木时，我坚持由三杠换到了二杠——负荷最沉重的位置。当两吨多重的巨大圆木在八个人的号声中被抬高地面，当抬杠深深压进我肩头的肌肉，我心中暗暗呼应的却是另一种号子——爸爸，我不，不！……那一年我还是上了大学，连长和指导员并未从中作梗，而且还把我送到了长途汽车站。和他们告别时，我情不自禁地对他们说了一句："真对不起……"他们默默对望了一眼，不知我说这句话是什么意思。

那个漆黑的，下着小雨的夜晚，将永远永远保留在我记忆中……三年大学，我一次也没有探过家，为了省下从上海到哈尔滨的半票票价，也为了父亲每个月少吃一块臭豆腐，多吃一盘炒菜。毕业后，参加工作一年，我才探家。算起来，我已十年没见过父亲了。父亲提前退休了，他从脚手架上摔下来过一次，受了内伤，也年老了，干不动重体力活了。三弟返城了。我回到家里时，见三弟躺在炕上，一条腿绑着夹板，悬在半空。小妹告诉我，三弟预备结婚了。新房是傍着我们家老鹰山墙盖起的一间“偏厦子”。我们家的老屋很低矮，那“偏厦子”不比别人家的煤棚高多少。我进入“新房”看了看，出来后问三弟：“怎么盖得这么凑凑合合？”三弟的头在枕上偏向一旁，半天才说：“没钱，能盖起这么一间就不错了。”我又问：“你的腿怎么搞的？”三弟不说话了。小妹替他说：“铺油毡时，房顶木板太朽了，踩塌掉进屋里……”

我望着三弟，心里挺难过。我能读完三年大学，全靠三弟每月从北大荒寄给我十元钱。吃过晚饭后，我对父亲说：“爸爸，我想和你谈件事。”

父亲看了我一眼，默默地等待我说。父亲看我时的目光，令我感到有些陌生。是因为我们父子分别了整整十年吗？是因为我成了一个大学毕业生吗？我不得而知。他看我那一眼，像一匹老马看自己带大的一头鹿。

我向父亲伸出了一只手：“爸爸，把你这些年攒的钱都拿出来，给三弟盖房子用吧！”

父亲又用那种有些陌生的目光看了我一眼，低下头，沉默半晌，才低声说：“我……不是已经给了吗？”

我说：“爸爸，你只给了三弟二百五十元钱呀！那点钱能够盖房子用吗！”

“我……再没钱……”父亲的声音更低了。

我大声说：“不对！爸爸，你有！我知道你有！你有三千多元钱……”

父亲腾地从炕沿上站了起来，脸色涨得通红，怒吼道：“你……你简直胡说！我什么时候攒下过三千元？！……”

躺在炕上的三弟插嘴说：“二哥，你何必为我逼爸爸呢！爸爸一辈子都想攒钱，如今总算攒下了，能舍得拿出来为我盖房子？”口吻中流露出一个儿子内心对父亲的极大不满。

我生气了，提高嗓门说：“爸爸，你这样做不对！三弟能在那样一间煤棚似的破屋里结婚吗？那里出生的，将是你的孙子，或是你的孙女！你将会在子孙后代面前感到羞愧的！……”我心中倏然对父亲鄙视起来。

“住嘴！……”父亲举起了一只拳头，拳头没落到我身上，在空中停了片刻，沉重地垂下了。

母亲、四弟和小妹赶紧从里间屋出来，把我往里间屋拉。

“你！……十年没见，见我就教训我吗？！好一个儿子啊！你就是这样给你弟弟妹妹们做榜样的吗？你可算念成了大学了！你给我滚！……”父亲脸腮抽搐着，眼中喷射出怒火。他那凶暴的语词中，有一种寒透了心的悲凉成分。他用手朝我一指，又吼出一个“滚”字，再说不出别的话来。

我一下子挣脱了母亲和四弟拉住我的手，大声说：“爸爸，我永远不再回这个家！……”说完，便冲出了家门。我一口气走到火车站，买了一张三小时后开往北京的火车票，坐在候车室的长凳上，一支接一支吸烟。

不知过了多久，听到有人轻轻叫我，抬起头，见母亲和四弟站在面前。四弟说：“二哥，回家吧！”

母亲也说：“回家吧，妈求你！”

“不……”我坚决地摇摇头。

母亲又说：“你怎么能那样子跟你爸爸争吵呢？他的确是没攒下那么多钱呀！他攒下的一点钱，差不多全给你三弟了……下个月初就要给你哥哥交住院费……”

几个好奇的男人女人围住了我们，用各种猜疑的目光注视着我。我听到一个上了年纪的女人离开时叹了口气，说：“可怜天下父母心啊！”我分明是被看成了个不孝之子了。

我打断母亲的话，说：“妈妈，您别替我爸爸辩护了！我在大学时，您亲自写信告诉过我，我爸爸已积攒下了三千元钱，他怎么能对他的儿子那么吝啬？”

母亲怔了一下，说：“傻孩子，是妈不好，妈那是骗你的呀！为了让你在大学里安心读书，不记挂家中的生活……”

听了母亲的话，我呆呆地望着母亲那张憔悴的脸，发愣许久，说不出话来。

“听妈的话，回家吧！回家给你爸认个错……”母亲上前扯我。

我低下头哭了……我跟着母亲和四弟回到了家里。我向父亲认了错。

父亲当时没有任何原谅我的表示。小妹那时已中学毕业，在家待业两年了，一直没有分配工作。母亲低眉下眼地去找过街道主任几次，街道主任终于给了一个活口说：“下一次来指标，我给使把劲试试看吧！”

母亲将这话学给父亲，对父亲说：“为了孩子，这人情，管多管少，无论如何也得送啊！”父亲拉开抽屉，取出一个牛皮纸钱包，递给母亲，头也不抬地说：“我这个月的退休金，刚交了老大的住院费，剩下的，都在里边了……”

牛皮纸钱包里，大票只有两张十元的了。母亲犹豫了一阵，将其中一张交给妹妹，妹妹就用那十元钱买了点不成体统的东西，当天拎着去街道主任家“表示表示”。妹妹怎么拎去的，又怎么拎回来了。

母亲诧异地问：“怎么拎回来了？”

小妹沮丧地回答：“人家不肯收。”

母亲又问：“嫌少？”

“人家说，多年住在一条街上，收了，就显得不好了。人家说，要是咱们非愿意表示表示，他家买了一吨好煤，咱们帮忙给拉回来……”小妹说罢，怯怯地瞟了父亲一眼。

父亲始终没抬头，听罢小妹的话，头更低下去了。过了好一会儿，父亲才开口说：“我和你四哥……一块儿去给拉回来……”四弟刚巧从外面回来，问明白后，为难地对父亲说：“爸，我们厂的团员明天要组织一次活动，我是团支部书记，我不能不去呀！”

小妹急了：“什么破团支部书记，你当得那么上瘾？！明天不给拉回来，人家的煤票就过期了……”这一切话，我都在里屋听到了，我跨出里屋，对小妹说：“明天我和爸去拉。”

父亲突然莫名其妙地火了：“谁都用不着你们！我明天一个人去拉！我还没老得不中用，我还有力气！”

头天晚上就下起了大雨，第二天白天，雨下得更大了。我和父亲借了辆手推车，冒雨去拉煤。路很远。煤票是在一个铁道线附近的大煤厂开的，距我们住的街区，有三十来里。一吨煤，分三趟拉。天黑才拉回第三趟。拉第三趟时，一只车轮卡在铁轨岔角里。无论我和父亲使出多大的力气，车轮都纹丝不动，像被焊住了。我和父亲一块儿推，一块儿拉，一个推，一个拉，弄得浑身是泥，双手处处是伤，还是一筹莫展。在暴雨中，我听得见父亲像牛一样的呼哧呼哧的喘息声。我抹了一把脸上的雨水，对父亲大声喊：“爸爸，你在这儿看着，我去值班房找个人来帮帮忙！”“你的力气都哪去了？！”父亲一下子推开我，弯下腰，用他那肌肉萎缩了的肩膀去扛车。

远处传来厂火车的吼声，一列火车开过来了。在闪电亮起的刹那，我看见一块松弛的皮肤，被暴雨无情地鞭打着，那是一个老年人的丧失了力气的脊梁。车头的灯光从远处射了过来，父亲仍在徒劳无益地运用着微不足道的力气。我拔腿飞快地朝值班房跑去。值班工人发出了紧急停车信号。列车停住了，值班工人和我一块儿跑到煤车前。父亲还在用肩膀扛煤车，他仿佛根本没有发现有火车开过来。“你他妈的玩命啊！”值班工人恶狠狠地骂了一句。

火车车头的光束正照着煤车，父亲的肩膀，终于离开了煤车。父亲缓缓抬起了头，我看清了父亲那张绝望的脸，那张皱纹纵横的脸，每一条皱纹，都仿佛是一个“！”，比父亲写给哥哥的那封信中还多……

雨水，从父亲的老脸上往下淌着。我知道，从父亲脸上淌下来的，绝不仅仅是雨水。父亲那双瞪大的空洞的眼睛，那抽搐的脸腮，那哆嗦的双唇，说明了这一点……这个雨夜，又使我回想起了几年前那个雨夜。我躲在我们连队木楞堆之间大哭过一场的那个雨夜……

今年四月的一天，我收到一封电报。电文——“父即日乘十八次去京，接站。”

我有几年没探家了。我与父亲又有几年没见面了。我已经三十五岁了，可以说是一个中年人了。电报使我心中涌起了一个中年人对自己老父亲的那种情感。那是一种并不强烈的，却撩拨回忆的情感。人的回忆，是可以随着年龄的增长而改变“焦距”的，好像照片会随着时间改变颜色一样。回忆往事，我心中对父亲的谴责少了，对自己的谴责反而多了。我毕竟没有给过父亲多少一个儿子对父亲的爱啊！电报没能在头一天交到我手里，却被从门底缝塞进了我的办公室，我头一天熬夜，第二天上班推迟。看看手表，离列车到站时间，仅差一小时十五分，马上动身，完全来得及接站。我手中拿着电报，心里倏忽产生了一个念头——雇一辆小汽车去接站。这念头产生得很随便，就像陕西人想吃一顿“羊肉泡馍”。

父亲生平连次小汽车也没坐过，我要给予父亲“生平第一次”。我给几处出租汽车站打电话，都没车，二十多分钟在电话机前过去了。乘公共汽车接站，已根本来不及，只有继续拨电话。又拨了十多分钟，终于要到了一辆车。司机说很快就到，却并不是很快，半小时以后才到。一路红灯，驶驶停停，到火车站，早已过时。我打开车门就往下跳，司机一把揪住我：“车费！”我一摸衣兜，钱包没带！只好向司机赔笑脸，告诉他我是来接人的，接到再给他车费。说了不少好话，最后将工作证押给他，他才算松开了手。站内站外，都没寻到父亲。

我沮丧地回到出租汽车跟前，央求司机再送我回家，来去车费一块儿付。司机“哼”了一声，将车开走了。我见方向不对，赔着笑脸问：“你要把我拉哪去呀？”司机冷冰冰地回答：“出租汽车总站。我饿了，该吃午饭了。你在总站再要一辆车吧！”我自认理亏，不便再说什么。

在出租汽车总站，又等了一个多小时，才终于坐进了另一辆小汽车里。回来倒是一路飞快，算账时，可把我吓了一大跳——二十三元！我不由得问了一句：“怎么二十三元啊？”

司机瞪了我一眼：“加上从火车站到出租汽车总站的那一段车费！”

“那一段路也要车费？！”

“笑话！你想白坐啊？”

一进家门，见父亲已在家中了。我埋怨道：“爸爸，你怎么不在火车站多等会儿啊？让我白接了你一趟！”父亲说：“等了一会儿，没见着你，我心想你不会来接了……”

“拍了电报，我能不去接吗？真是的！”“我心想，大概你工作忙，脱不开身……”

我说：“爸，先给我二十三元钱！”刚见面，就伸手要钱，父亲很奇怪，疑惑地瞧着我。我只好解释：“爸爸，我是租了一辆小汽车去接你的，司机在下边等着呢，我的钱包放在办公室了。”仿佛为了证实我的话，司机按了几声喇叭。父亲当时那种表情，就好像听说我是租了一艘宇宙飞船去接他似的。他缓缓解开衣扣，拆开缝在衣里儿的一块布，用手指捻出三张十元的纸钞，默默递给了我。我从父亲的目光中看出了他心里想说的一句话：“你摆的什么谱啊！”

“爸爸，这钱我会还你的……”我接过钱，匆匆奔下楼去。当我回到屋里，见父亲脸色变得很阴沉，也不瞧我，低头吸烟。

我醒悟到，我刚才说了一句十分愚蠢的话……

父亲，不再是从前那个身强力壮的父亲了，也不再是那个退休之后仍目光炯炯、精神矍铄的父亲了。父亲老了，他是完完全全地老了，生活将他彻底变成了一个老头子。他那很黑的硬发已经快脱落光了，没脱落的也白了。胡子却长得挺够等级，银灰间黄，所谓“老黄忠武”，飘飘逸逸的，留过第二颗衣扣。只有这一大把胡子，还给他增添些许老人的威仪。而他那一脸饱经风霜的皱纹，凝聚着某种不遂的夙愿的残影……

生活，到底是很厉害的。我家住在一幢筒子楼内，只一间，十三平方米，在走廊做饭，和电影《邻居》里的情形差不了多少。走廊暗，黑，苍蝇多，老鼠肆无忌惮，特胆大。父亲到来的第一天，打量着我们家在走廊占据的“领地”，不无感触地说：“老二，你有福气啊！你才参加工作几年呀，就分到了房子，走廊这么宽，还能当厨房……你……比我强……”这话从父亲口中说出，以那么一种淡泊的自卑的语调说出，使我心中有些难过。

父亲当了一辈子建筑工人，盖了一辈子楼房，却羡慕我这筒子楼里的十三平方米……他是被尊称为主人翁的人啊……

编辑部暂借给我一间办公室。每天晚上，我和父亲住在办公室，妻和孩子住在家中。我虽没有让父亲生平第一次坐上小汽车，父亲却沾了我的光，生平第一次住上了楼房。父亲每天替我们接孩子，送孩子，拖地板，打开水，买菜，做饭，乃至洗衣服，拆被子，换煤气。一切的家务，父亲都尽量承担了。我不希望父亲，我的老父亲沦为我的老勤杂员。

我对父亲说：“爸爸，你别样样事都抢着做。你来后，我们都变懒了！”父亲阴郁地回答：“我多做点，倒累不着。只要能在你们这儿长住下去，我就很知足了……你妹妹结婚后，家中实在住不开了，我万不得已，才来搅扰你们……”父亲的性格也变了，变成一个通情达理的，事事处处，家里家外都很善于忍让的，老无脾气的老头了。除了家务，父亲还经常打扫公共楼道，楼梯，厕所，水池。他不久便获得了全楼人的称赞和敬意。

父亲初来乍到时，人们每每这么问我：“那个大胡子老头就是你父亲吗？”以后我听到的问话往往是：“你就是那个大胡子老头的儿子呀？”在我意识中，父亲是依附于我的人格而存在的，但在不少人心目中，我则开始依附于父亲的人格而存在了。一些从不到我家中走动，大有“老死不相往来”趋势的工人们，也开始出现在我家了，使我同一种更普遍的生活贴近了。

我惊奇地发现，不是家属洗澡的日子，父亲也可以公然到厂内浴室洗澡。没票，父亲也可以从容不迫地进入厂内礼堂看电影。忘带食堂饭菜票，父亲也可以从食堂且先端回饭菜来。而人们还都对他很客气，很友好。这些“优待”，是连我也没受到过的。父亲终于以他所能采取的方式，获得了和我并存的独立人格。我不再阻止他打扫公共卫生。我理解，人们注意到他，承认他的独立存在，如今对他来说是何等需要，何等重要！这是一个没机会受文化教育的，丧失了健壮和力气的，自尊心极强的老父亲，在一个受过大学文化教育的，有了一丁点小名气的儿子面前保持心理平衡的唯一砝码。我告诫自己，我要替父亲珍视它，像珍视宝贵的东西一样。

父亲身上最大的变化，是对知识分子表现出了由衷的崇敬。以前，他将各类知识分子统称为“耍笔杆子的”。靠“耍笔杆子”而不是靠力气吃“轻巧饭”的人，是他所瞧不起的。每天接踵而来找我的，十有八九是地地道道“耍笔杆子”的。我将他们介绍给父亲时，父亲总是臂微垂，腰微弯，很不自然地做他所不习惯的鞠躬状，脸上呈现出似乎不敢舒展的禁而敬之的笑容。随后，便替我给客人沏茶，点烟。当我和客人侃侃而谈时，父亲总是静默地坐在角落，一会儿注意地瞧着我，一会儿注意地瞧着客人，侧耳聆听。倘我和客人谈到该吃饭时，父亲便会起身离去悄然做饭。倘我这个主人有时竟忘了吃饭这件事，父亲便会走进屋，低声问我：“饭做好了，你们现在要吃吗？还是再过一会儿？”饭后，照例抢着刷洗碗筷。

一次，送走客人后，我对父亲说：“爸爸，你不必对客人过分恭敬、过分周到，他们大多是我的同事、朋友，用不着太客气。”

“我……过分了吗？……”父亲讷讷地问，仿佛我的话对他是一种指责。几天后，我收到了友人的一封信，信中写道：“昨天我到你家找你，你不在，我和你的老父亲交谈了两个多小时。他真是一位好父亲，好老人。但我感到，他太寂寞了。他对我说，连和你交谈几句话的机会都没有。你真那么忙吗？……”这封信使我无比惭愧，无比自责。是的，父亲来后，我几乎没同父亲交谈过。即使一次不太长久的，半小时以上的，父子之间的随随便便的交谈也没有过。父亲简直就像我雇的一个老仆役，勤勤恳恳，一声不吭，任劳任怨地为我做着一切一切的家务。而我每天不是在写、写、写，就是和来客无休止地谈、谈、谈……

第二天晚饭后，我没到办公室去抄那急待发出的稿子，见妻抱着孩子到邻居家玩去了，我便坐到了父亲面前。我低声说：“爸爸，跟我聊几句家常话吧！”

父亲定定地看了我片刻，用一种单刀直入的语调问：“老二，你为什么不争取入党啊？”

我怔住了。我预先猜想三天三夜，也料不到父亲会向我提出这样的问题。难道这就是父亲最想同我交谈的话题吗？我低头沉默了一会儿，抬起头又说：“爸爸，聊几句家常话吧！”

“你们兄妹五个，你哥呢，就不提他了……比起来，顶数你有了点出息，可你究竟为什么不入党啊？听你们同事讲，你说过要入也不现在入共产党的话。你是说过这样的话吗？”父亲的目光仍定定地看着我，揪住这个话题不放。

我默默地点了点头。是的，我说过，而且是在某个会议上当众说的。我并不想欺骗父亲。我对党的信仰是萌发于一种朴素的感恩思想的。这种感恩思想，毕竟不是建立在切身体会的基础之上，而是间接灌输的结果，是不稳固的，是易于倒塌的，也是肤浅的，不足以长久维系下去的。动摇过的事物，要恢复其原先的稳固性，需要比原先更稳固的基础。信仰不像小孩子玩积木，抚乱一百次，还可以重搭一百次。信仰的恢复需要比原先更深刻的思想观和认识观。这比给表上弦的时间长得多。父亲的话，使我的自尊心受到了挫伤。我故意用冷漠的语调反问：“爸爸，你为什么对我入不入党这么在乎呢？你希望我能入党，当官，掌权，而后以权谋私吗？”父亲听出来了，我的话对他的愿望显然是嘲讽。

父亲缓缓站起，一只手撑着椅背，像注视一个冒充他儿子的人似的，眯起眼睛，眈眈地瞪着我。他突然推开椅子，转身朝外就走。椅子倒在地上，发出很响的声音。父亲在门口站住，回过头，瞪着我，大声说：“我这辈子经历过两个社会，见识了两个党，比起来，我还是认为新社会好，共产党伟大！不信服共产党，难道你去信服国民党？把我烧成了灰我也不！眼下正是共产党振兴国家，需要老百姓维护的时候，现在要求入党，是替共产党分担振兴国家的责任！……你再对我说什么做官不做官的话，我就揍你！……”说罢，一步跨出了房间。

在那一时刻，站在我面前的，又是从前那威严而易怒的父亲了。我怀着复杂的心情离开家，来到了办公室。我坐在办公桌前，双手捧着脸腮，陷入了静静的思考。我理解父亲对共产党的感情。他六岁给地主放牛，十二岁闯关东，亲眼看到过国民党怎样残害老百姓。他被日本人抓过劳工，要不是押劳工的火车被抗联伏击，很难想象他今天还活着，也不知这个世界上会不会还有我这位“青年作家”……

写一份入党申请书，这需要比创作一篇小说更大的严肃性。而且，在我心灵中，还有许多腌渍得没勇气告人的欲念，还时时受到个人名利的诱惑，还潜藏着对享乐的向往，还包裹着对虚荣的贪婪，还……“全心全意为人民服务”，这句话是庄严地写在中国共产党的党章上的。我不能够怀着一颗极不干净的灵魂在一张雪白的纸上写下：我要求加入……人可以欺骗别人，但无法欺骗自己。我在心中说：“爸爸，原谅我！我不，现在还不……”

办公室的门被突然推开了。父亲来了。他连看也不看我，径直走到他的那张临时支起的钢丝床前，重重地坐了下去。钢丝床发出一阵吱吱嘎嘎的声响。我转过身去瞧着父亲。他又猛地站了起来，用手指着我，愤愤地大声说：“你可以瞧不起我，你的父亲！但我不允许你瞧不起共产党。如果你已经不信服这个党了，那么你从此以后也别叫我父亲！这个党是我的救星！如果我现在还身强力壮，我愿意为这个党卖力一直到死！你以为你小子受了点苦就有资格对共产党不满啦？你受的那点苦跟我在旧社会受的苦一比算个屁！”

我想对父亲解释几句什么，却一句适当的话也寻找不到。我一言不发地望着父亲，心想：爸爸，你说得不对，不对，我并不像你认为的那样啊！……我觉得委屈极了，直想哭。

父亲对我教训了这一次之后，接连几天不理我，不跟我说一句话。

一天傍晚，有一个外地的陌生姑娘来到我家中，她自称是位文学青年，读过我的几篇作品，希望能同我谈谈。

我带她来到了办公室。她很漂亮。身材很美，又高，又窈窕。一张白净的鹅蛋形的脸，容貌端庄娴雅。眼睛挺大，闪着充满想象的光彩。剪得整齐的乌黑的短发，衬托着她那张动人的脸，像荷叶衬托着荷花。她穿一件五彩缤纷的花外衣，只有三颗扣子，好像是骨质的，月牙形，非常别致，半敞的衣襟露出里面深红色的毛衣。裤线裤角带有古铜色镶边的牛仔裤，奶黄色的坡底高跟鞋。她端坐在沙发上，修长的双臂微向前探，双手习惯性地揽住两膝。她从头到脚焕发着浪漫气质，举止文静而有修养。

我沏了一杯茶端给她。她接过去，看了一眼，欠身轻轻放在桌上，说：“我不喝绿茶。我从小就是喝花茶的。”我说：“请便。”将椅子搬到她斜对面，瞧着她问："你想和我谈些什么呢？"

她妩媚地一笑："当然是谈文学啦……不过，也希望不仅仅限于文学。"

我说："那么就请谈吧！不过，我也许会令你失望，我不是个理想的交谈者。"儿子有些发高烧。走出家门时妻正在给儿子灌药，而父亲在给我洗衣服。我尽量排除思路上的干扰，集中精力。我想她一定会首先向我提出什么问题。但她没有，她用悦耳的音调向我讲述起自己来。

她说她离开家已经一个多月了。从南到北，旅游了不少大城市，拜访过许多颇有名气的青年作家。接着，便依次向我说出他们的名字，有人是我认识的，有人是我没见过面的。还说她崇拜某某及其作品，难以忍受某某及其作品，欣赏某某的作品但不喜欢作者本人。她很坦率。我愿意同坦率的人交谈。我问："你此行是出差吗？"

"噢不，"她摇摇头，又是那么博人好感地一笑，"就是为了玩，散散心。"

"你的单位竟会给你这么长一段假？"

"我现在不受任何单位管束，自由公民！"

"你是个待业青年？"

"我想有工作时便可以有种工作，腻烦了就当自由公民。"

我迷惑不解地望着她。她揽住两膝的双手放开了，身体舒展地靠在沙发上，目光迅速地在我的办公室内环视一番，说："你的办公室可以容得下五对人跳舞。"

我说："我不会跳舞，大概是可以的。"这时轮到她迷惑不解了，她怀疑地盯着我，要看出我说的是不是真话。我惭愧地笑笑。

她的目光移开了，落在写字台上，又问："自由市场上买的吧？"

我点点头："是的。"

"样式太老。不，是太俗气，但便宜。"她的目光又盯在了我脸上，那模样仿佛我对她承认了我是一个下流坯子似的。

我说："请接着谈下去吧，你刚才谈到自己的话还使我有些不明白。"

"是吗？"怀疑的神态，怀疑的口吻。接着，她轻轻叹了口气，平平淡淡地说："报考过电影学院、音乐学院，都没考上。在外贸局工作了三个月，在旅游局工作了半年，这两个单位都没能更长久些地吸引住我。在省图书馆混了一年，因为那儿有书，才拴住我一年。看书也看腻烦了，于是就辞职了……回去以后，也许会到省电视台，看我那时心情好不好，乐不乐意……"

我终于明白，她是来自另一个天地的。"你出来这么长时间，父母放心吗？"

“他们也没什么不放心的。每座城市都有父亲当年的老战友。或者住他们家中，或者住高级宾馆……”

我觉得没有必要再问什么了，期待着她说。

她沉默了一会儿才又开口：“你一定无法理解我……小时候，我和姐姐，觉得世上任何好吃的东西我们都吃过了，我们就将糖和盐拌在一起，再浇点辣椒油……现在，我的心境就跟小时候似的，我觉得我丢了。我觉得我对什么都腻烦了，对生活失去了热情，就好像我小时候对食物失去了味觉一样……”我依旧望着她那张漂亮的脸，心中对她产生了一种同情，类似对一只将要溺死在蜜中的小昆虫的同情。她见我在很认真地听，便继续说下去：“本想离开家散散心，但结果心境反而愈来愈不好。每座城市都到处是人、人、人，愚昧的，没文化的，浑浑噩噩的人，许许多多的人，每天都在谈论房子问题、待业问题……”

我平静地问：“你无法忍受这样一些人吗？”

“难道你能够忍受这样一些人吗？”她端正了身子，目光又盯在我脸上，显出一种对我的麻木不仁开始感到失望的表情。我没有立即回答她。我又想起了我躲在木楞堆间痛哭过一场的那个雨夜，也想起了我和父亲为了妹妹早日分配工作给街道主任拉煤的那个雨夜。小雨，大雨，都是下雨的夜，为什么保留在我记忆中的都是雨夜呢？我毕竟从我生活中的两个雨夜度过来了。我毕竟扯着父亲的破衣襟，扯着一个没有受过文化教育的、头脑中有着狭隘的农民意识的父亲的破衣襟，一步步从生活中走过来了，一岁岁长大了……

“古老的国家，古老的民族，生活在这么一种氛围中，每个人都将要窒息而死！……”那姑娘的悦耳的声音，使我的注意力不能从她身上过久地分散。

我要求说：“让我们谈谈文学吧！”

“文学？……”她嘴角浮现一丝嘲讽，大声说，“中国目前不可能有文学！中国的实际问题，就在于人口众多。如果减少三分之二，一切都会变个样子！”

我冷冷地回答她：“好主意！减少的当然应该是那些愚昧的，没文化的，浑浑噩噩的，每天都在谈论房子问题和待业问题的人。”我情绪的变化并没有引起她的注意。

她皱起眉头，用一种忧国忧民的语调说：“就在今天，就在你们北影厂门口，我看到一个白胡子老头，抱着一个傻乎乎的孩子，在围观一辆外国小汽车。我心里真是悲哀极了！我要写一篇心理小说，将我内心这种悲哀表述出来！这就是我们的人民，我作为一个中国人真感到羞耻！……”她那样子悲哀得快要哭了。或者说，她是要将我感动哭了。

然而我并没有受到丝毫感动。我已不再像从前那么易于动感情了。我在想，她那颗心一定很渺小，因此也只能产生这么一点渺小的悲哀。我已经不再同情她。我告诉她，那白胡子老头，肯定就是我的父亲，而抱在他怀中那傻乎乎的孩子，是我的儿子。

“是你……父亲？……”她的脸微微红了，显出动人的窘态，讷讷地说，“请原谅！我……还以为你是……”

“这不值得请求原谅！因而我也不想对你表示原谅！我并不想否认，我的父亲没有文化，他在扫盲时所认识的字，绝不会比你这件花外衣上的花朵多。他还很愚昧。由于他的愚昧，由于他的农民意识的狭隘，给我们的家庭造成了重大的不幸。因为他不相信医生的话而相信算命先生的话，我的姐姐夭折了！我的哥哥，因为他鄙薄文化而崇尚力气，疯了！我原谅了他，但却不能忘记这些。我要比你更加憎恨愚昧！我要比你更加明白文化对于一个国家一个民族意味着什么！我诅咒造成愚昧和没有文化的落后状况的一切因素！……”我从椅子上站了起来。我的声音很高，我内心很激动。我仿佛不是在对我面前的这位姑娘说话，而是在对众多的各种各样的人说话。

我还想对她说，她可以对我们的人民没有感情，她也尽可以像她读过的小说中那些西方的贵夫人一样，对他们的愚昧和没有文化表示出一点高贵的怜悯，这无疑会使像她这样的姑娘更增添动人的魅力。但她没有权利瞧不起他们！没有权利轻蔑他们！因为正是他们，这在历史进程中享受不到文化教育而在创造着文明的千千万万，如同水层岩一样，一层一层地积压着，凝固着，坚实地奠定了我们的九百六十万平方公里土地，而我们中华民族正在振兴的一切事业，还在靠他们的力气和汗水实现着！愚昧和没有文化不是他们的罪过，是历史的罪过！是我们每一个对振兴我们的国家我们的民族缺乏热情，缺乏责任感的人的惭愧！我还想对她说，至于她，不过是我们九百六十万平方公里土地上一小片水分充足的沃壤之中的一朵小花而已。美丽，娇弱，但没有芬芳。因为她不是树木，所以她那短细的根须是触及不到水层岩层的，她所蔑视的正是她所赖以存在的。她漠视甚至嘲讽他们的最现实的烦位，但她那种因没有什么值得忧郁的事才产生的忧郁，那种一颗空泛的心灵内的微妙而典雅的悲哀，与他们可能经历过的悲哀相比，其实质是不值论道的。我还想对她说……我什么也不想对她说了。我又想到了发烧的儿子。我认为我应该回到儿子身边去了。“非常抱歉，我不能再陪你交谈下去了！”我走到办公室门前，推开了门。门外，站着我的父亲，呆呆地，一动不动地，像根木桩似的。一手拎着水壶，一手拿着一瓶墨水。他是给我们送开水来的。他分明是听到了我方才大声说的某些话。那姑娘走下楼梯时，还回过头来看了我一眼。我这样对待她，肯定是她绝没想到的。

父亲一声不响，放下水壶，默默走向他睡的那张钢丝床。

一直到熄灯，我和父亲彼此没说一句话。我静静地躺着，无法入睡。我知道父亲也是在静静地躺着，没睡。

我真想翻身下床，走到父亲身边，跪下去，将头伏在父亲胸上，对他说：“爸爸，原谅我那番话又无意伤害了你，原谅我，爸爸……”

隔了一天，我从朋友家很晚才回来，一进家门，妻便告诉我，父亲走了。

“走了？上哪儿去了？……”

“回哈尔滨了！”

“你……你为什么不拦他？！”

“我拦不住。”病刚好的儿子在哭叫：“爷爷，我要爷爷！我要找爷爷嘛！……”

我问：“父亲临走说了什么没有？”

妻回答：“什么也没说。”我一转身就从家中冲了出来。我赶到火车站，匆匆买了一张站台票。

我跑到站台上时，开往哈尔滨的列车刚刚开动。我跟着列车奔跑，想大喊：“爸爸！……”却没喊出来。

列车开出了站台。

送行者纷纷离去了。只有我一个人还孤零零地伫立在站台上。望着远处的铁路信号灯，我心中默默地说：“爸爸，爸爸，我爱你！我永远不忘我是你的儿子，永远不耻于是你的儿子！爸爸，爸爸，我一定要把你再接到北京来！”远处的铁路信号灯，由红变绿了……

父亲与茶

父亲是从不饮茶的。

我想，他年轻时大约也在什么场合饮过几次茶的吧。当然，那天他肯定被失眠所折磨了，结果再就是畏茶如畏虎。

正如酒于父亲也是如此。

一九六三年冬季，春节前，父亲从四川辗转数千公里回到了家。

父亲回到家里时，双腿水肿得一按一个坑，却那么高兴。

他将一个纸包递给母亲，叮嘱说："这是茶，在咱们东北是稀罕东西，哪天要分给邻居，放好，千万别沾水。"

一九六三年我已经十四岁了，还没见过茶。但从读过的小说里知道，茶是南方有身份人家待客的饮料。

第二天，父亲和母亲一块儿将茶分成十多份，一一用红纸包好。红纸是我替母亲买的，五分钱一张，母亲让我买了两张。母亲本是要用红纸亲手做拉花的，而父亲坚决主张用红纸包茶，说那才显得心诚。我在一旁裁红纸时，母亲一味絮叨些舍不得的话。母亲陪着父亲，挨家挨户将茶送给邻居，回家时都满脸高兴，我想那足以证明，收到茶的邻居们也都是很高兴的。初一上午，全院孩子们大串门儿。在我们那个大院儿，拜年首先是由小字辈开始的。

一户邻居家的大婶问我："除了茶，你爸还带回了什么好东西呀？"随口一问的话。

我说："还带回了五十多斤大米呢！"也是随口一答的话。

这是我和父亲唯一一张合影。父亲已故去多年，而今忆及，我依然泪流不止

就见大婶和大叔交换了一下意味深长的眼神。那是一户和我家关系最好的邻居。

我当时觉得大叔大婶的眼神很奇怪。

初二晚上，和我家关系最好的邻居家的女孩来到了我家，将用红纸包着的茶原封不动退送给我家了。女孩代她爹妈说，她家没人喜欢饮茶，好东西别白瞎了。

在我看来，那是一件挺正常的事。几年也见不着一次茶的哈尔滨人，对待并不留下吃饭的客人的礼节分为三个等级——白开水、白糖水、红糖水。至于茶，其实并不比红糖水的规格更高。所以既然不喜欢饮，再给我家送回来也挺自然的。女孩走后，父亲和母亲满脸困惑了。

父亲说："别是因为什么事使人家不高兴了吧？"

母亲说："一向处得很好啊！"想了想，问我初一去拜年时说了什么不得体的话没有。我就将我在邻居家说过的话又说了一遍，因母亲之问感到冤枉。

父亲一拍脑门儿说："错！错！怎么没想到也送些大米给人家？"

一九六三年中国许多省份发生旱情，水稻严重减产。全哈尔滨市的居民，由每人每月两斤大米减少到了一斤。那女孩的姥姥姥爷都是南方人，他家的大米从来不曾为过春节攒下过。

母亲此时也想到了这一点，后悔极了，而父亲已搬出米袋子往一只盆里倒米了。

母亲说“行了”，父亲嫌太少，但母亲接着说出一句话，使父亲犹豫不决了。

母亲说：“只送给一家，其他几家不送，邻里间还不分出远近来了？再者，是人家把茶送回来了在先，咱们又送米过去在后，不是反而闹得双方都不尴不尬的？”

如果给每户邻居都送些米，哪怕一户两三斤，那父亲千里迢迢背回的米也就只剩一小半了。别说母亲多么舍不得了，连父亲也觉得像割自己肉，而我们几个儿女更舍不得。尽管，大米只不过是四川糙米！

米最终没送。

那包茶，母亲后来送给了别人家。

我们两家邻居的关系，并没因此而出现裂痕，但两家的大人孩子，心里都留下了隐隐的不悦，只不过都尽量掩饰。

父亲临走时还埋怨我：“你说那么一句干什么啊！”

从此，我与父亲天各一方，每隔多年才能同时与家人团圆，仅两个星期，并且通信也少，因为父亲只不过在“扫盲”运动中识过不多的字，我的信他若不请人读，自己是看不明了的。而父亲又必亲笔回信，仅一页纸而已，字体大且歪歪扭扭，夹杂着错别字。这使我每次给父亲写信，总是难免犹豫不决。

一九七一年，也是春节前，我从兵团回哈尔滨探家。那个冬季多雪而寒冷，父亲原本是准备与我同时探家的，却没成行——他在家信中写的原因是：“建设任务紧张，请不下假来。”

自从一九六三年我与父亲一别，我们父子二人已八年没见过面了。而母亲在这八年中，已苍老成一个老太婆了。

母亲告诉我，父亲从四川寄回了一斤茶叶，信上说是花八元钱买的头季芽茶，要我在春节前按地址送给某人。那一年我已二十二岁，还没饮过一口茶水呢！父亲每月最多才能往家里寄四十元，自己又节俭得要命，都舍不得花几分钱买食堂的菜吃，一块腐乳下三天的饭，却居然用八元钱买一斤茶，千里迢迢地寄回来送人，我想父亲一定是欠了对方极大的人情。

那天，哥哥疯着，母亲关节炎很重，三弟也下乡了，四弟小妹没办过重要之事，那一斤珍贵的茶只有我去送了。在当年的哈尔滨，整整一斤四川的好茶，确乎算得上珍贵了。

“动力之乡”在郊区，我家离那儿有三十多里，且交通不便。当年是没有什么出租车的。我先乘公共汽车到了郊区某站，下车后开始步行。由于那一段公路来往车辆少，一尺多深的积雪尚未被轧平。我一脚一个雪坑走了二十来里，才终于到达“动力之乡”。在那一带，样式一律的平房和楼群左一片右一片，此片彼片相距挺远。父亲寄给家中的地址上仅写了第几工人宿舍区第几排第几号，而那是根本不能将茶送到的。因为当年的“动力之乡”，是由三个大厂组成的。每个厂又分干部宿舍区和工人宿舍区；多数干部住楼房，多数工人住平房。这些父亲都没写清楚，我忽东忽西奔走了一个多小时，也没打听出个结果，最后只有气喘吁吁地站立在冰天雪地之中，望着一栋栋高楼、一排排平房，沮丧极了。

到家时，天已黑了。而我将一斤好茶丢在公共汽车上了。

当母亲听我说非但没将茶送到，还将茶丢了，眼神呆呆地望着我，整个人被定身法定住了似的。

许久，母亲才缓过神来，惴惴不安地说：“这可咋办？这可咋办？我猜你爸肯定是遭遇到了特别为难的事，急着求人帮忙化解，不然怎会舍得花八元钱买一斤茶送人？你知道的，你爸他可是万事不求人的性格啊！这可咋办？儿子这可咋办啊？由谁写信告诉你爸实情呢？咱们总不该撒谎骗他吧？”

父亲的性格我当然清楚，母亲的猜想也正是我的猜想，当然告诉父亲实情才是唯一正确的做法。

我对母亲内疚地说：“妈，别急成这样。急也没用，由我写信告诉我爸。”

因为那一斤茶的丢失，一九七一年的春节，我们全家谁都过得高兴不起来。八元钱一斤的四川好茶也只不过是茶，我们和母亲高兴不起来的主要原因是一种大的担忧——父亲他究竟遭遇到了什么事，使他这个从不求人的人非求人不可？

回到连队，我才给父亲写信。我在信中实话实说，承认那包茶被我丢失了，接着用一大段文字细写我寻找地址上的人家多么多么不容易，我认为那种客观原因也是必须让父亲了解的。再接着，批评父亲粗心大意，自己应该将地址搞详细了嘛。最后，询问父亲究竟遇到了什么为难的事，是否到了自己克服不了，非求人相助不可的程度？如果并没超出，那么还不如自己迎难而上克服过去为好。那些话，反倒有一种儿子教训父亲的意味。

一九七一年整整一年内，父亲没回信。我明白，我伤了父亲的自尊心，他生我气了。

转眼到了一九七三年夏季，我又一次探家。而父亲，也终于与我同时探了一次家。那年是我下乡的第五个年头，屈指算来，我与父亲整整十年没相见了。

父亲已秃顶。我印象中那个身体强健的父亲，已变成了形销骨立的老父亲，两眼却还是那么炯炯有神。也唯有此点，仍能显出他倔强而又正直的老工人的性格。

父亲又带回了一斤好茶。

他要亲自将茶送给据他所说的“一个好人”。但他出示的地址，还是两年前使我白辛苦了一次的地址。

我说按照那个地址他肯定也会白辛苦一次，他却一意孤行，没法子，我只得相陪而往。

一路上，我和父亲都矢口不提两年前被我丢失了的那一斤好茶。我也没因两年前写给父亲那封信而向父亲认错，因那么一来，就会提到那一斤被我丢失的好茶。而父亲也没解释什么，更没训我，仿佛两年前我们父子之间根本没发生过什么不愉快的事。

我和父亲用了更长的时间寻找“一个好人”的家，却没找到。那天很热，我和父亲同样着急，我们俩的衣服都被汗浸湿了。回家的路上，我忍不住埋怨了父亲几句，惹得父亲发起火来，站在路旁冲我吼：“我是你父亲！我做什么事自有我的道理！你不埋怨我不行啊？”

我也冒火了，大声顶撞：“我哥哥生病了，我已经是家里实际上的长子，你究竟遇到了什么事不必也不应该瞒我，我有权知道！”父亲气得举起了巴掌，几乎就要扇我一耳光。

团圆的日子里，父亲一直生我的气。到他回四川的前一天，他的气才终于消了些。我去列车站送他时，他没头没脑地说了一句：“到该告诉你的时候，当然就会告诉你。但也许，一辈子都不会告诉你，也不告诉你妈，更不告诉你弟弟妹妹！”

父亲将他带回的一斤茶又带回了四川，怕留在家里，母亲收藏得不好，糟蹋了。

他的话，使我心怀不安地离开了家。

一九七七年春节前，我从北京回到了哈尔滨。当时，我已经是北京电影制片厂的一名编辑，而父亲已经退休了。父亲是六十三岁才退休的，因为家中生活困难，单位照顾他晚退休三年。

雪后的一天，父亲命我陪他将他再次从四川带回的那斤茶给他所言的“一个好人”送去。那斤茶，第一次带回哈尔滨时是绿的，再次被父亲带回时，已是褐色的了。父亲舍不得一次次花钱买，请四川茶厂里的茶工将那斤茶焙成了干茶，那样就容易保存了。我提醒父亲：“如果还是原先那地址，不去也罢。明明找不到却非去，何必呢？”

父亲表情深沉地说：“有新地址了。现在的地址确切无误，今天咱们一定会找到他。”

路上，父亲告诉我，“文革”开始不久，他这名获得过许多奖状的老建设工人，竟被不知何人写的一封信揭发成了“伪满时期”的“汉奸特务”。因为父亲会说几句日本话，档案里又有在日本药店当过小伙计的记载，所以造反派们对揭发深信不疑。

“他们将我两条胳膊反吊起来拷打我，像当年的日本人拷打咱们抗日的中国人一样，不但逼我承认是汉奸特务，还逼我揭发别的汉奸特务。我横下一条心，诬陷我的事，打死我也不承认……”父亲讲得很平静，我却听得惊心动魄——那是我这个“红五类”的儿子根本想不到的事。

我心疼地低声说：“爸，其实你当时承认了也没什么。好汉不吃眼前亏啊！”

父亲说：“那不行。我如果承认了，你一九七四年还能上大学吗？我如果承认了，咱们家不就一下子变成‘黑五类’家庭了吗？你们能一下子承受得住日后的种种歧视吗？我如果承认了，继续逼我揭发别人，那我又该怎么办？所以当年我只能横下一条心，诬陷在我头上的事，打死也不承认。”父亲的话使我的眼泪顿时夺眶而出。

我和父亲并没再去“动力之乡”，父亲引领我来到了近郊的一处公墓。在一块墓碑上，刻着“一个好人”的姓名。父亲说：“就是他，咱们山东的一个人。他也是我十七岁那年到东北以后，给过我许多爱护的人。当年是他介绍我到一家挺大的日本药店去做小伙计的，而我经常向他汇报日本人，尤其日本军人到药店去开药的情况。当年我就猜到了他是抗联的人，新中国成立后他当上了一个县的武装部部长。‘文革’中，四川的造反派来到哈尔滨向他搞外调，巴不得由他证明我千真万确曾是‘汉奸特务’。那时他也进了‘牛棚’，但他将那些造反派顶得一愣一愣的。他说，你们想要从我这儿得到证言的事，完全是胡说八道！所以，造反派们才不得不结束对我的隔离审查，你才能够顺利地上了大学，咱们家才没成为‘黑五类’家庭。其实，我也不知道他有没有喝茶的习惯，但我总得表达一种心意吧！除了茶，我也再没什么更好的东西值得从四川带回来送给他啊！”

父亲将那包从四川带回来又带回去退休后再带回来的茶和一瓶白酒，恭恭敬敬地放在坟前。

我说：“爸，这么放这儿不行，会被看到的人拿走的。”不由自主地，我跪下了。我将白酒浇在茶包上，用打火机将茶包点燃了。我和父亲一样，既是一个不喜欢喝酒的人，也是一个不喜欢饮茶的人。

父亲已于十几年前去世了。如今，茶已成了中国人之间普遍送来送去的见面礼，而且包装越来越考究，甚至到了不必要的极其奢华的程度。

而今天，我时常回忆起父亲与茶、我们全家与茶的那一段往事……

父亲的演员生涯

父亲去世已经一个月了。

我仍为我的父亲戴着黑纱。

有几次出门前，我将黑纱摘了下来，但倏忽间，内心里涌起一种怅然若失的情感。戚戚地，我便又戴上了。我不可能永不摘下。我想：这是一种纯粹的个人情感。尽管这一种个人情感在我有不可殚言的虔意。我必得从伤绪之中解脱。也是无须别人劝慰我自己也能明白的。然而怀念是一种相会的形式。我们人人的情感都曾一度依赖于它……

这是我七十多岁的老父亲，岁月淘尽了他脸上中年时鲜明的性格特征，只剩下温良和难褪的耿直了

这一个月里，又有电影或电视剧制片人员，到我家来请父亲去当群众演员。他们走后，我就独自静坐，回想起父亲当群众演员的一些微事……

一九八四年至一九八六年，父亲栖居北京的两年，曾在五六部电影和电视剧中当过群众演员。在北影院内，甚至范围缩小到我当年居住的十九号楼内，这乃是司空见惯的事。

父亲被选去当群众演员，毫无疑问，最初是由于他那十分惹人注目的胡子。

父亲的胡子留得很长，长及上衣第二颗纽扣。总体银白，须梢金黄。谁见了都对我说：梁晓声，你老父亲的一把大胡子真帅！

父亲生前极爱惜他的胡子。兜里常揣着一柄木质小梳。闲来无事，就梳理。

记得有一次，我的儿子梁爽，天真发问：“爷爷，你睡觉的时候，胡子是在被窝里，还是在被窝外呀？”

父亲一时答不上来。

那天晚上，父亲竟至于因为他的胡子而几乎彻夜失眠，竟至于捅醒我的母亲，问自己一向睡觉的时候，胡子究竟是在被窝里还是在被窝外。无论他将胡子放在被窝里还是放在被窝外，总觉得不那么对劲……

父亲第一次当群众演员，是在《泥人常传奇》剧组。导演是李文化。副导演先找了父亲，父亲说得征求我的意见。父亲大概将当群众演员这回事看得太重，以为便等于投身了艺术。所以希望我替他做主，判断他到底能不能胜任。父亲从来不做自己胜任不了之事。他一生最不喜欢那种滥竽充数的人。

我替父亲拒绝了。那时群众演员的酬金才两元。我之所以拒绝不是因为酬金低，而是因为我不愿我的老父亲在摄影机前被人呼来唤去的。

李文化亲自来找我——说他这部影片的群众演员中，少了一位长胡子老头儿。

“放心，我吩咐对老人家要格外尊重，要像尊重老演员一样还不行吗？”——他这么保证。无奈我只好违心同意。

从此，父亲便开始了他的“演员生涯”——更准确地说，是“群众演员”生涯——在他七十四岁的时候……

父亲演的尽是迎着镜头走过来或背着镜头走过去的“角色”。说那也算“角色”，是太夸大其词了。不同的服装，使我的老父亲在镜头前成为老绅士、老乞丐，摆烟摊的或挑菜行卖的……

不久，便常有人对我说：“哎呀晓声，你父亲真好。演戏认真极了！”

父亲做什么事都认真极了。但那也算“演戏”吗？我每每一笑了之。然而听到别人夸奖自己的父亲，内心里总是高兴的。

一次，我从办公室回家，经过北影一条街——就是那条旧北京假影街，见父亲端端地坐在台阶上。而导演们在摄影机前指手画脚地议论什么，不像再有群众场面要拍的样子。

时已中午，我走到父亲跟前，说：“爸爸，你还坐在这儿干什么呀？回家吃饭！”

父亲说：“不行。我不能离开。”

我问："为什么？"

父亲回答："我们导演说了——别的群众演员没事儿了，可以打发走了。但这位老人不能走，我还用得着他！"父亲的语调中，很有一种自豪感似的。

父亲坐得很特别。那是一种正襟危坐。他身上的演员服，是一件褐色绸质长袍。他将长袍的后摆，掀起来搭在背上。而将长袍的前摆，卷起来放在膝上。他不倚墙，也不靠什么，就那样子端端地坐着，也不知已经坐了多久。分明地，他唯恐使那长袍沾了灰土或弄褶皱了……

父亲不肯离开，我只好去问导演。

导演却已经把我的老父亲忘在脑后了，一个劲儿地向我道歉……

中国之电影电视剧，群众演员的问题，对任何一位导演，都是很沮丧的事。往往地，需要十个群众演员，预先得组织十五六个，真开拍了，剩下一半就算不错。有些群众演员，钱一到手，人也便脚底板抹油，溜了。群众演员，在这一点上，倒可谓相当出色地演着我们现实中的些个"群众"、些个中国人。

难得有父亲这样的群众演员。

我细思忖，都愿请我的老父亲当群众演员，当然并不完全因为他的胡子……

那两年内，父亲睡在我的办公室。有时我因写作到深夜，常和父亲一块儿睡在办公室。

有一天夜里，下起了大雨。我被雷声惊醒，翻了个身，黑暗中，恍恍地，发现父亲披着衣服坐在折叠床上吸烟。

我好生奇怪，不安地询问："爸，你怎了？为什么夜里不睡吸烟？你是不是有什么心事啊？"

黑暗之中，但闻父亲叹了口气。许久，才听他说："唉，我为我们导演发愁哇！他就怕这几天下雨……"

父亲不论在哪一个剧组当群众演员，都一概地称导演为"我们导演"。从这种称谓中我听得出来，他是把自己——一个迎着镜头走过来或背着镜头走过去的群众演员，与一位导演之间联得太紧密了。或者反过来说，他是把一位导演，与一个迎着镜头走过来或背着镜头走过去的群众演员联得太紧密了。

而我认为这是荒唐的。而我认为这实实在在是很犯不上的。我嘟囔地说："爸，你替他操这份心干吗？下雨不下雨的，与你有什么关系？睡吧睡吧！"

"有你这么说话的吗？"父亲教训我道，"全厂两千来人，等着这一部电影早拍完，才好发工资，发奖金！你不明白？你一点不关心？"

我佯装没听到，不吭声。

父亲刚来时，对于北影的事，常以“你们厂”如何如何而发议论，而发感慨。不知从什么时候开始，他不说“你们厂”了，只说“厂里”了。倒好像，他就是北影的一员，甚至倒好像，他就是北影的厂长……

天亮后，我起来，见父亲站在窗前发怔。

我也不说什么。怕一说，使他觉得听了逆耳，惹他不高兴。

后来父亲东找西找的。我问找什么。他说找雨具。他说要亲自到拍摄现场去，看看今天究竟是能拍还是不能拍。

他自言自语：“雨小多了嘛！万一能拍呢？万一能拍，我们导演找不到我，我们导演岂不是要发急吗？……”听他那口气，仿佛他是主角。

我说：“爸，我替你打个电话，向你们剧组问问不就行了吗？”

父亲不语，算是默许了。

于是我就到走廊去打电话。其实是给我自己打电话。

回到办公室，我对父亲说：“电话打过了。你们组里今天不拍戏。”——我明知今天准拍不成。

父亲火了，冲我吼：“你怎么骗我？你明明不是给我剧组打电话！我听得清清楚楚。你当我耳聋吗？”父亲怒赳赳地就走出去了。

我站在办公室窗口，见父亲在雨中大步疾行，不免羞愧。对于这样一位太认真的老父亲，我一筹莫展……

父亲还在朝鲜人民共和国选景于中国的一个什么影片中担当过群众演员。当父亲穿上一身朝鲜民族服装后，别提多像一位朝鲜老人了。那位朝鲜导演也一直把他视为一位朝鲜老人。后来得知他不是，表示了很大的惊讶，也对父亲表示了很大的谢意，并单独同父亲合影留念。

那一天父亲特别高兴，对我说：“我们中国的古人，主张干什么事都认真。要当群众演员，咱们就认认真真地当群众演员。咱们这样的中国人，外国人能不看重你吗？”

记得有天晚上，是一个星期六的晚上，我和妻子和老父母一块儿包饺子，父亲擀皮儿。忽然父亲长叹一声，喃喃地说：“唉，人啊，活着活着，就老了……”

一句话，使我、妻、母亲面面相觑。

母亲说：“人，谁没老的时候？老了就老了呗！”

父亲说：“你不懂。”

妻煮饺子时，小声对我说：“爸今天是怎么了？你问问他。一句话说得全家怪纳闷儿怪伤感的……”

吃过晚饭，我和父亲一同去办公室休息。睡前，我试探地问：“爸，你今天又不高兴了吗？”

父亲说：“高兴啊，有什么不高兴的！”

我说：“那怎么包饺子的时候叹气，还自言自语老了老了的？”

父亲笑了，说：“昨天，我们导演指示——给这老爷子一句台词！连台词都让我说了，那不真算是演员了吗？我那么说你听着可以吗？……”我恍然大悟——原来父亲是在背台词。

我就说：“爸，我的话，也许你又不爱听。其实你愿怎么说都行！反正到时候，不会让你自己配音，得找个人替你再说一遍这句话……”

父亲果然又不高兴了。父亲又以教训的口吻说：“要是都像你这种态度，那电影，能拍好吗？老百姓当然不愿意看！一句台词，光是说说的事吗？脸上的模样要是不对劲，不就成了嘴里说阴，脸上却是晴了吗？”

父亲的一番话，倒使我哑口无言。惭愧的是，我连父亲不但在其中当群众演员，而且说过一句台词的这部电影，究竟是哪个厂拍的，片名是什么，至今一无所知。我说得出片名的，仅仅三部电影——《泥人常传奇》、《四世同堂》、《白龙剑》。

前几天，电视里重播电影《白龙剑》，妻忽指着屏幕说：“梁爽你看你爷爷！”

我正在看书，目光立刻从书上移开，投向屏幕——哪里有父亲的影子……

我急问：“在哪儿在哪儿？”

妻说：“走过去了。”

是啊，父亲所“演”，不过就是些迎着镜头走过来或背着镜头走过去的群众角色。走得时间最长的，也不过就十几秒钟。然而父亲的确是一位极认真极投入的群众演员——与父亲“合作”过的导演们都这么说……

在我写这篇文字时，又有人打来电话——

“梁晓声？……”

“是我。”

“我们想请你父亲演个群众角色啊！……”

“这……我父亲已经去世了……”

“去世了？……对不起……”对方的失望大大多于歉意。

如今之中国人，认真做事认真做人的，实在不是太多了。如今之中国人，仿佛对一切事都没了责任感。

有些事，在我，也渐渐地开始不很认真了。似乎认真首先是对自己很吃亏的事。

父亲一生认真做人，认真做事。连当群众演员，也认真到可爱的程度。这大概首先与他愿意是分不开的。一个退了休的老建筑工人，忽然在摄影机前走来走去，肯定的是他对此有一种愉悦。人对自己极反感之事，想要认真也是认真不起来的。这样解释，是完全解释得通的。但是我——他的儿子，如果仅仅得出这样的解释，则证明我对自己的父亲太缺乏了解了！

我想——“认真”二字，之所以成为父亲性格的主要特点，也许更因为他是一位建筑工人，几乎一辈子都是一位建筑工人，而且是一位优秀的获得过无数次奖状的建筑工人。

一种几乎终生的行业，必然铸成一个人明显的性格特点。建筑师们，是不会将他们设计的蓝图给予建筑工人——也即那些砖瓦灰泥匠们过目的。然而哪一座伟大的宏伟建筑，不是建筑工人们一砖一瓦盖起来的呢？正是那每一砖每一瓦，日复一日、月复一月、年复一年地，十几年、几十年地，培养成了一种认认真真的责任感，一种对未来之大厦矗立的高度的可敬的责任感。他们虽然明知，他们所参与的，不过一砖一瓦之劳，却甘愿通过他们的一砖一瓦之劳，促成别人的冠环之功。他们的认真乃因为这正是他们的愉悦！愿我们的生活中，对他人之事的认真，并能从中油然引出自己之愉悦的品格，发扬光大起来吧！

父亲是一个普通得不能再普通的人。父亲曾是一个认真的群众演员。或者说，父亲是一个“本色”的群众演员。

以我的父亲为镜，我常不免地问自己——在生活这个大舞台上，我也是演员吗？我是一个什么样的演员呢？就表演艺术而言，我崇敬性格演员。就现实中人而言，恰恰相反，我崇敬每一个“本色”的人，而十分警惕“性格演员”……

父亲的遗物

我站在椅上打开吊柜寻找东西，蓦地看见角落里那一只手拎包。它是黑色的，革的，很旧的，拉锁已经拉不严了，有的地方已经破了。虽然在吊柜里，竟也还是落了一层灰尘。我呆呆站在椅上看着它，像一条走失了多日又终于嗅着熟悉的气味儿回到了家里的小狗看着主人，那是父亲生前用的手拎包啊！

父亲和我、妻子、儿子合影

父亲病故十余年了，手拎包在吊柜的那个角落也放了十余年了。有时我会想到它在那儿，如同一个读书人有时会想到对自己影响特别大的某一部书在书架的第几排，更多的日子里更多的时候，我会忘记它在那儿，忘记自己曾经是儿子的种种体会……

十余年中，我不止一次地打开过吊柜，也不止一次地看见过父亲的手拎包，但是却从没把它取下过。事实上我怕被它引起思父的感伤。从少年时期至青年时期至现在，我几乎一向处在多愁善感的心态中。我觉得我这个人被那一种心态实在缠绕得太久了。我怕陷入不可名状的亲情的回忆。我承认我每每有逃避的企图……

然而这一次我的手却情不自禁地向父亲的遗物伸了过去。近年来我内心里常涌起一种越来越强烈的倾诉愿望，但是我却不愿被任何人看出我其实也有此愿。这一种封闭在内心里的愿望，那一时刻使我对父亲的遗物倍觉亲切。尽管我知道那即使不是父亲的遗物而是父亲本人仍活着，我也断不会向父亲倾诉我人生的疲惫感。我的手伸出又缩回，几经犹豫，最终还是把手拎包取了下来……

我并没打开它。我认真仔细地把灰尘擦尽，转而腾出衣橱的一格，将它放入衣橱里了。我那么做时心情很内疚，因为那手拎包作为父亲的遗物，早就该放在一处更适当的地方。而十余年中，它却一直被放在吊柜的一角，那绝不是该放一位父亲的遗物的地方。一个对自己父亲感情很深的儿子，也是不该让自己父亲的遗物落满了灰尘的啊！

我不必打开它，也知里面装的是什么——一把刮胡刀。在我很小的时候，就见过父亲用那一把刮胡刀刮胡子。父亲的络腮胡子很重，刮时发出刺啦刺啦的响声。父亲死前，刮胡刀的刀刃已被用窄了，大约只有原先的一半那么宽了。因为父亲的胡子硬，每用一次，必磨一次。父亲的胡子又长得快，一个月刮五六次，磨五六次，四十几年的岁月里，刀刃自然耗损明显。如今，连一些理发店里，也用起安全刀片来了。父亲那一把刮胡刀，接近于文物了……手拎包里还有一个小小的牛皮套，其内是父亲的印章。父亲一辈子只刻过那么一枚印章。木质的，比我用的钢笔的笔身粗不到哪儿去。父亲一生离不开那印章。是工人时每月领工资要用，退休后每三个月寄来一次退休金，每月六十余元，一年仅用数次……

一对玉石健身球，是我花五十元为父亲买的。父亲听我说是玉石的，虽然我强调我只花了五十元，父亲还是觉得那一对健身球特别宝贵似的。他只偶尔转在手里，之后立刻归放盒中。其中一只被他孙子小时候非要去玩，结果掉在阳台的水泥地上摔裂了一条纹……父亲当时心疼得直跺脚，连说："哎呀，哎呀，你呀，你呀！真败家，这是玉石的你知道不知道哇！……"

再有，就是父亲身份证的影印件了。原件在办理死亡证明时被收缴注销了。我预先影印了，留作纪念。手拎包的里面，还有一层。那道拉锁是好的。影印件就在夹层里。除了以上东西，父亲这一位中国第一代建筑工人，就再没留下什么遗物了。仅有的这几件遗物中，健身球还是他的儿子给他买的。手拎包的拉锁，父亲生前曾打算换过。但那要花三元多钱。花钱方面仔细了一辈子的父亲舍不得花三元多钱。父亲曾试图自己换，结果发现皮革已有些糟了，“咬”不住线了，自己没换成。我曾给过父亲一只开什么会发的真皮的手拎包。父亲却将那真皮的手拎包收起来了，舍不得用。他生前竟没往那真皮的手拎包里装过任何东西……

他那只旧拎包夹层的拉锁既然仍是好的，父亲就格外在意地保养它，方法是经常为它打蜡。父亲还往拉锁上安了一个纽扣那么大的小锁。因为那夹层里放过对父亲来说极重要的东西—— 有六千元整的存折。那是父亲一生的积攒。他常说是为他的孙子我的儿子积攒的……

父亲逝前一个月，我为父亲买了六七盒“蛋白注射液”，大约用了三千元钱。我明知那绝不能治愈父亲的癌症，仅为自己获得一点儿做儿子的心理安慰罢了。父亲那一天状态很好，目光特别温柔地望着我笑了。

可母亲走到了父亲的病床边，满脸忧愁地说：“你有多少钱啊？买这种药能报销吗？你想把你那点儿稿费都花光呀？你们一家三口以后不过了呀？……”

当时，已为父亲花了一万多元，父亲的单位效益不好，还一分钱也没给报销。母亲是知道这一点的。在已无药可医的丈夫和她的儿子之间，尤其当母亲看出我这个儿子似乎要不惜一切代价地延缓父亲的生命时，她的一种很大的忧虑便开始转向我这一方面了……

当我捧着药给父亲看，告诉父亲那药对治好父亲的病疗效多么显著时，却听母亲从旁说出那种话，我的心情可想而知……

仰躺着已瘦得虚脱了的父亲低声说：“如果我得的是治不好的病，就听你妈的话，别浪费钱了……”沉默片刻，他又说：“儿子，我不怕死。”听了父亲的话，我心凄然。

那药是我求人写了条子，骑自行车到很远的医院去买回来的呀！进门后脸上的汗还没来得及擦一下呀……结果我在父亲的病床边向母亲大声嚷嚷了起来：“妈妈，你再说这种话，最好回哈尔滨算了！……”我甚至对母亲说出了如此伤她老人家心的冷言冷语……母亲是那么地忍辱负重，她默默地听我大声嚷嚷，一言不发。而我却觉得自己的孝心被破坏了，还哭了……

母亲听我宣泄够了，离开了家，直至半夜十一点多才回家。如今想来，母亲也肯定是在外边的什么地方默默哭过的……

哦，上帝，上帝，我真该死啊！当时我为什么不能以感动的心情去理解老母亲的话呢？我伤母亲的心竟怎么那么近于冷酷呀？！

一个月后，父亲去世了；母亲回哈尔滨了……

我心里总想着应向母亲认错，可直至母亲也去世了，认错的话竟没机会对母亲说过……

母亲留下的遗物就更少了。我选了一条围脖和一个半导体收音机。围脖当年的冬季我一直围着，企图借以重温母子亲情。半导体收音机是我为母亲买的，现在给哥哥带到北京的精神病院去了，他也不听，我想哪次我去看他，要带回来，保存着。

我写字的房间里，挂着父亲的遗像——一位面容慈祥的美须老人；书架上摆着父亲和我们兄弟四人一个妹妹青少年时期的合影，都穿着棉衣。

我们一家竟没有一张“全家福”。

在哈尔滨市的四弟家里，有我们年龄更小时与母亲的合影。那是夏季的合影。那时母亲才四十来岁，看上去还挺年轻……

父亲在世时，常对我儿子说：“你呀，你呀，几辈子人的福，全让你一个人享着了！”

现在上高三了的儿子，却从不认为他幸福。面临高考竞争的心理压力，也使儿子过早地体会了人生的疲惫……

现在，我竟每每想到死这个字了。我也不怕死，只是觉得，还有些亲情责任未尽周全。我是根本不相信另一个世界之存在的。但有时也孩子气地想：倘若有冥间，那么岂不就省了投胎转世的麻烦，直接又可以去做父母的儿子了吗？那么我将再也不会伤父母的心了。在我们这个阳世没尽到的孝，我就有机会在阴间弥补遗憾了。

阴间一定有些早夭的孩子，那么我愿在阴间做他们的老师。阴间一定没有升学竞争吧？那么孩子们和我双方的教与学一定是轻松快乐的。我希望父亲做一名老校工。我相信父亲一定会做得非常敬业。我希望母亲为那阴间的学校养群鸡，母亲爱养鸡。我希望阴间的孩子们天天都有鸡蛋吃。

这想法其实并不使我悲观。恰恰相反，常使我感觉到某种乐观的呼唤。故我又每每孩子气地在心里说：爸爸，妈妈，耐心等我……

母亲

淫雨在户外哭泣，瘦叶在窗前瑟缩。这一个孤独的日子，我想念我的母亲。有三只眼睛隔窗瞅我，都是那杨树的眼睛。愣愣地呆呆地瞅我，我觉得那是一种凝视。

右一是我的老母亲

我多想像一个山东汉子，当面叫母亲一声“妈”。

“妈，你咋的又不舒坦？”

荣成地区一个靠海边的小小村庄的山东汉子们，该是这样跟他们的老母亲说话的吗？我常遗憾它之对于我只不过是“籍贯”，如同一个人的影子当然是应该有而没有其实也没什么。我无法感知父亲对那个小小村庄深厚的感情。因为我出生在哈尔滨市，长大在哈尔滨市。遇到北方人我才认为是遇到了家乡人。我大概是历史上最年轻的“闯关东”者的后代——当年在一批批被灾荒从胶东大地向北方驱赶的移民中，有个年仅十二岁的孑然一身衣衫褴褛的少年，后来他成了我的父亲。

“你一定要回咱家去一趟！那可是你的根土！”父亲每每严肃地对我说，“咱”说成“砸”，我听出了很自豪的意味儿。

我不知我该不该也同样感到一点儿自豪，因为据我所知那里并没有什么值得自豪的名山和古迹，也不曾出过一位什么差不多可以算作名人的人。然而我还是极想去一次。因为它靠海。

可母亲的老家又在哪里呢？靠近什么呢？母亲从来也没对我说过希望我或者希望自己能回一次老家的话。她的母亲是吉林人吗？我不敢断定。仿佛是的。母亲是出生在一个叫“孟家岗”的地方吗？好像是。又好像不是。也许母亲出生在佳木斯市附近的一个地方吧？父亲和母亲当年共同生活过的一个地方？

我很小的时候，母亲常一边做针线活，一边讲她的往事——兄弟姐妹众多，七个，或者八个。一年农村闹天花，只活下了三个——母亲、大舅和老舅。

“都以为你大舅活不成了，可他活过来了。他睁开眼，左瞧瞧，右瞧瞧，见我在他身边，就问：‘姐，小石头呢？小石头呢？’我告诉他：‘小石头死啦！’‘三丫呢？三丫呢？三丫也死了吗？’我又告诉他：‘三丫也死啦！二妹也死啦！憨子也死啦！’他就哇哇大哭，哭得憋过气去……”母亲讲时，眼泪扑簌簌地落，落在手背上，落在衣襟上，也不拭，也不抬头，一针一针，一线一线，缝补我的或弟弟妹妹们的破衣服。

“第二年又闹胡子，你姥爷把骡子牵走藏了起来，被胡子们吊在树上，麻绳沾水抽……你姥爷死也不说出骡子在哪儿，你姥姥把我和你大舅一块儿堆搂在怀里，用手紧捂住我们的嘴，躲在一口干井里，听你姥爷被折磨得呼天喊地。你姥姥不敢爬上干井去说骡子在哪儿，胡子见了女人没有放过的。后来胡子烧了我们家，骡子保住了，你姥爷死了……”

与其说母亲是在讲给我们几个孩子听，莫如说更是在自言自语，更是一种回忆的特殊方式。这些烙在我头脑里的记忆碎片，就是我对母亲的身世的全部了解。加上“孟家岗”那个不明确的地方。

母亲她在没有成为我的母亲之前拴在贫困生活中多灾多难的命运就是如此。

后来她的命运与父亲拴在一起仍是和贫困拴在一起。

后来她成了我的母亲又将我和我的兄弟妹妹拴在了贫困上。

我们扯着母亲褪色的衣襟长大成人，在贫困中她尽了一位母亲最大的责任……我对人的同情心最初正是以对母亲的同情形成的。我不抱怨我扒过树皮捡过煤核的童年和少年，因为我曾是分担着贫困对母亲的压迫，并且生活亦给予了我厚重的馈赠——它教导我尊敬母亲及一切以坚忍捧抱住艰辛的生活，绝不因茹苦而撒手的女人……

在这一个淫雨潇潇的孤独的日子，我想念我的母亲。隔窗有杨树的眼睛愣愣地呆呆地瞅我……

那一年我的家被“围困”在城市里的“孤岛”上——四周全是两米深的地

基壑壕、拆迁废墟和建筑备料。几乎一条街的住户都搬走了，唯独我家还无处可搬。因为我家租住的是私人房产——房东欲握机向建筑部门勒索一大笔钱，而建筑部门认为那是无理取闹，结果直接受害的是我们一家。正如我在小说《黑纽扣》中写的那样，我们一家成了城市中的“鲁滨逊”。

小姨回到农村去了，在那座两百余万人口的城市，除了我们的母亲，我们再无亲人。而母亲的亲人即是她的几个小儿女。母亲为了微薄的工资在铁路工厂做临时工，出卖一个底层女人的廉价的体力。翻砂——那是男人都干得很累很危险的重活。

临时工谈不上什么劳动保护，全凭自己在劳动中格外当心。稍有不慎，便会被铁水烫伤或被铸件砸伤压伤。母亲几乎没有哪一天是不带着轻伤回家的，母亲的衣服被迸溅的铁水烧了片片的洞。

母亲上班的地方离家很远，没有就近的公共汽车可乘，即便有，母亲也必舍不得花五分钱一毛钱乘车。母亲每天回到家里的时间，总在七点半左右，吃过晚饭，往往九点来钟，我们上床睡，母亲则坐在床角，将仅仅二十支光的灯泡吊在头顶，凑着昏暗的灯光为我们补缀衣裤。当年城市里强行节电，居民不允许用超过四十支光的灯泡。而对于我们家来说，节电却是自愿的，因那同时也意味着节省电费。代价亦是惨重的。母亲的双眼就是在那些年里熬坏的。至今视力很差。有时我醒来，仍见灯亮着。仍见母亲在一针一针，一线一线地缝补，仿佛就是一台自动操作而又不发出声响的缝纫机。或见灯虽亮着，而母亲却肩靠着墙，头垂于胸，补物在手，就那么睡了。有多少夜，母亲就是那么睡了一夜。清晨，在我们横七竖八陈列一床酣然梦中的时候，母亲已不吃早饭，带上半饭盒生高粱米或生大饼子，悄无声息地离开家，迎着风或者冒着雨，像一个习惯了独来独往的孤单旅者似的“翻山越岭”，趟出连条小路都没给留的“围困”地带去上班。还有不少日子，母亲加班，则我们一连几天甚至十天半月见不着母亲的面儿。只知母亲昨夜是回来了，今晨是刚走了。要不灯怎么挪地方了呢？要不锅内的高粱米粥又是谁替我们煮上的呢？

才三岁多的小妹想妈，哭闹着要妈。她以为妈没了，永远再也见不到妈了。我就安慰她，向她保证晚上准能见到妈，为了履行我的诺言，我与困顿抵抗，坚持不睡。至夜，母亲方归。精疲力竭，一心只想立刻放倒身体的样子。

我告诉母亲小妹想她。

“嗯，嗯……”母亲倦得边闭着眼睛脱衣服，一边说，“我知道，知道的。别跟妈妈说话了，妈困死了……”话没说完，搂着小妹便睡了。

第二天，小妹醒来又哭闹着要妈。

我说："妈妈是搂着你睡的！不信？你看这是什么？……"

枕上深深的头印中，安歇着几根母亲灰白的落发。我用两根手指捏起来给小妹看："这不是妈妈的头发吗？除了妈妈的头发，咱家谁的头发这么长？"

小妹亦用两根手指将母亲的落发从我手中捏过去，神态异样地细瞧；接着放下在母亲留于枕上的深深地被汗渍所染的头印中，趴在枕旁，守着，好似守着的是母亲……

最堪怜是中秋、国庆、新年、春节前夕的母亲，她每日只能睡上两三个小时。

五个孩子都要新衣穿，没有，也没钱买。母亲便夜夜地洗、缝、补、浆。若是冬季里，洗了上半夜搭到外边去冻着，下半夜再取回屋里，烘烤在烟筒上。母亲不敢睡，怕焦了着了。母亲是太刚强的女人，她希望我们在普天同庆的节日，没条件穿件新衣服，也要从里到外穿得干干净净。尽管是打了补丁的衣服，还想方设法美化我们的家。

家像地窖，像窝，像上丘之间的窝。土地，四壁落土，顶棚落土。它使不论多么神通广大的女人为它而做的种种努力，都在几天内变为徒劳。

母亲却常说："蜜蜂蚂蚁还知道清理窝呢，何况人！"

母亲拼尽她那毫无剩余可谈的精力，也非要使我们的家在短短几天的节日里多少有点像样不可。

"说不定会有什么人来！"母亲心怀这等美好的愿望，颇喜悦地劳碌着。

然而没有个谁来。没有个谁来母亲也并不觉得扫兴和失望。

生活没能将母亲变成个懊丧的怨天怨地的女人。母亲分明是用她的心锲而不舍地衔着一个乐观。那乐观究竟根据什么？当年的我无从知道，如今的我似乎知道了，是母亲默默地望着我们时目光中那含蓄的欣慰。

她生育了我们，她就要把我们抚养成人。她从未怀疑她不能够。母亲那乐观当年所根据的也许正是这样的信念吧？唯一的始终不渝的信念。

我们依赖于母亲而活着。像蒜苗之依赖于一棵蒜。当我们到了被别人估价的时候，母亲已被我们吸收空了。没有财富和知识。母亲是位一无所有的母亲。她奉献满腔满怀不温不冷的心血供我们吮咂！母亲啊，妈！我的老妈妈！我无法宽恕我当年竟是那么不知心疼您、体恤您。

是的，我当年竟是那么不知心疼和体恤母亲。我以为母亲就应该是那样任劳任怨的。我以为母亲天生就是那样一个劳碌不停而又不觉累的女人。我以为母亲是累不垮的。其实母亲累垮过很多次。在夜深人静的时候，在我们做梦的时候，几回母亲瘫软在床上，暗暗恐惧于死神找到她的头上了。但第二天她总会连她自己也不可思议地挣扎了起来，又去上班……

她常对我们说："妈不会累的，这是你们的福分。"

我们不觉得是福分，却相信母亲累不垮。

在北大荒，我吃过大马哈鱼。肉呈粉红色，肥厚、香。乌苏里江或黑龙江的当地人，习惯用大马哈鱼肉包饺子视为待客的佳肴。

前不久我从电视中又看到大马哈鱼：母鱼产子，小鱼孵出，想不到它们竟是靠惯食它们的母亲而长大的。母鱼痛楚地翻滚着，扭动着，瞪大它的眼睛，张开它的嘴和它的腮，搅得水中一片红。却并不逃去，直至奄奄一息，直至狼藉成骸……

我的心当时受到了极强烈的刺激。我瞬间联想到长大成人的自己和我的母亲，联想到我们这九百六十万平方公里上一切曾在贫困之中和仍在贫困之中坚忍顽强地抚养子女的母亲们。她们一无所有，她们平凡、普通、默默无闻，最出色的品德可能仍是坚忍。除了自己的坚忍，她们无可依靠。然而她们也许是最对得起她们儿女的母亲！因为她们奉献的是自己。想一想那种类乎本能的奉献真令我心酸。而在她们的生命之后不乏好男儿，这是人类最最持久的美好啊！

我又联想到另一件事：小时候母亲曾买了十几个鸡蛋，叮嘱我们千万不要碰碎，说那是用来孵小鸡的。小鸡长大了，若有几只母鸡，就能经常吃到鸡蛋了。母亲满怀信心，双手一闲着，就拿起一个鸡蛋，握着，捂着，轻轻摩挲着。我不信那样鸡蛋里就会产生一个小生命。有天母亲拿着一个鸡蛋，走到灯前，将鸡蛋贴近了灯对我说："孩子，你看！鸡蛋里不是有东西在动吗？"

我看到了，半透明的鸡蛋中，隐隐地确实有什么在动。

母亲那只手也变成了红色的。那是血色呀！血仿佛要从母亲的指缝滴落下来！……

"妈妈，快扔掉！"我扑向母亲，夺下了那个蛋，摔碎在地上——蛋液里，一个不成形的丑陋的生命在蠕动。我用脚去踩踏，不是宣泄残忍，而是源自恐惧。我觉得那不成形的丑陋的生命，必是由于通过母亲的双手吸了母亲的血才变出来的！我抬起头望母亲，母亲脸色那么苍白，我内心里充满了恐惧，愈加相信我想的是对的。我不要母亲的心血被吸干！不管是哪一个被我踩死了踏死了无形的丑陋的生命，还是万恶的贫困！因为我太知道了，倘我们富有，即使生活在腐朽的棺材里，也会有人高兴来做客，无论是节日抑或寻常的日子，并且随身带来种种礼物……

"不，不！"我哭了。我嚷："我不吃鸡蛋了！不吃了！妈妈，我怕……"

母亲怒道："你这孩子真罪孽！你害死了一条小生命！你怕什么？"

我说："妈妈我是怕你死……它吸你的血……"

母亲低头瞧着我，怔了一刻，默默地把我搂在怀里，搂得很紧……

小鸡终于全孵出来了，一个个黄绒似的，活泼可爱。它们渐渐长大，其中有三只母鸡。以后每隔几日，我们便可吃到鸡蛋了。但我在很长一段时间内不敢吃，对那些鸡我却有着一种特殊的情感，视它们为通人性的东西，觉得它们有着一种血缘般的关系……

连续三年的自然灾害使我们的共和国也处在同样艰难的时间。国营商店只卖一种肉——"人造肉"，淘米泔水经过沉淀之后做的。粮食是珍品，淘米泔水自然有限。

"人造肉"每户每月只能按购货本买到一斤。后来由于加工收集不到足够生产的淘米泔水，"人造肉"便难以买到了。用如今的话说，是"抢手货"，想买到得"走后门儿"。

中央人民广播电台在"为人民服务"节目中，热情宣传河沟里的一层什么绿也是可以吃的，那叫"小球藻"，且含有丰富的这个素那个素，营养价值极高……

母亲下班更晚了。但每天带回一兜半兜榆钱儿。我惊奇于母亲居然能爬到树上去撸榆钱儿。然而那就是她在厂里爬上一些高高的大榆钱树撸的。

"有'洋辣子'吗？"我们洗时，母亲总要这么问一句。

我们每次都发现有，我们每次都回答说没有。我们知道母亲像许多女人一样，并不胆小，却极怕叶上的"洋辣子"那类毛虫。

榆钱儿当年对我们来说是佳果。我们只想到母亲可别由于害怕"洋辣子"就不敢给我们再撸榆钱儿了。如果月初，家中有粮，母亲就在榆钱儿中拌点豆面，和了盐，蒸给我们吃。好吃。如果没有豆面，母亲就做榆钱儿汤给我们喝。不但放盐，还放油。好喝。

有天母亲被工友搀了回来——母亲在树上撸榆钱儿时，忽见自己遍身爬满"洋辣子"，惊掉下来……

我对母亲说："妈，以后我跟你到厂里去吧，我比你能爬树，我不怕'洋辣子'……"

母亲抚摸着我的头说："儿啊，厂里不许小孩进。"

第二天，我还是执拗地跟母亲去上班了。无论母亲说什么，把门的始终摇头，坚决不许我进厂。

我只好站在厂门外，眼睁睁瞧着母亲一人往厂里走，不回家，我想母亲就绝不会将我丢在厂外的。不一会儿，我听到母亲在低声叫我。见母亲已在高墙外了，向我招手。我趁把门的不注意，沿墙溜过去，母亲赶紧扯着我的手跑，好大的厂，好高的墙。跑了一阵，跑至一个墙洞口，工厂从那里向外排污水，一会儿排一阵，一会儿排一阵。在间隔的当儿，我和母亲先后钻入到了厂里。面前榆林乍现，喜得我眉开眼笑。心内不禁就产生了一种自私的占有欲——都是我家的树多好！那我就首先把那个墙洞堵上，再养两条看林子的狗，当然应该是凶猛的狼狗！

母亲嘱咐我："别到处乱走。被人盘问就讲是你自己从那个洞钻进来的。千万别讲出妈妈，要不妈妈该挨批评了！走时，可还要钻那个洞！"母亲说完，便匆匆离开了。

我撸了满满一粮袋榆钱儿，从那个洞钻出去，扛在肩上，心内乐滋滋地往家走，不时从粮袋中抓一把榆钱儿，边走边吃。

结果我身后跟随了一些和我年龄差不多的孩子，馋涎欲滴地瞅着我咀嚼的嘴。

"给点儿！"

"给点儿吧！"

"不给，告诉我们在哪儿的树上撸的也行！"

我不吭声，快快地走。

"再不给就抢了啊！"

我跑。

"抢！"

"不抢白不抢！"

他们追上我，推倒我。抢……

我从地上爬起时，"强盗"们已四处逃散，连粮袋儿也抢去了。我怔怔地站着，地上一片踏烂的绿。我怀着愤恨走了。回头看，一位老妪在那儿捡……

母亲下班后，我向母亲哭述自己的遭遇，凄凄惨惨戚戚。母亲听得很认真。凡此种种，母亲总先默默听，不打断我的话，耐心而怜悯的样子。直至她的儿女们觉得没什么补充的了，母亲才平静地做出她的结论。

母亲淡淡地说："怨你。你该分给他们些啊，你撸了一口袋呀！都是孩子，都挨饿。你那么小气，他们还不抢你吗？往后记住，再碰到这种事儿，惹人家动手抢之前，先就主动给，主动分。别人对你满意，你自己也不吃亏……"

母亲往往像一位大法官，或者调解员，安抚着劝慰着小小的我们与社会的血气方刚的冲突，从不长篇大论一套套地训导。一向三言两语，说得明明白白，是非曲直，尽在谆谆之中。并且表现出仿佛绝对公正的样子，希望我们接受她的逻辑。我们接受了，母亲便高兴，夸我们：好孩子。而母亲的逻辑是善良的逻辑，包含有一个似无争亦似无奈的“忍”字。仅仅为使母亲高兴，我们也唯有点头而已。

可能自幼忍得太多了吧，后来于我的性格中，遗憾地生出了不屈不忍的逆反。如今三十九岁的我，与人与事较量颇多，不说伤疤累累，亦是擦伤遍体。每每咀嚼母亲过去的告诫，便厌恶自己是个犟种。忏悔既深久，每每地克己地玩味起母亲传给我的一个“忍”字。或反之逆反，或曰“二律背反”也未尝不可。却又常于“克己复礼”之后而疑问重重。弄不清作为一个人，那究竟是好呢还是不好？……

一场雨后，榆钱儿变成了榆树叶。榆树叶也能做“小豆腐”，做榆树叶汤，滑滑溜溜的，仿佛汤里加了粉面子。然而母亲厂里的食堂将那片榆树林严密地看管起来了，榆树叶成了工人叔叔和阿姨的佐餐之物。

别了，暄腾腾的“小豆腐”……

别了，绿汪汪的“滑溜溜”……

别了，整个儿那一片使我产生强烈的占有欲并幻想饲以狼狗严守的榆树林……

我们是社会主义国家，共产主义分配原则，可做“小豆腐”、可做“滑溜溜”的榆树叶儿“共产”起来，原本也是情理之中的事儿。倒是我那占为己有的阴暗的心思，于当年论道起来，很有点儿自发的资产阶级利己思想的意味儿。不过我当年既未忏悔，也未诅咒过。

母亲依然有东西带给我们，鼓鼓的一小布包——扎成束的狗尾巴草。狗尾巴草不能做“小豆腐”吃，不能做“滑溜溜”喝，却能编毛茸茸的小狗、小猫、小兔、小驴、小骆驼……

母亲总有东西带回给每日里眼巴巴地盼望她下班的孤苦伶仃的孩子们。母亲不带点什么，似乎就觉得很对不起我们。不论何种东西，可代食的也罢，不可代食的也罢。稀奇的也罢，不稀奇的也罢，从母亲那破旧的小布包抖搂出来，似乎便都成了好东西。哪怕在别的孩子们看来是些不屑一顾的东西。重要的仅仅在于，我们感受到母亲的心里对我们怀着怎样的一片慈爱。那乃是艰难岁月里绝无仅有的营养供给高贵的“代副食”啊！母亲是深知这一点的。

某天，放学回家的路上，我被一辆停在商店门口的马车所吸引。瘦马在荫凉里一动不动，仿佛处于思考状态的一位哲学家。老板子躺在马车上睡觉，而他头下枕的，竟是豆饼，四分之一块啊！

我同学中有一个是区长的儿子，有次他将一个大包子分给我和几个同学吃，香得我们吃完了直咂嘴巴。

“这包子是啥馅的？”

“豆饼！”

“豆饼？你们家从哪儿弄的豆饼？”

“他爸是区长嘛！”

我们不吭声了。豆饼是艰难岁月里一位区长的特权，就是豆饼……

我绕着那辆马车转了一圈儿，又转一圈儿，猜测那老板子真是睡着了，就动手去抽那块豆饼。

老板子并未睡着，四十来岁的农村汉子微微睁开眼瞅我，我也瞅他。

他说：“走开。”

我说：“走就走。”

偷不成，只有抢了！我猛地从他头下抽出了那四分之一块豆饼，吓得他的头在车板上咚地一响。他又睁开了眼，瞅着我发愣。我也看着他发愣。

“你……”

我撒腿便跑，抱着那四分之一块豆饼，沉甸甸的。

“豆饼！我的豆饼！站住！……”懵怔中的老板子待我跑开了挺远才明白过来是怎么一回事，边喊边追我。

我跑得更快了，像只袋鼠似的，在包围着我的家的复杂地形中逃窜，自以为甩掉了追赶着的尾巴，紧紧张张地撞入家门。

母亲愕问：“怎么回事？哪儿来的豆饼？”

我着急忙慌，前言不搭后语地说：“妈快把豆饼藏起来……他追我！……”却仍紧紧抱着豆饼，蹲在地上喘作一团。

“谁追你？”

“一个……车老板……”

“为什么追你？”

“妈你就别问了！……”

母亲不问了，走到了外面，我自己将豆饼藏到箱子里，想想，也往外跑。

“往哪儿跑？”母亲喝住了我。

“躲那儿！”我朝沙堆后一指。

“别躲！站这儿。”

“妈！不躲不行！他追来了，问你，你就说根本没见到一个小孩子！他还能咋的？……”

“你敢躲起来！”母亲变得异常严厉，“我怎么说，用不着你教我！”

只见那持鞭的老板，汹汹地出现，东张西望一阵，向我家这儿跑来。他跑到我和母亲跟前，首先将我上下打量了足有半分钟。因我站在母亲身旁，竟有些不敢贸然断定就是我夺了他的豆饼，手中的鞭子不由背到了身后去。

“这位大姐，见一个孩子往这边跑了吗？抱着不小一块豆饼……”

我说：“没有没有！我们连个人影也没看见！”

“怪了，明明是往这边跑的啊！”他自言自语地嘟囔，我挺大个老爷们儿，倒被这个孩子明抢明夺了，真是跟谁讲谁都不相信。”他悻悻地转身欲走。

“你别走。”不料母亲叫住他，说，“你追的就是我儿子。”

他瞪着我，又瞪着母亲，似欲发作，但克制着，几乎是有几分低声下气地说：“大姐你千万别误会，我可不是想怎么你的儿子！鞭子……是顺手一操……还我吧，那是我今明两天的口粮啊……”一副农村人在城里人面前明智的自卑模样。

母亲又对我说：“听到了吗？还给人家！”我悻悻地回到屋里，从粮柜内搬出那块豆饼，不情愿地走出来，走到老板子跟前，双手捧着还他。

他将鞭杆往后腰带斜着一插，也用双手接过，瞧着，仿佛要看出是不是小了。

母亲羞愧地说：“我教子不严，让你见笑了啊！你心里的火，也该发一发。或打或骂，这孩子随你处置！……”

“老大姐，言重了！言重了！我不是得理不让人的人，算了算了，这年头，好孩子也饿慌了！……”他反而显得难为情起来。

“还不鞠个躬，认个错！”在母亲严厉目光的威逼之下，我被人按着脑袋似的，向那车老板鞠了个草草的躬。

我家的斧头，给一截劈柴夹着，就在门口。车老板一言不发，拔下斧头，将豆饼垫在我家门槛上，嘿嘿几下，砍得豆饼碎屑纷落，砍为两半。他一手拿起一半，双手同时地掂了掂，递给母亲一半，慷慨地说：“大姐，这一半儿你收下！”

“那怎么行，这是你的干粮啊！”母亲婉拒。老板子硬给，母亲婉拒不过，只好收了，进屋去，拿出两个窝窝头和一个咸菜疙瘩给那车老板。又轮到那车老板拒而不收，最后呢，见母亲一片真心实意，终于收了。从头上摘下单帽，连豆饼一块儿兜着，连说：“真是的，真是的，倒反过来占了你们个大便宜，怪不像话的！……”他在围困着我们家的地基壕壑、沙堆、废墟和石料场之间择路而去，插在后腰带上的长杆儿鞭子，似“天牛”的一条触角。

“你呀，今天好好想想吧！”直至吃晚饭前，母亲只对我说了这么一句话。不理睬我，也不吩咐我干什么活儿。而这是比打我骂我，更使我悲伤的。

端起饭碗时，我低了头，嗫嚅地说：“妈，我错了……”

“抬头。”

我罪人一般抬起头，不敢迎视母亲的目光。

“看着妈。”母亲脸上，庄严多于谴责。

“你们都记住，讨饭的人可怜，但不可耻。走投无路的时候，低三下四也没什么。偷和抢，就让人恨了！别人多么恨你们，妈就多么恨你们！除了这一层脸面，妈什么尊贵都没有！你们谁想丢尽妈的脸，就去偷，就去抢……”母亲落泪了。

我们都哭了……

夏天和秋天扯着手过去了，冬天咄咄地来了。我爱过冬天，大雪使我家周围的一切肮脏都变得洁白一片了；我怕过冬天，寒冷使我家孤零零的低矮的小破屋变成了冰窖。

那一年冬天我们有了一个伴儿——一条小狗。我在放学回家的路上发现了它，被大雪埋住，只从雪中露出双耳。它绊了我一跤。我以为是条死狗，用脚拨开雪才看出它还活着，快冻僵了。它引起了我的怜悯。于是它有了一个家，我们有了一个伴儿。一条漂亮的小狗，白色、黑花，波兰奶牛似的。脖子上套着皮圈儿，皮圈儿上缀着一个小铜牌儿，小铜牌儿上压色出个“3”。它站立不稳，常趴着。走起来踉踉跄跄，前足抬得高高的，不顾一切地一踏，于是下巴也狠狠触地。幸亏下巴触地，否则便一头栽倒了。喂它米汤喝，竟不能好好喝。嘴在破盆四周乱点一通，五六遭方能喝到一口米汤。起初我以为它是只瞎狗，试它眼睛，却不瞎。而那双怯怯的狗眼，流露着无限的人性，哀哀地乞怜着。我便怀疑它不过是被冻的。它漂亮而笨拙，如同一个患羊痫疯的漂亮的小女孩，它那双褐色的狗眼，不但是通人性的，且仿佛是充分女性的。我并未因其笨拙而产生厌恶。弟弟妹妹们也是。

我们那么需要一个小朋友，而它可以被当成一个小朋友，就是这样。

母亲下班回到家里，呆呆地瞅着那狗吃和走的古怪样子，愣了半晌，惊问：“这是什么？”

我回答：“狗。”

“扔出去！”母亲大吼，“快给我扔出去！”

我说：“不！”

弟弟妹妹们也齐声嚷：“不扔！不扔！”

“都不听话啦？”母亲一把抓起了笤帚，高举着先威胁的是我，“看我挨个儿打你们！”

我赶紧护住头：“就不许我们喜欢个什么东西吗？”

弟弟妹妹们也齐声表示抗议：“就不许我们养条喜欢的狗吗？就不许我们有个捡来的伴儿吗？”

母亲吼道："不许！"笤帚却高举着，没即刻落到我头上。

我大胆争辩："你说过的，对人要心善！"

"可它不是人！"母亲举着的手臂放下了，"人都吃糠咽菜的年月，喂它什么？还是这么条狗！"

我说："我那份饭分它吃。"

弟弟妹妹们也说："还有我们！"

母亲长长叹了口气，逐个儿瞧我们，垂下了手臂。

在一中住读的哥哥那天晚上也回家了，研究地望着那条狗说："我知道了，这是条被医院里做实验的狗，跑出来了！老师带我们到医院参观过，那些狗脖子上挂的都是这种编了号码的小铜牌儿，肯定做的是小脑实验，所以它失去平衡机能了，生物课本上讲到过这一点。不养它，它死路一条……"

可怜的我们的小朋友！母亲又长长地叹了一口气，不知是因狗，还是因她的儿女们集体的发难。宽容的我们的母亲……

那一条狗，也是可以和我们在雪地上玩耍的。感谢上帝，它的大脑里的人性是没被人做过什么实验的。它那种古怪的滑稽的笨拙的动态，使我们发出一串串笑声，足以安慰我们幼小的孤独的心灵。雪地上留下一片片生动的足迹，我们的和狗的……

一天上午，趴在窗前朝外望的三弟突然不安地叫我："二哥你快看！"

外面，几个大汉在指点雪地上的足迹，他们朝我家走来。

"是想抢我们的狗吧？"我也不安了，惶惶地将"3号"藏入破箱子内，将小妹抱到箱子盖上坐着。

他们高叫："我们是打狗队的！"大汉们在敲门了。

"我们家没养狗！"然而他们闯入家中。

"没养狗？狗脚印一直跑到你家门口！"

"它死了。"

"死了？死了的我们也要！"

"我们留着死狗干什么？早埋了。"

"埋了？埋哪儿？领我们去挖出来看看！"

"房前屋后坑坑洼洼的，埋哪儿我们忘了。"

他们不相信，却不敢放肆搜查，这儿瞧瞧，那儿瞅瞅，大扫其兴地走了……

"他们既然是打狗队的，既然没相信你们的话，就绝不会放过它的……"

晚上，母亲为我们的"小朋友"表现出了极大的担心。

我说："妈，你想办法救它一命吧！"

母亲问："你们不愿失去它？"

我和弟弟妹妹们点头。

母亲又问："你们更不愿它死？"

我和弟弟妹妹们仍点头。

"要么，你们失去它；要么，你们将会看到打狗队的人，当着你们的面儿活活打死它，你们都说话呀！"

我们都不说话。

母亲从我们的沉默中明白了我们的选择。

母亲默默地将一个破箱子腾空，铺一些烂棉絮，放进两个掺了谷糠的窝窝头，最后抱起"3号"，放入箱内，我注意到，母亲抚摸了一下小狗。

我将一张纸贴在箱盖里面儿，歪歪扭扭地写的是——别害它命，它曾是我们的小朋友。

我和母亲将箱子搬出了家，拴根绳子，我们拖着破箱子在冰雪上走。月光将我和母亲的身影映在冰雪上。我和母亲的身影一直走在我们前边。不是在我们身后或在我们身旁，一会儿走在我们身后一会儿走在我们身旁的是那一轮白晃晃的大月亮。

不知道为什么月亮那一个晚上始终跟随着我和我的母亲。半路我捡了一块冰坨子放入破箱子里。我想"3号"它若渴了就舔舔冰吧！我和母亲将破箱子遗弃在离我家很远的一个地方……

第二天是星期日。母亲难得休息一个星期日，近中午了母亲还睡得很实。我们难得有和母亲一块儿睡懒觉的时候，虽早醒了也都不起。失去了我们的"小朋友"，我们觉得起早也是个没意思。

"堵住它！别让它往那人家跑！"

"打死它！打呀！"

"用不着逮活的！给它一锹！"

男人们兴奋的声音乱喊乱叫。

"妈！妈！"

"妈妈！"我们焦急万分地推醒了母亲。

母亲率领衣帽不齐的我们奔出家门，见冬季停止施工的大楼角那儿，围着一群备料工人。

母亲率领我们跑过去一看，看见了吊在脚手架上的一条狗，皮已被剥下一半儿，一个工人还正剥着。

母亲一下子转过身，将我们的头拢在一起，搂紧，并用身体挡住我们的视线。

“不是你们的狗！孩子们，别看，那不是你们的狗……”

然而我们都看清了——那是“3号”，是我们的“小朋友”。白黑杂色的漂亮的小狗，剥了皮的身躯比饥饿的我们更显得瘦，小女孩般的通人性的眼睛死不瞑目……

母亲抱起小妹，扯着我的手，我的手和两个弟弟的手扯在一起。我们和母亲匆匆往家走，不回头，不忍回头。

我们的“小朋友”的足迹在离我家不远处中断了，一摊血仿佛是个句号。

自称打狗队的那几个大汉，原来也是备料工人。不一会儿，他们中的一个来到了我家里，将用报纸包着的什么东西放在桌上。

母亲狠狠地瞪他。

他低声说：“我们是饿急眼了……两条后腿……”

母亲说：“滚！”

他垂了头往外便走。

母亲喝道：“带走你拿来的东西！”

他的头低得更低，转身匆匆拿起了送来的东西……

雨仍在下，似要停了，却又不停，窗前瑟缩的瘦叶是被洗得绿生生的了。偶尔还闻一声寂寞的蝉吟。我知道的，今天准会有客来敲我的家门——熟悉的，还是陌生的呢？我早已是有家之人了。弟弟妹妹们也都早是有家之人了。当年贫寒的家像一只手张开了，再也攥不到一起。母亲自然便失落了家，歇栖在她儿女们的家里。

在她儿女们的家里有着她极为熟悉的东西——那就是依然贫寒，受着居住条件的限制，一年中的大部分日子，母亲和父亲两地分居。

那杨树的眼睛隔窗瞅我，愣愣地呆呆地瞅我。古希腊和古罗马雕塑低沉的眼睛，大抵都是那样子的，冷静而漠然。

但愿谁也别来敲我的家门，但愿。在这一个孤独的日子让我想念我的老母亲，深深地想念……

我忘不了我的小说第一次被印成铅字时的那份儿喜悦。我日夜祈祷的就是这回事儿。真是的，我想我该喜悦，却没怎么喜悦。避开人我躲在一个地方哭了，那一刻我最想我的母亲……

我的家搬到光仁街，已经是一九六三年了。那地方，一条条小胡同仿佛烟鬼的黑牙缝，一片片低矮的破房子仿佛是一片片疥疮，饥饿对于普通的人们的严重威胁毕竟开始缓解。我是小学五年级的学生了，我已经有三十多本小人书了。

“妈，剩的钱给你。”

“多少？”

“五毛二。”

“你留着吧。”

买粮、煤、劈柴回来，我总能得到几毛钱。母亲给我，因为知道我不会乱花，只会买小人书。每个月都要买粮买煤买劈柴，加上母亲平日给我的一些钢镚儿，渐渐积攒起就很可观，积攒到一元多，就去买小人书。当年小人书便宜，厚的三毛几一本，薄的才一毛几一本。母亲从不反对我买小人书。

我还经常去租小人书。在电影院门口、公园里、火车站。有一次火车站派出所一位年轻的警察，没收了我全部的小人书，说我影响了站内秩序。

我一回到家就号啕大哭。我用头撞墙。我的小人书是我巨大的财富，我觉得我破产了，从绰绰富翁变成了一贫如洗的穷光蛋。我绝望得不想活。想死。我那可怜的样子，使母亲为之动容。于是她带我去讨还我的小人书。

“不给！出去出去！”车站派出所年轻的警察，大檐帽微微歪戴着，上唇留撇小胡子，一副葛列高利那种桀骜不驯的样子。母亲代我向他承认错误，代我向他保证以后绝不再到火车站租小人书，话说了许多，他烦了，粗鲁地将母亲和我从派出所推出来。

母亲对他说：“不给，我就坐台阶上不走。”

他说：“谁管你！”砰地将门关上了。

“妈，咱们走吧，我不要了……”我仰起脸望着母亲，心里一阵难过。亲眼见母亲因自己而被人呵斥，还有什么事比这更令一个儿子内疚的？

“不走。妈一定给你要回来！”母亲说着，就在台阶上坐了下去。并且扯我坐在她身旁，一条手臂搂着我。

另外几位警察出出进进，连看也不看我们。

“葛列高利”也出来了一次：“还坐这儿？”

母亲不说话，不瞧他。

“嘿，静坐示威……”他冷笑着又进去了……

天渐黑了。派出所门外的红灯亮了，像一只充血的独眼，自上而下虎视眈眈地瞪着我们。我和母亲相依相偎的身影被台阶斜折为三折，怪诞地延长到水泥方砖广场，淹在一汪红晕里。我和母亲坐在那儿已经近四小时。母亲始终用一条手臂搂着我。我觉得母亲似乎一动也没动过，仿佛被一种持久的意念定在那儿了。

我想我不能再对母亲说——“妈，我们回家吧！”那意味着我失去的是三十几本小人书，而母亲失去的是被极端轻蔑了的尊严，一个自尊的女人的尊严。我不能够那样说……

几位警察走出来了，依然并不注意我们，纷纷骑上自行车回家去了。终于“葛列高利”又走出来了：“嗨，我说你们想睡在这儿呀？”

母亲不看他，不回答，望着远处的什么。

“给你们吧！”“葛列高利”将我的小人书连同书包扔在我怀里。

母亲低声对我说：“数数。”语调很平静。

我数了一遍，告诉母亲：“缺三本《水浒》。”

母亲这才抬起头来，仰望着“葛列高利”，清清楚楚地说：“缺三本《水浒》。”

他笑了，从衣兜里掏出三本小人书扔给我，嘟囔道：“哟嗬，还跟我来这一套……”

母亲终于拉着我起身，昂然走下台阶。

“站住！”“葛列高利”跑下了台阶，向我们走来，他走到母亲跟前，用一根手指将大檐帽往上捅了一下，接着抹他的那一撇小胡子。

我不由得将我的“精神食粮”紧抱在怀中。母亲则将我扯近她身旁，像刚才坐在台阶上一样，又用一条手臂搂着我。

“葛列高利”以将军命令两个士兵那种不容违抗的语言说：“等在这儿，没有我的允许不准离开！”

我惴惴地仰起脸望着母亲。“葛列高利”转身就走。

他却是去拦截了一辆小汽车，对司机大声说：“把那个女人和孩子送回家去。要一直送到家门口！”

我买的第一本长篇小说是《青年近卫军》，一元多钱。母亲还从来没有一次给过我这么多钱。我还从来没有向母亲一次要过这么多钱。我的同代人们，当你们也像我一样，还是一个小学五年级学生的时候，如果你们也像我一样，生活在一个穷困的普通劳动者家庭的话，你们为我做证，有谁曾在决定开口向母亲要一元多钱的时候，内心里不缺少勇气？

当年的我们，视父母一天的工资是多么非同小可啊！但我想有一本《青年近卫军》想得整天失魂落魄，无精打采。我从同学家的收音机里听到过几次《青年近卫军》长篇小说连续广播。那时我家的破收音机已经卖了，被我和弟弟妹妹们吃进肚子里了。直接吃进肚子里的东西当然不能取代“精神食粮”。我那时还不知道什么叫“维他命”，更没从谁口中听说过“卡路里”，但头脑却喜欢吞“革命英雄主义”，一如今天的女孩子们喜欢嚼泡泡糖。

在自己对自己的怂恿之下，我去到母亲的工厂向母亲要钱。母亲那一年被铁路工厂辞退了，为了每月三十元的收入，又在一个街道小厂上班。一个加工棉胶鞋帮的中世纪奴隶作坊式的街道小厂。

一排破窗，至少有三分之一埋在地下了。门也是，所以只能朝里开。窗玻璃脏得失去了透明度，乌玻璃一样。我不是迈进门而是跃进门去的。我没想到门里的地面比门外的地面低半米。一张踏脚的小条凳权做门里台阶，我踏翻了它，跌进门的情形如同掉进一个深坑。

那是我第一次到母亲为我们挣钱的那个地方。空间非常低矮。低矮得使人感到心里压抑。不足两百平方米的厂房，四壁潮湿颓败，七八十台破缝纫机一行行排列着，七八十个都不算年轻的女人忙碌在自己的缝纫机后。因为光线阴暗，每个女人头上方都吊着一只灯泡。正是酷暑炎夏，窗不能开，七八十个女人的身体和七八十只灯泡所散发的热量，使我感到犹如身在蒸笼。

那些女人热得只穿背心。有的背心肥大，有的背心瘦小，有的穿的还是男人的背心，暴露出相当一部分丰厚或者干瘪的胸脯，千奇百怪。毡絮如同褐色的重雾，如同漫漫的雪花，在女人们在母亲们之间纷纷扬扬地飘荡。而她们不得不一个个戴着口罩。女人们母亲们的口罩上，都有三个实心的褐色的圆。那是因为她们的鼻孔和嘴的呼吸将口罩浸湿了，毡絮附着在上面。女人们母亲们的头发、臂膀和背心也差不多都变成了褐色的，毛茸茸的褐色。我觉得自己恍如置身在山顶洞人时期的女人们母亲们之间。我呆呆地将那些女人们母亲们扫视一遍，却发现不了我的母亲。七八十台破缝纫机发出的噪声震耳欲聋。

“你找谁？”一个用竹篾拍竹毡絮的老头对我大声嚷，却没停止拍打，毛茸茸的褐色的那老头像一只老雄猿。

“找我妈！”

“你妈是谁？”

我大声说出了母亲的名字。

“那儿！”老头朝最里边的一个角落一指。

我穿过一排缝纫机，走到那个角落，看见一个极其瘦弱的毛茸茸的褐色的脊背弯曲着，头凑近在缝纫机机板上。周围几只灯泡的电热烤我的脸。

“妈……”

“妈……”

背直起来了，我的母亲，转过身来了，我的母亲。肮脏的毛茸茸的褐色的口罩上方，眼神儿疲竭的我熟悉的一双眼睛吃惊地望着我，我的母亲的眼睛。

母亲大声问："你来干什么？"

"我……"

"有事快说，别耽误妈干活！"

"我……要钱……"我本已不想说出"要钱"两字，可是竟说出来了！

"要钱干什么？"

"买书……"

"多少钱？"

"一元五角就行……"

母亲翻出衣兜，掏出一卷毛票，用指尖龟裂的手指点着。

旁边一个女人停止踏缝纫机，向母亲探过身，喊："大姐，别给！没你这么当妈的！供他们吃，供他们穿，供他们上学，还供他们看图书哇！……"又对我喊："你看你妈这是在怎么挣钱？你忍心朝你妈要钱买图书哇！……"

母亲却已将钱塞在我手心里了，大声回答那个女人："谁叫我们是当妈的啊！我挺高兴他爱看书的！"

母亲说完，立刻又坐了下去，立刻又弯曲了背，立刻又将头俯在缝纫机机板上，立刻又陷入手脚并用的机械忙碌状态……

那一天我第一次发现，我的母亲原来是那么瘦小，竟快是一个老女人了！那时我努力要回忆起一个年轻母亲的形象，竟回忆不起母亲她何时年轻过。

那一天我第一次觉得我长大了，应该是一个大人了，并因自己十五岁了才意识到自己应该是一个大人了而感到羞愧难当，无地自容。我鼻子一酸，攥着钱跑了出去……

那天我用那一元五毛钱给母亲买了一听水果罐头。

"你这孩子，谁叫你给我买水果罐头的？不是你说买书，妈才会舍得给你钱的吗？"

那一天母亲数落了我一顿，数落完了我，又给我凑足了买《青年近卫军》的钱……

我想我没有权利用那钱再买任何别的东西，无论为自己还是为母亲。从此我有了第一本长篇小说……后来我有了第二本、第三本、第四本、第五本……《钢铁是怎样炼成的》、《牛牤》、《勇敢》、《幸福》、《红旗谣》……我再也没因想买书而开口向母亲要过钱。

我是大人了，我开始挣钱了——拉小套。在火车站货运场、济虹桥坡下、市郊公路上……我用自己辛辛苦苦挣的钱买书时，你尤其会觉得你买的乃是世界上最值得花钱、最好的东西。于是我有了三十几本长篇小说。十五岁的我爱书如同女人之爱美，向别人炫耀我的书是我当年最大的虚荣。

三年后几乎一切书都成了“毒草”。学校在烧书。图书馆在烧书。一切有书的家庭在烧书。自己不烧，别人会到你家里查抄，结果还是免不了被烧，普通的人们的家庭只剩下了一个人的书，并且要摆在最显眼的地方。街道也成了“无产阶级文化大革命执行委员会”——使命之一也是挨家挨户查抄“毒草”焚烧之。

“老梁家的，听说你们这个院儿里，顶数你们家孩子买的黑书多啦，通通交出来吧！”

面对闯入家中的人们，母亲镇定地声明：“我是文盲，不知哪些书是黑书。”

“除了毛主席和林副统帅的书，全是黑书，毒草。这个简单明白的革命道理文盲也是应该懂得的！”

“我儿子的书，我已经烧了，烧光了，现时我家只有那几本红宝书啦。”母亲指给他们看。

他们怀疑。母亲便端出一盆纸灰：“怕你们不信，所以保留着纸灰给你们验证。若从我家搜出一本黑书，你们批判我。”

“听说你儿子几十本书呢，就烧成这么一盆纸灰？”

“都烧了，十来盆呢。我不过只保留了一盆给你们看。”母亲分外虔诚老实的样子。

他们信了。他们走时，母亲问：“那么这一盆纸灰我也可以倒了吧？”

他们善意地说：“别倒哇！留着，好好保留着。我们信了，兴许我们今后再来查一遍的人们还不信呀，保留着是有必要的！”

纸灰是预先烧的旧报，我的书，早已在母亲的帮助下，糊在顶棚上了。我下乡前，撕开糊棚纸，将书从顶棚取下，放在一只箱子里，锁了，藏在床下最里头。我将钥匙交给母亲时说：“妈，你千万别让任何人打开那箱子。”

母亲郑重地接过钥匙：“你放心下乡去吧！若是咱家失火了，我也吩咐你弟弟妹妹们抢救那箱子。”

我信任母亲。但我离开城市时，心怀着深深的忧郁。我的书我的一个世界上了锁，并且由我的母亲像忠仆一样替我保管，我没有什么可不放心的。然而谁来替我分担母亲的愁苦呢？即使是能够分担一点点？

我知道，不久三弟也是要下乡的，接着将会轮到四弟。那么家中就只剩下挑不动水的妹妹、疯了的哥哥和我瘦小的憔悴的积劳成疾的母亲了！我们将只能和父亲一样，从相反的两个方向——大东北和大西北遥遥地关注我们日益破败的家了……

母亲越是刚强地隐藏着愁苦，我越是深深地怜悯母亲。上帝保佑，我的家并未失过火。却因房屋深陷地下，如同母亲挣钱的那个小厂一样，夏季里不知被雨水淹了多少次。

一九七九年，时隔五载，我第一次从北京回去探家，帮助母亲从家中清除破烂东西，打床底下拖出那只挺沉的箱子，它布满了滑溜溜的霉苔。

我问母亲："妈，这箱子里装的什么呀？"母亲看着，回忆着，和我一样想不起来。

"妈，把打开这锁的钥匙给我……"

"妈也记不清楚哪把钥匙是开这把锁的了，你试试吧！"母亲从兜里掏出一串钥匙给我。

锁已锈死，哪一把钥匙也打不开，最后被我用砖头砸开了。掀开箱盖，一股霉味直冲鼻腔。一箱子书成了一箱子发黄的碎纸。碎纸中有几个粉红色的小小的生命在钻动，像刚刚被剁下来的保养得极润的女人手指。我砰地关上了那箱子盖，并用双手使劲按住，仿佛箱子内有一个面目狰狞的魔鬼。即使将世界装在那样一口箱子里也是会发霉的。

"那箱子里到底是什么啊？"母亲困惑地又问了一句……

父亲带着一颗受了伤的心离开北京回四弟家中去住了，我致信三弟希望母亲能到北京来住。这是一九八五年的事。算起来我有六年未见母亲了。父亲的走，使我更加想念母亲。我心中常被一种潜在的恐慌所滋扰，我总觉得一个不可避免的事实伏在距离我很近的日子里，当它突然跃到我跟前时，我不知如何承受那悲哀和内疚和惭愧。

母亲便很快来到了北京。母亲是感知到了我的心情吗？我和妻每夜宿在办公室，将我们那十三平方米的小小居室让给了母亲和安徽小阿姨秀华和我们三岁半的儿子。一老一少两个女人和一个孩子夜夜挤在一张并不宽大的硬床上。

母亲满口全是假牙了。

母亲的眼病更严重了。

"你是她什么人？"在积水潭医院眼科，医生对母亲的双眼仔细检查了一番后，冷冷地问我。

“儿子。”

“为什么到了这种地步才来看？”

我无言以对，我知道弟弟妹妹们为了治好母亲的眼睛，已是付出了许多儿女的义务和孝心，我也听出了医生话中谴责的意味。

“眼翳是难以去除了，太厚，手术效果不会理想的，而且也极可能伤到瞳仁……”

“那——至少，是应该可以植假睫毛的吧？……”可怜的母亲，双眼连一根睫毛也没有了，丧失了保护的眼睛常被炎症所苦。

“应该想到的事，你不认为你想到的有些晚了吗？眼皮已经这么松弛了，植了假睫毛还是会向内翻，更增加痛苦。”

“那……”

“多大年纪了？”

“六十七了。”

“哦，这么大年纪了……开几瓶常用药水吧，每天给你母亲点几次，保持眼睛卫生……这更现实些……”

我搀扶着母亲，兜里揣着几瓶眼药水，缓慢地往医院外面走。

默默地我不知对母亲说什么话好。十五岁那一年，我去到母亲为养活我们而挣钱的那个地方的一幕幕情形，从此以后更经常地浮现在我脑际，竟至使我对类似踏破缝纫机的一切声音和一切近于褐色的颜色产生极度的敏感。

“儿，你替妈难过了？别难过，医生说得对，妈这么大年纪了，治好治不好的又怎么样呢！……”

八岁的儿子，有着比我在十五岁时数量多的“书”——卡通连环画册、《看图识字》、《幼儿英语》、《智力训练》什么什么的。妻的工资并不高，甚至可以说是“低收入阶层”，却很相信“智力投资”这一类宣传。如这等模样的书，妻也看，儿子也看，因为妻得对儿子进行启蒙式教育，倘我在写作，照例需要相对的安静，则必得将全部的书摊在床上或地下，一任儿子作践，以摆脱他片刻的纠缠。结果更值得同情的不是我，而是他的那些“书”。

触目皆是儿子的“书”，将儿子的爸爸的“读物”从随手可取排挤到无可置处，我觉得愤愤不平，看着心乱。既要将自己的书进行“坚壁清野”，又要对儿子的“书”采取“三光政策”，定期对儿子那些被他作践得很惨的“书”加以扫荡，毫不吝惜。

这时候，母亲每每跟着我踱出家门，站于门口，望我将那些“书”扔到哪儿去了，随后捡回，如是频频，我不知觉。

一天，我跨入家门，又见满床满桌全是幼儿读物的杂乱情形，正在摆布的却不是儿子，而是母亲。浆糊、剪刀、纸条，一应俱全。母亲正在粘那些“书”。那些曾被儿子作践得很惨被我扔掉过的“书”。母亲唯恐我心烦，慌慌地立刻就要收起来。

我拿起一册翻看，母亲粘得那么细致。我说：“妈，别粘了。粘得再好，梁爽也是不看的，这些书早对他失去吸引力了！”

母亲说：“我寻思着，扔了怪让人心疼的不是……要不让我都粘好，送给别人家孩子吧，也比扔了强呀！”

我说：“破旧的，怎么送得出手？没谁要，妈你瞧，你也不是按着页码粘的，隔三差五，你再瞧这几页，粘倒了啊！……”

母亲说：“唉，我这眼啊，要不寄给你弟弟妹妹们的孩子，或者托人捎给他们？”

我说：“千里迢迢，给弟弟妹妹们的孩子寄回去捎回去一些破的旧的画册？弟弟妹妹们心里不想什么，弟妹们和弟媳妹夫还不取笑我？”

母亲说：“那……我真是白粘了吗？……就非扔不可了吗？粘好保存起来，过几年，梁爽他长大了几岁，再给他看，兴许他又像没看过似的吧？”

我说：“也可能，妈你愿粘，就粘吧。粘成什么样都没关系，我不心烦。”于是我和母亲一块儿粘。

收音机里播着一支歌：

旧鞋子穿破了不扔为何？

老先生老太太他们实在太啰唆……

我想像我这样的一个儿子，是没有任何权利嘲弄和调侃穷困在我的母亲身上造成的深痕的。在如今的消费心理和消费方式的对比之下，这一点并不太使我这个儿子感到可笑，却使我感到它在现实中的格格不入的投影是那么凄凉而又咄咄逼人。

我必庄重。对于我的母亲所做的这一切似乎没有意义的事情，我必庄重。我认为那是母亲的一种权利。

一种特权。

我必服从。

我必虔诚。

我不能连母亲这一点点权利都缺乏理解地剥夺了！

我知道床下，柜下，还藏着一些饮料筒儿、饼干盒儿、杂七杂八的好看的小瓶儿什么的，对于十三平方米的居室，它们完全是多余之物，毫无用处。

我装作不知。

是的，我必庄重。

它没什么值得嘲弄和调侃的。倘发自于我，是我的丑陋。尽管我也不得不定期加以清除，但绝不当着母亲的面，并且不忍彻底，总要给母亲留下些她也许很看重的……

一天，我嘱咐小阿姨秀华带母亲到厂内的浴室洗澡。母亲被烫伤了，是两个邻居架回来的。

我问邻居："秀华呢？"

她们说她仍在洗。

我从没对小阿姨表情严厉地说过话。但那一天我生气了，待她高高兴兴地踏进家门之后，我板起脸问她："奶奶烫伤了你知道不知道？"

"知道呀！"

"知道你还继续洗？"

"我以为……不严重……"

"你以为……你以为！那么你当时都没走到奶奶身边儿去看看了？我怎么嘱咐你的！……"

母亲见我吼起来，连说："是不严重，是不严重，你就别埋怨她了……"

半个多月内，母亲默默忍受着伤痛。没说过一句抱怨之词。

母亲又失去了假牙。母亲一天将假牙取下泡在漱口杯里，被粗心大意的小阿姨连水泼掉了。

母亲没法儿吃东西了，每顿只能喝粥。

我正要带母亲去配牙那一天，妹妹拍来了电报。

我看过之后，撕了。

母亲问："什么事？"

我说："没什么事。"

"没什么事哪会拍电报？"母亲再三追问。

尽管我不愿意，但终于不得不告诉母亲——长住精神病院的大哥又出院了……

母亲许久未说话。

我也许久未说话。

到办公室去睡觉之前，我低声问母亲："妈，给你订哪天的火车票？"

母亲说："越早越好，越早越好。我不早早回去，你四弟又不能上班了！"母亲分明更是向对自己说。

我求人给母亲买到了两天后的火车票，走时，母亲嘱咐我："别忘了把那瓶灌油和那卷药布给我带上。"

我说："妈，你烫的伤还没好？"

母亲说："好了。"

我说："好了还用带？"

母亲说："就快好了。"

我说："妈，我得看看。"

母亲说："别看了。"

我坚持要看，母亲只好解开了衣襟——母亲干瘪的胸脯前仍是一大片未愈的烫伤的溃面！我的心疼得抽搐了。我不忍直视，转过脸说："妈，我不能让你这样走！"

母亲说："你也得为你四弟的难处想想啊！"

……

母亲走了，带着一身烫伤，失落了她的假牙；留下的，是母亲的临时挂号证，上面写着眼科医生草率的字——已无手术价值。

今年春季，大舅患癌症去世了。早在一九六四年，老舅已经去世了。母亲的家族，如今只活着母亲一个女人了，老而多病，如同一段枯朽的树根，且仍担负着一位老母亲对子女们的种种的责任感。那将是母亲至死也无法摆脱得了的。

我想我一定要在母亲悲痛的时候回到母亲身旁去，我想如果我不去就简直太浑蛋了！于是我回到了哈尔滨。

母亲更瘦更老更憔悴了，真正的就好似根雕一个样子！母亲面容之上仿佛并无悲痛。那一副漠漠然的神态令我内心酸楚。母亲其实已没有丝毫能力担负她的责任和使命了呀！母亲好比是一只老猫，命在旦夕，只有关注着她的亲人和儿女们在这个世界上艰难地死去的份儿了！母亲那苍老的生命大概已完全丧失了体现她内心悲痛和怜悯之情的活力了吧？

在四弟家里，只有我和母亲两个人的时候，母亲强打起她最后的尊严，问我："你写的那篇叫《雪城》的书，为什么闹得满世界风风雨雨？"

我缄默。

"为了稿费？"

"妈……不是……"

“不是？那究竟为什么？”

“听着，妈和你爸从来没指望你当什么作家。你既然已经是了，就要好好儿地当。妈和你爸都这么大年纪了，别在我们活着的时候，给我们丢脸……”

“妈……不是……”

“可报上是这么说的，你弟弟也是这么认为的，连你妈和你弟弟都不能原谅你的事，你还觉着自己没多大错吗？……”

“妈，我错了！我一定记住您老人家的话！……”那一刻，我真想给母亲跪下，告诉母亲我心里的实话——为了好好儿当一个作家，我活得多么苦多么累！

母亲对我已无他求。

“不会干别的才写小说”——这一句话恰恰应了我的情况。在这大千世界上我已别无选择，没了退路！母亲，放心吧。我会记住你的话，一辈子！

若有人问我最大的愿望是什么？我会毫不犹豫地回答：将我的老母亲老父亲接到我的身边来，让我为他们尽一点儿人子的孝心。然而我知道，这愿望几乎等于是一种幻想是一个泡影。在我的老母亲和老父亲活着的时候，大致是可以这样认为的。

我最最衷心地虔诚地感激哈尔滨市政府为我的老父亲和老母亲解决了晚年老有所居的问题。使他们还能和我的四弟住在一起。若无这一恩德降临，在这家原先那被四个家庭三代人和一个精神病患者分居的二十六平方米的低矮残破的生存空间，我的老母亲老父亲岂不是只有被挤到天棚上去住吗？像两只野猫一样！而父亲作为我们共和国的第一代建筑工人，为我们的共和国付出了三十余年汗水和力气。

我的哈尔滨我的母亲城，身为一个作家，我却没有也不能够为你做些什么实际的贡献！

这一内疚是为终生的疚惭。

梁晓声他本非衔恩不报之人！

对于那些读了我的小说《溃疡》给我写来由衷的信，愿真诚地将他们的住房让出一间半间暂借我老母亲老父亲栖身的人们，我也永远地对你们怀着深深的感激。

这类事情的重要意义是，表明我们的生活中毕竟还存在着善良。

我们北影一幢新楼拔地而起。分房条例规定：副处以上干部，可加八分，得一次全国奖之艺术人员，可加二分，我只得过三次全国中短篇小说奖，填表前向文学部参加分房小组的同志核实，他同情地说：“那是指茅盾奖而言，普通的全国奖不算。”我自忖得过三次普通的全国中短篇奖已属文坛幸运儿，从不敢做得三次茅盾奖的美梦。而命运之神即使偏心地只拥抱我一个人，三次茅盾奖之总分也还是比一位副处长少二分，而我们共和国的副处长该是作家人数的几百倍呢？

母亲喃，您也要好好儿地活着呀！您可要等啊！您千万要等啊！求求您了，母亲！母亲喃，在您那忧愁的凝聚满了苦涩的内心里，除了希望您的儿子“好好儿地”当一个作家，再就真的别无所求了吗？……

淫雨是停歇了。瘦叶是静止了。这一个孤独的日子，我想念我的母亲。有三只眼睛隔窗瞅我，都是那杨树的眼睛。愣愣地呆呆地瞅我，瞅着想念母亲的我。

邻家的孩子在唱着一首流行的歌：

杨树杨树生生不息的杨树，

就像那妈妈一样，

谁说赤条条无牵挂？……

由我的老母亲联想到千千万万的几乎一代人的母亲中，那些平凡的甚至可以认为是平庸的在社会最底层喘息着苍老了生命的女人们，对于她们的儿子，该都是些高贵的母亲吧？一个个写来，都是些充满了苦涩的温馨和坚忍之精神的故事吧？

我之愀然是为心作。

妈！……遥远地，我像山东汉子一样呼喊您一声，您可听到……

母亲养蜗牛

母亲是住惯了大杂院的。

大杂院自有大杂院的温馨。邻里处得好，仿佛一个大家庭。故母亲初住在北京我这里时，被寂寞所囿的情形简直令我感到凄楚。单位只有一幢宿舍楼，大部分职工是中青年，当然不是母亲聊天的对象。由于年龄、经历、所关注事物之不同，除了工作方面的话题，甚至也不是我的聊天对象。我是早已习惯了寂寞的人，视清净为一天的好运气，一种特殊享受。而且我也早已习惯了自己和自己诉说，习惯了心灵的独白。那最佳方式便是写作。稿债多多，默默地落笔自语，成了我无法改变的生活定律了。

我们住的这幢楼，大多数日子，几乎是一幢空楼。白天是，晚上仿佛也是。人们在更多的时候不属于家，而属于摄制组。于是母亲几乎便是一位被“软禁”的老人了……

为了排遣母亲的寂寞，我向北影借了一只鹦鹉，就是电影《红楼梦》中黛玉养在“潇湘馆”的那一只。一个时期内，它成了母亲的伴友，常与母亲对望着，听母亲诉说不休。偶尔发一声叫，或嘎唔一阵，似乎就是“对话”了。但它有“工作”，是“明星”，不久又被“请”去拍电影了。母亲便又陷入寂寞和孤独的苦闷之中……

幸而住在我们楼上的人家“雪中送炭”，赠予母亲几只小蜗牛，并传授饲养方法，交代注意事项。那几个小东西，只有小指甲的一半儿那么大，呈粉红色，半透明，隐约可见内中居住着不轻易外出的胎儿似的小生命。其壳看上去极薄极脆，似乎不小心用指头一碰，便会碎了。

母亲非常喜欢它们，视若宝贝，将它们安置在一个漂亮的装过茶叶的铁盒儿里，还预先垫了潮湿的细沙。有了那么几个小生命，母亲似乎又有了需精心照料和养育的儿女了。七十多岁的老太太，仿佛又变成一位责任感很强的年轻的母亲。她要经常将那小铁盒儿放在窗台上，盒盖儿敞开一半，使那些小东西能够晒晒太阳。并且，要很久很久地守着，看着，怕它们爬到盒子外边，爬丢了。就好比一位母亲守在床边儿，看着婴儿在床上爬，满面洋溢母爱，一步不敢离开。唯恐一转身之际，婴儿会摔在地下似的。连雨天，母亲担心那些小生命着凉，就将茶叶盒儿放在温水中，使沙子能被温水焐暖些。它们爱吃的是白菜心儿、苦瓜、冬瓜之类，母亲便将这些蔬菜最好的部分，细细剁了，撒在盒儿内。一次不能撒多，多了，它们吃不完，腐烂在盒儿内，则必会影响“环境卫生”，有损它们的健康。它们是些很胆怯的小生命，盒子微微一动，便会立即缩回壳里。它们又是些天生的“居士”，更多的时候，足不出“户”，深钻在沙子里，如同专执一念打算成仙得道之人，早已将红尘看破，排除一切凡间滋扰，“猫”在深山古洞内苦苦修行。它们又是那么羞涩，宛如大门不出二门不迈的名门闺秀。正应了那句话，真人不露相，露相不真人。偶尔潜出“闺阁”，总是缓移“莲步”，像提防好色之徒，攀墙缘树偷窥芳容玉貌似的。觉得安全，则便与它们的“总角之好”在小小的“后花园”比肩徐行。或一对对，隐于一隅，用细微的触角互相爱抚、表达亲昵……

母亲日渐一日地对它们有了特殊的感情。那种感情，是与小生命的一种无言的心灵之倾诉和心灵之交流。而那些甘于寂寞、与世无争、与同类无争的小生命，也向母亲奉献了愉悦的观赏的乐趣。有时，我为了讨母亲的欢心，常停止写作，与母亲共同观赏……

八岁的儿子也对它们产生了浓厚的兴趣。也开始经常捧着那漂亮的小蜗牛们的“城堡”观赏。那一种观赏的眼神儿，闪烁着希望之光。都是希望之光，但与母亲观赏时的眼神儿，却有着质的区别……

“奶奶，它们怎么还不长大啊？”

“快了，不是已经长大一些了吗？”

“奶奶，它们能长多大呀？”

“能长到你的拳头那么大呢！”

“奶奶，你吃过蜗牛吗？”

“吃？……”

“我们同学就吃过，说可好吃了！”

“哦……兴许吧……”

“奶奶，我也要吃蜗牛！我要吃辣味儿蜗牛！我还要喝蜗牛汤！我同学的妈妈说，可有营养了！小孩儿常喝蜗牛汤可以变聪明……”

“这……”

“奶奶，你答应我嘛！”

“它们现在还小哇……”

“我有耐性等它们长大了再吃它们。不，我要等它们生出小蜗牛以后再吃它们。这样我不就永远可以吃下去了吗？奶奶你说是不是？……”

母亲愕然。

我阻止他：“不许你存这份念头！不许你再跟奶奶说这种话！难道缺你肉吃了吗？馋鬼，你是一头食肉动物哇？”

儿子眨巴眨巴眼睛，像受了天大的委屈似的，一副要哭的模样……

母亲便哄：“好，好，等它们长大了，奶奶一定做了给你吃。”

我说：“不能什么事儿都依他！由我替奶奶保护它们，看谁敢再提要吃它们！”

儿子理直气壮地说：“吃猪肉、羊肉、牛肉可以，吃鸡肉可以，吃烤鸭可以，为什么吃蜗牛就不行？”

我晓之以理：“我们吃的是肉……”

儿子说：“我想吃的也是蜗牛肉呀，我说吃它们的壳了吗？”

我说：“你得明白，人自己养的东西，是舍不得弄死了吃的。这个道理，是尊重生命的道理……”

儿子顶撞我：“你骗小孩儿！你尊重生命了吗？上次别人送给你的蚕茧儿，活着的，还在动呢，你就给用油炸了！奶奶不吃，妈妈不吃，我也不吃，全被你一个人吃了！我看你吃得可香呢！……”

我无言以对。

从此，儿子似乎更认为，首先在理论上，有极其充分的、天经地义的、无可辩驳的吃蜗牛的根据了……

从此，母亲观看那些小生命的时候，儿子肯定也凑过去观看……

先是，儿子问它们为什么还没长大，而母亲肯定地回答——它们分明已经长大了……

后来是，儿子确定地说，它们分明已经长大了。不是长大了些，而是长大了许多，而母亲总是摇头——根本就没长……

然而不管母亲怎么想，怎么说，也不管儿子怎么想，怎么说，那些小小的生命，的的确确是天天长大着。在母亲的精心饲养下，长得很迅速。壳儿开始变黑了，变硬了。不再是些仿佛不经意地用指头轻轻一碰就易破碎的小东西了，它们的头和它们柔软的身躯，从它们背着的“房屋”内探出时，也有形有状了，憨态可掬，很有妙趣了。它们的触角，也变粗变长了，两两一对儿，在盒之一隅卿卿我我，“耳鬓厮磨”之际，更显得情意缱绻，斯文百种了……

那漂亮的茶叶盒儿，对它们来说未免显得小了。于是母亲将它们移入另一个盒子里，一个装过饼干的更漂亮的盒子。

“奶奶，它们就是长大了吧？”

“嗯，就是长大了呢……”

“奶奶，它们再长大一倍，就该吃它们了吧？”

“不行。得长到和你拳头一般儿大。你不是说要等它们生出小蜗牛之后再吃它们吗？”

“奶奶，我不想等到那时候，我只吃一次，尝尝什么味儿就行了……”

母亲默不作答。

我认为有必要和儿子进行一次更郑重更严肃些的谈话。

一天，趁母亲不在家，我将儿子扯至跟前，言衷词切，对他讲奶奶抚养爸爸、叔叔和姑姑成人，一生含辛茹苦，忍辱负重，是多么不容易。自爷爷去世后，奶奶的一半，其实也已随着爷爷而去了。爸爸的活法又是写作，有心挤出更多的时间陪奶奶，也往往心悬而做不到。爸爸的时间，常被某些不相干的人不相干的事侵占了去，这是爸爸对奶奶十分内疚而无奈的。奶奶内心的孤独和寂寞，是爸爸虽理解也难以帮助排遣的。为此爸爸曾买过花，买过鱼。可养花养鱼，需要些专门的常识。奶奶养不好，花死了，鱼也死了。那些小小的蜗牛，奶奶倒是养得不错，而你却天天盼着吃了它们，你对吗？……

儿子低下头说：“爸爸，我明白了……”

我问：“你明白什么了？”

儿子说：“如果我吃了蜗牛，便是吃了奶奶的那一点儿欢悦……”

我说：“既然你明白了，以后再也不许对奶奶说吃不吃蜗牛的话了！”

儿子一副信誓旦旦的模样，诺诺连声。果然再不盼着吃辣味儿蜗牛、喝蜗牛汤了。甚至，再不关注那更漂亮的蜗牛们的新居了……

一天，我下班回到了家里，母亲已做好晚饭，一一摆上桌子。母亲最后端的是一盆儿汤，对儿子说：“你不是要喝蜗牛汤吗？我给你做了，可够喝吧！”

我愕然。

儿子也愕然。

我狠狠瞪儿子。

儿子辩白：“不是我让奶奶做的！……”

母亲也说：“是我自已想做给我孙子喝的……”

母亲说着，朝我使眼色……

我困惑。首先拿起小勺，舀了一勺，慢呷一口，鲜极了！但我品出，那绝不是什么蜗牛汤，而是蛤蜊汤。

我对儿子说："奶奶是为你做的，你就喝吧！"

儿子迟疑地拿起小勺，喝了起来。

我问："好喝吗？"

儿子说："好喝。"

我又问："奶奶对你好不好？"

儿子说："好……奶奶，等我长大了，能挣钱了，挣的钱都给你花！……"

八岁的儿子动了小孩儿的感情，眼泪吧嗒吧嗒落入汤里……

母亲欣慰地笑了……

其实母亲将那些长大了的，她认为完全能够独立生活了的蜗牛放了。放于楼下花园里的一棵老树下。那儿土质松软，潮湿，很适于它们生存。而且，老树还有一深深的树洞，大概是可供它们避寒的……

母亲依然每日将蜗牛们爱吃的菜蔬之最鲜嫩的部分，细细剁碎，撒于那棵树下……

一天，母亲喜笑颜开地对我说："我又看到它们了！"

我问："谁们呀？"

母亲说："那些蜗牛呗。都好像认识我似的，往我手上爬……"

我望着母亲，见母亲满面异彩。那一刻，我觉得老人们心灵深处情感交流的渴望，真真地令我肃然，令我震颤，令我沉思……

而长大成人的儿子们和女儿们，做了父母的儿子们和女儿们，四十多岁五十多岁的儿子们和女儿们，我们还能够细致地经常洞察到这一点吗？

冬天来了，树叶落光了，大地冻硬了。母亲孑然一身地走了。

我给母亲的信中写道："妈，来年春天，我会像您一样，天天剁了细碎的蔬菜，去撒在那一棵老树下……"

那些甘于寂寞的，惯于离群索居的，羞涩的，斯文的，与世无争与同类无争的蜗牛们啊，谁知它们是否会挨过寒冷的冬天呢？谁知它们明年春天是否会出现在那一棵老树之下呢？

它们真的会认识饲养过它们的我的老母亲吗？居然也会认识那样一位老母亲的儿子吗？……

愿上帝保佑它们！

母亲播种过什么

这些平民家庭的小儿女啊，似些孤独的羔羊，面对今天这样明天那样的政治风云，彷徨、迷惘、无奈、亲情失落不知所依。

预感竟是真的有过的，似乎父亲和母亲逝前，总是会传达给我一些心灵的信息。

十月中旬，我和毕淑敏见过一面。她告诉我她在师大进修心理学，我便向她请教—— 我说今年以来，无论白天还是夜晚，无论睡着还是醒着，我眼前常有这样一幅画面移动着—— 在冬季，在北方小村外的雪路上，一只羊拉着一架爬犁，谨慎又从容地向村里走着。爬犁上是一桶井水，不时微少地荡出，在桶外和爬犁上结了一层晶莹的冰。爬犁后同样步态谨慎而又从容地跟随着一位少女，扎红头巾，脸蛋儿亦冻得通红，搓着双手。而漫天飘着清冽的小雪花儿……并且，我向毕淑敏强调，此电影似的画面，绝非我从任何一本书中读到过的情节，也绝非我头脑中产生的构思片断。事实上一年多以来，尽管此画面一次比一次清晰地向我浮现，但我却从未打算将这画面用文字写出来……

毕淑敏沉吟片刻，答出一句话令我暗讶不已。她说：“你不妨问问你母亲。”

我母亲属羊，母亲的母亲也属羊，而这都是毕淑敏所不知道的。而母亲于昏迷中入院的第二天，哈尔滨降下了入冬的第一场雪……

我的思想是相当唯物的，但受情感的左右，难免也会变得有点儿唯心起来——莫非母亲的母亲，注定了要在这一年的冬季，将她的女儿领走？我没见过外祖母。但知外祖母去世时，母亲尚是少女……那么，那一桶清澈的井水意味些什么呢？

在医院里，在母亲的病床前，以及在母亲出殡的过程中，我见到了母亲的一些干儿女。我早知母亲有些干儿女。究竟有多少，并不很清楚。凡三十余年间，有的见过几面，有的竟不曾见过。但我清楚，在漫长的三十余年间，他们对母亲怀着很深很深的感情。

他们当年皆是我弟弟那一辈的小青年。话说当年，指的是“上山下乡”运动开始以后。许多家庭的长子长女和次子次女，和我以及我的三弟一样，都恋恋不舍地告别了家庭和城市。城市中留下的大抵是各个家庭的小儿女，年龄在十六七岁和十八九岁之间。那个年代，这些平民家庭的小儿女啊，似些孤独的羔羊，面对今天这样明天那样的政治风云，彷徨、迷惘、无奈、亲情失落不知所依。他们中，有人当年便是丧父或失母的小儿女。

既都是平民家的小儿女，所分配的工作也就注定了不能与愿望相符。或做街头小食杂店的售货员，或做挖管道沟的临时工，或在生产环境破败的什么小厂里当学徒……

某一年夏天，当知青的我回哈探家，曾去酱油厂看过我四弟的劳动情形。斯时他们几名小工友，刚刚挥板锹出完几吨酱渣，一个个只着短裤，通体大汗淋漓，坐在车间的窗台上，任穿堂凉风阵阵扑吹，唱印度电影《流浪者》中的“拉兹之歌”——我和任何人都没来往，命运啊，我的星辰，你把我引向何方引向何方……

他们心中的苦闷种种，是不愿对自己的家庭成员吐诉的。但是这些城市中的小儿女，又是多么需要一个耐心倾听他们吐诉的人啊！那倾听者，不仅应有耐心，还应有充满心间的爱心。还应在他们渴望安慰和体恤之时，善于安慰，善于劝解，并且，由衷地予以体恤……

于是，他们后来都非常信赖也不无庆幸地选择了母亲。于是，母亲也就以她母性的本能，义不容辞地将他们庇护在自己身边。像一只母鸡展开翅膀，不管自家的小鸡抑或别人家的小鸡，只要投奔过来，便一概地遮拢翅下……

那些城市中的小儿女啊，当年他们并没有什么可回报母亲的。只不过在过年过节或母亲生病时，拎上一包寻常点心或两瓶廉价罐头聚于贫寒的我家看望母亲。再就是，改叫“大娘”为叫“妈”了。有时混着叫，刚叫过“大娘”，紧接着又叫“妈”。与点心和罐头相比，一声“妈”，倒显得格外凝重了。

既被叫“妈”，母亲自然便于母性的本能而外，心生出一份油然的责任感。母亲关心他们的许多方面——在单位和领导和工友的关系；在家中是否与亲人温馨相处；怎样珍惜友情，如何处理爱情；须恪守什么样的做人原则，交友应防哪些失误；不借政治运动之机伤害他人报复他人；不可歧视那些被政治打入另册的人，等等。

母亲以她一名普通家庭妇女善良宽厚的本色，经常像叮咛自己的亲生儿女一样，叮咛她的干儿女们不学坏人做坏事，要学好人做好事。

此世间亲情，竟延续了三十年之久。我曾很不以为然过，但母亲对我的不以为然也同样不以为然。她不与我争辩，以一种心理非常满足的、默默的矜持，表明她所一贯主张的做人态度。直至她去世前三天，还希望能为她的一个干女儿和一个干儿子促成一桩大媒……

而他们，一个帮着四弟将母亲送入医院，一个一小时后便闻讯匆匆赶到医院，三十几个小时不曾回家，不曾离开过医院！

母亲逝后，她的干儿女们都纷纷来到了弟弟家。

我说——不必在家中设灵位了吧！

他们说——要设。

我说——不必非轮守四十八小时灵了吧！

他们说——要守。

这些三十年前的城市平民家庭的小儿女啊，三十年前是小徒工们，如今仍是工人们。只不过，有的“下岗”了；只不过，都做了父母了。

他们都是些沉默寡言之人。

我离开哈市时，仍分不清他们中几个人的名字。

他们不与我多说什么，甚至根本就不主动与我说话。

他们完完全全是冲他们与母亲之间那一种三十年之久的亲情，而为母亲守灵，为母亲烧纸，为母亲送丧的。

三十年间，我下乡七年，上大学三年，居京二十年，我曾给予母亲的愉快时日，比他们给予的少得多。

回到北京，我常默想——从今后，我定当以胞弟胞妹视待他们和她们啊！

至于我的几名中学挚友与母亲之间的亲情，比三十年更长久，从我初一时就开始了，那是世间另一种亲情，心感受之，欲说还休……

每独坐呆想，似乎有了一种答案——那时时浮现过我眼前的画面中那一桶清澈的井水，是否便意味着是人世间的一种温馨亲情呢？母亲的母亲，给予在母亲心里了，而母亲只不过从内心里荡出了一些，便获得了多么长久又多么足以感到欣慰的回报啊！这么想很唯心，但请不要责怪儿子的痴思。

愿此亲情在我们中国老百姓间代代相传。

没了它，意味着是我们普通人的人生多么大的损失啊！

母亲，我爱您。

母亲，安息吧……

梁晓声自述

我的人生自述

我永远忘不了这样一件事：某年冬天，市里要来一个卫生检查团到我们学校检查卫生，班主任老师吩咐两名同学把守在教室门外，个人卫生不合格的学生，不准进入教室。我是不许进入教室的几个学生之一。我和两名把守在教室门外的学生吵了起来，结果他们从教员室请来了班主任老师……

我年轻时候的小全家福，和妻子、儿子在一起。

我的小学

我永远忘不了这样一件事：某年冬天，市里要来一个卫生检查团到我们学校检查卫生，班主任老师吩咐两名同学把守在教室门外，个人卫生不合格的学生，不准进入教室。我是不许进入教室的几个学生之一。我和两名把守在教室门外的学生吵了起来，结果他们从教员室请来了班主任老师。

班主任老师上下打量着我，冷起脸问："你为什么今天还要穿这么脏的衣服来上学？"

我说："我的衣服昨天刚刚洗过。"

"洗过了还这么脏？"老师指点着我衣襟上的污迹。

我说："那是油点子，洗不掉的。"

老师生气了："回家去换一件衣服。"

我说："我就这一件上学的衣服。"我说的是实话。

老师认为我顶撞了她，更加生气了，又看我的双手，说："回家叫你妈把你两手的皴用砖头蹭干净了再来上学！"接着像扒乱草堆一样乱扒我的头发："瞧你这满头虮子，像撒了一脑袋大米！叫人恶心！回家去吧！这几天别来上学了，检查过后再来上学！"

我的双手，上学前用肥皂反复洗过，用砖头蹭也未必能蹭干净。而手上生皴，不是我所愿意的。我每天要洗菜，淘米，刷锅，刷碗。家里的破屋子四处透风，连水缸在屋内都结冰，我的手上怎么能不生皴？不卫生是很羞耻的，这我也懂。但卫生需要起码的"为了活着"的条件。这一点我的班主任老师便不懂了。

阴暗的，夏天潮湿冬天寒冷的，像地窖一样的一间小屋，破炕上每晚拥挤着大小五口人，四壁和天棚每天起码要掉下三斤土，炉子每天起码要向狭窄的空间飞扬四两灰尘……母亲每天早起晚归去干临时工，根本没有精力照料我们几个孩子，如果我的衣服居然还干干净净，手上没皴头上没有虮子，那倒真是咄咄怪事了！我当时没看过《西行漫记》，否则一定会顶撞一句："毛主席当年在延安住窑洞时还当着斯诺的面捉虱子呢！"

我认为，对于身为教师者，最不应该的，便是以贫富来区别对待学生。我的班主任老师嫌贫爱富，我的同学中的区长、公社书记、工厂厂长、医院院长们的儿女，他们都并非品学兼优的好学生，有的甚至经常上课吃零食、打架，班主任老师却从未严肃地批评过他们一次。

对班主任老师尖酸刻薄的训斥，我只有含侮忍辱而已。我两眼涌出泪水，转身就走。这一幕却被语文老师看到了。

她说："梁绍生，你别走，跟我来。"她扯住我的一只手，将我带到教员室。她让我放下书包，坐在一把椅子上，又说："你的头发也够长了，该理一理了，我给你理吧！"说着就离开了办公室。学校后勤科有一套理发工具，是专为男教师们互相理发用的。我知道她准是取那套理发工具去了。

可是我心里却不想再继续上学了。因为穷，太穷，我在学校里感到一点尊严也没有。而一个孩子需要尊严，正像需要母爱一样。我是全班唯一一个免费生。免费对一个小学生来说是精神上的压力和心理上的负担。"你是免费生，你对得起党吗？"哪怕无意识地犯了算不得什么错误的错误，我也会遭到班主任老师这一类冷言冷语的训斥，我早听够了！

语文老师走出教员室，我便拿起书包逃离了学校。我一直跑出校园，跑着回家。

"梁绍生，你别跑，别跑呀！小心被汽车撞了呀！"我听到了语文老师的呼喊。她追出了校园，在人行道上跑着追我。

我还是跑，她紧追。"梁绍生，你别跑了，你要把老师累坏呀！"

我终于不忍心地站住了。

她跑到我跟前，已气喘吁吁。

她说："你不想上学啦？"

我说："是的。"

她说："你才小学三年级，学这点文化将来够干什么用？"

我说："我宁肯和我爸爸一样将来靠力气吃饭，也不在学校里忍受委屈了！"

她说："你这种想法是错误的。小学三年级的文化，将来也当不了一个好工人！"

我说："那我就当一个不好的工人！"

她说："那你将来就会恨你的母校，恨母校所有的老师，尤其会恨我。因为我没能规劝你继续上学！"

我说："我不会恨您的。"

她说："那我自己也不会原谅我自己！"

我满心自卑、委屈、羞耻和不平，"哇"的一声哭了。

她抚摸着我的头，低声说；"别哭，跟老师回学校吧。我知道你们家里生活很穷困，这不是你的过错，没有什么值得自卑和羞耻的，你要使同学们看得起你，每一位老师都喜爱你，今后就得努力学习才是啊！"我只好顺从地跟她回到了学校。

如今想起这件事，我仍觉后怕，没有我这位小学语文老师，依着我从父亲的秉性中继承下来的那种九头牛拉不动的倔强劲儿，很可能连我母亲也奈何不了我，当真从小学三年级就弃学了。那么今天我既不可能成为作家，也必然像我的那位小学语文老师说的那样——当不了一个好工人。

一位会讲故事的母亲和从小的穷困生活，是造成我这样一个作家的先决因素。狄更斯说过——穷困对于一般人是种不幸，但对于作家也许是种幸运。的确，对我来说，穷困并不仅仅意味着童年生活的不遂人愿。它促使我早熟，促使我从童年起就开始怀疑生活，思考生活，认识生活，介入生活。虽然我曾千百次地诅咒过穷困，因穷困感到过极大的自卑和羞耻。

我发现自己也具有讲故事的"才能"，是在小学二年级。认识字了，语文课本成了我最早阅读的书籍，新课本发下来未过多久，我就先自己通读一遍了。当时课文中的生字，标有拼音，读起来并不难。

一天，我坐在教室外的楼梯台阶上正聚精会神地看语文课本，教语文课的女老师走上楼，好奇地问："你在看什么书？"

我立刻站起，规规矩矩地回答："语文课本。"

老师又问："哪一课？"

我说："下堂您要讲的新课——小山羊看家。"

"这篇课文你觉得有意思吗？"

"有意思。"

"看过几遍了？"

"两遍。"

"能讲下来吗？"

我犹豫了一下，回答："能。"

上课后，老师把我叫起，对同学们说："这一堂讲第六课——小山羊看家，下面请梁绍生同学先把这篇课文讲述给我们听。"

我的名字本叫梁绍生，梁晓声是我在"文革"中自己改的名字。"文革"中兴起过一阵改名的时髦风。我在一张辞去班级"勤务员"职务的声明中首次署了现在的名字——梁晓声。

我被老师叫起后，开始有些发慌，半天不敢开口。

老师鼓励我："别紧张，能讲述到哪里，就讲述到哪里。"

我在老师的鼓励下，终于开口讲了："山羊妈妈有四个孩子，一天，山羊妈妈要离开家……"

当我讲完后，老师说："你讲得很好，坐下吧！"看得出，老师心里很高兴。

全班同学都很惊异，对我十分羡慕。一个穷困人家的孩子，他没有任何值得自我炫耀的地方，当他的某一方面"才能"当众得以显示，并且被羡慕，并且受到夸奖，他心里自然充满骄傲。以后，语文老师每讲新课，总是提前几天告诉我，嘱我认真阅读，到讲那一堂新课时，照例先把我叫起，让我首先讲述给同学们听。

我们的语文老师，是一位主张教学方法灵活的老师。她需要我这样一名学生，喜爱我这样一名学生。因为我的存在，使她在我们这个班讲的语文课生动活泼了许多。而我也同样需要这样一位老师。因为是她给予了我在全班同学面前显示自己讲故事"才能"的机会。而这样的机会当时对我是重要的，使我幼小的意识中也有一种骄傲存在着，满足着我匮乏的虚荣心。后来，老师的这一语文教学方法，在全校推广了开来，引起区和市教育局领导同志的兴趣，先后到我们班听过课。从小学二年级至小学六年级，我和我的语文老师一直配合得很默契。她喜爱我，我尊敬她。小学毕业后，我还回母校看望过她几次。"文革"开始，她因是市的教育标兵，受到了批斗。记得有一次我回母校去看她，她刚刚被批斗完，握着扫帚扫校园，剃了"鬼头"，脸上的墨迹也不许她洗去。

我见她那样子，很难过，流泪了。

她问："梁绍生，你还认为我是一个好老师吗？"

我回答："是的，您在我心中永远是一位好老师。"

她惨然地苦笑了，说："有你这样一个学生，有你这样一句话，我挨批挨斗也心甘情愿了！走吧，以后别再来看老师了，记住老师曾多么喜爱你就行！"那是我最后一次见到她。

不久，她跳楼自杀了。她不但是我的小学语文老师，还是我小学母校的少先队辅导员老师。她在同学们中组织起了全市小学校的第一个“故事小组”和第一个“小记者委员会”。我小学时不是个好学生，经常逃学，不参加校外学习小组，除了语文成绩较好，算术、音乐、体育都仅是个“中等”生，直到五年级才入队。还是在我这位语文老师的多次力争下才有幸戴上了红领巾，也是在我这位语文老师的力争下才成为“故事小组”和“小记者委员会”的成员。对此我的班主任老师很有意见，认为她所偏爱的是一个坏学生。我逃学并非因为我不爱学习。那时母亲天不亮就上班去了，哥哥已上中学，是校团委副书记兼学生会主席，也跟母亲一样，早晨离家，晚上才归，全日制。家里还有两个弟弟一个妹妹，就苦了我，我得给他们做饭吃，收拾屋子和担水，他们还常常哭着哀求我在家陪他们。将六岁、四岁、两岁的小弟小妹撇在家里，我常常于心不忍，便逃学，不参加校外学习小组。班主任老师从来也没有到我家进行过家访，因而不体谅我也就情有可原，认为我是一个坏学生更理所当然。班主任老师不喜欢我，还因为穿在我身上的衣服一向很不体面，不是过于肥大就是过于短小，不仅破，而且脏，衣襟几乎天天带着锅底灰和做饭时弄上的油污。在小学没有一个和我要好过的同学。

语文老师是我小学时期在学校里的唯一的一个朋友。我至今不忘她，永远都难忘！不仅因为她是我小学时期唯一关心过我喜爱过我的一位老师，不仅因为她给予了我唯一的树立起自豪感的机会和方式，还因她将我向文学的道路上推进了一步——由听故事到讲故事。

语文老师牵着我的手，重新把我带回了学校，重新带到教员室，让我重新坐在那把椅子上，开始给我理发。

语文教员室里的几位老师百思不得其解地望着她。一位男老师对她说：“你何苦呢？你又不是他的班主任。曲老师因为这个学生都对你有意见了，你一点不知道？”

她笑笑，什么也未回答。她一会儿用剪刀剪，一会儿用推子推，将我的头发剪剪推推摆弄了半天，总算“大功告成”。她歉意地说：“老师没理过发，手太笨，使不好推子也使不好剪刀，大冬天的给你理了个小平头，你可别生老师的气呀！”

教员室没面镜子。我用手一摸，平倒是很平，头发却短得不能再短了。哪里是“小平头”，分明是被剃了一个不彻底的秃头。虮子肯定不存在了，我的自尊心也被剪掉剃平。我并未生她的气。

随后她又拿起她的脸盆，领我到锅炉房，接了半盆冷水再接半盆热水，兑成一盆温水，给我洗头，洗了三遍。只有母亲才如此认真地给我洗过头。

我的眼泪一滴滴落在脸盆里。

她给我洗好头，再次把我领回教员室，脱下自己的毛坎肩，套在我身上，遮住了我衣服前襟那片无法洗掉的污迹。她身材娇小，毛坎肩是绿色的，套在我身上尽管不伦不类，却并不显得肥大。

教员室里的另外几位老师，瞅着我和她，一个个摇头不止，忍俊不禁。

她说："走吧，现在我可以送你回到你们班级去了！"

她带我走进我们班级的教室后，同学们顿时哄笑起来。大冬天的，我竟剃了个秃头，棉衣外还罩了件绿坎肩，模样肯定是太古怪太滑稽了！

她生气了，严厉地喝问我的同学们："你们笑什么？有什么可笑的？哄笑一个同学迫不得已的做法是可耻的行为！如果我是你们的班主任，谁再敢哄笑我就把谁赶出教室！"这话她一定是随口而出的，绝不会有任何针对我的班主任老师的意思。

我看到班主任老师的脸一下子拉长了。班主任老师也对同学们呵斥："不许笑！这又不是耍猴！"班主任老师的话，更加使我感到被当众侮辱，而且我听出来了，班主任老师的话中，分明包含着针对语文老师的不满成分。

语文老师听没听出来，我无法知道。我未看出她脸上的表情有什么变化。

她对班主任老师说："曲老师，就让梁绍生上课吧！"

班主任老师拖长语调回答："你对他这么尽心尽意，我还有什么话可说？"

市教育局卫生检查团到我们班检查卫生时，没因为我们班有我这样一个剃了秃头，棉袄外套件绿色毛坎肩的学生而贴在我们教室门上一面黄旗或黑旗，他们只是觉得我滑稽古怪，惹他们发笑而已……

从那时起直至我小学毕业，我们班主任老师和语文老师的关系一直不融洽。我知道这一点，我们班级的所有同学也都知道这一点，而这一点似乎完全是由于我这个学生导致的。几年来，我在一位关心我的老师和一位讨厌我的老师之间，处处谨小慎微，循规蹈矩，力不胜任地扮演一架天平上的小砝码的角色，扮演这种角色，对于一个小学生的心理，无异于扭曲，对我以后的性格形成不良影响，使我如今不可救药地成了一个忧郁型的人。我心中暗暗铭记语文老师对我的教诲，学习努力起来，成绩渐好。

班主任老师却不知为什么对我越发冷漠无情了。三年级上学期期末考试，我的语文和算术破天荒地拿了"双百"，而且《中国少年报》选登了我的一篇作文，市广播电台"红领巾"节目也广播了我的一篇作文，还有一篇作文用油墨抄写在儿童电影院的宣传栏上。同学对我刮目相待了，许多老师也对我和蔼可亲了。

校长在全校师生大会上表扬了我的语文老师，充分肯定了在我这个一度被视为坏学生的转变和进步过程中，她所付出的种种心血，号召全校老师像她那样对每一个学生树立起高度的责任感。

受到表扬有时对一个人并不是好事。在她没有受到校长的表扬之前，许多师生都公认，我的“转变和进步”与她对我的教育是分不开的。而在她受到校长的表扬之后，某些老师竟认为她是一个“机会主义者”了。“文革”期间，有一张攻击她的大字报，赫赫醒目的标题即是——“看机会主义者××是怎样在教育战线进行投机和沽名钓誉的！”

而我们班的几乎所有同学，都不知掌握了什么证据，断定我那三篇给自己带来荣誉的作文，是语文老师替我写的。于是流言传播，闹得全校沸沸扬扬。

三年级二班的梁绍生，
是个逃学精，
老师替他写作文，
《少年报》上登，
真该用屁崩！……

一些男同学，还编了这样的顺口溜，在我上学和放学的路上，包围着我讥骂。

班主任老师亲眼目睹过我被凌辱的情形，没制止。班主任老师对我冷漠无情到视而不见的地步。她教算术，在她讲课时，连扫也不扫我一眼了。她提问或者叫同学在黑板上解答算术题时，无论我将手举得多高，都无法引起她的注意。

一天，在她的课堂上，同学们做题，她坐在讲桌前批改作业本，教室里静悄悄的。

“梁绍生！”她突然大声叫我的名字。我吓了一跳，立刻怯怯地站了起来。

全体同学都停了笔。

“到前边来！”班主任老师的语调中隐含着一股火气。

我惴惴不安地走到讲桌前。

“作业为什么没写完？”

“写完了。”

“当面撒谎！你明明没写完！”

“我写完了。中间空了一页。”

我的作业本中夹着印废了的一页，破了许多小洞，我写作业时随手翻过去了，写完作业后却忘了扯下来。我低声下气地向她承认是我的过错。

她不说什么，翻过那一页，下一页竟仍是空页。我万没想到我写作业时翻得匆忙，会连空两页。她拍了一下桌子："撒谎！撒谎！当面撒谎！你明明是没有完成作业！"

我默默地翻过了第二页空页，作业本上展现出了我接着做完了的作业。她的脸倏地红了："你为什么连空两页？！想要捉弄我一下是不是？！"

我垂下头，讷讷地回答："不是。"

她又拍了一下桌子："不是？！我看你就是这个用意！你别以为你现在是个出了名的学生了，还有一位在学校里红得发紫的老师护着你，托着你，拼命往高处抬举你，我就不敢批评你了！我是你的班主任，你的小学鉴定还得我写呢！"

我被彻底激怒了！我不能容忍任何人在我面前侮辱我的语文老师！我爱她！她是全校唯一使我感到亲近的人！我觉得她像我的母亲一样，我内心里是视她为我的第二个母亲的！

我突然抓起了讲桌上的红墨水瓶，班主任以为我要打在她脸上，吃惊地远远躲开我，喝道："梁绍生，你要干什么？！"

我并不想将墨水瓶打在她脸上，我只是想让她知道，我是一个人，在忍无可忍的情况下我是会愤怒的！我将墨水瓶使劲摔到墙上，墨水瓶粉碎了，雪白的教室墙壁上出现了一片"血"迹！我接着又将粉笔盒摔到了地上。一盒粉笔尽断，四处滚去。

教室里长久地鸦雀无声，直至下课铃响。

那天放学后，我在学校大门外守候着语文老师回家。她走出学校时，我叫了她一声。

她奇怪地问："你怎么不回家？在这里干什么？"

我垂下头去，低声说："我要跟您走一段路。"

她沉思地瞧了我片刻，一笑，说："好吧，我们一块儿走。"

我们便默默地向前走。

她忽然问："你有什么事要告诉我吧？"

我说："老师，我想转学。"

她站住，看着我，又问："为什么？"

我说："我不喜欢我们班级！在我们班级我没有朋友，曲老师讨厌我！要不请求您把我调到您当班主任的四班吧！"我说着想哭。

"那怎么行？不行！"她语气非常坚决，"以后你再也不许提这样的请求！"

我也非常坚决地说："那我就只有转学了！"眼泪涌出了眼眶。

她说："我不许你转学。"我觉得她不理解我，心中很委屈，想跑掉。

她一把扯住我，说："别跑。你感到孤独是不是？老师也常常感到孤独啊！你的孤独是穷困带来的，老师的孤独……是另外的原因带来的。你转到其他学校也许照样会感到孤独的。我们一个孤独的老师和一个孤独的学生不是更应该在一所学校里吗？转学后你肯定会想念老师，老师也肯定会想念你的。孤独对一个人不见得是坏事……这一点你以后会明白的。再说你如果想有朋友，你就应该主动去接近同学们，而不应该对所有的同学都充满敌意，怀疑所有的同学心里都想欺负你……"

我的小学语文老师已成泉下之人近二十年了，我只有在这篇纪实性的文字中，表达我对她虔诚的怀念。

教育的社会使命之一，就是应首先在学校中扫除嫌贫谄富媚权的心态！而嫌贫谄富，在我们这个国家，在我们这个国家的小学、中学乃至大学，在二十一世纪的今天，依然不乏其例。

因为我小学毕业后，接着进入了中学，而后又进入过大学，所以我有理由这么认为。我诅咒这种现象！鄙视这种现象！

我的第一支钢笔

它是黑色的，笔身粗大，外观笨拙。全裸的笔尖，旋拧的笔帽。胶皮笔囊没有夹管，吸墨水时，捏一下，鼓起缓慢。墨水吸得太足，写字常常“呕吐”，弄脏纸和手。

这种老式产品，十五年前就被淘汰了。如今，要寻找它的一个“同类”，不比寻找一件马褂容易。若坏了，任何修笔铺都无法修配，人家肯定会劝你干脆扔掉，买支新的。

我使用它，已经二十多年了。笔尖劈过，断过，被我磨齐了，也磨短了。笔道很粗，写一个笔画多的字，大稿纸的两个格子也容不下。已不能再用它写作，只能写便笺或信封。笔帽倘非胶布缠着，早就四分五裂。笔囊几年前就硬化了，被我取消，权当蘸水笔用。笔杆换过了，用火烤着硬“安”上的。“安”是“安”上了，却不可能再拧下来。

它是母亲给我买的，是我使用的第一支钢笔。那一年，我升入小学五年级了。学校规定，每星期有两堂钢笔字课。某些作业，要求学生必须用钢笔完成。全班每一个同学，都有了一支崭新的钢笔。有的同学甚至有两支。我却没有钢笔可用，连支旧的也没有。我只有蘸水钢笔。每次完成钢笔作业，右手总被墨水染蓝。染蓝了的手又将作业本弄脏。我常因此而感到委屈。我真羡慕我的同学们，做梦都想得到一支崭新的钢笔。

一天，我终于哭闹起来，折断了那支蘸水笔，逼着母亲非立刻给买一支吸水笔不可。

母亲对我说："孩子，妈妈不是答应过你，等你爸爸寄回钱来，一定给你买支吸水笔吗？"

我不停地哭闹，喊叫："不，不！我今天就要！你去给我借钱买……"

母亲叹了口气，为难地说："你这孩子，真不懂事！这月买粮的钱，是向邻居借的。交房费的钱，也是向邻居借的。给你妹妹看病，还是向邻居借的钱。为了今天给你买一支吸水笔，你就非逼着妈妈再去向邻居借钱吗？叫妈妈怎么向邻居张得开口啊？"

我却不管母亲好不好意思再向邻居张口借钱，哭闹得更凶。母亲心烦了，打了我两巴掌。我赌气哭着跑出了家门……

那天下雨。我在雨中游荡了大半日不回家，衣服淋湿了，头脑也淋得平静了，心中不免后悔自责起来。是啊，家里生活困难，仅靠在外地工作的父亲每月寄回几十元钱过日子，母亲不得不经常向邻居开口借钱。母亲是个很顾脸面的人，每次走向邻居家借钱，都需鼓起一番勇气。我怎么能为了买一支吸水笔，就那样为难母亲呢？我觉得自己真是太对不起母亲了。

于是我产生了一个念头，要靠自己挣钱买一支钢笔。这个念头一产生，我就冒雨朝火车站走去。火车站附近有座坡度很陡的桥。一些大孩子常等在坡下，帮拉货的手推车车夫们将车推上坡，可讨得五分钱或一角钱。

我走到那座大桥下，等待许久，不见有手推车来。雨越下越大，我只好站到一棵树下躲雨。雨点噼里啪啦地抽打着肥大的杨树叶，冲刷着马路。马路上不见一个行人的影子，只有公共汽车偶尔驶来驶往。除几根电线杆子立在远处，就迷迷蒙蒙地看不清楚什么了。

我正感到沮丧，想离开雨又太大，等下去肚子又饿，忽然发现了一辆手推车，装载着几层高高的木箱子，遮盖着雨布。拉车人在大雨中缓慢地、一步步地朝这里拉来。看得出，那人拉得非常吃力，腰弯得很低，上身几乎俯得与地面平行了，两条裤腿都挽到膝盖以上，双臂拼力压住车把，每迈一步，似乎都使出了浑身的劲儿。那人没穿雨衣，头上戴顶草帽。由于他上身俯得太低，无法看见他的脸，也不知他是个老头还是个小伙儿。

他刚将车拉到大桥坡下，我便从树下一跃而出，大声问："要帮一把吗？"

他应了一声，我没听清他应的是什么，明白是正需要我"帮一把"的意思，就赶快绕到车后，一点也不隐藏力气地推起来。车上不知拉的何物，非常沉重。还未推到半坡，我便一点力气也没有了，双腿发软，气喘吁吁。那时我才知道，对于有些人来说，钱并非容易挣到的。即或一角钱，也是并非容易挣到的。我空着肚子呢，又推了几步，实在推不动了，产生了“偷劲”的念头。反正拉车人是看不见我的！我刚刚松懈了一点力气，就觉得车轮分明顺坡倒转。不行！不容我“偷劲”。那拉车人，也肯定是凭着最后一点力气在坚持，在顽强地向坡上拉。我不忍心“偷劲”了。我咬紧牙关，憋足一股力气，发出一个孩子用力时的哼唷声，一步接一步，机械地向前迈动步子。

车轮忽然转动得迅速起来。我这才知道，已经将车推上了坡，开始下坡了。手推车飞快地朝坡下冲，那拉车人身子太轻，压不住车把，反被车把将身子悬起来，双腿离了地面，控制不住车的方向。幸亏车的方向并未偏往马路中间，始终贴着人行道边，一直滑到坡底才缓缓停下。

我一直跟在车后跑，车停了，我也站住了。那拉车人刚转过身，我便向他伸出一只手，大声说：“给钱！”

那拉车人呆呆地望着我，一动不动，也不掏钱，也不说话。

我仰起脸看他，不由得愣住了。“他”——原来是母亲！

雨水，混合着汗水，从母亲憔悴的脸上直往下淌。母亲的衣服完全淋透了，像从水里捞出来的一样，湿漉漉地贴在身上，显出了她那瘦削的两肩的轮廓。她的胸口剧烈地起伏着，脸色苍白，大口大口地喘着粗气……

我望着母亲，母亲望着我，我们母子完全怔住了。

就在那一天，我得到了那支钢笔，梦寐以求的钢笔。

母亲将它放在我手中时，满怀期望地说：“孩子，你要用功读书啊！你要是不用功读书，就太对不起妈妈了啊！”

在我的学生时代，我一刻都没有忘记过母亲满怀期望对我说的这番话。

如今，二十多年过去了，我已经是个成年人了，母亲变成老太婆了。那支笔，也可以说早已完成它的使用价值和历史使命了。但我，却要永远保存它，永远珍视它，永远不抛弃它。

现在的五年级学生，是不会再因家里买不起一支钢笔而哭闹了；现在的母亲们，也是不会再为给孩子买一支钢笔而去冒着大雨拉车了。我们发展着的生活，正在从九百六十万平方公里土地上消除着贫困。成熟在贫困之中的有益的东西，将会存留在下一代心里。

母亲，母亲，我永远感激您当年为我买了那支老式的廉价的钢笔……

我和橘皮的往事

多少年过去了，那张清瘦而严厉的，戴六百度黑边近视镜的女人的脸，仍时时浮现在我眼前，她就是我小学四年级的班主任老师。想起她，也就使我想起了一些关于橘皮的往事……

其实，校办工厂并非是今天的新事物。当年我的小学母校就有校办工厂。不过规模很小罢了。专从民间收集橘皮，烘干了，碾成粉，送到药厂去。所得加工费，用以补充学校的教学经费。

有一天，轮到我和我们班的几名同学，去那小厂房里义务劳动。一名同学问指派我们干活的师傅，橘皮究竟可以治哪几种病？师傅就告诉我们，可以治什么病，尤其对平喘和减缓支气管炎有良效。

我听了暗暗记在心里，我的母亲，每年冬季都为支气管炎所苦，经常喘作一团，憋红了脸，透不过气来。可是家里穷，母亲舍不得花钱买药，就那么一冬季又一冬季地忍受着，一冬季比一冬季气喘得厉害。看着母亲喘作一团，憋红了脸透不过气来的痛苦样子，我和弟弟妹妹每每心里难受得想哭。我暗想，一麻袋又一麻袋，这么多这么多橘皮，我何不替母亲带回家一点儿呢？……

当天，我往兜里偷偷揣了几片干橘皮。

以后，每次义务劳动，我都往兜里偷偷揣几片干橘皮。

一九九二年中学同学与班主任孙老师在吴振海的公司前合影，居中者为班主任孙老师，右二为吴振海

母亲喝了一阵子干橘皮泡的水，剧烈喘息的时候，分明地减少了，起码我觉着是那样。我内心里的高兴，真是没法儿形容。母亲自然问过我——从哪儿弄的干橘皮？我撒谎，骗母亲，说是校办工厂的师傅送给的。母亲就抚摸我的头，用微笑表达她对她的一个儿子的孝心所感受到的那一份儿欣慰。那乃是穷孩子们的母亲们普遍的最由衷的也是最大的欣慰啊！……

不料想，由于一名同学的告发，我成了一个小偷，一个贼。先是在全班同学眼里成了一个小偷，一个贼，后来是在全校同学眼里成了一个小偷，一个贼。

那是特殊的年代。哪怕小到一块橡皮，半截铅笔，只要一旦和“偷”字连起来，也足以构成一个孩子从此无法洗刷掉的耻辱。也足以使一个孩子从此永无自尊可言。每每地，在大人们互相攻讦之时，你会听到这样的话——“你自小就是贼！”——那贼的罪名，却往往仅由于一块橡皮，半截铅笔。那贼的罪名，甚至足以使一个人背负终生。即使往后别人忘了，不再提起了，在他或她内心里，也是铭刻下了。这一种刻痕，往往扭曲了一个人的一生，改变了一个人的一生，毁灭了一个人的一生……

在学校的操场上，我被迫当众承认自己偷了几次橘皮，当众承认自己是贼。当众，便是当着全校同学的面啊！……

于是我在班级里，不再是任何一个同学的同学，而是一个贼。于是我在学校里，仿佛已经不再是一名学生；而仅仅是，无可争议的一个贼，一个小偷了。

我觉得，连我上课举手回答问题，老师似乎都佯装不见，目光故意从我身上一扫而过。

我不再有学友了。我处于可怕的孤立之中。我不敢对母亲讲我在学校的遭遇和处境，怕母亲为我而悲伤……

当时我的班主任老师，也就是那一位清瘦而严厉的，戴六百度近视镜的中年女教师，正休产假。

她重新给我们上第一堂课的时候，就觉察出了我的异常处境。

放学后她把我叫到了僻静处，而不是教员室里，问我究竟做了什么不光彩的事。

我"哇"地哭了……

第二天，她在上课之前说："首先我要讲讲梁绍生（我当年的本名）和橘皮的事。他不是小偷，不是贼。是我嘱咐他在义务劳动时，别忘了为老师带一点儿橘皮。老师需要橘皮掺进别的中药治病。你们再认为他是小偷，是贼，那么也把老师看成是小偷，是贼吧！……"

第三天，当全校同学做课间操时，大喇叭里传出了她的声音。说的是她在课堂上所说的那番话……

从此我又是同学的同学，学校的学生，而不再是小偷不再是贼了。从此我不想死了……

我的班主任老师，她以前对我从不曾偏爱过，以后也不曾。在她眼里，以前和以后，我都只不过是她的四十几名学生中的一个，最普通的最寻常的一个……

但是，从此，在我心目中，她不再是一位普通的老师了，尽管依然像以前那么严厉，依然戴六百度的近视镜……

在"文革"中，那时我已是中学生了，没给任何一位老师贴过大字报。我常想，这也许和我永远忘不了我的小学班主任老师有某种关系。没有她，我不太可能成为作家。也许我的人生轨迹将彻底地被扭曲、改变，也许我真的会变成一个贼，以我的堕落报复社会。也许，我早已自杀了……

以后我受过许多险恶的伤害。但她使我永远相信，生活中不只有坏人，像她那样的好人是确实存在的……因此我应永远保持对生活的真诚热爱！

我的中学

一

我的中学时代是我真正开始接受文学作品熏陶的时代。比较起来，我中学以后所读的文学作品，还抵不上我从一九六三年至一九六八年下乡前这五年内所读过的文学作品多。

在小学五六年级，我已读过了许多长篇小说。我读的第一本中国长篇小说是《战斗的青春》；读的第一本外国长篇小说是《钢铁是怎样炼成的》。

而在中学我开始知道了托尔斯泰、巴尔扎克、雨果、车尔尼雪夫斯基、陀思妥耶夫斯基、高尔基等外国伟大作家的名字，并开始喜爱上了他们的作品。

我在我的短篇小说《这是一片神奇的土地》中有几处引用了希腊传说中的典故，某些评论家们颇有异议，认为超出了一个中学生的阅读范围。我承认我在引用时，有自我炫耀的心理作怪。但说"超出"了一个中学生的阅读范围，证明这样的评论家根本不了解中学生，起码不了解六十年代的中学生。

和我的中学同桌合影

我的中学母校是哈尔滨市第

二十九中学，一所普通的中学。在我的同学中，读长篇小说根本不是什么新鲜事。不分男女同学，大多数都开始喜欢读长篇小说了。古今中外，凡是能弄到手的都读。一个同学借到或者买到一本好小说，首先会在几个亲密的同学之间传看。传看的圈子往往无法限制，有时扩大到几乎全班。

外国一位著名的作家和一位著名的评论家之间曾经有过下面的有趣而明智的谈话：

作家：最近我结识了一位很有天才的评论家。

评论家：最近我结识了一位很有天才的作家。

作家：他叫什么名字？

评论家：青年。你结识的那位有天才的评论家叫什么名字？

作家：他的名字也叫青年。

和中学时代的好友合影

青年永远是文学的最真挚的朋友。中学时代正是人的崭新的青年时代。他们通过拥抱文学拥抱生活，他们是最容易被文学作品感动的最广大的读者群。今天我们如果进行一次有意义的社会调查，结果肯定也是如此。

我在中学时代能够读到不少真正的文学作品，还应当感激我的母亲。母亲那时已从铁路上被解雇下来，又在一个加工棉胶鞋鞋帮的条件低劣的小工厂参加工作，每月可挣三十几元钱贴补家庭生活。

我们渴望读书。只要是为了买书，母亲给我们钱时从未犹豫过。母亲没有钱，就向邻居借。

家中没有书架，也没有摆书架的地方。母亲为我们腾出一只旧木箱，我们买的书，包上书皮儿，看过后存放在箱子里。

最先获得买书特权的，是我的哥哥。

哥哥也酷爱文学。我对文学的兴趣，一方面是母亲以讲故事的方式不自觉地培养的结果，另一方面是受哥哥的熏染。

我之所以走上文学道路，哥哥起的作用，不亚于母亲和我的小学语文老师的作用。

六十年代的教学，比今天更体现对学生素养的普遍重视。哥哥高中读的已不是语文课本，而是文学课本。

哥哥的文学课本，便成了我常常阅读的文学书籍。有一次哥哥上文学课竟找不到课本了，因为我头一天晚上从哥哥的书包里翻出来看没有放回去。

一册高中生的文学课本，其文学内容之丰富，绝不比目前的一本什么文学刊物差。甚至要比目前的某些文学刊物的内容更丰富，水平更优秀。收入高中文学课本中的，大抵是古今中外优秀文学作品的章节。古今中外的诗歌、散文、小说、杂文，无所偏废。

《岳飞枪挑小梁王》、《鲁提辖拳打镇关西》、《杜十娘怒沉百宝箱》以及鲁迅、郁达夫、茅盾、叶圣陶的小说，郭沫若的词，闻一多、拜伦、雪莱、裴多菲的诗，马克·吐温的小说，欧·亨利的小说，高尔基的小说……货真价实的一册综合性文学刊物。那时的高中文学课多么好！

我相信，六十年代的高中生可能有不愿上代数课的，有不愿上物理课、化学课、政治课的，但如果谁不愿上“文学”课则太难理解了！

我到北大荒后，曾当过小学老师和中学老师，教过语文。七十年代的中小学语文课本，让我这样的老师根本不愿拿起来，远不如“扫盲运动”中的工农课本。

当年，哥哥读过的“文学”课本，我都一册册保存起来，成了我的首批文学藏书。哥哥还很舍不得将它们给予我呢！

哥哥无形中取代了母亲“家庭故事员”的角色。每天晚上，他做完功课，便捧起文学课本，为我们朗读，我们理解不了的，他就用心启发我们。

一个高中生朗读的文学，比一位没有文化的母亲讲的故事当然更是文学的享受。某些我曾听母亲讲过的故事，如《牛郎织女》、《天仙配》、《白蛇传》，由哥哥照着课本一句句朗读给我们听，产生的感受也大不相同。从母亲口中，我是听不到哥哥从高中文学课本读出来的那些文学词句的。我从母亲那里获得的是“口头文学”的熏陶，我从哥哥那里获得的才是真正的文学的熏陶。

感激六十年代的高中文学课本的编者们！

哥哥还经常从他的高中同学们手中将一些书借回家里来看。他和他的几名要好的男女同学还组成了一个阅读小组。哥哥的高中母校是哈尔滨一中，是重点学校。在他们这些重点学校的喜爱文学的高中生之间，阅读外国名著蔚然成风。他们那个阅读小组还有一张大家公用的哈尔滨图书馆的借书证。

哥哥每次借的书，我都请求他看完后迟还几天，让我也看完。哥哥一向满足我的愿望。可以说我是从大量阅读外国作品开始真正接触文学的。我受哥哥的影响，非常崇拜苏俄文学，至今认为苏俄文学是世界上伟大的文学。当代苏联文学不但继承了俄罗斯文学传统，在借鉴西方现代派文学方面，也比我们捷足先登。当代苏联文学可以明显地看到现实主义和现代派文学的有机结合。苏联电影在这方面进行了更为成功的实践。

回顾我所走过的道路，连自己也能看出某些拙作受苏俄文学的潜移默化的影响，而在文字上则接近翻译体小说。后来才在创作实践中渐渐意识到自己中国民族文学语言的基本功很弱，才开始注重对中国小说的阅读，才开始在实践中补习中国传统小说这一课。

二

小时候想买一本书需鼓足勇气才能够开口向母亲要钱，现在见了好书就非买不可。平日没时间逛书店，出差到外地，则将逛书店当成逛街市的主要内容。往往出差归来，外地的什么特产都没带回，带回一捆书，而大部分又是在北京的书店不难买到的。

买书其实莫如借书。借的书，要尽量挤时间早读完归还。买的书，却并不急于阅读了。虽然如此，依旧见了好书就非买不可。

和中学同学吴振海合影

由于我迷上了文学作品，学习成绩大受影响。我在中学时代，是个中等生。对物理、化学、地理、政治一点兴趣也提不起来。每次考试勉强对付及格。俄语初一上学期考试得过一次最高分——九十五，以后再没及格过。我喜欢上的是语文、历史、代数、几何课。代数、几何之所以也能引起我的学习兴趣，是因为它们像旋转魔方。公式定理是死的，解题却需要灵活性。我觉得解代数或几何题也如同写小说。一篇同样内容的小说，要达到内容和形式的高度完美统一，必定也有一种最佳的创作选择。一般的多种多样，最佳的可能仅仅只有一种。重审自己的作品，平庸的，恰是创作之前没有进行认真选择角度的。所谓粗制滥造，原因概出于此。

初二下学期，我的学习成绩令母亲和哥哥替我忧郁了，不得不开始限制我读小说。我也唯恐考不上高中，遭人耻笑，就暂时中断了我与文学的“恋爱”。

“文革”风起云涌后，同一天内，我家附近那四个小人书铺，遭到“红卫兵”的彻底“扫荡”。

我记得很清楚，那一天我到通达街杂货店买咸菜，见杂货店隔壁的小人书铺前，一堆焚书余烬，冒着袅袅青烟。窗子碎了。租小人书的老人，泥胎似的呆坐屋里，我常去看小人书，他对我很熟悉。我们隔窗相望一眼，彼此无话可说。我心中对他充满同情。

“文革”对全社会也是一场“焚书”运动，却给我个人带来了占有更多读书的机会。我们那条小街住的大多是“下里巴人”，竟有四户收破烂的。院内一户，隔街对院一户，街头两户。

“文革”初期，他们每天都一手推车一手推车地载回来成捆成捆的书刊。我们院子里那户收破烂的户前屋内书刊铺地。收破烂的姓卢，我称他卢叔。他每天一推回书刊来，我是第一个拆捆挑拣的人。书在那场“文革”中成了起祸的根源，不知有多少人，忍痛将他们的藏书当废纸卖掉了。而我成了一个地地道道的“发国难财”的人。《怎么办》、《猎人笔记》、《白痴》、《美国悲剧》、《妇女乐园》、《白鲸》、《堂·吉诃德》……一些我原先连书名也没听说过的，或在书店里看到了想买而买不起的书，都是从卢叔收回来的书堆里寻找到的。寻找到一两本时，我打声招呼，就拿走了。寻找到五六本时，不好意思白拿走，象征性地交给卢叔一两毛钱，就算买下来。学校停课，我极少到学校去，在家里读那些读也读不完的书。同时担起了“家庭主妇”的种种责任。

最使我感到愉快的时刻，是冬天里，母亲下班前，我将“大子”淘下饭锅的时刻。那时刻，家中很安静，弟弟妹妹们各自趴在里屋炕上看小人书。我则可以手捧一本自己喜爱的文学作品，坐在小板凳上，守在炉前看锅。“大子”粥起码两小时才能熬熟，两小时内可以认认真真地读几十页书。有时书中人物的命运引起我的沉思和联想，凝视着火光闪耀的炉口，不免出神入化。

一九八六年我下乡前，已经有满满的一木箱书，我下乡那一天，将那一木箱整理了一番，底下铺纸，上面盖纸，落了锁。

我把钥匙交给母亲替我保管，对母亲说：“妈，别让任何人开我的书箱啊！这些书可能以后在中国再也不会出版了！”

母亲理解地回答：“放心吧，就是家里失了火，我也叫你弟弟妹妹先把你的书籍搬出去！”

对较多数已经是作家的人来说，通往文学目标的道路是用写满字迹的稿纸铺垫的。这条道路不是百米赛跑，是漫长的“马拉松”，是必须一步步进行的竞走。这也是一条时时充满了自然淘汰现象的道路。缺少耐力，缺少信心，缺少不断进取精神的人，缺少在某一时期内自甘寂寞的勇气的人，即使“一举成名”，声誉鹊起，也可能“昙花一现”。始终“竞走”在文学道路上的大抵是些“苦行僧”。

像那英的姑娘

不是追星族，也不是音乐发烧友，但闲暇之时，倒也愿沉浸在电视音乐或歌唱中。

最熟悉的面容之一是那英的面容，最熟悉的歌声之一也是那英的歌声。对那英似乎情有独钟。我因为在众多优秀的歌者们间，唯那英能使我忆起早年的一个姑娘——一个长得很像她的姑娘……

三十几年前，常到一个同校但不同班的男生家去倾谈。他也喜欢文学，文学成了我们共同的话题。时逢“文革”，每个人头脑中的思想空间皆遭红色风暴之冲击和扫荡，两个少年坐在一起交流对一部名著的看法及心得，既是不合时宜的，又是共同的幸运。

一天，我们在他家大谈《复活》时，忽然一阵歌声从隔壁邻家传来。确切地说，那一年是一九六七年，月份是夏季，时间是傍晚。他家的窗敞开着，邻家的窗也必是敞开的无疑。歌声就好像是有人在我们身旁唱的：

斑竹一枝千滴泪，红霞万朵百重衣，
洞庭波涌连天雪，长岛人歌动地诗。
我欲因之梦寥廓，芙蓉国里尽朝晖……

多年之后，与兵团的女知青战友相聚在一起合影

我问谁唱的。

同学说是邻家的姑娘唱的。

“她唱得挺好，是不？”

“当然唱得挺好。”

“文艺团体的？”

“不，和咱们一样，初三学生。”

我和同学虽非声乐考官，但我们的听觉毕竟是正常的。以我们的耳朵听来，她唱的和收音机里天天广播的没什么水平上的明显差距。我们是以收音机里广播的水平为标准的。

同学告诉我，那姑娘曾一次次报考过部队文工团，愿望一次次都因当年严格的“政审”落空，因为她的出身有问题。她终于死心，转考省市县各级歌舞团，结果和一次次报考部队文工团是一样的……

我问同学她家的出身究竟有什么问题。

同学摇头，茫茫然无所知——反正有问题就是了……

“那她以后打算怎么样呢？”

“那我们以后打算怎么样呢？”

被同学一反问，我也茫茫然起来。

我们的以后并不取决于我们自己的决定，我们心里对这一点很清楚。

我不禁心生出一大片同情，对自己，也对隔壁那姑娘……

从此我再去同学家，每每总能听到她的歌声。倘听不到她唱，总不免问：她在家吗？她为什么不唱了？她的愿望有着落了吗？……

如今想来，也许，当年我因心生同情而开始暗恋了吧？当年的自己当年的事，说不清楚了。也不好意思请那同学相互介绍了和她认识，总之当年的我很“封建”。

直至我下乡前两三天才见到她——我去那同学家与他告别，他往外送我时，隔壁的门开了——一个剪着短发的姑娘站在门里，样子就像电视里用歌声鼓励下岗工人自强不息的那英，只不过比电视里的那英显得青春而羞怯。

她主动开口问：“我在隔壁听你说，你决定下乡了？”

我点头。

她又说：“保重。”声音低低的。

我说：“谢谢。”声音也低低的。

“听他讲（指那同学），你特别关心我，我也应该谢谢你。”

我心情郁郁的，不知再说什么好。

“握下手吧……”她主动向我伸出了一只手，身子却仍在门里……

同学推了我一下，我低头上前一步，轻轻握了握她的手，转身便走……

出了大院，我竟流下一行泪——满足与失落在心中交织成一大片惆怅。那是迷惘的泪，对城市对家对种种亲情友情恋恋不舍的泪。

两年后，我从北大荒回城市探家期间，去那同学家里。他也下乡了。我去探望他父母。那是冬季，家家门窗都封得很严。

我正与他父母聊着，又听到了她的歌声，唱的还是主席诗词歌。我竟听得一时有些发呆。

街道干部到同学家来发春节购物票证，以批判异类的口吻说：“听，又唱！不积极响应号召下乡，却想靠嗓子留在城市里，没门儿！嗓子好就了不起了？就可以例外了？今年连过春节的购物票也不发给她！明年再不肯走，就得来干脆的了！……”

我知道“干脆的”意味着注销户口——当年对不符合留城照顾条件而又不情愿下乡的学生，是可以来“干脆的”一手的……

我也能理解——自己的儿女下乡了的父母们，对于别人家企图“逃避运动”的儿女，殊无同情，且生反感，是多么自然……但却实在不愿多听那街道干部说下去，起身匆匆告辞。

站在院子里，我呆望她家的门——希望那门适时而开，使我得以一见其面。

当然她家的门并未开，只有歌声传出，仿佛她在很远的地方歌唱。

即使门开了，她出现了，我也只不过想对她说一句话："一向还好吗？"

四年后，我有幸上大学，又到那同学家去。我承认，我去他家，一半的因素缘于与他的友情，既然我们是朋友，既然我回城市了，不论他在不在家，礼节上都应去探望他的父母。另一半的因素，是想再见到她，起码，想再听到关于她的情况……

在兵团，也有许多唱歌唱得好的知青，有的进了团的宣传队，有的进了师的甚至兵团总部的宣传队。当年，黑龙江生产建设兵团对"出身不良"而又有文艺特长的知青，"政审"方面每每网开一面……

我在兵团时也每每忆起她，常替她想——唉，姑娘啊，你还莫不如下乡吧！在这广阔天地，起码，你将有登台演唱的机会！尽管几乎一切舞台都是简陋的……我愿把这心里话告诉她……

在同学家坐了两个多小时，竟没听到她在隔壁唱歌。

我吞吞吐吐地问："隔壁那姑娘……现在……找到肯收她的文艺单位了吗？……"

同学的母亲说："唉，那不明摆着痴心妄想吗？一个大她十几岁的男人答应帮她，但条件是她得嫁给他。她信了，结婚后才明白上当了。那男人自我吹嘘，根本帮不了她。但后悔也晚了。要闹离婚。那男的哪肯与她离呀？她就吵、闹，那男的就打她。常青头肿脸地回娘家来。她父母嫌她给家庭丢了人，还常骂她……"

悲凉之感顿时笼罩我心，像鲁迅杂文中所说的"如酷暑之际中寒"……

三十年弹指一挥间。

如今，爱唱歌的青少年，以及一切人，只管唱吧！几乎到处都有供人唱歌的良好设备、环境、条件和方式……

如今，谁有好嗓子，谁想当歌星，当歌唱家，那么便对时代对社会亮开歌喉吧！

谁还能阻挡一个人唱歌的权利呢？

谁还能阻挡一个人实现自己的歌者人生呢？

这多好！多好！

而中国为了纠正这一个此前的错误，居然经历了新中国成立以来至"文革"后近三十年的时间！而对于中国，那错误，只不过是许多种错误中，最小最微不足道的错误……

在那最小最微不足道的错误异常顽固地错误着的近三十年中，有许许多多热爱唱歌、热爱跳舞、热爱体育、热爱表演、热爱音乐、热爱绘画、热爱雕塑以及其他一切艺术，并且确有天赋从事艺术从而成为艺术家的人，其热爱通通被扼死在人生的愿望中了……

上世纪八十年代初，我第一次听到关牧村的歌声时，就被她醇厚润亮的音域迷住了。那是在我和几名知青重返北大荒的日子里，在夏季一个明媚的早晨，东方的天空朝霞烂漫——我依树仰望高挂的播音喇叭，崇拜地问别人：“知道是谁唱的吗？知道是谁唱的吗？……”

若非时代发生了政治变革，关牧村还将一直在工厂当工人，现在是下岗女工亦非常可能，而我们亿万中国人，也就欣赏不到她优美的歌声……

听那英歌唱，叫我怎能不想她——三十年前那个像那英，也天生一副好嗓子的姑娘。

三十年前还有许许多多的中国人，他们和她们的人生愿望其实是很低的，比如，只不过是想当中小学教员，甚至是当乡村的中小学教员，而且一定能当得很出色，却也被无情地剥夺了择业的资格和权利……

由那个像那英而命运和那英天上地下截然相反的姑娘，叫我怎能不想到当年那许许多多人生愿望其实很低，却一辈子被剥夺着资格和权利的中国人？……

我为他们和她们愀然。进而想到爱情——这如歌唱的权利一样自然的权利，在从新中国成立以后至“文革”结束的近三十年间，却也像歌唱的权利一样遭限制甚至遭管制——政治成了爱情专制的媒婆……

进而想到“倒爷”、“板爷”这两个八十年代以后产生的词——时代对被冠以这两个词的中国人也曾视如异类。但时代很快意识到这是错误。时代纠正此错误没再用三十年那么漫长的过程，大约仅用了五年。时代不但变得明智，而且反省力强了。

进而想到发式，想到服装——新潮的发式和服装，在中国曾引起怎样的大惊小怪啊！而如今，青年男女即使想给人以嬉皮士的印象，那么请便好啦！没谁再企图剥夺这种纯粹的个性自由了。时代变得如此宽厚，大约也只用了五年的时间。

进而想到电视节目，想到一位叫文燕的女主持人——她当年在北京电视台主持过“黄金娱乐城”，因其纯粹的娱乐内容，以及其言辞颇为不拘的主持风格，据我所知，曾大受媒体和公众的指责……

但仅仅三年后的今天，几乎所有电视台都争相推出了纯粹娱乐内容的节目。一些主持人的言辞风格，与文燕相比，依我看来，皆有过之而无不及。嘉宾、现场观众玩吧，闹吧，嬉乐吧，活跃开心吧！

中国人开始接受这个了。

时代也更明智地甚而是投其所好地怂恿了。

三十年——五年——三年……

时代似乎懂事儿了。

中国人也似乎懂事了。

在时代与人的这一种互应关系中，时代与人各得其所；时代以它宽容的姿态获得了它本身的丰富多彩和积极豁达，而人以胸中有数的自控尺度获得了张扬天性的权利和益处。

这样好。真好！很好！

丢失的香柚

“大串联”时期，我从哈尔滨到了成都，住气象学校，那一年我才十七岁。头一次孤独离家远行，全凭“红卫兵”袖章做“护身符”。

我第二天病倒了，接连多日，和衣裹着一床破棉絮，蜷在铺了一张席子的水泥地的一角发高烧。

高烧初退那天，我睁眼看到一张忧郁而又文秀的姑娘的脸，她正俯视着我。我知道，她就是在我病中服侍过我的人，又见她戴着“红卫兵”袖章，愈觉得她可亲。

我说：“谢谢你，大姐。”看去她比我大两三岁。一丝悱然的淡淡的微笑浮现在她脸上。

她问：“你为什么一个人从大北方串联到大南方来呀？”

我告诉她，我并不想到这里来和什么人串联，我父亲在乐山工作，我几年没见他的面了，想他，并委托她替我给父亲拍一封电报，要父亲来接我。

隔日，我能挣扎着起身了，她又来看望我，交给了我父亲的回电——写着“速回哈”三个字。

我失望到顶点，哭了。

她劝慰我：“你应该听你父亲的话，别叫他替你担心，乐山正武斗，乱极了！”

我这时才发现，她戴的不是“红卫兵”袖章，是黑纱。

我说：“怎么回去呢？我只剩几毛钱了！”虽然乘火车是免费的，可千里迢迢，身上总需要带点钱啊！

她沉吟片刻，一只手缓缓地伸进衣兜，掏出五元钱来，惭愧地说："我是这所学校的学生，'黑五类'。我父亲刚去世，每月只给我九元生活费，就剩这五元钱了，你收下吧！"她将钱塞在我手里，拿起笤帚，打扫厕所去了。

我第二天临行时，她又来送我。走到气象学校大门口，她站住了，低声说："我只能送你到这儿，他们不许我迈出大门。"她从书包里掏出一个柚子给了我："路上带着，顶一壶水。"

空气里弥漫着柚香，我说："大姐，你给我留个通信地址吧！"

她注视了我一会儿，低声问："你会给我写信吗？"

我说："会的。"

她那么高兴，便从她的小笔记本上扯下一页纸，认认真真给我写下了一个地址，交给我时，她说："你们哈尔滨不是有座天鹅雕塑吗？你在它前边照张相寄给我好吗？"

我默默点了一下头。我走出很远，转身看，见她仍呆呆地站在那里，目送着我。

路途中缺水，我嘴唇干裂了，却舍不得吃那个柚子。在北京转车时，它被偷走了。

回到哈尔滨的第二天，我就到松花江畔去照相。天鹅雕塑已被砸毁了，满地碎片，一片片仿佛都有生命，淌着血。

我不愿让她知道天鹅雕塑被砸毁了，就没给她写信……

去年，听说哈尔滨的天鹅雕塑又复雕了，我专程回了一次哈尔滨，在天鹅雕塑旁照了一张相，彩色的。按照那页发黄的小纸片上的地址，给那位铭记在我心中的大姐写了一封信，信中夹着照片。

信退回来了，信封上，粗硬的圆珠笔字写的是——"查无此人"。

她哪里去了？

想到有那么多我的同龄人"消失"在十年动乱之中了，我的心便不由得悲哀起来。

我的知青文学路

多年之后，与兵团的男知青战友相聚在一起合影

我的文学道路中的一个很重要的阶段，是在北大荒的七年知青生活。北大荒培养过我，我永远不忘。

我到北大荒的最初几年是在基层连队。连队每隔半月要开一次批判会或颂扬会。当时值得批判的事那么多，值得颂扬的事也那么多。每次我都是批判会或颂扬会上的重点发言者，这并非我很乐于扮演的角色，不过是我无法推卸的义务。

我是第二批到连队的知青，照例要开欢迎会，欢迎会上照例要有新知青代表发言。新知青互相推脱，谁也不肯当发言代表，内中有一个是我的同班同学，他“出卖”了我，说：“让梁晓声做发言代表吧，他在学校里是个秀才！”

我也推脱。

指导员恼火了：“你们都是知识青年，写篇发言稿还那么难？别推了，就是你！”

我对写发言稿从来是当成写作文那般认真对待的。整整一下午，字斟句酌，涂抹点串，写成了一篇五千余字的发言稿。

欢迎会开过后，连里的许多人，尤其是老职工和家属们，交口称赞我有“文才”。

第三批知青到连队后，我又代表全连致欢迎词。我的“写作实践”就这样从“革命八股”开始了。

“小梁，昨天张××从麦场偷了一条麻袋，晚上要开他的批判会，你写一篇重点批判稿！”

“小梁，机务排长死了，你写一篇悼词！”

“小梁，咱们连的毛著标兵要到师里去讲演，从今天起你别出工了，帮助写讲演稿！”

“小梁……”

以后，凡此种种“任务”，都落在我身上，有时连长交代给我，有时指导员交代给我。有时连长交代我写这，指导员交代我写那。

再以后，连里的黑板报缺少半板字；宣传队的节目要用连接词串成一台戏；知青伙伴们写检查；老职工们交代历史问题，全找我。

这种种实践，不过是“写字”的实践，与文学不沾边。对我走上文学道路，究竟有无意义，意义何在，连我自己也不能做出结论。但有一点是应该提及的，这种种实践，也可算我个人机遇链条上的一环，因为渐渐使我产生了一种认为自己是个可以“写”的人的自信，而且暗暗开始向往在报刊上发表点什么。

我当了连队的小学教师，对于写颂扬稿和批判稿同样感到厌烦了。写的兴趣由“革命八股”而转向格律诗词。小学教师的闲暇比一般知青多，我常独自漫游在大草甸子或徜徉在小河边，为的是产生“灵感”。回想起来，浪漫得够味。隔河是另一个连队，那连队的小学教师是老高三，也有赋诗填词的“雅兴”。我们志趣相投，成了知交。我几乎每天都过河去找他，谈格道律，相互吹捧。

团宣传股不知从何处听说了我这么个人物。股长给我写了一封信，希望我能为团里写篇广播稿。时值雷锋逝世十周年纪念日前夕，我写了一篇题为《雷锋精神不死》的小文章寄去，在团广播站广播了。不久在《兵团战士报》上发表了，还被列为我们团那一年见诸报纸的“重要文章”。我的文字第一次发表在报上，我心中的激动无法形容。这在连里算件大事，全连的人对我刮目而视。接着我又写了一首诗——《夜诊》，直接寄往《兵团战士报》，居然又登载了。两个月后，我的第一篇小说——《麦种》也在《兵团战士报》上问世。

如果当年没有《兵团战士报》，我今天也许不会走在文学道路上。

同年，我参加了全兵团第二届文学创作培训班。

黑龙江生产建设兵团对开展知识青年的各种文学和文艺活动予以充分重视，公正地说，是当作兵团精神建设的一项事业来抓的。

兵团宣传部将参加这些培训班的男女知识青年从各师各团甚至直接从各连召集到兵团总部所在地佳木斯市（有时也召集到某师或某团），最大限度地提供当时可能提供的一切条件，进行文学和文艺方面的培训。

参加了兵团文学创作培训班，我才真正向文学迈出了第一步，意识到我在连队的种种“写”的实践中所沾染的时代的“八股”文风，对搞文学的人是有害的。

培训班上，爱好文学的知青们，在一起无忌地大谈各自读过的文学著作和各自崇拜的古今中外的作家，颇似沙龙。与他们的接触，使我深感自己原来读书并不多。

大家都很刻苦，很勤奋。每人占据一张桌子，互不干扰。深夜两三点钟，能安然入睡的寥寥无几。招待所管理员心疼大家的身体，吩咐食堂天天为大家做夜宵。

我带到学习班上一篇小说，请大家提意见。都是知青，虽初次相识，却很坦诚，毫不顾及情面，一通七言八语的“轰炸”便“枪毙”了。我从连队带去的骄矜，也“土崩瓦解”。回到连队后，我变得谦虚了。半年内再没有动笔写什么，几乎对自己彻底丧失了信心。

一天，我收到兵团宣传部干事寄来的信。他负责抓全兵团的文学和文艺创作。他在信中写道：“参加过我们兵团文学培训班的人，没权利自暴自弃。下一届培训班，我还要通知你来，到时候你要带来一篇好小说。否则，你连兵团一所为你服务过的服务员们也对不起……”

我又开始动笔。写了撕，撕了写。常常独自一人在小学校里写至深夜。冬天，教室里很冷，写一阵，哈一阵手。

第二年年初，我果然收到参加兵团第三届文学创作培训班的通知。

又到了佳木斯，与崔干事见面后，他第一句话就问：“带来小说了？”

我回答：“带来了。”

他说：“给我。我要首先看你带来的小说。”

我说：“现在不给，我还要改。”

“好！”他笑了。

我在培训班上将自己的小说给大家看，心中忐忑不安，唯恐又挨一顿毫不顾及情面的“轰炸”，遭到被“枪毙”的下场。

知青文学伙伴们是那么无私！每个人接过我的稿子都说：“一定认真看！”有的一接过稿子，当即停止自己的写作看起来。大家都看过后，晚上聚在一起，为我那篇小说“会诊”。

和当年在北大荒一起度过青春岁月的知青战友们合影

三千余字的小说，竟聚谈了两个多小时，被提出了十几处修改意见。他们都并非信口开河，意见是经过反复思考才提出的。题目是他们最后为我确定的。有人看得仔细到某处标点的运用都提出了修改意见。教学态度认真的老师批改学生的作文，也不过如此。

我按照他们的意见，又修改了两遍，直至培训班结束后，才向崔干事交稿。我在《兵团战士报》上发表的第二篇小说《向导》，就是这样写出来的。

《向导》是我在兵团时期的代表作。如同后来《这是一片神奇的土地》、《今夜有暴风雪》、《父亲》、《溃疡》成为我的代表作一样。《向导》之后我又发表了几篇小说和散文，但都不及《向导》。凭《向导》这篇小说，我被承认是兵团的业余文学创作员。

严格地说，我在兵团时期发表的作品，不算文学，它们介于较优秀的中学生作文和最低层次的文学之间。它们依然不过是“写”的实践的产物而非文学实践的产物。但正是通过这些作品，我一步步走向文学之路。

我的创作简历，将一九七九年我大学毕业后发表在《新港》的小说《美丽姑娘》定为自己的处女作，这并不意味着对自己兵团时期发表的作品感到羞耻，只不过我认为它们确是非文学类的东西。《美丽姑娘》平庸，但它好歹跨越了中学生作文的水平，像是一篇平庸的小说了。

这里我要提及一个人——杨防。他原是解放军文艺出版社的编辑，是《苦菜花》的责编。因为家庭出身问题，与一批“右派分子”一起被“清洗”到了哈尔滨，又进一步被“清洗”到北大荒，举家定居四师。

每次办创作培训班，只要他不病倒，总被请来做我们的义务编审。他身体非常不好，瘦而高，面容憔悴，形销骨立，患有严重的肺气肿和心脏病，才五十多岁的人，看上去仿佛六十多岁的样子。今天活跃在文坛的我和北大荒知青出身的编辑、编剧及作家，提起他都会产生由衷的缅怀之情。我们多少人当年在兵团发表的作品，是经他审阅过，指点过，亲笔修改润色过和热忱推荐过的啊！他为我们倾注过巨大的心血。

记得一次在十九团办班，住团部招待所。有天夜里，我醒了，听到隔壁一阵猛烈的咳嗽声。那声音猛烈得可怕，接着变成一阵残喘。我看手表，三点多了。知道隔壁住的是杨防老师，心中极为不安，匆忙披了衣服到隔壁。我推开门，见室内烟雾浓重，他双膝跪在地上，一手抓着桌沿，一手拿着谁的稿子，喘成一团，快要窒息了，皮包骨的脸，憋得青紫。

我赶紧将他扶起，帮他仰卧床上，从他手中夺下稿子，嗔怪地说：“杨老师，这么晚了你还看稿！咳嗽得这么厉害你还吸烟！”

他一动不动地仰卧着，喘息了半天才能说出话：“我觉得我快活不长了……我不能为你们做什么更有意义的事，也只有为你们看看稿了……我想多看……”

第二天，他病倒了，被送到兵团医院。那是我最后一次见到他。我与其他兵团创作员们通信，总要探问杨防老师的情况。

那次大病后，他又参加过一次创作培训班，没坚持到结束，又病倒了，又被送进医院。我上大学的第二年，得知他去世的消息。

杨防，他是我文学上的老师，他也是我们文学上的老师。所有当年兵团的业余文学创作员，都不会忘记他的名字。

李龙云说过一句话：“他是为我们累死的。”

我在一篇小说《北大荒纪实》中，写到一位老编辑，就是以他为人物原型的，而且用的就是他的名字——杨防。

一九八二年我们十名北大荒知青重返北大荒“探家”，十人中九人认识他，对他怀有深厚感情。我们曾想到他家中去看看，到他坟上去凭吊，但因行止匆匆，未能如愿。

又要谈到所谓“个人奋斗”，我认为我们北大荒知青中如今当了编辑、编剧、作家的朋友们，可以说人人都是“个人奋斗”过来的。但是，在我们走过来的路途上，的的确确有兵团对我们的扶植和培养起过重要作用，的的确确有像杨防、崔干事这样的人的鼓励和鞭策起过重要作用。如果为了将自己塑造得更像“个人奋斗”者而矢口不谈这一点，那也的的确确是忘恩负义了！

我不能忘记我的母亲给过我一个文学的“世界”。

我不能忘记我的小学语文老师培养了我讲故事的能力，培养了我少年时期的写作兴趣。

我也同样不能忘记杨防老师。

我更不能忘记崔干事。

从十九团回连队不久，我被调到了我们一团宣传股做报道员。我的整个心已完全被文学吸引，主要精力在写小说、散文、诗歌方面。我做报道员的一年内，没写过一篇报道。幸亏团宣传股不止我一个报道员，股长和宣传干事对我很宽容，从未加谴责。

我不习惯在团各级领导们的视线以内活动。尽管我处处注意，他们也还是能从我身上发现许多他们所不能容忍的地方。我的种种努力徒劳无益，索性我行我素。

一年后，我被“精简”了，偌大一个团部，只“精简”了两个知青，我是其中一个。我被“精简”的直接原因，后来成了小说《这是一片神奇的土地》中的情节。小说中的“我”因母亲生病，连里不批假，擅自回到城市探望母亲，其实是发生在我们团木材加工厂一个鹤岗知青身上的事。小说中副指导员李晓燕替“我”向连长辩护的情节，是源自木材加工厂团组织生活会上，发生在我与木材加工厂连长指导员之间的一场大辩论。我因此而犯了“思想立场错误”，遭到被“精简”的命运。

我耻于回老连队，怀着一种“较量”心理，血气方刚地要求将我分配到木材加工厂。我那时身体就很瘦弱，已经生了肝病。木材加工厂连长问我：“这样的身体，能干什么活？木材加工厂可不养闲人。”

我反问：“什么活最重？”

他说：“抬大木。”

我说：“那我就抬大木。”

于是我成了抬木班的一名“劳力”。

我身体毕竟太瘦弱，而且病着，一天比一天感到支撑不住。

兵团宣传部的崔干事，得知我被从团机关“精简”后，千里迢迢从佳木斯市来到我们团。

他一见我就吃惊地问："你怎么瘦成这样？"他望着我摇头不止。

我的身体的确是要被累垮了，觉得在一团绝不会有什么好的命运转机了，便产生了回山东老家插队落户的念头。那一时期我忽然极想有一个小家、有一个妻子，当一个能守着老婆孩子热炕头的农民，了此一生。

崔干事听我讲出我的念头，生气地说："那你就太对不起杨防了！他住院期间还问你最近又写了什么没有？你别忘了你参加过四次兵团创作培训班！"

我无言以答。

我坚决反对崔干事为我去找我们团的领导交涉什么，可他还是去找了。临行前到我们连去，正见我抬大木。

我从跳板上走下来，他把我拉到一边，严厉地对我说："听着，你要挺住这一个时期，我将把你调离一团！参加过我们兵团创作培训班的知青，应当有几个成为作家。我负责抓全兵团的文学创作，我对你不只有友情，还有责任。"

我说："中国好像不会再有作家了吧？"

他说："我指将来！十年后，二十年后！"

我苦笑。

他又说："作家是时代的产儿。十年、二十年后，我的话定见分晓！"

他说得那么自信，跟我握了一下手就走了。

我站在原地，一直望着他走到公路上，虽然感激他对我的关心，却根本不相信他的话……

几天后，我病倒了，四肢软弱无力，一口饭也不想吃，浮在菜汤表面的油星也会引起我的恶心。但仍坚持着抬大木，不愿被连长和指导员认为我是累垮了。

半个月后，我收到一封电报：

速往黑龙江出版社，培训期半年。

正是劳动间歇，我坐在一根大木上看过电文，许久许久没有力气站起来……

初恋杂感

我的初恋发生在北大荒。

许多读者总以为我小说中的某个女性，是我恋人的影子。那就大错特错了。她们仅是一些文学加工了的知青形象而已。是很理想化了的女性。她们的存在，只证明作为一个男人，我喜爱温柔的，善良的，性格内向的，情感纯真的女性。

有位青年评论家曾著文，专门研究和探讨一批男性知青作家笔底下的女性形象，发现他们（当然包括我）倾注感情着力刻画的年轻女性，尽管千差万别，但大抵如是。我认为这是表现在一代人的情爱史上惨淡的文化现象和倾向。开朗活泼的性格，对于年轻的女性，当年太容易成为指责与批评的目标。在和时代的对抗中，最终妥协的大抵是她们自己。

文章又进一步论证，综观大多数男性作家笔下缱绻呼出的女性，似乎足以得出结论——在情爱方面，一代知青是失落了的。

我认为这个结论是大致正确的。

我那个连队，有一排宿舍——破仓库改建的，东倒西歪。中间是过廊，将它一分为二。左面住男知青，右面住女知青。除了开会，互不往来。

幸而知青少，不得不混编排，劳动还往往在一块儿。既一块儿劳动，便少不了说说笑笑，却极有分寸，任谁也不敢超越。男女知青打打闹闹，是违反行为规范和道德准则的，是要受批评的。

但毕竟都是少男少女，情萌心动，在所难免，却都抑制着。对于当年的我们，政治荣誉是第一位的，情爱不知排在第几位。

星期日，倘到别人的连队去看同学，男知青可以与男知青结伴而行，不可与女知青结伴而行。为防止半路会合，偷偷结伴，实行了“批条制”——离开连队，由连长或指导员批条，到了某一连队，由某一连队的连长或指导员签字。路上时间过长，便遭讯问——哪里去了？刚刚批准了男知青，那么随后请求批条的女知青必定在两小时后才能获准，堵住一切“可乘之机”。

如上所述，我的初恋于我实在是种“幸运”，也实在是偶然降临的。

那时我是位尽职尽责的小学教师，二十三岁，已当过班长、排长，获得过“五好战士”证书，参加过“学习毛主席积极分子代表大会”，但没爱过。

我探家回到连队，正是九月，大宿舍修火炕，我那二尺宽的炕面被扒了，还没抹泥。我正愁无处睡，卫生所的戴医生来找我——她是黑河医校毕业的，二十七岁，在我眼中是老大姐。我的成人意识确立得很晚。

她说她回黑河结婚。她说她走之后，卫生所只剩卫生员小董一人，守着四间屋子，她有点不放心。卫生所后面就是麦场，麦场后面就是山了。她说小董自己觉得挺害怕的。最后她问我愿不愿在卫生所暂住一段日子，住到她回来。

我犹豫，顾虑重重。

她说：“第一，你是男的，比女的更能给小董壮胆。第二，你是教师，我信任。第三，这件事已跟连里请求过，连里同意。”

我便打消了重重顾虑，表示愿意。那时我还没跟小董说过话。

卫生所一个房间是药房（兼做戴医生和小董的卧室），一个房间是门诊室，一个房间是临时看护室（只有两个床位），第四个房间是注射室、消毒室、蒸馏室。四个房间都不大。我住临时看护室，每晚与小董之间隔着门诊室。

除了第一天和小董之间说过几句话，在头一个星期内，我们几乎就没交谈过，甚至没打过几次照面。因为她起得比我早，我去上课时，她已坐在药房兼她的卧室里看医药书籍了。她很爱她的工作，很有上进心。巴望着轮到她参加团卫生员集训班，毕业后由卫生员转为医生。下午，我大部分时间仍回大宿舍备课——除了病号，知青都出工去了，大宿舍里很安静。往往是晚上十点以后回卫生所睡觉。

“梁老师，回来没有？”小董照例在她的房间里大声问。

“回来了！”我照例在我的房间里如此回答。

“还出去吗？”

“不出去了。”

“那我插门啦？”

“插门吧。”

于是门一插上，卫生所自成一统。她不到我的房间里来，我也不到她的房间里去。

“梁老师！”

“什么事？”

“我的手表停了。现在几点了？”

“差五分十一点。你还没睡？”

“没睡。”

“干什么呢？”

“织毛衣呢！”

我清清楚楚地记得，只有那一次，我们隔着一个房间，在晚上差五分十一点的时候，大声交谈了一次。

我们似乎谁也不会主动接近谁。我的存在，不过是为她壮胆，好比一条警觉的野狗——仅仅是为她壮胆。仿佛有谁暗中监视着我们的一举一动，使我们不得接近，亦不敢贸然接近。但正是这种主要由我们双方拘谨心理营造成的并不自然的情况，反倒使我们彼此暗暗产生了最初的好感。因为那种拘谨心理，最是特定年代中一代人的特定心理，一种荒谬的道德原则规范了的行为。如果我对她表现得过于主动亲近，她则大有可能猜疑我“居心不良”。如果她对我表现得过于主动亲近，我则大有可能视她为一个轻浮的姑娘。其实我们都想接近，想交谈，想彼此了解。

小董是牡丹江市知青，在她眼里，我也属于大城市知青。在我眼里，她并不美丽，也谈不上漂亮，我并不被她的外貌吸引。

每天我起来时，炉上总是有一盆她为我热的洗脸水。接连几天，我便很过意不去。于是有天我也早早起身，想照样为她热盆洗脸水。结果我们同时走出各自的住室。她让我先洗，我让她先洗，我们都有点不好意思。

那一天中午我回到住室，见早晨没来得及叠的被子叠得整整齐齐，房间打扫过了，枕巾有人替我洗了，晾在衣绳上。窗上，还有人替我做了半截纱布窗帘，放了一瓶野花。桌上，多了一只暖瓶，两只带盖的瓷杯，都是带大红喜字的那一种。我们连队供销社只有两种暖瓶和瓷杯可卖。一种是带“语录”的，一种是带大红喜字的。

我顿觉那临时栖身的看护室，有了某种温馨的家庭气氛。甚至由于三个耀眼的大红喜字，有了某种新房的气氛。

我在地上发现了一截姑娘们用来扎短辫的曲卷着的红色塑料绳，那无疑是小董的。至今我仍不知道，那是不是她故意丢在地上的。我从没问过她。

我捡起那截塑料绳，萌生起一股年轻人的柔情。

受一种莫名其妙的心理支配，我走到她的房间，当面还给她那截塑料绳。

那是我第一次走入她的房间。我腼腆至极地说：“是你丢的吧？”

她说：“是。”

我又说：“谢谢你替我叠了被子，还替我洗了枕巾……”

她低下头说：“那有什么可谢的……”

我发现她穿了一身草绿色的女军装——当年在知青中，那是很时髦的。还发现她穿的是一双半新的有跟的黑色皮鞋。我心如鹿撞，感到正受着一种诱惑。

她轻声说：“你坐会儿吧。”

我说：“不……”我立刻转身逃走。回到自己的房间，心仍直跳，久久难以平复。

晚上，卫生所关了门以后，我借口胃疼，向她讨药，趁机留下纸条，写的是——我希望和你谈一谈，在门诊室。我都没有勇气写“在我的房间”。

一会儿，她悄悄地出现在我面前。我们也不敢开着灯谈，怕突然有人来找她看病，从外面一眼发现我们深更半夜地还待在一个房间里……

黑暗中，她坐在桌子这一端，我坐在桌子那一端，东一句，西一句，不着边际地谈。从那一天起，我算多少了解了她一些：她自幼失去父母，是哥哥抚养大的。我告诉她我也是在穷困的生活环境中长大的。她说她看得出来，因为我很少穿件新衣服。她说她脚上那双皮鞋，是下乡前她嫂子给她的，平时舍不得穿……

我给她背我平时写的一首首小诗，给她背我记在日记中的某些思想和情感片段——那本日记是从不敢被任何人发现的……

她是我的第一个“读者”。从那一天起，我们都觉得我们之间建立了一种亲密的关系。

她到别的连队去出夜诊，我暗暗送她，暗暗接她。如果在白天，我接到她，我们就双双爬上一座山，在山坡上坐一会儿，算是“幽会”，却不能太久，还得分路回连队。

我们相爱了，拥抱过，亲吻过，海誓山盟过。我们都稚气地认为，各自的心灵从此有了可靠的依托。我们都是那样地被自己所感动，亦被对方所感动。我觉得在这个大千世界之中，能够爱一个人并被一个人所爱，是多么幸福多么美好！但我们都没有想到过没有谈起过结婚以及做妻子做丈夫那么遥远的事。那仿佛的确是太遥远的未来的事。连爱都是“大逆不道”的，那种原本合情合理的想法，却好像是童话……

爱是遮掩不住的。后来就有了流言蜚语，我想提前搬回大宿舍，但那等于

“此地无银三百两”。继续住在卫生所，我们便都得继续承受种种投射到我们身上的幸灾乐祸的目光，舆论往往更沉重地落在女性一方。

后来领导找我谈话，我矢口否认——我无论如何不能承认我爱她，更不能声明她爱我。不久她被调到了另一个连队。我因有着我们小学校长的庇护，除了那次含蓄的谈话，并未受到怎样的伤害。

你连替你所爱的人承受伤害的能力都没有，这真是令人难堪的事！

后来，我乞求一个朋友帮忙，在两个连队间的一片树林里，又见到了她一面。那一天淅淅沥沥地下着雨，我们的衣服都湿透了，我们拥抱在一起流泪不止……

后来我调到了团宣传股，离她的连队一百多里，再见一面更难了……

我曾托人给她捎过信，却没有收到过她的回信。我以为她是想要忘掉我……

一年后我被推荐上了大学。

据说我离开团里的那一天，她赶到了团里，想见我一面，因为拖拉机半路出了故障，没见着我……

一九八三年，《这是一片神奇的土地》获奖，在读者来信中，有一封竟是她写给我的！算起来，我们相爱已是十年前的事了。

我当即给她写了封很长的信，装信封时，即发现她的信封上，根本没写地址。我奇怪了，反复看那封信，信中只写着她如今在一座矿山当医生，丈夫病故了，给她留下了两个孩子……最后发现，信纸背面还有一行字，写的是——想来你已经结婚了，所以请原谅我不给你留下通信地址。一切已经过去，保留在记忆中吧！接受我的衷心的祝福！

信已写就，不寄心不甘，细辨邮戳，有“桦川县”字样。便将信寄往黑龙江桦川县卫生局，请代查卫生局可有这个人，然而空谷无音。

初恋之所以令人难忘，盖因纯情耳！

纯情原本与青春为伴。青春已逝，纯情也就不复存在了。

如今人们都说我成熟了，自己也常这么觉得。

近读青年评论家吴亮的《冥想与独白》，有一段话使我震慑——“大概我们已痛感成熟的衰老和污秽……事实上纯真早已不可复得，唯一可以自慰的是我们还未泯灭向往纯真的天性。我们丢失的何止纯真一项？我们大大地亵渎了纯真，还感慨纯真的丧失，怕的是遭受天谴——我们想得如此周到，足见我们将永远地远离纯真了。号啕大哭吧，不再纯真又渴望纯真的人！”

他正是写的我这类人。

复旦与我

我曾写过一篇散文，题目是《感激》。

在这一篇散文中，我以感激之心讲到了当年复旦中文系的老师们对我的关爱。在当年特殊的时代背景下，对我，他们的关爱还体现为一种不言而喻的、真情系之的保护。非是时下之人言，老师们对学生们的关爱所能包含的。在当年，那一份具有保护性质的关爱，铭记在一名学生内心里，任什么时候回忆起来都是凝重的。

我还讲到了另一位并非中文系的老师。

那么他是复旦哪一个系的老师呢?

事隔三十余年，我却怎么也不能确切地回忆起来了。

我所记住的只是一九七四年，他受复旦大学之命在黑龙江招生。中文系创作专业的两个名额也在他的工作范围以内。据说那一年复旦大学总共从黑龙江生产建设兵团招收了二十几名知识青年，他肩负着对复旦大学五六个专业的责任感。而创作专业的两个名额中的一个，万分幸运地落在了我的头上。

事情大致是这样的——为了替中文系创作专业招到一名将来或能从事文学创作的学生，他在兵团总部翻阅了所有知青文学创作作品集。当年，兵团总部每隔两年举办一次文学创作学习班，创作成果编为诗歌、散文、小说、报告文学、通讯报道与时政评论六类集子。一九七四年，兵团已经培养起了一支不止百人的知青文学创作队伍，分散在各师、各团，直至各基层连队。我是他们中的一个，在基层连队抬木头。兵团总部编辑的六类集子中，仅小说集中收录过我的一篇短篇《向导》。那是我唯一被编入集子中的一篇，它曾发表在《兵团战士报》上。

一九七四年，离开兵团去上学的公共汽车上

《向导》的内容是这样的：一个班的知青在一名老职工的率领下进山伐木。那老职工在知青们看来，性格孤倔而专断——这一片林子不许伐，那一片林子也坚决不许伐，总之已经成材而又很容易伐到的树，一棵也不许伐。于是在这一名老“向导”的率领之下，知青离连队越来越远，直至天黑，才勉强凑够了一爬犁伐木，都是歪歪扭扭、拉回连队也难以劈为烧柴的那一类。而且，他为了保护一名知青的生命，自己还被倒树砸伤了。即使他在危险关头那么舍己为人，知青们的内心里却没对他起什么敬意，反而认为那是他自食恶果。伐木拉到了连队，指责纷起。许多人都质问：“这是拉回了一爬犁什么木头？劈起来多不容易？你怎么当的向导？”——而他却用手一指让众人看：远处的山林，已被伐得东秃一片，西秃一片。他说：“这才几年工夫？别只图今天我们省事儿，给后人留下的却是一座座秃山！那要被后代子孙骂的……”

这样的一篇短篇小说在当年是比较特别的，主题的“环保”思想鲜明。而当年中国人的词典里根本没有“环保”一词。我自己的头脑里也没有。只不过所见之滥伐现象，使我这一名知青不由得心疼罢了。

而这一篇仅三千字的短篇小说，却引起了复旦大学招生老师的共鸣，于是他要见一见名叫梁晓声的知识青年。于是他乘了十二小时的列车从佳木斯到哈尔滨；再转乘八九个小时的列车从哈尔滨到北安，那是那一条铁路的终端，往前已无铁路了；改乘十来个小时的长途汽车到黑河；第二天上午从黑河到了我所在的团。如此这般的路途最快也需要三天。

而第四天的上午，知识青年梁晓声正在连队抬大木，团部通知他，招待所里有位客人想见他。

当我听说对方是复旦大学的老师，内心一点儿也没有惊喜的非分之想，认为那只不过是招生工作中的一个过场，按今天的说法是作秀。而且，说来惭愧，当年的我这一名哈尔滨知青，竟没听说过复旦这一所著名的大学。一名北方青年，当年对南方有一所什么样的大学，一向不会发生兴趣的。但有人和我谈文学，我很高兴。

我们竟谈了近一个半小时。

我对于“文革”中的“文艺”现象“大放厥词”，倍觉宣泄。

他从自己的包里取出一本当年的“革命文学”的“样板书”《牛田洋》，问我看过没有？有什么读后感？

我竟说：“那样的书翻一分钟就应该放下，不是任何意义上的文学作品！”

而那一本书中，整页整页地用黑体字印了几十段“最高指示”。

如果他头脑中有着当年流行的“左”，则我后来根本不可能成为复旦的一名学子。倘他行前再向团里留下对我的坏印象，比如——“梁晓声这一名知青的思想大有问题”，那么我其后的日子更加不好过了。

我记得清清楚楚，我们分手时，他说的是——“你跟我说过的那些话，不要再跟别人说了，那将会对你不利。”

这是关爱。在当年，也是保护性的。

后来我知道，他确实去见了团里的领导，当面表达了这么一种态度——如果复旦大学决定招收该名知青，那么名额不可以被替换。

没有这一位老师的认真，当年我根本不可能成为复旦学子。

我入学几年后，就因为转氨酶超标，被隔离在卫生所的二楼。

他曾站在卫生所平台下仰视着我，安慰了我半个多小时。

三个月后我转到虹桥医院，他又到卫生所去送我……

至今想来，点点滴滴，倍觉温馨。

进而想到——从前的大学生（他似乎是一九六二年留校的）与现在的大学生是那么不同。虽然我已不认得他是哪一个系哪一个专业的老师了，但却肯定地知道他非中文系的老师。而当年在我们一团的招待所里，他这一位并非中文系的老师，和我谈到了古今中外那么多作家和作品，这是耐人寻味的。

大千世界，芸芸众生。人皆一命，是谓生日。但有人是幸运的，能获二次诞辰。大学者，脱胎换骨之界也。

“母校”说法，其意深焉。

复旦乃百年名校，高深学府；所育桃李，遍美人间。

是复旦当年认认真真地给予了我一种人生的幸运。

她所派出的那一位招生老师身上所体现出的认真，我认为，当是复旦之传统精神的一方面吧！

我感激，亦心向复旦之精神也。

故我这一篇粗陋的回忆文字的题目是《复旦与我》，而不是反过来，更非下笔轻妄。

我很想在复旦百年校庆之典，见到一九七四年前往黑龙江生产建设兵团招生的那一位老师……

我的大学

一

一九七四年九月二十七日，下午两三点，哈尔滨至上海的一趟火车进站。一个其貌不扬的年轻人被人流裹着，步子虚浮地出了上海站。

上海很热，三十四摄氏度左右。这年轻人穿件卡其布的、旧的、在洗染店染过的、黑色而又变灰了的学生制服。一条崭新的、裤线笔直的“的卡”裤子，蓝色的，太长，折起一寸有余。一双半新的网球鞋。头戴一顶崭新单帽。

他左手拎皮革旅行包，右手拎网兜，里面兜着一个新脸盆、牙具什么的。

他避开人流，有些发蒙，不知该往哪去。

他像东北农村某人民公社的小文书一类，更具体说，像《艳阳天》中的“马立本”。

连“马立本”那点土潇洒也没有，模样迟钝。

虽然是“文革”时期，但讲究穿着的上海人还是比全国其他大城市的人们明显地穿得雅致。

他有些自惭其“土”。

他从来也没有见过满大街的女人尽数裸胳膊裸腿的情形。他感到有些害羞，竟不知目光应朝什么地方看才算个正经的年轻人。

从他眼前走过的女人们，却并不注意他。偶有一两个女人看他一眼，完全是觉得他有些“憨大”。

他便更自惭，更害羞。

没有一个男人像他似的头上戴着顶崭新的单帽。撑帽纸板还保留在帽子里，未丢掉是为了帽脸儿显得更陡，给自己增添点精神。

他不由得将帽子摘了下来，塞进手提兜里。可是想到自己一个多月前剃秃头，头发生出还不足半寸，一定更傻里傻气，又取出帽子重新戴上。撑帽纸板折坏了，只好扔了。单帽失去了它，不如原先那么像样，有几分沮丧。他是我。

如果上海的年轻人们知道我随身带着一份复旦大学的“工农兵学员”入学通知书，他们肯定会非常羡慕甚至可能嫉妒我这个“东北土老帽”的。那年头“工农兵学员”正吃香，复旦又是国内名牌大学。我家祖坟大冒红烟紫气！

我向一个清扫工问去复旦怎样乘车。

他上下打量我一阵，反问：“新入学的工农兵学员？”我不无自豪地点头。

又问：“从哪儿来？”

我回答：“北大荒。”

再问：“北大荒当地人？”

答：“哈尔滨知青。”

他说：“我女儿也在北大荒，一师三团。”

我说：“我在二团。”

他询问兵团知青的近况。我很乐意地回答了他提出的种种问题。我的上海知青朋友很多，上海话早已听惯。他对我颇产生了一点好感，末了说：“复旦大学的接站车停在离这儿不远的地方，我带你去。”

一九七六年，在上海复旦大学读书期间与同学杨志松在黄浦江畔合影

我能进入复旦，自己完全没想到。

一九七三年年初，我从黑龙江生产建设兵团总司令部所在地佳木斯市回到我们一师二团。我是到兵团总部去参加文学创作学习班的。我是团宣传股报道员，兵团业余文学创作员。

回到团部刚几天，政治部主任带我到木材加工厂“蹲点”，总结“政治思想工作经验”。木材加工厂是团后勤处直属连队，在团部附近，离团机关区只五六分钟的路。木材加工厂有一个鹤岗知识青年，抬大木时摔断了腿，被送到师部医院住院。腿好后，他从医院给连队领导写了一封信，要求回鹤岗市探一次家。连队领导没批准，他私自回到了鹤岗。他的母亲给连队领导写了一封信，其中有句质问的话：“我的儿子千里迢迢去到边疆，在劳动中摔断了腿，我自己也在生病，难道你们当连队领导的，竟没有批准我儿子探一次家的善心吗？”可想而知，这封信使连队领导恼怒到什么程度。他一个星期后回到连队的当天，团支部召开会议，对他进行批评教育，并讨论对他的处分。“讨论”不过是一种形式，处分已在他回到连队之前就确定了——开除团籍。

和大学同学李维合影

我以团政治部工作组成员之一的身份，参加了这次基层连队的团组织特殊会议。会前我了解到，连队领导已找过一些团员骨干个别谈话，“指示”他们在讨论处分时起到“应起的作用”。团支部书记，一位哈尔滨姑娘，对连长和指导员的“指示”当然心领神会，毫无异议，“坚决照办”了。这种做法，本应被列为破坏团组织原则的做法，甚至可以说是“小动作”，是不光明正大的，也是对每个团员意志施加的压力，更不利于一个基层连队的政治思想工作。

在那个鹤岗知青痛哭流涕地反复承认错误，做了检讨之后，在经过一阵沉默之后，在由团支部书记宣布给予他开除团籍的组织处分之后，在那几个连长、指导员找他们个别谈过话的团员骨干同时举起手之后，在其他团员们十分犹豫的时候，我忍耐不住了，开口发言了。我的性格不允许我在那一刻保持沉默。而当我对什么事情不赞同的时候，我的言辞往往是尖酸刻薄的。我当时说了些什么，无须赘述。

总之，团支部书记兼副指导员显得非常尴尬和难堪，几乎是愤愤然地吩咐一个团员：“去把连长和指导员找来！”

连长来了，指导员也来了。两位连队领导的“坐镇”局面，使气氛格外严峻。这种严峻的气氛，将我推到了被迫“迎战”的地位。而人一旦被推到这种地位，哪怕是一个沉着练达的人，有时也会变得一反常态，激昂慷慨起来。我天生永远不可能成为一个沉着练达的人。我的气质中有种易于冲动、易于激昂慷慨的不良基因。而我一旦冲动起来，岂止“激昂慷慨”而已，简直可以说“目中无人”、“气冲霄汉”！尤其当我深信正义是在我这一方时，我是颇有点不怕天不怕地的。

我当时又说了些什么，连我自己如今也记不清了。但有一点却记得很清楚，连长没坐多一会儿，就一言未发，面色青白地怫然而去。指导员比连长涵养好，默默地吸了两支烟，也站起身走了。他虽然表面上不动声色，但离开前狠狠踩灭烟蒂的动作，也够令人“触目惊心”的。如果不是因为我的工作组成员的身份，他当时绝不会表现得那么有涵养。

团支部书记也要起身走，我把她叫住了，对她说：“团组织会还没开完呢，你不能走！”她只好留下，眼泪汪汪的，几乎快哭了。

多数团员知青，对于出现了这样一种他们万万料想不到的、“剑拔弩张”的局面，既感到震惊，也暗暗感到钦佩。我无形中成了代表他们被压制的意见的人。他们主张继续表决，表决的结果——给那个鹤岗知青警告处分。这等于对木材加工厂连长和指导员威信的一次严重打击。

剖析起来，我的“仗义执言”，倒并非主要是受所谓“正义感”的驱使。还有更为主要的，当时连我自己也根本不可能意识到的心理因素起强烈作用。这种心理，就是身为一个知识青年，经常受到种种抑制性的不正当的“管束”，人格被“领导意志”随心所欲地扭曲，情绪被外界力量无端地粗暴地施加骚扰，寻找机会想得以发泄，表示反抗的心理。不过在什么机会下，以什么事件为导火索，以什么方式发泄和反抗，因人而异罢了。这件事，我在我的小说《这是一片神奇的土地》中，作为“情节”移植到女主人公李晓燕身上了。

我以我认为恰当的方式发泄了。我的心里感到了一种发泄后的满足，感到了一种类乎“大获全胜”的痛快。一种从未有过的痛快。

然而，“大获全胜”的不是我，也不可能是我。我不过扮演了一次“堂·吉诃德”式的惨败者的角色而已。

我已说过，从木材加工厂到团部只需五六分钟。刚表决完，还没散会，我就被叫去接电话，政治部主任从团部打来的。

“放下电话，立刻跑步到我的办公室！”政治部主任在电话中用异常严厉的语调命令。

我没跑步，但走得很快。走进政治部主任办公室，木材加工厂连长和指导员坐在办公室里，都幸灾乐祸地瞧着我，都是一副皮笑肉不笑的神气。

“从今天起，不，从现在起，你不再是工作组成员了！你必须在木材加工厂团支部会议上做深刻检查！”主任对我拍桌子瞪眼睛。

“没什么可检查的！”我恼火透了。

“你太放肆了！”主任气得脸色紫红。

我顶撞道：“作为一个人，我有权放肆一次！”主任腮帮子抽搐，说不出话。

“小梁，你何必发这么大火呢！有话好好讲嘛！”木材加工厂连长和指导员虚伪地劝说我。

我狠狠瞪了他们一眼，走出了主任办公室。

政治部主任对我没有半点好印象。他给我的印象更不怎么样。我从连队调到宣传股两个多月后，我们连的文书，一位小巧玲珑的“安琪儿”般的牡丹江姑娘，也调到了团部组织股。她报到的当天，吃晚饭的时候，我和她肩并肩向机关食堂走。政治部主任吃罢了晚饭，迎着我们俩往回走。相距三十步远，我就发现他的五官往一块儿挤，在脸上挤出了一堆笑。尽管我不爱看他那种笑，但却认为他是在对我笑。自从我调到宣传股后，他只对我简短地说过几句例行公事的话，还从没对我笑过。

主任对我笑，而且是第一次，仅仅出于礼貌，我想我也应对主任笑。

我心里那么想，表情上也就相应地做出了一种笑模笑样。笑得不怎么自然，也不怎么由衷。

相距二十步远，主任脸上那堆笑更加可掬了。

相距十步远，我才看出，主任脸上那堆笑，并非为我，而是呈献给我身旁那位“安琪儿”般的她的。目光，是聚焦的，整整齐齐的两束，投射向一个焦点——她的脸，连点儿余光也没赏赐给我。我那笑模笑样，算是白做出了。像一个蹩脚的“二传手”，移传不到位。

我撇下她，识趣地独自走了。从那一天起，我就认定政治部主任不是个好东西。事实证明，我对人的看法还有准头。他终于因为道德败坏，被开除了军籍、党籍，撤销了一切干部职务，“发配”到我的老连队，成了名副其实的“二劳改”。

这个“不是好东西”的人，在当时，还没有充分的证据被公认为“坏东西”，因此也就还完全操纵着我这个小小报道员的命运。

不久，团机关开始“精简机构”。政治部所属干部、组织、宣传三个股要精简掉二十二分之一，我是一。

宣传股长觉得有些对不住我，安慰我：“你到机械连吧，能学点技术。以后，找个机会，我再把你抽上来。”

我没到机械连去。我那时年少气盛。一种对政治部主任，对木材加工厂连长和指导员的挑战情绪，促使我要求到木材加工厂去。这样的要求当然不会遭到拒绝。

在木材加工厂的连部里，连长坐在椅子上，撩起眼皮看了我一眼，慢条斯理地说："你自愿来到木材加工厂，我当然很欢迎。在哪里跌倒，在哪里爬起来嘛！可我们这儿没轻活啊！"

他分明对我落到这种地步很高兴。

我问："什么活最累？"

他说："抬大木。"

我说："我抬大木。"

他说："好啊！"

他站起来，从办公柜里取出一双帆布手套、一副垫肩，放在桌子上，悠悠然走出去了……

我永远感激当年木材加工厂抬木班的知青伙伴们，他们对我的爱护之情，胜似兄弟。他们认为我是被"贬"到木材加工厂的。他们觉得有义务爱护我。最初三个月内，我的肩膀几乎没挨过"蘑菇头"——抬大木的杠棒，只是用卡钩搬搬木头。三个月后，在我的要求下，他们才开始轮流与我搭对抬木头。我的脚步起初总是踏不上号子，大圆木前扭后晃，左右摇摆，"耍龙"不止。好几个人由于和我搭对子扭伤了腰，却没有一个人对我说过一句抱怨的话。

我永远感激他们，永远不会忘记他们的姓名和绰号。他们的音容笑貌，至今仍常常浮现在我眼前。在北京的几个，虽然都已成了家，各自被家庭和工作所累，来往不多了，但每到春节，总是要互相看望看望的。

他们性格各异，都很豪爽，很正直。也许这一点与特殊的体力劳动分不开。八个人，哼起号子，抬千斤重木，是不可能不齐心的。一声"弟兄们，起呀……"将人和人拉近了。四个月后，招生名额下到连里了。

我成为三名被推荐者之一，名列第二。

但那一年出了个张铁生，我没走成。

政治部主任也不甘心让我去上大学，他亲自将我的名字划掉了。

第二年，木材加工厂只分到两个名额：一个大学名额，一个中专名额。大学名额是哈尔滨师范学院。中专名额是鹤岗市邮电学校。

那时我已借调到黑龙江出版社文艺编辑室，为期一年，对上大学不感什么兴趣了，唯希望一年后兴许会被留在出版社，做一名编辑。因为他们对我好，有这个意思。

但连队的知青伙伴们替我报了名。推荐的结果，我名列第三。伙伴们还颇为我遗憾。我从哈尔滨回木材加工厂“探家”，推荐工作刚刚结束。

被推荐到鹤岗市邮电学校的，是一名鹤岗知青，木材加工厂的卫生员。他处了个女朋友，是我们哈尔滨姑娘，菜班班长。

推荐结束的当天晚上，菜班班长约卫生员“会晤”。她对他说：“你千万不要去上什么邮电学校！鹤岗不过是个小小煤城，回去当邮递员图的什么呢？卫生员在我们这里很吃香，人人求得着，难道你舍得丢掉听诊器吗？”

卫生员犹豫起来。

菜班班长进而含情脉脉地说：“反正我是无论如何也不让你走的！你一走，我们的爱情就完结了！我怕你回到鹤岗，会爱上别的姑娘！”

卫生员信誓旦旦，言道人虽离开，心是永远不变的。

菜班班长哭了，又说：“就算你不会变心，将来两地生活，多么不幸福啊！”

卫生员终于被说服，为了爱情，做出“牺牲”，放弃名额。

菜班班长却瞒着卫生员，去找后勤处长，说她的男朋友希望能由她顶替这个名额，恳求后勤处长成全他们的愿望。

木材加工厂归后勤处领导。后勤处长经常到木材加工厂走走，对菜班班长这个哈尔滨姑娘印象不错，爽快地答应了。

一个鹤岗市邮电学校的名额，谁顶替谁都不至于引起什么风波，何况又是女朋友顶替男朋友，更何况后勤处长亲自出面说情。招生办认为反正不算原则问题，同意了。

这岂能瞒得过卫生员？卫生员知道后，未免生气，质问女朋友，怎么可以“偷梁换柱”呢？

菜班班长说：“我是太想上学，太想离开兵团了。只要能离开兵团，到任何一个小城市去都行！为了我们的爱情，你就彻底做出牺牲吧！我绝不会对你变心的！其实呢，两地生活，也有两地生活的好处，不经常在一起，思念会加深爱情的……”云云。

卫生员对这样的话颇不受用。他真爱她。上了一次当，就不怎么肯轻信她，于是找到招生办吵闹。

招生办觉得他们无事生非，很恼火，对他们说：“拉倒吧！你们都扎根边疆吧！”

结果，他们两个上鹤岗市邮电学校的资格都被取消，感情却未破裂，似乎断了想法反而更相爱了。

连里呢，认为别白瞎一个名额啊！指导员就去招生办交涉，又将这个名额要回来了。要回来，是为了让另一个女知青走。指导员和那个女知青的关系有点非正常。

连里的知青们不同意，说应该让我走。因为我是经过推荐的，而且名列第三。名列第二的没资格了，当然该名列第三的走。

我呢，其实也不想去上什么邮电学校。分配去向是预先明告的——鹤岗市邮电部门。我一想到以后将穿着一身绿衣服，在小小的煤城鹤岗的某一邮电所里整天拿着一颗邮章不停地盖东盖西，或者骑辆自行车丁零零地驶街穿巷，觉得并不美好。

伙伴们说服我。他们讲人挪活树挪死。他们讲你想留在黑龙江出版社没那么容易，从兵团调走一个知青关卡多着呢！你身体这么不好，再回到木材加工厂抬大木，非把你累垮了不可！他们讲团里的干部们不喜欢你，连里的干部们也不待见你，不走留恋的又是什么呢？

那个当初因为我替他说了一句公道话才保留了团籍的鹤岗知青对我说：“我爸爸是《鹤岗日报》的副主编，你千万别错过这机会！将来我让我爸爸想办法将你调到《鹤岗日报》当记者！”

我不忍辜负他们的好心，而且对能否留在黑龙江出版社当一名编辑毫无把握，就做出了我一生中很重大的一次决定——去当一名鹤岗市公民。

我对抬大木这重体力活也确实有些怵了。那一时期我吃不下饭，浑身无力，走路双腿发软，不要说抬大木上高跳板了。有一次险些在三节跳板上被压趴下。果真如此，我的小命也早就报销在大木之下了。我不知道，那时我已患了急性无黄疸型肝炎，肝功能损伤严重。

我的名字报到团招生办的第二天，我正硬撑着和伙伴们抬大木，连长走来了，对我说复旦的一名老师要见见我，叫我立刻到招待所去。

“负担？什么负担？”我有些疑惑。惭愧得很，直到那一天，我还不知道中国有所著名的大学是复旦大学，只知道清华、北大、哈工大、哈军工。如果我“大串联”时到过上海，肯定会知道的。但我没到过。平素也未从上海知青口中听过“复旦”二字。一个初中毕业生，又怎么会知道全国的每一所名牌大学呢？

连长显然也糊里糊涂，说：“你去了就知道了。”

我就去到了招待所。见到的是复旦的一位四十余岁的男老师。如果我没记错，他姓陈，政治经济系的。

他对我很热情，问我都读过哪些文学书籍，我就回答他读过了什么什么。

又问我最喜欢哪些著作。

我说：“《牛虻》、《钢铁是怎样炼成的》、《红与黑》、《红字》……”

“在这几本书中，最感动你的是哪本书？”

我想了想，说：“《红与黑》。”

“为什么？”

我语塞了。我看《红与黑》，是在初中一年级。记得读完这本书，我痛哭了一场。我最同情的倒不是于连，而是德·瑞那夫人。她对于连的爱，在我看来太令人伤心、太不幸了。我想我要是于连，可能会朝自己的太阳穴开一枪，绝不忍去伤害那么热烈那么痴情地爱过自己的女人。而且看过《红与黑》后，我常常设想另一种结局—— 于连越狱逃走，带着德·瑞那夫人双双逃到一个孤岛或大森林里去，有情人终成眷属，生下一个女儿，白头到老……

我就把这些想法讲了。

他很认真地听。

最后我说：“第一次被深深地感动和第一次恋爱一样，是难忘的。”

他看我一眼，忽然想到了什么，问：“你有女朋友？”

我摇头说：“没有。”

他还问：“真的？”

我说：“为什么要骗你呢？”

他说：“好，很好。”

我当时并不明白他为什么认为我没有女朋友“好”，而且“很好”。

但能有这么一位大学老师很认真地听一个知青谈文学，我觉得格外高兴，不再感到拘束，又谈起了别的作品。记得我还谈到了《纳赛·吉约》。这是一个短篇，小学五年级看的。篇名中肯定有两个字我记错了或颠倒了。而且是不是梅里美的作品，也搞不太清楚了。内容是：一个富家子弟与一个在孤儿院长大的美丽女工相爱，但又没有娶她为妻的意思。她无法摆脱对他的爱情，跳楼自杀，未死，摔断了一条腿，被一个专做慈善事情的年轻的伯爵夫人所怜悯，送到医院里，天天给她读圣经，教导她为自己“罪恶”的爱情忏悔。富家子弟深感内疚，决心娶女工为妻。但他的监护人，也就是他的小姨反对这种爱情，认为一个富家子弟爱一个女工是有失贵族体面的爱情。那小姨就是那伯爵夫人，她亦爱上了自己的侄子。结局是：那女工凄凉地死在医院里，伯爵夫人阻挡了她的情人与她的每一次见面。

伯爵夫人要女工临死前向上帝忏悔。

她说：“我爱过。”

她说："是我，我爱过。"

她就死了。

二

一年后，年轻的寡居的伯爵夫人与自己的侄子结成夫妻。小说的名字我虽然记错了，但是那女工临死前说的话，却铭刻在我记忆中。

我还记得对这篇小说的介绍中这样写道："作品一发表，贵族阶层大哗，对作家进行愤怒的围剿。贵妇淑女们，谩骂作家是一只可憎的忘恩负义的猴子，'一旦攀上高枝，便向人间作态'……"

陈老师自始至终听得很认真。

他又问我看过哪些中国文学作品。

我老老实实地回答我都看过了什么什么。

他沉思了一会儿，忽然问："看过《牛田洋》吗？"

我说："看过。语录引用得太多，不是小说。"

他不再问什么。我便告辞了。

抬大木的伙伴们围住我，问我复旦的老师找我什么事儿，问了些什么，我怎样回答的。

我复述了一遍，他们就一个个直拍大腿，说我是个大傻蛋，不该对复旦的老师卖弄，大谈什么西方文学。尤其不该贬低《牛田洋》，那是"革命样板文学"。他们认为我如果回答得高明，兴许能入复旦。

我想哪有这等好事落在我头上？我上鹤岗市邮电学校，已是板上钉钉了，报以一笑而已。

第二天，那复旦的老师到师里去了。

隔了三天，他从师里回到了我们团，又把我找到招待所，一见面就对我说："你的档案，我从团里带到师里了，如今已从师里寄往复旦大学了。如果复旦复审合格，你就是复旦大学中文系创作专业的学生了！"

我呆住了，半天讲不出话。

他又说："关于《牛田洋》的那些话，你如果真入了复旦，是不能再说的。复旦很复杂，言行要谨慎。不要希望目前情况之下能在大学学到很多，自己多看些书吧！多看书，对一个人今后总是有益处的。"

事后我才知道，那一次招生，整个东北地区只有两个复旦大学的名额，都分在了黑龙江省。黑龙江省又都分在了兵团。其中一个名额又分在了我们二团。

陈老师住在招待所里，偶读《兵团战士报》，发现了我的一篇小散文，便到宣传股，将我几年来发表的小散文、小诗、小小说一类，通通找到，认真读了。还给黑龙江出版社去了一封信，了解我在那里的表现。然后亲自与团招生办交涉，将我的名字同复旦大学连在了一起。

是机遇吗？不是机遇又是什么呢？

从此我在许多事情上都非常相信机遇了。如果木材加工厂的知青们对我不好，不连续两年推荐我，便没有这机遇。如果黑龙江出版社文艺编辑室的那些老编辑们给我写封很坏的而不是很好的鉴定，便也没这机遇。如果陈老师不是偶然在招待所中翻看《兵团战士报》，仍没这机遇。如果不是陈老师是另外一位老师来招生呢？更没这机遇。

我的机遇是许许多多人给予我的。我甚至认为包括木材加工厂的卫生员和菜班班长。

这次机遇是我人生道路上的一次重大转折。

机遇决定了多少人的命运啊！

生活中，有多少人，仅仅因为没有机遇，便默默无闻。而一旦有了机遇，谁又能断定走在大马路上的一个什么人，不会在一番什么事业中取得什么成功呢？

当时我们兵团创作员中，不少人在写作上都比我强得多。那次机遇却偏偏落在我头上，对他们真是不公正，对我真是太幸运。

我是兵团创作员中最早离开北大荒去上大学的一个。

让我在这篇记述性文字中，对当年木材加工厂的我的知青伙伴们，对黑龙江出版社文艺编辑室在文学上给予我许多指引的老编辑们，对复旦大学的陈老师，再次表达我的永远感激吧！

也让我感激机遇吧！

这冥冥之中的仿佛法力无边的主宰。

而且让我说，人啊，都为别人更多地创造机遇吧！如果人人如此，我们每个人的机遇也便在其中了。某些人苦苦追求某一事业而不成功，有时实在不是因为缺少才华，而是缺少机遇。进而言之，是缺少为他或她创造机遇的一些人们。我们为他人创造机遇，更多的时候并不损失我们自己的什么利益，何乐而不为呢？仅仅因为“我不能，你便也别想”这样一种心理，断送了别人可能一辈子只有一次的机遇，那是多么该诅咒的行为！这样的行为在我们的生活中太多了。少一点，生活将会变得多么美好！

有一部电影中的一个情节，令我感动至深，永难忘记。

年轻的肖邦初到巴黎，无人赏识他的音乐天才。他偶识了乔治·桑——这也是机遇。乔治·桑引他进入自己的沙龙的第一天，邀请了许多音乐界名流，告诉他们，大音乐家李斯特将为他们演奏钢琴曲，但有一个条件，需熄烛听之。黑暗中，钢琴声令所有的人都陶醉了。琴声止，掌声起。乔治·桑挽着李斯特持烛走至钢琴旁。这时人们才发现，演奏者原来并非李斯特，而是一个陌生的年轻人。持在法国女作家手中的蜡烛，照亮了未来的大音乐家的脸。

李斯特说："这位年轻人演奏得好极了！我非常羡佩他的音乐天才！"

也许是虚构，但是真美好！美好的乔治·桑！美好的李斯特！当时眼望着银幕，我流泪了。从此喜爱乔治·桑的作品。喜爱李斯特的乐曲，尤胜喜爱别的作品和别的乐曲。乔治·桑与肖邦的爱情，对我来说，也成为容不得什么人的什么文字非议的爱情了……

在接到复旦大学的录取通知书前的半个月，我每天仍在抬木头。身体愈加不行，撑着，以此感谢心中要感激的一切。一天，竟晕倒了……

我到复旦那天，两腿浮肿，鞋袜难脱。以为是在火车上坐的。并不是，是急性肝病的症状。

当天晚上，专业已报到的同学们，聚在一起开"认识会"。天南地北，各自拿出带来的好吃的东西，堆了一桌子。我只剩下几个小苹果，不好意思拿出来，也不好意思光吃别人的，就吸烟。

我的东北老乡，C，女性，放在桌上的是两个哈尔滨特有的"大列巴"，有小脸盆那么大。我只在很小时吃过几次。当时哈尔滨难以买到。大家觉得新奇，切了，你一片他一片，都说好吃，我也拿起一片吃。吃的是老乡的，太客气反而显得疏远。我在一师，C来自五师，原先互不认识。心中暗想，同学中有一个老乡兼兵团战友，真不错。

有一同学问："听说你们哈尔滨人天天吃这种'大列巴'？"C回答："当然。哈尔滨人个个都是从小吃'大列巴'长大的！"

我觉得很有纠正一下的必要，便说："只有百分之五，也许还更少的哈尔滨人是从小吃'大列巴'长大的，百分之九十五以上的人是从小吃大饼子长大的。"

我说的是绝对正确的。因为当时哈尔滨人的粮食定量是——面粉二斤、大米一斤，其余全是粗粮。米面在一般家庭中，除了过年过节，都是给上班的人带的。

C当即反驳我："你一个人是吃大饼子长大的，也代表不了哈尔滨人。我就是从小吃‘大列巴’夹红肠长大的！”

我据理力争，说我是百分之九十五中的一个，当然代表大多数哈尔滨人，她不过是百分之五那“一小撮”中的一个，无论如何代表不了哈尔滨人。

她生气了，说：“你说谁是‘一小撮’？告诉你，我的家庭是‘革干家庭’！你侮辱革命干部！”

我说：“我不知道啊！可你为什么要说谎呢？为什么要欺骗这么多初识的同学呢？你明明知道百分之九十五以上的哈尔滨人吃的是粗粮！哈尔滨人如果都是从小吃‘大列巴’夹红肠长大的，哈尔滨人早算进入共产主义了！”

我认为，百分之九十五以上的哈尔滨人究竟是从小吃“大列巴”夹红肠还是吃大饼子长大的，这是非辩论清楚不可的。对于这一类问题，我一向特别敏感，容不得别人当我面说一句假话。

她说：“你的话里明明有对现实不满的意思！”我火了，说：“咱俩都是工农兵学员，你少跟我来这一套！就算我对现实不满，你又能把我怎么样？”

她说：“我是一名共产党员，那我就有权批判你！”我说：“你不过是从小吃‘大列巴’夹红肠长大的共产党员，统计一下，你在共产党员中也不过是百分之五！”其他的同学就劝解。

他们越劝解，我越来气。我希望他们都能够相信我的真话，而不要相信C的假话。但他们似乎对我与C争论的问题一点也不感兴趣，只对“大列巴”感兴趣。这比他们相信了C的话还令我气愤。若在兵团，如果C不是女的，而是男的，说哈尔滨人百分之九十五以上是从小吃“大列巴”夹红肠长大的，还坚持，非被吃大饼子长大的哈尔滨青年们合伙揍一顿不可！怎么能瞪着眼睛认真严肃地说假话呢？

C拍了一下桌子，气势汹汹地说：“你这是在分化我们党员队伍！”

我腾地立了起来，说：“滚你妈的！”将吃剩下那半片“大列巴”，狠狠朝桌上一摔，猛转身离开了，回到自己的宿舍。

我以前从不骂人，是到木材加工厂后学会的。学会了，就觉得在必要时来一句“滚你妈的”，十分管用。

我躺在自己床上，还气得不行，还想再去找C展开一场大辩论。忍而又忍，才忍住怒火。

我的性格中，有种过于认真而又过于激烈的劣根性。在连队，跟几任连干部大吵过。在团里，跟政治部主任、副主任、参谋长大吵过。到木材加工厂，性格依然不改。

我在初二便已入团。到了北大荒，要求重新入团。劳动很能干，不怕苦不怕累的。就是因为这种性格，重新入团竟入不了。四年后，调到团宣传股的前一年，只好又请求恢复团籍，补了十二元多的团费，教训可谓深刻。但江山易改，本性难移。

现在回想起来，哈尔滨人究竟是从小吃“大列巴”还是吃大饼子长大的，有什么值得辩论的呢？吃大饼子长大的有之，吃“大列巴”夹红肠长大的也有之。干吗脸红脖子粗地争谁代表百分之九十五的哈尔滨人呢？

听隔壁宿舍阵阵说笑声，我忽然意识到，我是换到了另一种环境里。复旦与北大荒太不一样了，我将与之共处的同学也与木材加工厂抬木头的伙伴们太不一样了。我必须正视这个现实。想起陈老师在我们团招待所里对我说过的那番告诫的话，我心中倏地产生了一种孤独感。

隔壁宿舍里不断传来欢声笑语，C的说笑声尤为响亮。同学们吃着她的“大列巴”，当然不会表示怀疑她的话而相信我的话了。

可我从来没有像那时那刻一样，希望自己的话被相信。每月二斤面粉的哈尔滨人……我心里真是有些难过。

隔了两天，我到医务室去看身体复检结果。医生问过我的姓名，翻到我的化验单，只看了一眼，就低声叫道：“乖乖，好家伙！”接着说：“你跟我来，你跟我来！”不用手扯我，用夹化验单的夹板从背后顶着我往前走。我就这么被顶上了医务室的二楼，顶进了一扇三夹板临时做成的门内。我糊里糊涂地问：“这是什么地方啊？”

医生说：“肝炎隔离室。”

我这才知道，我是一个带病毒者——转氨酶五百八十以上。

我请求道：“那也得让我回宿舍一次呀！”

医生说：“不行。你的一切东西都得经过严格消毒。消毒后日常用的我们会替你送来。从现在起你不能离开这里！”

共有二十几名各系各专业的新生被关闭在“肝炎隔离室”，我是其中肝指数最高的。大家的活动区仅限各房间，每房间四五人。有一个四十多平方米的大阳台，阳台下是篮球场。可谁也不愿出现在阳台上，那好像等于自我展览。

我苦闷起来，唯恐被退回兵团。未入复旦，不知复旦名气。入了复旦，方知复旦果果真真是可以改变一个人命运的地方。有一个上海“老高三”的新生，与我对面床，每天向我讲复旦的历史。我才知道复旦是出名人的地方，不禁从此对这所大学肃然起敬。

有一天，学校里的气氛似乎显得有些异常。那“老高三”经常偷偷溜出隔离室，带回一些消息。那天他又溜出去了，回来后告诉我们，是某国元首到学校参观。还说翻译就是复旦上一届分配到外交部的学生。“肝友”中一个外语系的，不知为什么就哭了。大家问他哭什么，他说：“我的名额将来是要分到外交部去的，现在却被关在这儿！”大家寂然。

大学既是往人头脑里灌输学问的地方，也是在人头脑里编织梦幻的地方。天天批“智育第一”，学问贬值。“戴帽分配”——入学前便已预知分配去向，尤使梦幻迷人。想想看，昨天还在握锄把或抡大锤，明天就突然进了某某名牌大学，三年后将要被分配到什么外交部、文化部、中宣部、《人民日报》社等好去处，怎的不使人天天做梦呢?

“肝友”中还有一个国际政治系的，是广西农村学员。“老高三”半真半假地对他说，他们这一届国际政治系中，有分配到中国驻联合国办事处去的。他便天天梦想着有朝一日代表中华人民共和国在联合国大会上发言。每天不断地冲葡萄糖水喝，以为转氨酶会早降下来。还买了一本《肝脏病知识》，手不释卷。一会儿用小镜照舌苔，一会儿看手，害怕发现“肝掌”。

我也借来那本《肝脏病知识》读，也学会了长长地伸出舌头照着小镜自己观察自己的舌苔，也学会了观察身上有没有“蜘蛛痣”，手上出没出现肝掌。也梦想，梦想有朝一日分配到黑龙江出版社文艺编辑室做一名编辑。为这个梦想也暗暗祈祷过，不是祈祷上帝，而是祈祷“复方”什么“草冲剂”——医生每天给我三次的草药汤。

一天，刚刚吃过晚饭，正躺在床上忧愁，忽听外面有人喊我。走到阳台上，朝下一望，是陈老师。见了他，就如同见了一位久别的亲人，不禁泪潸潸无语。他仰视，我俯视，我俩好像戏台上《空城计》中的诸葛亮和司马懿。他见我那可怜样子，安慰道：“别想得太多，安心养病。思想负担太重，对肝病也是不利的。”

我说：“我真怕被退回去。”

他说：“一般情况下不会的。肝炎没那么可怕，也不是什么不治之症。”

陈老师走后，我回到隔离病房，重新躺在床上，感到内心的忧郁稍释。

同学小莫给我送来十几封信。一封家信，其余全是木材加工厂抬大木的伙伴和宣传股的朋友们写来的。信给我带来了一些安慰。

有三封信分别是宣传股的姑娘们写来的。我们宣传股只有三位姑娘。北京姑娘小徐是广播员，天津姑娘小张和鹤岗姑娘小张都是放映员。我总是叫她们“张天”、“张鹤”。我们宣传股在政治部人最多。加上三名报道员、三名干事、两名男放映员，可谓是一个大家庭。股长当年也才三十六七岁，现役军人，我们的“家长”，令我们感到很可亲的一位“家长”。在我们面前，半点也没有股长的架子，对政治部主任也是“敬而远之”。

我们宣传股的知青之间非常友好。三位姑娘，像我们的三位妹妹一样。这原因很简单，因为那时似乎谁也没有谈情说爱的念头，关系都很单纯。起码我那时没有产生过与三位姑娘中的哪一个谈情说爱的念头，也从未看出其他几个小伙子对三位姑娘有过这种表示。

我上大学两年之后，在宣传股时那种互相之间友好的关系就分崩离析了，都是爱情把这种关系搞坏了。毕竟不是亲兄妹们，到了年龄，小伙子们总希望某一个姑娘不再是自己的“知青姊妹”，而成为自己的妻子。这是任谁也没办法阻止的。只有互相不被吸引的青年男女之间才有所谓纯粹的友谊，这是一条关于男人和女人的定律。伪君子们才企图证明这条定律是错误的。

我们宣传股的三位姑娘，是三位非常可爱的姑娘。都很懂事，很温柔，很善良，也都各有其美，各有动人之处。小徐的身体最弱，我们视她为最小的妹妹。说句实在话，我们是把她宠得有点任性了。但她的任性，也不过是闹点女孩家的小脾气而已。逗她几句，就又笑了。她对我最好，比我小三岁，倒像我一位姐姐，经常善意地取笑我。不知为什么，我很认真地说的话，很认真地做的事，在她看来，似也有几分可笑。

最难忘的一件事是，夏天，我在河边刷棉袄（我的棉袄脏了，一向是刷洗的，拆了就不可能再自己做上），忽然想游泳，将棉袄用一块大石头压在河中，脱了衣服跃入河里游够了，穿上衣服就走了。直至冬天快到了，却哪里也找不见棉袄了。一天猛然想起，是夏季泡在河里了。到河边去找，仍被大石压着，冻在一层薄薄的冰下面。破冰捞出，已被小鱼小虫之类钻了许许多多的蜂窝洞。拿回来晒，瞧着发愁。那时知青们普遍都很节俭，轻易不扔一双鞋一件衣服，何况是棉衣。小徐听说了这件事儿，好一顿笑。她非要亲眼看看那棉袄成了什么样子不可。看到了，更笑得不行。笑了好几气儿，指点着我说：“你呀，你呀，你呀，你真应该带个阿姨一块儿下乡！看来今后我有义务当你阿姨了，谁叫我们在一个股呢？你真叫姑娘们觉着可怜！”我被她的玩笑话说得脸红红的，认为自己整个儿是个“傻青”。她又说：“棉袄都这样了，晒干了又怎么穿？还不成铠甲啦？”要拿去替我拆了重做。我怕她费事，不肯。她竟自作主张湿淋淋沉甸甸的就硬拿了去。几天后，她将棉袄替我做好了。送来时，要我叫她一声“阿姨”。我说：“叫姐吧！”她让步了，说：“也行啊！”我就叫了她一声“姐”。我一看棉袄，认不出是自己的了。里儿也换了，面儿也换了，棉花分明也换了。厚厚的、新新的。她给我重做了一件袄……

“张天”呢，一口娇小姐似的懒洋洋慢吞吞的天津话。人却一点也不娇气，常像小伙子们似的，戴一顶单军帽，将辫子掖在帽檐里。乍看，像个俊俊秀秀、腼腼腆腆的小伙子。

我被“精简”到木材加工厂，常回股里去玩玩，像回家一样。

她见了我，总是首先笑盈盈地说一句：“你来了呀。”而后就静静地坐在一旁，听我与股里的小伙子们聊天。偶尔插嘴说一句：“你瘦多了呢！”或者问：“劳动很累吧？”“我家里寄来一听麦乳精，你拿去吧。”她好像任何脾气都没有，从未和什么人翻过脸。谁对她发脾气，她也依然笑盈盈地瞧着人家，使对方的脾气不发自消。

有一次，大礼堂放电影《杜鹃山》，我坐在放映机旁。断了几次片，机械连的几个坏小子，就往她身上扔鞭炮。鞭炮接二连三在她身上爆炸，她只是一声不响地接片子。我忍不住站起来大声说：“不愿看的，滚出去！”那几个坏小子也一齐站了起来，朝我跨过来，想揍我。

“你们别欺负人！”她停了放映机，将我掩护在身后。

我喊：“木材加工厂的哥儿们，有人想跟我动武！”

我们抬木班的伙伴们，还有其他许多木材加工厂的小伙子，呼啦啦站起来一片。木材加工厂的知青们，打架是出了名的，没有哪一个连队的知青敢惹。那几个机械连的坏小子，见势不妙，慌慌张张地逃出去了。

事后，她对我说：“你还有那么多肯帮你打架的朋友啊？”我骄傲地说：“那是当然！”又问：“那几个坏小子往你身上扔鞭炮，你怎么一点儿都不生气？”

她一笑，说：“跟他们生的哪份儿气呀？犯不着嘛！我不理他们，他们自己就会感到没趣儿的！”说罢，塞到我手中两块糖……

“张鹤”是矿工的女儿，白白净净的，短发齐耳，眼睛挺大，挺妩媚。略胖，是三个姑娘中看起来发育最成熟的一个，也是三个姑娘中顶厉害的一个。有一次在连队放电影，因为断片次数多了，知青们起哄。她便停了放映机，不肯再放，直至那个连队的连长和指导员向她说了许多好话……

我读着她们各自寄给我的信，感到极大的快乐。回忆着我们相处时的种种趣事，借以排遣心中的忧郁。我忽然产生了一个念头，想给她们之中的某一个写一封求爱信。那时我非常强烈地渴望获得爱情。可是她们之中我最爱谁呢？我觉得她们都曾非常友好地对待我，认为她们之中无论谁将来成为我的妻子，我都会很幸福。的的确确，她们是三位非常好的姑娘。以后我在生活中再也没有碰到过像她们那么好的姑娘。一个人二十多岁时认为非常好的姑娘，到了三十五六岁回忆起来还认为非常好，那就真是好姑娘了。在二十多岁的青年眼中，姑娘便是姑娘。在三十五六岁乃至更大年龄的男人眼中，姑娘是女人。这就很要命。但男人们都如此。所以大抵只有青年或年轻人，才能真正看出一个“姑娘”的美点。到了“男人”这个年龄，觉得一个姑娘很美，实在是觉得一个“女人”很美。这之间的意念上的区别，有如看话剧与看电影的区别。也许我是个坏男人，才生出这么不地道的体会。

于今我认识的姑娘中，漂亮的颇有几个。八十年代的姑娘有八十年代姑娘的特点。有的毫无思想。毫无思想而又“彻底解放”，也便谈不上有多少实在的感情。有的仿佛是女哲人，或者自以为是女哲人。女人到了哲人的地步，不再是女人，而是怪物。即便美到如花似玉，也不过就是如花似玉的怪物。这两类，都让我受不了。又有八十年代的流行病传染着她们——玩世不恭。真真地玩世不恭，那是一种境界。装模作样地玩世不恭，那是一种病态。是达到了某种境界还是染了某种病态，带她们到自由市场上走一遭就分辨出来了。企图少花元儿八角钱从小贩手中买一件便宜衣服时，你就可以对她们直言：“你有病。”八十年代的姑娘装模作样地玩世不恭，和封建社会的公主小姐们装模作样地弱不禁风，一码事。话题扯开去了，还谈我们宣传股的三个姑娘吧！

她们都没有装模作样的毛病。她们也没有那么许多深刻的思想，但都非常珍重感情。她们写给我的信，都流露出对我的真挚的关心。

我没给她们中的哪一个写求爱信。虽然有这念头，却提不起这精神。在“肝炎隔离病房”内写求爱信，命运未卜，我只怕自己会写得太不像样子。但从此，就觉得三位姑娘中的哪一位，已经便是我的恋人了似的，心中明朗了许多，几乎每天都拿出她们的信读。

到了冬天，多数“肝友”都已“获释”，只剩下了我和另外三个，形影相吊，冷冷清清好不凄凉！情绪都坏到了极点。又过了半个多月，一天下午，一辆小卡车将我们拉到了虹桥医院。

我整个第一学期没上一天课。

出院后，心情渐渐开朗。积压了许多信件，就在一个星期天集中回复。于是又重读了三位姑娘各自写给我的几封信，竟不知如何回复才妥当了。

人啊，人啊，有时真是令自己都鄙视自己。在学校“肝炎隔离病房”，在虹桥医院，我天天都盼着三位姑娘给我来信，希望她们经常给我来信，多多益善。

每收到她们的来信，便如获至宝，仿佛收到包治肝炎的灵丹妙药。从字里行间，我寻找着那些充满友情的、流露关心的、善良而温柔的话语，反复咀嚼，细细体味，获得着某种精神上的怜恤和安抚。而一旦离开了那种特殊的令人沮丧的环境，肝指数正常了，心术则变得有些诡诈起来。

眼前摆着她们的几封来信，头脑中忽然闪过一种想法：我若回信，她们必再来信，导致书信往来不断。继而将会导致什么呢？

导致什么呢？—— 导致爱情。毫无疑问。曾认为被她们之中的任何一个所爱，将是莫大幸福的我，肝病初愈，便觉得未见其然了。是啊，我已经是复旦—— 全国名牌大学的大学生了，她们呢，还在北大荒。这爱的后果，又有何幸福可言呢？最不理想，我也会被分配到黑龙江出版社吧？一位出版社的编辑，在哈尔滨市什么样的姑娘物色不到呢？何必操之过急呢？凡事还是现实些的好啊！人是不是都在生病的时候才更需要获得爱情呢？生病时所需要获得着的爱情，病好了是否便都觉得不那么太急于获得了呢？我当时弄不明白自己是怎么一回事了。好像心里生出了一个鬼，在教我一点点诡诈。

我重读那几封信，便认为那些充满友情的、流露关心的、善良而温柔的话语，分明都包含着不直白、待我回信中主动表露的一个“爱”字。

我可不能。我想。我千万别头脑发昏，今朝一主动，则将永远被动了。

信总是要回的。不回，太没人味了。究竟怎么回呢？想啊想啊，受心中那个鬼的启发，想出了一个所谓的“上策”。于是我动笔在一张信纸上这样写——小徐、张天、张鹤：你们的来信收到了……

每一句都经过反复推敲，既要表达出感激，又要在关系上拉开远远的距离。写完之后，涂涂改改，句句换字，最后定稿一封给“知青姐妹”的致敬电一般的短信。抄了一遍，再读一遍，觉得挺满意。料想她们收到这样一封写给她们的公开信，大约是不会再来信了。来信，也可能是联名信了。联名信就没什么需设防的后果了。我觉得自己挺聪明的。

信寄出后，过了一个多月，果然未收到她们中任何一个人的回信。心中有鬼，必然有愧。终于按捺不住内疚心理，就给股里的一个朋友写了封信。末尾似乎随便地带了一句——我给三位姑娘的回信她们收到否？何以竟不复信？

三

不久，收到了朋友的来信。信中告诉我，三位姑娘接到我的信那天，正都在股里开会。她们互相传阅了我的信，谁也没有说什么，谁也没有表示什么。散会后，我的信就遗留在桌子上，没人收。一连在桌子上放了几天，后来就不知哪去了。大概当废纸被烧了。他还告诉我，三位姑娘，已有了意中人，爱情都很美满。她们是真心实意地都关心着我，像过去我曾是宣传股这个“大家庭”中的一员一样关心着我。她们还向股长建议，动员我寒假或暑假回团里探一次“家”，往返路费由她们“报销”……我怔呆了许久许久。

又读她们的来信，那些充满友情的、流露关心的、善良而温柔的话语，仿佛不是写在纸上的，而是她们站在我面前婉婉地对我说的。都是我从前与她们相处时听惯了的话语。如果离开她们上大学的并非我，而是我们宣传股“知青家庭”中的另外一个人，她们依然会写这样的信，信中依然会写那些话语。她们如此珍视友情，如同养蜂人珍惜蜂蜜，那乃是因为她们的天性本如此，她们的品德本如此，她们为人的原则本如此。自作多情的是我自己，想入非非的是我自己，心怀鬼胎的是我自己，亵渎了友情的亦是我自己。在我没那样做之前，我不知自己的灵魂内还蛰伏着一个鬼。在我那样做时，那鬼就变成了我自己，因而我不能看到自己有多么丑恶。在这件事已无可挽回之后，我开始憎恨我自己。以前我也做过对不起人的事，但都是在并无鬼胎的情况下做了的。也自责过，但从没有鄙视过自己，从没有憎恨过自己。而这件事则不同。它的本质证明着为人的鬼诈、狡猾和虚伪。动用了心术，而且是对三位真挚地关心着我的姑娘。谁动用过卑下的心术，谁就将得到等量的报应。动用没动用心术，这是该不该原谅的界线。

“梁晓声，梁晓声，你这个狗崽子，你真不是东西，你真没人味啊！……”我只有在心中暗暗诅咒自己。

那一下午，我没说一句话……

新学期第三天，全系在一起开大会。什么内容我已记不起，只记得许多平常见不到的老教授们全到会了。

首先照例是系工宣队队长、总支书记讲话。他讲了些什么，我也不能全记起了，只记得这样一句话：“复旦是藏龙卧虎之地，也是虎豹豺狼之窝。工农兵学员不要只带着红口袋来到大学装知识，还要积极参与复旦的斗、批、改，彻底占领上层建筑……”这番话是针对新生说的，也分明是针对那些老教授们说的。他们当时那种普遍的无动于衷的默然表情告诉了我这一点。接着是评论、创作各专业各年级的学生代表发言。

我是创作专业新生的发言代表。我成为发言代表，是“毛遂自荐”的结果。同学们互相推诿。有的是真推诿，有的是假推诿。C其实很想受命当之，大家也都认为应该。因为她是支部副书记，但她既非常想，又忸怩作态，希望造成一种大家逼迫她成为发言代表的局面。我看不顺眼，就说："她如果真不愿意，我可以代表大家发言。"我主动请缨，谁也不好说不同意。于是发言代表就是我了。C老大不悦，一张宽脸拉长了。

其实我也不是要与C过不去。在我的本性中，沉淀着一种强烈的、长期被压抑的、爱出风头的愿望。活了二十五年了，社会还没为我提供过一次像样的机会，让我像样地满足地出一次风头。按说"文革"总该算一次机会。出身干净，红五类，大风头出不了，小风头也是可以出出的。揭竿而起，成立个什么红卫兵组织，也并非干不成。我们中学里，最初起码有三十几个红卫兵组织。最小的红卫兵组织只有七八人。我又觉得那种风头太丢脸面。黑龙江省"炮轰派"的一个头头，哈军工的学生，与"捍联总"的头头们从北京谈判后回到哈尔滨，站在飞机舷梯上答各派战报记者问，那潇洒风度，那演讲才能，令我羡慕极了。当时我十九岁，那个头头二十四五岁，正是我到复旦的年龄。十九岁的我到机场看热闹，目睹仿佛电影里的情形，那时便暗暗想，给我一次这样的机会，我死也甘心了！

全市中学生红卫兵组织联合代表大会召开，也去看热闹。一位中学女红卫兵领袖，站在台上，面对数千人，就像《钢铁是怎样炼成的》中的安娜一样，一擎臂，群情激昂的数千人顿时鸦雀无声，而后以铿锵的语调大声演讲："埋葬全世界的帝修反，是我们红卫兵的历史使命，我们要光复莫斯科！解放华盛顿！踏平巴黎！占领伦敦……"于是台下嚣起一阵阵口号的狂涛："光复莫斯科！解放华盛顿！……"我在台下暗想，哪怕我是为那中学女红卫兵领袖摆弄扩音器的人，也值得自豪自豪啊！

下乡后，渐渐地对一切轰轰烈烈都厌倦了，但是更爱出风头。开个什么庆祝会，总要胡写几行歪诗当众朗诵朗诵。若有人奉承："诗写得不错呀！"便足可得意几天。后来也终于觉得不过瘾，也厌倦，期待着我人生路上有更辉煌的机会到来，出更辉煌的风头。

二十五岁，二十五岁，这真是年轻人最最渴望出风头的年龄！研究起来，年轻人的爱出风头，大抵是因为姑娘们的存在。正如不见雌孔雀，也未受什么鲜艳色彩的刺激，雄孔雀是懒得开屏的。只有小伙子们在一起的情况下，连最爱出风头的小伙子，也没多大兴致出风头。同样，只有姑娘们在一起的情况下，连最爱打扮的姑娘，也没多大兴致打扮自己。出风头实在是小伙子们为姑娘们"打扮"自己的特殊方式。

我将代表专业新生发言，看成是在全系师生面前的一次公开"亮相"。在名牌大学的大学生面前，在名牌大学的教授、讲师面前，进行一次精彩的发言，我以为这风头是大大值得一出的。这是一次够辉煌的机会。

预先写好了发言稿，但对同学和老师说尚未写好。发言稿揣在兜里，走出学校，在校园后围墙下来回徜徉，将发言稿背了下来。

我要达到在发言时出口成章的效果。

我要在发言后引起掌声和窃窃私议。

我要在散会时听到学生、教授和讲师们互相询问："他叫什么名字？""哪个专业的？几年级？"

还要听到这样的称赞："发言太有水平了！""简直出口成章！""从容不迫！""有演说家气质！"

还要引起男学生们的嫉妒。

还要从此无论在什么场合下都吸引女学生们的目光。

还要从此为自己在专业、在系里奠定一种优上的地位……

在学校"肝炎隔离室"和传染病医院里孤孤寂寂地度过了整整一学期，想出一次风头的愿望几乎都成了精神上的需要。

开会那天，我穿了一件新的铁灰色的卡其中山装。出院后买的。上海那时流行衬领，便新买了一条洁白的衬领，使铁灰色内露出一圈洁白。单帽早已不戴。头发早已长出。往宿舍的窗子上照照自己，半清半楚地映出一个斯文了点的"马立本"，觉得自己还颇有发言代表的风度，挺自信的。系总支书记、工宣队队长的讲话，扰乱了我背熟的发言。我觉得他说得太荒唐。无论是什么人，说了我不赞同的话，无论什么场面下，我也会起而反驳，全然不计后果。这是我本性中的另一面，与我的爱出风头相得益彰，互为衬映，显现出一个我来。他的话刚结束，我便站了起来。我说："我不同意您的话！复旦大学谁是虎豹豺狼？既有之，指出给我们看！当然不会是我们工农兵学员吧？那么难道是这些教授、副教授、讲师们不成？我看他们没那么可怕！在上、管、改中，工农兵学员不是与革命的教师们是同一战壕的战友吗？虎豹豺狼一词，不是明明在分裂我们吗？……"

工人若在工厂里做工，我是很尊敬他们的。若在大学里颐指气使，那再令人讨厌不过了。我是有意当众表示出我对这位工宣队队长的蔑视。下乡前，也当众顶撞过军宣队，顶撞也就顶撞了。在兵团，一般连队的知青，几年后已普通形成了对权力的蔑视。有一次，一位兵团总部副政委到木材加工厂视察，进入我们男知青宿舍，大家躺着的照样躺着，歪着的照样歪着，光着脊梁洗脸的照样水花四溅地大洗特洗，没一个拿正眼瞧一下那副政委的。他说"同志们好"，也没人应声。

我初入复旦，不知深浅。不知工宣队在复旦一统天下的权力，更不知“藏龙卧虎之地，虎豹豺狼之窝”这句话是张春桥说的。

所以我的话，使全体鸦雀无声。许多老师和许多学生是都知道张春桥说过那句话的。如果我也知道，绝不会当众反驳工宣队队长的。我以为反驳他一下，不过就像在兵团时反驳团长政委一下，也不能把我怎么样。其实大不一样。

我的话所造成的静场效果，使我爱出风头的心理受到了怂恿和鼓励。于是我借题发挥，侃侃而谈，好像还说了托尔斯泰、巴尔扎克、雨果从书架上走下来，与老教授们坐在一起，同样引起我的敬意一类的话。总之，接下来我说的尽是一些花哨浮丽、卖弄唇舌的话，大大地哗众取宠了一番。工宣队队长脸色阴沉严峻。

“住口！”有人打断我的话，是评论专业三年级一名上海男同学，他激昂慷慨地批判我。他刚坐下，第二个立刻站起，一场批判会自发开始。我是那么不堪一击。没有机会站起来反驳。有机会站起来也失去了反驳的勇气和能力。得意之色一扫而光，坐在那里无地自容。

批判我的，差不多全是上海同学。这应该被解释为复旦的一种政治现象。同全国所有文理科大学一样，中文系也是复旦的“神经”，是工宣队控制最严的系。如果说其他理科各系的学生还可以也能够将政治视为“副科”，中文系的学生则不得不将政治当成本科。在那个历史时期，复旦中文系实应改为“复旦中国政治系”。复旦小舞台上的政治戏与中国大舞台上的政治戏，是按照同一脚本演出的。主演是工宣队。导演也是他们。在一切运动中，中文系带动哲学系、新闻系、历史系，然后带动起全校。

徐景贤曾对复旦工宣队指示：“北有北大，南有复旦。这是我们的两座桥头堡。复旦应该成为斯莫尔尼那样的大学。”斯莫尔尼，是苏联十月社会主义革命时期，为苏维埃夺取政权培训武装力量的革命大学。“四人帮”希望将复旦的学生培训成既能为他们夺取政权效力的工具，也能像保卫冬宫一样有朝一日保卫他们的“中国士官生”。

工宣队在中文系培训的骨干，以上海学生为主。指出这一点，也许会伤某些上海“工农兵学员”的自尊心，但这是事实。有许多充分的证据足以证明这一点。张春桥曾对复旦做过指示：“要多输送上海学生进京。”

但另一个事实是，并非所有的上海学生都愿意成为“骨干”。像C那样的外地学生而积极靠拢工宣队的，有之，不多。每一个怀有政治目的之人，都希图在告别复旦时，得到复旦慷慨的政治馈赠。失掉了些什么，他们不在乎。像今天某些人对钱的观念很实在一样，一九七四年至一九七七年，某些人对政治的观念也是很实在的。这也就是“四人帮”被粉碎以后，许多应该“说清楚”的人，为什么只谈政治，不谈灵魂，说来说去总也说不清楚的缘故。

我的风头出得很划不来，但因此出了点名。许多学生从此都知道中文系有个梁晓声。在女学生们眼中，我不过是个哗众取宠的家伙而已。但我并不认为这不公正。很公正。与其说那是对一个工农兵学员的观点的“围剿”，不如说是对一个爱出风头的家伙的公开声讨。

在五角场买香烟，碰到了专业的一位老师。

他问：“气色怎么这么不好？病了？”

我说：“没病。”

他说：“你刚出院不久，肝病容易复发，要注意身体啊！”

我说：“谢谢。”

他说：“感到压力了？”

我说：“有点。”

他说：“工宣队是很恼火，还要继续动员学生对你进行批判。我替你多次辩解过了。你是新生，刚入校，对复旦的情况缺乏了解，发表了错误的观点也情有可原。”我默不作声。

他又说：“其实我和你的观点一样，工农兵学员应该同革命教师是同一战壕的战友。大学又不是动物园，哪有什么虎豹豺狼？耸人听闻嘛！即令有，也不是我们。你的观点并不错，只是太哗众取宠了。如果不是这样，肯定会有不少同学支持你的观点。哗众取宠，你就使自己正确的观点也变成孤立的观点了。在个性、气质、风度和其他一切方面，受人尊重的是质朴无华。你要记住这一点。今后要多观察，多分析，多思考啊！复旦值得思考的事情太多了。我们教师的责任之一，就是尽量保护自己的学生。”

老师的话使我非常受感动。

因为那次发言，以及“四人帮”被粉碎的消息刚刚传到复旦，我第一个闯入校党委抗议不许我们走出校园游行庆祝，我的毕业鉴定上多了对我十分有利而又十分重要的一条——“与‘四人帮’进行过斗争”。

十六名同学中，只有我的鉴定中有这样一条评语。被粉碎了的“四人帮”是死老虎。踢死老虎一脚也算勇气吗？细想想，真惭愧！政治对人的嘉奖也真大方啊！政治，政治，我从此对它有了悟性。

如今已经三十六岁。爱出风头的年龄早已过去了，与多情的年龄一块儿过去了。从个人的教训中，从别的爱出风头者们的庸俗中，体会到了这种庸俗实实在在是对一个人自己的莫大损害，也就学会了一点自尊。人既是从自己的教训中发现自己的劣点，也是从别人的庸俗中总结出自己应当如何做人的原则的。不惑之年仍大惑不悟，好比女人的更年期无限延长，那是怪不幸的。

我在复旦见识到了不少在别的地方不太容易见识到的人和事。

中文系总支副书记中，有一个身高一米五左右的侏儒，男性，三十余岁。不知是留校生还是工宣队，样子很猥琐。我从未见其笑过，永远那么猥琐地严肃着。仿佛权力又极大，与系工宣队队长平起平坐，背景莫测。在《学习与批判》上发过一篇所谓杂文《赞“山羊角”精神》，据说很得张春桥好评。自那以后，似乎更身价百倍，使人觉得你不招他不惹他，他也时刻想猝然顶你一头。有一次我亲眼看见他在系里拍着桌子训斥一位副教授，大有顺我者昌，逆我者亡的架势。而且他还没有脖子。在校园里看见他，矮矮地趾高气扬，不可一世地移动过来，猥琐而严肃地瞪着你，够令人不舒服的。我经常是退避三舍，绕条路走。无路可绕，便低下头去。倒不是怕他到这般地步，是看见他也会破坏你一时的好心境。按说他应到某电影制片厂去做特型演员，却狂傲至极地在堂堂复旦大学内招摇过往。“四人帮”纳“贤”到了宠丑的地步，使人常常替中国替复旦深感羞耻和悲哀。

有一位工宣队队员，某天中午还在复旦食堂用钢精勺敲着铁饭碗，一边哼唱样板戏一边排队买饭，第二天便在《人民日报》上扬名显姓，成了中央候补委员。他自己还不知道。别人将报纸拿给他看，指着他的名字问：“是你吧？”他回答：“我他妈的哪有当中央候补委员的造化！”后来证明果真是他，喜滋滋乐悠悠地又对人说：“洪文对我真够意思！”原来他是王洪文造反起家时的小兄弟。王氏还真够讲交情的，鸡犬升天寻常事。难怪那年头许多人都认为政治是个一本万利的赌盘，抹下脸皮往上抛赌注。

“四人帮”被粉碎以后，有次我在公共汽车上碰到了一个不寻常的人——上海曾红极一时的一位小说作者。到我们专业去座谈过，故而认得。我问他日子好过否，他倒对我说了几句实话：“日子不好过哇。其实我们这些人呢，对文学并不感兴趣。我们是要通过文学走向政治。我们崇拜的是张姚道路。唉，前途如烟了呀！……”心灰意懒之人，往往能吐真言。

有一位研究文艺理论的老师，给我留下了难忘的印象。我在系图书馆偶然翻到一本他的小册子，“文革”前出的，便拿着向他请教某一文艺理论问题。

不料他连连摆手，有些惊惶地说：“不是我写的，不是我写的。”

和大学同学小莫合影，中间是犬子

我说：“别人告诉我就是您写的呀！”

他更加惊惶：“同名同姓，同名同姓！”说罢匆匆而去。同学小莫恰巧看见了这情形，对我说：“你别再给自己找麻烦，也别给他找麻烦！”

我说：“我又怎么了呀？不过就是向他请教一个文艺理论问题嘛！”

小莫说：“文艺理论在中国只有一个——‘三突出’创作原则，请教我吧！”

我问：“他不愿回答也罢了，干吗那么惊惶呀？”

小莫同情地望着他走远的背影，说：“因为他是个‘坏人’啊！”

我更加大惑不解。

小莫便告诉我：据说他原是徐景贤的同学。徐氏还没在政治上成气候时，两人碰在一起开过一次什么会。徐氏爱听鬼故事，他也善讲鬼故事。讲罢回自己房间睡觉，半夜徐氏敲门，只穿着裤衩跨进他的房间，言道怕鬼，不敢独眠。房间里正好空一张床，徐氏便天天与他睡在同一房间。徐氏是怕鬼，又迷鬼，每晚都纠缠他讲鬼。后来徐氏成了上海市革命委员会副主任，反对徐的一派组织就派人到复旦来找这位研究文艺理论的讲师，想从他口中获得“炮轰”材料。讲师本是书呆子，不愿卷入政治旋涡，被纠缠烦了，无法摆脱，便拍拍衣兜说：“材料都在这里，时候不到。时候一到，材料抛出，十个徐景贤也打倒了。”说的实在是气话。

徐氏的上海市革委会副主任当稳了，就下令将他抓了起来，被隔离审查半年有余，逼他老实交代，到底掌握哪些徐的“黑材料”。审来讯去，他也只能交代出一条——徐景贤怕鬼。终于定不成什么罪名，不得不放了。放是放了，徐氏却对他耿耿于怀。堂堂上海市革命委员会副主任怕鬼，总归是有点令人哂笑的事，而且容易使人产生疑问：真唯物主义者还是假唯物主义者？徐氏便下了一道“口谕”：“这个人是个坏人，要控制使用，永不得带学生。”

于是未盖棺而定论，这讲师便成了复旦园内罪名抽象的“坏人”。以后我每次再见到他，心中尤为充满同情。试想这“坏人”的罪名，对于好人来说，是作践到家了。它太容易使人猜测到道德败坏，腐化堕落，以及与女人乱搞关系一类的事情上去。而且又是自己无法向别人释冤的。述说一次自己成为“坏人”的经过，便等于又散布一次上海市革命委员会副主任怕鬼的言论，岂非坏上加坏，罪上加罪吗？别人也是无法替他释冤的。就只有那样令人莫测地和一个“坏”字连着了。在我看来，他那半秃的头顶，那列宁式的智慧型的前额，那不修边幅的样子，完完全全是个只会做学问的人，可能做学问做得还有点“迂”。呜呼！悲夫！至今想来，黑色幽默之戏剧之文学，在中国人的生活中蕴含着大量大量的素材与启示，却怎么在外国异军突起了呢？不是中国作家和戏剧家们的一大遗憾吗？

讲师成了坏人，学生原来是“试验品”。

同学中有名女生小樊，上海川沙县人，农村姑娘，矮、胖、圆脸，像目前电视中正在播放的儿童动画片中的“小咪”。挺厉害，谁说她一句不的话也不行。开玩笑她会当真。动不动就这样抢白你：“咋啦，瞧不起阿拉贫下中农女儿哇？”心眼儿却很好，富有同情感。在十六名同学中，三年不说一句违心话、不做一件违心事的，我认为只有她一个人。“批邓”时，每个同学都至少贴过一张表态性质的大字报。唯独她例外，不写。很干脆地说：“阿拉写不来嘛！”若是别的同学，起码属于路线斗争的立场问题。对她，没人敢这么上纲上线。谁也奈何不得她。

她确是“写不来”。

老师将我和她编在一组，交给我帮助她提高“写作水平”的任务。

我第一次看她写的东西，是学期个人总结。连标点符号也不会用，一“逗”到底，最后一个实心大句号。而那字，像稻田里插的秧苗，一律倾斜地“长”在格子里，仿佛字字是从下往上挑着写的。通篇有四分之一的字似是而非，缺胳膊短腿。语法就更谈不到了。我想替她重标一下标点，力不从心。一“逗”到底，还看得明白。若重新断句，则没有一句意思是完整的。

我十分惊诧，问："你上过几年学呀？"

答曰："初一。"

又问："为什么初中都没念完？"

答曰："母亲死了，家中缺劳力，帮父亲挣工分。"

再问："教你的语文老师没给你讲过如何运用标点符号吗？"

答曰："谁有耐心认真学那些？"

"为什么？"

"不学那些就嫁不了人啦？"

我怔怔地瞧着她，许久不知说什么。

她说崇明对面是台湾。我告诉她不是。她就跟我争执不休，争得我只好说是是是。

后来我才知道，张春桥对复旦中文系有过什么"指示"，要招收一个文化很低的，根本不知"文学"为何物的学生，将其培养造就成为作家，以打破"文学神秘论"、"作家天才论"。她就是按照这样的指示，被招入复旦的"试验品"。

知道了这个底细后，我常常替她感到悲哀。后来同学们差不多都知道了，却没有一个人告诉过她。她不知，也就从不悲哀。每月十七元五角的助学金，吃饭很节省，竟能省下近半数的钱。不买书，买衣服。对我说："两个月添一件衣服，三年三十六个月，我至少能添十几件衣服是不是？将来结婚的时候，就不必自己再添衣服了。"

我问："你有对象了？"

她诚实地点点头，说："还没定。"

问："为什么还没定？"

答："要是我分在上海了，就把他甩了！定了，将来就甩不掉了。"

问："他很爱你？"

答："当然，我们全公社，这几年就出了我这么一个大学生。"

她对我比对别的同学信任，肯讲实话。

我在北大荒当过小学教师，就从怎样运用标点符号起帮她提高"写作水平"。三年来，我觉得我对她是尽了一个同学的义务的，不乏耐心。毕业时，除了逗号和句号，她还会运用冒号、引号、感叹号了。字写得依然如故，不见进步。残字在她的文化废墟上，依然可以组成一个"独立王国"。

有年端午节她从川沙返校，给我带回十几个肉粽子。我说："别都给我，也分给其他同学呀。”

她说：“哼，给他们个屁！”

她觉得所有的同学都瞧不起她这个“贫下中农的女儿”。其实更多的同学并非瞧不起她，是可怜她。她似乎不觉得自己有什么可怜的，三年来与同学们“划清界限”。

做集体毕业鉴定时，十六个同学中，对十五个同学她一言不发。只对我一个人发了言，提了三条优点。过后，她单独找到我，说：“我算报答你了吧？”一句话，竟感动得我几乎落泪。

三年，三条优点。还有那些肉粽子……她是个以德报德，以怨报怨的姑娘，而且自尊心特强。

三年来我对她的一些所谓帮助，实在不值一报。对于提高她的“写作水平”，也并不起什么作用。我是心有余而力不足。

我本欲告诉她，她为什么会被招入复旦，却终于没有告诉她。我想她知道了，准会大哭一场。何必要让她三年后怀着一颗深深受伤害的心灵离开复旦呢?

她离校时，除了我，没有第二个同学去送她。因为她不向同学们告别。

我一直将她送到公共汽车站。她对我竟有些依依不舍。忽然她哭了，说：“其实我早就知道我能入复旦是怎么回事了，把我当成‘试验品’，所以我偏不努力学，让他们扫兴……”“他们”——当然不是指的老师们。老师们对她都很关心，她对此也不无感激。张春桥的任何一条“指示”都是复旦的法令，老师们没有抗拒的力量。她自己，三年来不过是以一种消极的心理，嘲弄政治对她的命运的摆布。

她还不是“工农兵学员”中最值得同情的一个，最值得同情的是评论专业的一个藏族女生。文化水平不比小樊高多少，两个孩子的妈妈。入校后有压力，也想孩子，对文学评论不感兴趣，如同盲人对看电影不感兴趣。数次要求退学，工宣队不同意，党委不批。她是农奴的女儿，认为退了她，是“阶级感情”问题。

有天我端着脸盆到水房洗衣服，见她呆呆地站立在三楼走廊的一个窗口出神。一件衣服还未洗完，就听“唰啦”一响，是什么从楼上掉下去砸到树的声音。我觉着那声音不祥，满手肥皂沫便冲出了水房——走廊窗口已不见了她的身影。俯窗一看，楼底下卧着她的躯体。她摔死了……

这些人，这些事，渐渐使我意识到，复旦是不能满足我强烈的求知欲的。它可以给予我的只能是另外一类东西：入党，理想的分配去向，政治垫脚石。想要多少块，它就可以给你多少块！但需用等量的“实际行动”去换取。在给了工宣队一个不良的最初印象后，对我来说，换取到那些东西，得“摇身一变”，往自己脸上多涂几道反差油彩。

我没有足够的信心和足够的勇气。出卖自己也总需要点勇气。彻底出卖自己则需要更大的勇气。我唯愿自己能无风无波地在复旦度过三年。我想，我得本分一点才好。然而“本分”要成为一个人的愿望和原则时，还需获得客观的恩典。客观不发“允许证”，主观就像一个被无赖纠缠的姑娘……

四

一天，吃午饭时，中文系留学生窗口贴了一张大白纸，上面工工整整的毛笔字写的是：我们不要留学生特殊化，我们要与中国学生同吃同住。署名——申·沃克。

也许是这个名字在留学生中具有某种潜在的号召力，也许是他提出的要求符合留学生们的普遍愿望，留学生窗口一个留学生也没有，他们皆分散地和我们中国学生排在一起了。

我平素对留学生都没太注意过，更没接触过，问同学小莫：“哪一个是申·沃克？”小莫朝前努努下巴：“喏，瑞典王子。”

站在三四个人前边的一名留学生转过身来，对我们点头微笑，态度友好。他身材很高，一米八以上，却并不魁梧。因为身材高，还显得有些瘦。但举止矜持，风度优雅。我们也友好地对他点头微笑。仅仅是出于礼貌。中文系与新闻系的同学合住四号楼。一幢楼一分为二，一半三楼划给了留学生。走廊被门隔开。门上挂着一把拳头大的锁，镶的是乌玻璃。某个中国学生若与留学生们接触过多，准会被“留学生办”找去谈话。接触过多是与无来无往相对而言。谈话的实质却意味着提醒、批评、警告。我当时是一个“走白专道路”的典型，时时处于某些同学的监视之下，稍有不慎，便有“小报告”打将上去。所以我避免与留学生们发生接触，讨厌给自己找来什么麻烦。

逢年过节，什么纪念日，欢迎新同学或欢送毕业生，系里照例是要举行联欢会的，留学生们照例是要被组织起来参加的，他们有时也准备个小节目，一般照例是唱主席诗词歌。《沁园春·雪》、《咏梅》、《蝶恋花》是留学生们很喜欢唱的。只有在这些联欢会上，中外学生之间才显示出一点交往气氛来。也只限于气氛而已，并不能深入到感情层去。像我和小莫回报沃克的微笑，谈不上友好，只能算礼貌。《重上井冈山》、《鸟儿问答》两首诗词公开发表并被谱曲后，我却没听到任何一位留学生唱过。我们中国学生是很快就会唱了的。广播室天天以最高音量反复播放。“不须放屁”之词，早、午、晚响彻校园。听也听会了。何况每人还发了油印的铅印的歌篇，学生会还集体教唱了好几次。也巧，那天食堂还就是做了“土豆烧牛肉”。许多中国学生和留学生都买了。不知是哪位大师傅烧的，土豆成了羹，牛肉却不烂。食堂里一片抱怨之声。食堂外响而亮之地播放着《鸟儿问答》。

我和小莫买好饭后，端着碗用目光四处寻找座位。沃克刚刚在一条长凳上坐定。他看到我俩，又朝我俩点头微笑。所有的桌子凳子全被占据了，我俩找不到个可以坐下的地方。沃克欠身往他坐的那条长凳的一端挪了挪，只坐了个角，招之以手，示意我们和他坐在一起。

不过去坐下连礼貌也失掉了。我和小莫对视一眼，走了过去，与他“三位一体”。条凳只有二尺长，三个人坐上，两边两个人的屁股就缺少支点。这么坐着吃饭并不比站着吃饭强多少。我和小莫实实在在是出于礼貌。

其实饭厅里有五张桌子没人就座。都是“留学生专桌”。留学生们响应了沃克，谁也不去坐“专桌”，端着碗往中国学生的饭桌上挤。没座位的中国学生们端碗站着吃，或端回宿舍去吃，也不愿坐到“留学生专桌”去。这是完全可以理解的。“不要特殊化”，在留学生们提出来，是增进友好的愿望。由中国学生去坐，就未免有“不自觉”之嫌了。

沃克见他提出的要求得到留学生们的响应，心中分明暗暗高兴，一脸得意之色。他将一块嚼不烂的牛肉吐在桌子上，侧脸瞅着我和小莫说：“朋友才坐在一条板凳上。你们俩是我的支持者吗？”他中国话说得相当流利，吐字很清楚，而且是标准的普通话语音。

小莫没吭声。我自然也不愿有所表示，满怀信心地嚼着一块牛肉。沃克又说：“你们中国学生也应该支持我。”

小莫低声问：“你要我们用什么样的行动支持你？”沃克又朝桌上吐出一块嚼不烂的牛肉，盯着它恨恨地说：“简直像从轮胎上切下来的！”随后索性放下筷子不吃了，两肘支在桌上，双手托下巴颏，微笑着说：“从今天晚饭起，我希望你们带头坐到‘留学生专桌’去，那么这个饭厅里就再也不存在什么‘留学生专桌’了，嗯？”那一刻，他脸上有种孩子般天真的神气，他的微笑也显得那么幼稚。他使我怀疑，他对他的做法并不是很认真的，甚至可能掺杂着无恶意的玩笑的成分。校方是绝不会喜欢一位留学生开这种玩笑的，我想。

“这就是你要达到的目的？”小莫又低声问。

我暗中踩了小莫的脚一下，希望他别愚蠢地提什么问题。快吃饭，吃完快跟我一道走。因为我发现已经有人在注意我们。

沃克的目光在整个饭厅巡视了一遍，望着所有仍在饭厅里的中国学生和留学生们，用缓慢的语调说：“我要达到的目的是了解。”他收回目光，又目不转睛地瞧着我和小莫，情绪变得有些激动地说：“我们留学生从各国来到中国，绝不仅仅是为了学到中国文化！我们还非常想要接近中国人，了解中国人！对于我们，这是同了解和学到中国文化一样重要的！哪怕让我们真实地了解一个中国人也行啊！可是你们中国学生见了我们留学生，无非就是点头、微笑、‘您好’、‘请’，仿佛你们都是机器人，就会说这么几个简单的词汇！难道我们是到一个机器人国家来留学的吗？有时我真想把你们的思想从你们头脑中挖出来！难道你们中国人的头脑里当真什么都没有吗？”他的语调很高。这时的他，脸上那种纯稚的微笑不见了，那种孩子般天真的神气也没有了。他那样子好像要立刻同谁展开一场大辩论。

饭厅里一时变得寂静无声。中国学生和留学生们都停止了吃饭，从各个角度愕然地朝我们这边望。我和小莫一时怔住了。我当时绝没有想到，这位瑞典留学生，竟会当着我和小莫——两个中国学生的面，坦率地说出那么一大番不够友好的话。我认为他想了解中国人的愿望是表达得过于强烈了！而经验，别人的经验，更准确说是别人的教训警告我，与这么一位不安分的留学生接触，对自己是很危险的。

我当机立断地站了起来。小莫却仍愚不可及地怔怔坐着。外面，大喇叭还在播放《鸟儿问答》，不知已是第几遍了。沃克也突然站了起来，环视着所有的人大声说：“安静，请聆听最高指示……”

他的话声刚落，紧接着大喇叭里传出一句歌声：“土豆熟了，再加牛肉……”再接着是：“不须放屁！不须放屁！……”留学生们哄笑起来。中国学生们，则一个比一个神态严肃。不难看出，有人的严肃是佯装出来的。

一位老师傅在机械地抹桌子，仿佛身旁发生的事情，与自己毫不相干。沃克离开桌子，走到那位老师傅跟前，极其认真地说：“老师傅，毛主席说得不对，他老人家肯定没有做‘土豆烧牛肉’的实践经验。如果先烧牛肉，牛肉烧得半熟，再放土豆，今天就没有这么多人抱怨您了。”

那老师傅木讷地瞧了他一会儿，竟驴唇不对马嘴地张口来了一段语录：“凡是敌人反对的，我们就要拥护。凡是敌人拥护的，我们就要反对！”

沃克无可奈何地耸了一下肩。

我趁此时机，扯起小莫，赶快离开了饭厅。

“这个申・沃克！……”我边走边嘟囔。

“复旦园有了这么一位留学生，够工宣队操心的喽！”小莫幸灾乐祸地说。

我说：“有什么操心的？工宣队实在看着他不顺眼的时候，也许会将他开除！你以为工宣队做不出来？”

小莫说：“只怕没那么便当！沃克在留学生中很有威信，开除了他，也许会引起留学生们的普遍抗议，造成国际影响呢！”

我问：“他真是瑞典王子？”

小莫回答：“留学生们送给他的绰号罢了。”

“他像吗？”

“我哪儿知道像不像！真正的瑞典王子，我也不曾见过。”“真正的瑞典王子要比我温文尔雅得多！”没想到沃克又跟了上来，和我们并肩走，边走边说，“用你们中国话形容，儒者风度。”

我和小莫不禁都有几分尴尬，猜想我们议论他的话一定全被他听到了。

“你们对我的议论很有意思。”

果然如此！

我和小莫更加发窘。

他却粲然一笑，避而不提了，问：“你们一定读过新编的《中国文学发展史》？认同那种用阶级斗争观点阐述的文学史观吗？”

此著是很有威望的复旦F教授对其原著的“崭新”的“修正”。用阶级和阶级斗争的红线贯穿了中国的文学史，完全符合“迄今为止，人类的一切历史，都是阶级和阶级斗争的历史”的观点。老人家亲笔写给F教授的信，复印件敬存在复旦校中展览馆，我们中文系的学生几乎都“瞻仰”过。此著在复旦园内被称为“新文学史”，规定中文系学生人必购之，购必读之。“四人帮”对它也极为欣赏，在史学界大大鼓噪了一番，制造了一阵别有用心的热闹。

沃克提出了一个我和小莫不愿回答的问题。关于“新文学史”，即使在我们中国学生之间谈起，若非彼此绝对信任，也是讳莫如深，谨而慎之的。但如果我们根本不回答，又未免显得我们心有所忌到了胆小如鼠的地步。这又会使我们感到，在一位留学生面前，人格贬低，自尊难保。而且，说到底，他向我们提出的毕竟是一个纯学术问题，起码我们可以认为是一个纯学术问题。

于是我用外交辞令回答：“那是一部很有独到见解的著作。”我因头脑中能想出这样一句圆滑的话作为回答，对自己感到很满意，同时极欲尽快摆脱掉这位“瑞典王子”的“纠缠”。是的，我已经觉得他是在“纠缠”我们了。小莫却自作聪明地反问："您呢？您是否能够接受那种文学史观？"

"我当然反对了！如果我们留学生在中国都接受了这样一种文学史观，那就太可悲了！那我们就白到中国来留学了，那我们回国后的个人前途就毫无希望了！一个尊重自己的文学和文化历史的国家，是不会用阶级和阶级斗争的观点来篡改自己的文学史的，这难道不是极其愚蠢的事情吗？……"沃克激动起来，站在我们面前，看样子要对我们发表"激烈反对派"的演说。

当时我心中真是对他充满了羡慕。因为他有坦率说出自己观点的权利。而我没有，小莫也没有，复旦园内哪一位教师哪一个中国学生都没有。他说了，最严重的后果，也无非是可能被宣布为"不受欢迎的人"。而他说的那番话如果出自我们口中，轻则受批判，被记过；重则可能被开除，甚至打成"反革命"。世界那么大，中国不欢迎他，他还可以到许多国家去。中国若对我和小莫过不去，我们就他妈的彻底完了。

有几个新闻系的女同学从我们身旁走过，频频回头。显然，她们听到了沃克的话。高音喇叭里，《鸟儿问答》诗词歌仍在播放。广播员仿佛不但要使这歌声响彻复旦园，而且还要传遍神州大地。我和小莫对此已司空"听"惯，并未做出什么表情反应。沃克却皱起了眉头，长长的手臂在空中一挥，大声说："真讨厌！"

我和小莫这一惊非同小可！可是我们无法摆脱他。我们加快脚步朝前走，他却倒退着走，继续面对面地和我们说："这不能算诗！也不能算歌曲！如果我是毛泽东主席，我就绝不会将这两首诗词也收入自己的诗词集。你们中国古代的美学家不是讲究诗中有画，画中有诗吗？可这两首诗词难道能算好诗词吗？'到处莺歌燕舞，更有潺潺流水，高树入云端……'莺歌燕舞，潺潺流水，难道这样的词句还不够平庸吗？你们却说这是中国现实的伟大浪漫主义的写照！这真实吗？这使我联想到了你们在《人民日报》和《红旗》杂志上大张旗鼓地对安东尼奥尼进行的批判，就因为他用摄影机向全世界展现了你们国家许多贫穷和落后的情形吗？可他毕竟有较真实的一面啊！你们两报一刊今年的元旦社论中不是也承认自己的国家'目前还很落后，还很贫穷'吗？既然如此，为什么就容忍不了一个外国人拍的一部影片呢？……"

我和小莫装聋充哑，只有低头走路而已。沃克继续倒退着走在我们前边。

"不须放屁……

不须放屁……

不须放屁……"

男高音、女高音、男女齐唱、男女合唱，极有层次地反复唱着这四个字。仿佛谱曲者认定了这四个字代表诗词的最高美学境界，体现了歌曲思想内涵的最高潮似的。却半点也不能使人感受到音乐的美好。不要说留学生们不喜欢，连我们中国学生学唱到这句时，也个个都觉得口舌笨拙，如有骨在喉，别别扭扭的。

我和小莫唯有装聋作哑而已，唯有低头走路而已。

但愿别人看来，沃克是在对“牛”弹琴。我当时真愿变成一头牛。我想小莫大概也恨不得坐地变成一头牛或者别的什么牲口。

“你们听，这算音乐，这算歌曲吗？你们的鲁迅先生不是就曾经说过‘辱骂和恐吓绝不是战斗’的话吗？我无论如何也不能承认这算音乐，这算歌曲！这样的东西在复旦这样全中国乃至全世界都著名的大学校园里天天广播，真是滑稽可笑，无法理解，不成体统！……”

小莫这时变得聪明了。脖子似乎从后面被人砍了一刀，低垂着的头始终不再抬起。

你他妈的说得很有道理！你他妈的说得都对！你他妈的说得对极了！但你他妈的这个外国小子干吗非纠缠住我们俩不放？！干吗非对我们俩说这些？！往日无冤，近日无仇，你他妈的太缺德了啊！我心中恨恨地想。

我猛地抬起头，差点要将饭盒砍到沃克脸上。

大概我当时的模样太可怕，沃克顿时缄口了。他惊诧地瞧着我。

我却发现系总支书记、工宣队队长站在楼口台阶上，像一匹观察的袋鼠，正聚精会神地望着我们。

一个声音命令我：赶快脱身！傻小子，赶快脱身！

那是我自己的理智的声音，也仿佛是一个陌生的令我讨厌也使我惧怕的什么人的声音。这种人当时复旦园里可真不少。防不胜防。在我们中文系上两届的毕业生中，就有一个学生被自己最要好的同学出卖了——毕业前夕，系里贴出了他的“反动言行百例”，被打成“现行反革命”，押送回原籍劳动改造。

我灵机一动，突然说：“哎呀！我的饭票夹丢在饭厅了……”说罢转身就往回走。

“我跟你一块儿去找！”真是“心有灵犀一点通”，小莫的聪明倒来得真快，往回走得比我更快。

我们一路无话，匆匆走回饭厅。饭厅里空空荡荡，一个人也没有了。

我们面对面坐在一张桌子旁，相互望着，各自心里都有种摆脱了一个什么魔鬼逃入安全之门的获救感。“太可怕了！……”小莫心有余悸地嘟囔。

我说：“但愿他别认为我们和他的观点完全一致，那对我们俩可不美妙啊！”

小莫沉思了半晌，自言自语道：“如果他认为我们和他的观点完全不一致，那我们在一位留学生眼里可就分文不值了。”我问：“难道你觉得他的话颇有道理不成？”

小莫生气了，虎虎地说：“你别问我这种话好不好？”“我可丝毫没有不良居心，”我立刻向小莫解释，又说，“在一位留学生面前，我们都太虚伪了是不是？”小莫摇了摇头：“不，是太可悲。”

“比我们更可悲者大有人在，比如F教授，嗯。”“嗯。一世英名，毁于一旦啊！”

“你说在我们复旦大学三千多工农兵学员中，会有多少人异常清醒地在装糊涂？”

“起码两千五百人吧。”

“剩下的那五百多怎么回事呢？”

“比我们还清醒的野心家，小小的政治投机者，被既得利益收买者，时代制造的半颅人。”

“半颅人？……”

“只有左半边大脑。”

“你以为你挺深刻是不是？”

“反正我不是半颅人。”

我忽然觉得，我们相处两年来，那天才彼此了解，往后可以成为最知己的朋友。我不禁隔着桌子向他伸过一只手去，在他的手背上轻轻拍了一下。

小莫领会了我这一动作的表示，苦笑了一下，说：“不谈这些，我们走吧！”

我也说：“走吧。”望着小莫，却未站起。

小莫也未站起，又自言自语：“这个申·沃克好像认定了我们俩就应该是他主动了解的中国人似的！”

我问：“晚饭我们俩带头坐‘留学生专桌’吗？”小莫反问：“我们当时应诺他了吗？”

我说：“也不算应诺。”

小莫说：“那我们完全没有必要带这个头。”

“是完全没有必要。”我表示同意。

可小莫紧接着又说：“其实带了这个头也无所谓，不过就是坐在哪儿吃饭的问题。”

我想了想，又表示同意：“是无所谓。”

我们刚才紧张的神情渐渐松弛，对望着，忽然都觉得我们之间的谈话既认真又可笑，因为非常认真而显得非常可笑。我们都忍不住扑哧笑了起来……然而我们并没有获得带头坐“留学生专桌”就餐者的“荣幸”。当我和小莫一块儿来到饭厅，“留学生专桌”早已不成其为“专桌”了。围坐着它们吃饭的更多是中国学生。“留学生窗口”也名存实亡。有几个中国学生想为所有的中国学生做表率，假装大大咧咧的样子，将饭碗从窗口递了进去，却又被粗鲁地推了出来。卖饭的姑娘一本正经地说：“没接到取消‘留学生窗口’的通知，我可无权擅自破例！”那几个中国学生只好悻悻离开。

但是所有的留学生，毕竟有理由认为他们的愿望实际上已获得了所有中国学生的理解和支持。他们一个个因此而格外高兴，分散地与中国学生们坐在一起，又说又笑。大多数中国学生，在这种不常见的友好气氛中，却还是习惯地，不，是本能地表现出矜持和拘谨。

小莫说：“还真造成了一种水乳相融的局面呢！”我纠正他道：“实际上还是水乳不相融，不过混兑在一起罢了，好比鸡尾酒。”

小莫说：“比喻得不错。”

两天后，“留学生办”通知我，说要找我谈话。我马上联想到了申·沃克三天前从饭厅到四号楼的路上对我和小莫发表的那些言论，忐忑不安。但又一想自己毕竟没说过一句附和沃克的话，心里也就踏实了些。隔墙有耳，路上也有耳。大学没教给我什么正经知识，但教给了我不少“防人”的经验，或曰“常识”。那便是——尽量将真实的“自我”包裹起来，包裹得愈严密愈安全。

我在这方面得到的教训是太值得记取了。

入学数月后，我便观察出同学中有几位善于“打小汇报者”，殊恶之。曾以言语相讽。

一日，晚饭后，同学H邀我出去散步。他与我同寝室，而且上下铺。我下他上。我当时有些不舒服，但其邀甚殷，难以坚拒，强颜随行。

走出校园，跨过马路，漫步一条僻静小街。其实那算不得一条街，也算不得一条巷，一侧是大片菜地，另一侧有零散民宅。我只是相与走着，并无话说。H偶尔说一句淡话。实实在在的是“散步”。

H突然发问：“你猜，这是谁住的地方？”

我看时，见高墙内树冠探出，洋楼露顶。院内寂寂然如无人所居。走至门前，门半掩，得窥院内孵石铺路，冬青成篱，月季盛开。有葡萄架，串串葡萄挂缀架下，待人剪摘。我不知这是什么人住的地方。摇头。

H告诉我："这是陈望道先生的住所。"言罢，脸上闪耀出神秘之色。

我顿时肃然起敬，倒退着离开院门前。

直至那时我还是一句话都没有与他说，不知为什么，那个傍晚我就是不想说话。也许仅仅是由于身体不舒服。我们从他路回返，H突然又问："哎，你觉得那院子怎么样？"

我不甚明白他这句话的意思，迷惑地瞧着他。

他一笑，进一步问："要是让你在那么一座院子里生活，你会感到满意吗？"

我随口回答："当然满意。"

我觉得他问得有点莫名其妙，回答前并未做任何严肃的思考。他问了我好几次话，一次也不回答，未免有故意冷淡之嫌。我本无此意的。那样回答了，认为他就不会再问什么了。而且我回答得也很实在。

他果然不再问什么。却看出他内心里暗暗高兴，竟吹起口哨来。

"当然满意"——这四个字，是我与他散步时说过的唯一一句话。

五

两天之后，星期六的晚上，系里召开全系师生大会。工宣队副队长发表讲话，表情严肃得义愤于色："我们有的同学，资产阶级占有思想极为严重。严重到什么地步呢？严重到想要住进陈望道先生家中的地步！我倒要问问这个同学，你想要住进陈望道先生家，那么让陈望道先生搬到什么地方去住？

"大概你还梦想着住进中南海去吧？这叫野心啊！……"

我回头看了H一眼，他明知我在看他，却装作没有注意到我，一副认真聆听的样子。

我明白了，他那一天是存心"邀"我去"散步"。同时也明白了，他为什么要设这样一个智慧的圈套诓我上钩——因为入学后我和他同时交的"入党申请书"。也就是从那一天起，我退出了这场两个人的"战争"。我实在不想卷入这样一场"战争"。而且认识到，我一旦卷入，他我之间，便无所谓"正义与邪恶"了。况且我也绝不是他的对手。从此我再也没有交过一份"思想汇报"。

还有一次，一位党员同学，虔诚之至地对我说："大梁，你入学前就发表过小说了，以后你得多帮助我啊！"我慌忙回答："你可别说这样的话！我发表过的那哪叫小说，不过是在《兵团战士报》上以故事形式发表过一两篇好人好事，咱们都一样，要搞创作，都得从头学起……”

我最怕别人提我入学前就发表过小说。提的人越多，提的次数越多，使我感到的压力就越大。入学的第二天，十六名同学聚在一起，与老师们一块儿开“漫谈会”。一位老师问谁入学前发表过作品，皆默默然。我以为大家是因为彼此陌生而拘束，为了打破僵局，便首先说：“我入学前发表过几篇小小说、小诗、小散文。”老师说：“你的情况我已经知道，其他同学呢？”默默然者们仍默默然。可怜，名曰“创作专业”，十几个学生，半数以上党员，发表过什么的，除我和一位女生外，竟没有第三个。也就是从入学的第二天，老师们总是不断受到“推行智育第一”的种种指责。而我也就理所当然地成了所谓走“白专道路”的典型。那位和我一样入学前发表过点小文字的女同学，因为是女同学，幸免之。

一位党员同学要求我在写作上帮助他，并未使我感到受宠若惊，反而使我感到意外。

不料那位党员同学却一本正经地说：“你别假装谦虚好不好？谦虚过分就是虚伪。”

我见他这么说，又确很虔诚，便回答：“你是党员，你思想觉悟比我高，请你在思想上今后多帮助我。”

不料以后小莫暗暗告诉我，我又被“出卖”了一次，那位党员同学竟向工宣队汇报，说我要与他达成一笔“交易”——我请他帮我解决组织问题，以帮他修改文章为报答。他们不向老师汇报我什么，因为老师们都挺爱护我。我虽愤怒，但只想再多铭记一次教育，并不愿与之吵翻。随他们去好了。

又过了几天，那党员同学，竟果然拿了一篇什么文章请我帮忙润色文字。其话，其态度，其表情依然那么虔诚之至，那么令人难以拒之。

我的回答颇不文明——“去你妈的！”

中国的“国骂”有时候很叫劲儿。

“你……”他目瞪口呆。

我说：“老子早就不交思想汇报了！你是党员，你会不知道吗？”

他心中有鬼（是否有愧不得而知），退回铺位，钻进蚊帐去了……

自从我打消了争取入党的念头，觉得自己变得无所畏惧了，而且某些人也确实反过来开始怕我了。我尝到了做人的某种“甜头”。但戒备之心，已成本能。除了小莫，不与任何人过从。暗暗立下与某些人老死不相往来的誓言。

无所畏惧——其实是一种自我感觉。因为我深知，言行不慎，我是会比以前任何一次都被“出卖”得更惨的。“出卖”——各种人们之间的各种“出卖”，已不复能用“品德”二字解释，那是那一历史时期的“流行病”。如果放在特种显微镜下分析，每个最渺小的病毒，都带有那一历史时期的政治特征。

所以我本能地认为申·沃克对我是个“危险”的人物。小莫也接到了“留学生办”的“传讯”。

他将我扯到校园内一个僻静的地方，很有些紧张地问：“前天我没对沃克说什么‘过杠’的话吧？”

我肯定地回答：“没有。”

他又问：“也没对你说什么‘过杠’的话吧？”

我摇摇头，用同样肯定的语气回答：“没有！”他顿时出了一口长气。

我问：“就是你说了什么‘过杠’的话，难道还怀疑我出卖你不成？”

他脸红了，说：“你可千万别那么以为啊！我不过是有点神经过敏罢了。申·沃克这个外国佬，今后咱俩都得躲避着点，否则咱俩不定哪天准倒霉！”

我比小莫更明白这一点。

但是沃克自己肯定不明白。

他不过就是想主动与两个中国学生建立友谊，对中国人有所了解而已。在那一历史时期，一位外国人想要真实地了解一个中国人，那只能是一种愿望而已。哪个中国人如果向一位外国人真实地袒露自己头脑中的思想，不是想入狱，就准是个疯子！我和小莫都不愿一脚就从大学校门跨进监狱大门去。我们的神经也没什么毛病。

我们按时来到“留学生办”，“召见”我们的是一位我们不太熟悉的工宣队队员。看样子不过是个小角色，却偏要故做出一副大人物的派头。从校党委到各系总支，逐级都有工宣队队员担任要职，所谓掺入高教战线的“沙子”，领导“教育革命”。此公即是一粒“革命”的“沙子”。而当时复旦的党委书记，竟是位“一颗红星头上戴，革命的红旗挂两边”的现役军人。就差一位贫下中农了。若齐了，真可谓之曰“复旦工农兵政权”。

我和小莫落座后，那工宣队队员点着一支烟，吸了一口，吐出一缕，先瞅瞅我，后瞅瞅小莫，语调缓慢地说：“情况嘛，是这样的，我们经过研究以后，接受了留学生们要求与中国学生同吃同住的愿望。当然，这无疑会使我们今后面临的思想政治工作更复杂化。可我们既是来领导上层建筑的，就不怕面对各种复杂的情况……”每说到“我们”两个字，便带有格外强调的意味。

“我们”两个字，暗示出工宣队在复旦园中至高无上的权力。

我和小莫都不作声。我们预先商量过“对策”，要装成两个头脑简单的大傻瓜。

“情况嘛，也就是这样一个情况。我们决定，你们俩以后同瑞典留学生申·沃克住在一起。”他话题一转，眈眈地盯着我们。

太出乎意料了！我和小莫对视一眼，真都有点发傻了。

“据说，你们与申·沃克接触频繁？”对方挪动了一下工人阶级强壮的身躯，往沙发靠背挺舒服地一靠，脸上呈现出令人怀疑的和气表情。

“这是胡说！我们与申·沃克只接触过一次！”小莫当即反驳。

“别发火嘛，有则改之，无则加勉嘛！”那表情，那口吻，依然怪和气的。

我说：“有则改之，无则加勉，这是指一个人对待错误应取的态度，我们与留学生接触过一次，也算什么错误吗？何况是申·沃克主动与我们接触……”

“这个申·沃克都与你们谈了些什么？”对方打断我的话，猝然发问，同时将身体迅速地俯向我们，仿佛一只会相面的大猩猩似的瞪着我们的脸。

我一时语塞，不知如何回答是好。

“谈气候！”小莫随口回答。

“谈气候？谈什么气候？”

“谈国内气候呗！”

“说，说！……”

“申·沃克认为北京气候好，我们认为还是上海气候好。上海气候多好哇，一年四季湿湿润润的，所以上海人的皮肤才比北方人的皮肤细嫩是不是？他说上海的黄梅雨季挺讨厌，我们说北京风沙太大，他就同我们争论不休……”小莫信口开河，胡诌八扯，煞有介事。

“当然还是上海好，当然还是上海好……”对方搭讪道，大脸盘上均匀地布满了失望，又往后一靠，烟灰落了自己一身。

小莫暗暗朝我挤了一下眼睛。

我又说：“让我们俩和留学生同住，我觉得不妥。因为我们生活作风挺散漫的，政治思想也不够成熟，只怕会在留学生面前说了什么不该说的话，做了什么不该做的事。请工宣队慎重考虑，是否重新选择两位政治思想上比我们更成熟的同学？”

小莫连连道：“就是，就是，就是。”

对方将烟掐灭在烟灰缸里，看着我说：“我们还是充分信任你们的嘛！不过，申·沃克这个留学生，不是我们的朋友。据我们掌握的情况，是散布过许多与我们不友好的言论的。你们要及时向我们汇报他的情况，要同他展开必要的斗争。这也是对你们的考验嘛……”说着，站了起来，表示这次“召见”已经结束。

我和小莫巴不得早结束这场谈话，马上站起退出。退出之前，我真想转身问一句：“要是申·沃克成了你们的朋友，你们大概会封他为什么‘荣誉工宣队队员’吧？”我们走到校园里时，小莫低声说：“这太卑鄙了！和让我们当‘告密者’有什么两样？”

我说：“反正我们又没有接受他们的经费，完全可以不必向他们汇报什么。”

“那我也觉得这场谈话够令人恶心的！”小莫愤愤地啐了一口……

我们中文系学生，一般七人住一房间。和留学生同住，四人一房间。除了我、小莫、申·沃克而外，还有一位黑人留学生。不过那黑人留学生不久便因为什么事回国了，H搬了进来。傻瓜也会明白，他是工宣队掺入到我们这个宿舍的一位“沙子”。我和小莫虽然与沃克同住了，但更加避免与他交谈什么。我们不愿被工宣队第二次“召见”。H却时常提出各种话题企图在我们这个中外学生同住的宿舍里引起讨论和争论。比如，评《水浒》的现实意义是什么？儒法斗争的历史经验是什么？主席最理想的接班人应该是谁？……我和小莫知其居心不良，任其独自高谈阔论，姑妄听之而已。

申·沃克曾经对评《水浒》的现实意义发表过一通“独辟蹊径”的见解。

他说：“《水浒》是你们中国最伟大的一部反人性的古典名著。”

“什……么？”H当时脸上充血，不知是被一股辩论情绪所激动，还是由于达到另外的目的而感到兴奋。

沃克从容不迫地说：“在《水浒》这部著作中，谁杀人不眨眼，谁就是英雄。评《水浒》的现实意义就在于，为中国今天的缺少人性和明天的杀人寻找形象的理论根据。中国目前对那些‘走资派’和他们的亲人子女不是非常没有人性的吗？……”

“你这是对中国的诽谤！”H的脸愈加充血，慷慨激昂地说，“《水浒》里的英雄杀的尽是贪官污吏！‘革命不是请客吃饭，不是做文章，不是绘画绣花，不能那样……’”“武松‘血溅鸳鸯楼’，不是就杀了好几个无辜的人吗？孙二娘不是也将许多不见得坏的人包到馒头里去了吗？”“那是武松杀得性起……”

“杀得性起就可以滥杀无辜了吗？”

“这……好人杀好人误会……”H的辩论才华，发挥到顶点也就这么高的水平。

“好人杀好人误会？”沃克眯起眼睛，表情严肃地思考了片刻，似有所悟地点了一下头，自言自语，“难怪武松也差一点被孙二娘麻翻后剁成肉馅。”

H得意地说：“只有我们中国人才能理解目前重新评价《水浒》的现实意义。”

沃克不动声色地说：“也只有在中国才能产生‘好人杀好人误会’这一理论。我一会儿就去动员我的留学生朋友们，要他们和我一块儿离开中国。好人生活在这样一个充满误会的国家里真是太不安全了。谢谢你使我明白了这一点。真是一条冷冰冰的理论。不，我得现在就去动员我的留学生朋友们，我要和他们一块儿去找学校的领导！要求退学！”说罢，站起来就大步往外走。

“哎，你，你别去！……”H慌了。

“你有什么权利阻止我！”沃克转身质问，依然那么不动声色。

“我求求你……”H狼狈极了，走过去拽住沃克的袖子不放。

沃克朝我和小莫挤挤眼睛。

我和小莫将脸扭向窗外，使劲咬住嘴唇才没笑出声来。我们都认为沃克是很善于辩论的。他每次总是沉着论战，一步步将H引到辩论的“边缘”。而每到这种时刻，H就一声不吭了。

“为什么毛主席要称王洪文、张春桥、江青、姚文元为‘四人帮’呢？”沃克常会在辩论中故作天真地向H提出这一类问题。这一类问题，好比是被辩论气氛吹薄了的气球，谁最后轻轻触它一下，它就会爆炸。H极其害怕这类玩意儿，如同迷信的人害怕什么不祥之物。

我和小莫渐渐开始对沃克产生了某种好感。因为这瑞典留学生的思想竟和我们头脑深层的真实思想那么相通。只有关心中国命运的外国人，才会提出他所提的那些问题。沃克虽然不是复旦大学工宣队们的“朋友”，却应该成为我们的朋友。我们对他的好感，并不明显表示出来，以替他捎一瓶开水，下雨前提醒他将晒在外面的衣物收回，到市内去时，问他需不需要我们代买什么东西这类小事表达。我们相信，他是理解了这一点的。

按照“纪律”规定，与留学生同住的中国学生，是不能将《红旗》杂志、《学习与批判》、《人民日报》、《光明日报》、《参考消息》和各种大批判学习材料带到宿舍的。我和小莫严格遵守这一“纪律”。

一天上午，宿舍里只有我和沃克，我抱起被褥去晒，却忘了有本过期的《学习与批判》压在褥子底下。它被带到了地上，我没发现。晒好被褥回到宿舍，见沃克正拿着那本《学习与批判》在看。

“我看看行吗？”他将《学习与批判》朝我扬了一下。“这……”我不禁面露难色。

《学习与批判》是上海市委机关刊物，被工宣队们称为“小红旗”。上海市委御用写作班子的大块文章，经常以头号标题发表在上面。几乎每一篇大块文章都有政治背景，都是一种政治烟幕。

“这是不许我们留学生看到的吗？”沃克似乎敏感地意识到了。“不，不，没这个规定。”我说，同时暗想，我这是在替谁辩护啊？

其实，莫说《学习与批判》，就是《人民日报》、《红旗》杂志，只要一个在中国的外国人想看，搞到一份或一期看看并非难事。搞不到手的，也可以站到某些报刊栏前去看。《红旗》杂志一有“重要”文章发表，则被按页码扯下，张贴于有玻璃橱窗的某些报刊栏内。希望更多的人从中得到某些暗示，从而紧跟之。

“你骗我，你们一定有这个规定，我不看了。”沃克将《学习与批判》轻轻扔在我的床上。

那一刻，我觉得身为一个中国人，在这位瑞典留学生面前无地自容。世界上绝没有哪一个国家的哪一所大学，像当时的复旦一样，连自己国家公开发行的报纸和刊物，也对外国留学生实行“封锁”。

我望着他，低声问：“你生气了？”

他耸了一下肩膀，说：“是的，但我并不生你的气。”我走到自己的铺位前，默默坐下了。

沃克则在他的铺位一躺，头枕在双手上，眼睛瞧着屋顶。忽然，他低声问：“你知道吗，瑞典是世界上第一个与中华人民共和国建立外交关系的西方国家。”

我说：“知道的。”

隔了一会儿，他又说：“我爱中国。东方文化和文明，在我很小的时候对我就具有一种神秘的吸引力。我的父亲是斯维德尔摩大学研究东方文学资格最老，也最有成就最有权威的教授。他经常对我说，中国是东方文化、文明和文学的宝库。他支持我到中国来留学。可是我的母亲坚持反对。她认为中国是一个动荡不安的国家。我到中国来，她很不放心。但是我的父亲帮助我说服了母亲……”

我静静地坐着，望着他。将那册《学习与批判》卷起来拿在手中。

他问：“你在听吗？”

我回答："是的。我在听。"

他接着说："中国，作为一个国家，将自己封闭得那么严。中国人，作为人，一个个也将自己封闭得那么严。使我感到要在中国真正了解一个中国人，与一个中国人建立诚挚的友谊，是根本不可能的。你认识那位罗马尼亚女留学生吗？"

"认识。"

"你与她很坦率地交谈过什么吗？"

"也没有。"

"真遗憾。你们都是社会主义国家的人。难道你们中国学生对一个来自社会主义国家的留学生也戒心重重吗？"……

"我和她交谈过。她对我讲过一件事，真是滑稽可笑。她说一艘中国商船有次在罗马尼亚的一个港口城市停靠，三个年轻的中国船员走上码头。那一天是罗马尼亚的假日，码头上很热闹。姑娘们和年轻的妇女们穿得漂漂亮亮，惹人注目。她们都又主动又友好地向三位年轻的中国海员招手，微笑，抛送飞吻。可是他们呢，排成三人纵队，在码头上齐步走。对周围的一片热情毫无反应，个个脸上表情严肃，就像在码头上操练步伐的士兵一样，而且目不旁视，使热情的罗马尼亚姑娘和妇女们感到又古怪又迷惑。有一群罗马尼亚姑娘瞧着他们哈哈大笑。其中一个调皮的姑娘悄悄跟在他们身后，出其不意地抱住了走在最后那个年轻的中国海员，并在他脸上使劲亲了一下。他用中国话大声叫喊起来。你猜他叫喊了一句什么？"

"什么？"

"快救我！"

"你胡说。"

"你问济珈去，她会对你再讲一遍的。因为那个亲了中国海员一下的罗马尼亚姑娘，不是别人，就是她自己。"

"那个被她亲了一下的中国海员，还当着她的面儿对两个伙伴声明：'不是我抱住了她！是她……主动抱住了我！不信你们问问她！你们得给我做证！'……"

"济珈怎么说？"

"她说：'是我主动抱住了他，还亲了他一下。'码头上的女人男人全大笑不止。三个中国海员重新列成纵队，跑步回到了船上……"

"和我们外国人接近，说出一些真实的思想，对你们中国人就那么可怕吗？”

我无言以答。

我拿着那册去年的《学习与批判》走到沃克跟前，递给他，低声说：“你拿去看吧，但要偷偷的。这不是文学刊物。其中也没有文化和文明。”

他缓缓转过头来看看我，伸出一只手想接，却又没接，说：“既然我看了可能对你那么不利，我为什么偏要看呢？我不过是这会儿闲着没事儿，想随便看点什么。”

宿舍门不知何时敞开了。H站在门口，嘴角凝着一丝冷笑，咄咄地盯着我。

我不禁怔住了……

翌日，我第二次被工宣队“传讯”，还是上次“召见”过我和小莫的那一位。

依然是那种令人讨厌的语调，“我们认为你犯了极其严重的错误。”

我明白他为何“召见”我。

我略思索了一下，尽量用平静的语调回答：“每个人都可能犯错误。毛主席说：‘犯了错误并不可怕，改正了就是好同志。’但我不知自己犯了什么错误，请您告诉我。”

我心中暗想：必须否认。若承认了，怎么处分我，就由不得我自己了。命运一旦掌握在他们手中，下场难料。

“你自己不知道？那么给你三分钟，你好好想想。”于是他开始吸烟，不再理睬我。一边吸烟一边欣赏压在玻璃板底下的一排“白毛女”年历片。上海那几年许多单位都印制年历片，而且都印制得相当精美。

对方向我提出的讯问不值得我去想，给我的时间也太宽裕。我没事干，就也瞅那排压在玻璃板下的年历片。对方几乎是伏在桌子上看。我是隔着一米左右的距离望。倒着的“白毛女”在我眼中变成了一排小兔子，各种颜色的衣服，像儿童画册里画的那样。不同姿势的“白毛女”的腿，仿佛一双双兔耳朵。

我们中国人的心理真是不可琢磨。我想，把女人的腿画得那么修长，那么秀美，那么迷人，涂以肉色，而将女人们的脸都画得像七八岁的小女孩的脸似的。于是夹在书中，压在玻璃板下，时时“欣赏”，便心安理得了，仿佛“欣赏”的是小女孩，非属女人了。

都是女人的大腿，我想，倘将“白毛女”的头换成一个外国女郎的头，恐怕那一排年历片就该属于“封资修”，被视为能毒害人的诲淫的东西了。这位工宣队员，更不会当着我的面饶有兴趣地“欣赏”那上面的几十条裸腿了。辩证法真是无处不在。

对方终于将目光从玻璃板上收回，看一眼手表，瞧着我说："五分钟过了，想好了么？"我摇头。

"看来你是不愿主动交待了？"

我回答："没什么可交待的。"

"你给申·沃克看过《学习与批判》没有？"

"没有。"我表现出惊诧的样子。

"那么，你也没对他说：'拿去看吧，但要偷偷的'了？"

"没有。"

"但是有人亲眼看见你给申·沃克一本《学习与批判》，亲耳听到你对他说了那句话。"

"谁？……"我装出受到严重诬谄的样子，从椅子上站起，大声说，"这个人是谁？我要当面和他对质！"

"你坐下，你坐下，"对方说，"不必当面对质，我们也会弄清楚是你受到了诬陷，还是你对自己的错误进行抵赖。"

我心里说：我将抵赖到底。

对方又说："你先回去吧，回去好好反省。"

我说："没什么反省的。"说罢便走。

刚出门，碰到了沃克。他正要走进去。

我望着他，他也望着我，我们没说话。

我与他擦肩而过，心里对他说："沃克，沃克，都是因为你！"

回到宿舍，见小莫在仔仔细细地往他新买的皮鞋上打油。他抬头看了我一眼，问："召见你又有什么指示？"

我未回答，走到自己床前，忧心忡忡地坐了下去。

小莫一边继续擦鞋一边说："看来你成为他们的心腹，否则为什么单独召见你，不一块儿召见我们俩呢？"

我心里烦透了，拿起暖水瓶要倒杯水喝，却是空的。使劲往桌上一放，竟嘭然一声爆了。

小莫复抬起头，瞧着我吃惊地说："那是沃克的暖水瓶。"我仍不理他，仰面往自己的床上一躺。

小莫放下皮鞋，走过来，低声问："究竟怎么回事？"

我恨恨地骂了H一句，坐起，将"《学习与批判》事件"告诉了他。

"你承认了？"他皱眉追问。

我说："我绝不会承认的。"

他说："对！千万不要承认！你得一口咬到底，纯属凭空捏造，政治陷害。我可以作证。"

我说："你怎么作证？你当时又不在场。"

他说："谁又能证明我当时不在场呢？"

我说："就怕沃克已经承认了。工宣队也将他找去了。"

他说："那太糟了！"

小莫的话刚说完，沃克走进了宿舍。我看看他，又往床上一躺。小莫又拿起皮鞋打油。沃克坐在他自己的床上，看看我，看看小莫，问："你们为什么故意不理我？"

我只装没听到他的话。

小莫见我不回答，不忍冷落了沃克，抬头朝他笑笑，说："你刚才到哪儿玩去了？"笑的极不自然。

"你们分明在怀疑我什么。"沃克生起气来。

我打定主意不接话，怕一接话，将话题扯到那本过期的《学习与批判》上，引起我们之间更大的不愉快。

"沃克，难道你看不出来，我们一向对你是很友好的吗？"小莫努力缓和室内不正常的气氛。

"既然你这样说，那么请你出去一下好么？我想和梁单独谈几句话……"沃克注视着我。

"好吧。"小莫耸了一下肩膀，放下鞋刷，就要往外走。

"别走。"我叫住他，不得不坐起，对沃克说，"小莫是我的好朋友。你要对我说什么话，就说吧。"

沃克迟疑了一下，说："我没出卖你。"

我与小莫对视了一眼，一时不知应对他这句话作出怎样的反应才合适。

沃克又说："我没出卖你。我对他们说，你什么也没给我看。我以前从来没说过谎，但今天说谎了。我使你不愉快了，我心里感到很内疚……"他的脸红了。

小莫走到他跟前，在他肩上轻轻拍了一下，说："沃克，你够朋友。"

我望着沃克，报以感激的一笑，隔着桌子，向他缓缓伸过一只手去。

沃克握住了我的手。

我说："沃克，谢谢你。"

沃克耸了一下肩膀，说："真抱歉。"

走廊里传来H女学生般尖细的笑声，我们的手立刻放开了，各自躺倒在自己床上。小莫骂道："卑鄙的东西！"

"《学习与批判》事件"还是被当作一条性质严重的政治错误，在全系大会上受到警告。虽然因为证据不足未点我的名，但我心里明白，这并不等于我得到了宽恕。也许，毕业的时候，在我的档案上，记载下一条什么罪状。而我并不知道，它会像影子似的伴随着我。

无论我将来被分配到什么部门。管他妈的呢，大不了是"社来社去"……

我、小莫和沃克，对我们生活中H这么一个人的存在，竟渐渐开始习惯了。当时流行的"辩证法"使人变得愚不可及，H却使我们变得聪明起来。当我们变得聪明起来后，H就似乎不那么太讨厌了——我们索性把他当成我们合养的一只猴子。

六

不久，唐山发生了地震。

其后，据说上海也将发生地震。

学校里逐级做了"防震动员"，希望大家在突然地震情况下发扬友爱互助，舍己为人的精神。

我们的宿舍，与校园围墙之间有七八米的距离，窗口临街。有天午饭后，H不在宿舍里。小莫睡不着觉，伏在窗口朝外观望，忽然将我拽起，扯我到窗口，让我往下看。我看时，见H正在我们窗下那片地方捡碎砖乱瓦，捡一堆儿，用土篮拎到围墙下。劳动得很忘我。

小莫悄声说："这小子怎么忽然做起好人好事来了？"

我想不到H有什么其他目的，嘟哝道："那你就给写篇表扬稿吧！"便又去躺下看书。

那天夜里，我正睡得香，又被小莫捅醒。

他神秘地附耳对我说："那小子出去了半个多小时没回来。"

我说："你不睡自己的觉，监视他干什么？"

小莫说："我觉得这小子今天有点鬼鬼祟祟的。"

我说："兴许他闹肚子吧？"

小莫说："你听……"

我听到了一阵轻微的翻地的嚓嚓声。

我不由得撩开蚊帐起来了。

沃克也起来了。我们凑在窗口看，月光下，H穿着背心裤衩翻地，在正对我们宿舍窗口的方位，翻起了约有二十余平方米的一片土地。他用步子丈量了一下面积，又继续翻。我们离开窗口，退回自己的床位，各自钻入蚊帐趟下。

“我明白了，”小莫在蚊帐里说，“他大概是打算地震突然发生时，就从窗口跳出去！”

我说：“那他可真够有胆量的，三层楼啊！”

小莫说：“所以他才要捡尽碎砖乱瓦，还要将地翻松。”

沃克说：“这太冒险了，我们应该劝阻他打消这个念头。”

小莫说：“他会听我们的？他瞒着我们，半夜三更的偷偷摸摸这么做，还不是怕我们知道了他的目的，地震时与他争夺窗口往外跳？他那种心理我还弄不明白？”

沃克天真无邪地说：“我们向他发誓，地震时绝不与他争夺窗口往下跳。但是我们不应该不劝阻他，那样我们可太不对！”

我也认为从三楼往下跳实在凶多吉少，尽管他将地面偷偷翻松了。就说：“小莫，一会儿他回来，你还是劝阻他几句为好。”

小莫生气地说：“我才不！”

沃克说：“那我劝阻他。”

走廊里传来了H像只夜行猫似的轻悄的脚步声。我们停止了说话。

门缓缓开了。H贼一般的溜进室内，以为我们都在睡，蹑手蹑脚地钻入蚊帐。

小莫故意打鼾，越打越响。

沃克并没有对H说什么。

明知是在瞒着你诡秘地进行的事，却要点破，还要劝阻，这实在够让违心人别扭的了。我自己是绝不愿去劝阻H的。

因此我也理解沃克为什么沉默不语。

第二天，我们四个都起来后，H搭讪着对小莫说：“小莫，我……求你一件事。”

小莫冷淡地问：“我能为你效什么劳啊？”

H说：“咱俩换换床位吧！不知怎么回事，靠门这张床，我睡不习惯，总失眠。”

小莫说：“好吧，我成全你。”

H显得非常高兴：“谢谢，谢谢，你真好。”

小莫说：“小事一桩，用不着谢。”

我们当然都明白H为什么从靠门的床位换到靠窗的床位。

沃克看看我，又看看小莫，最后瞅定H，说：“H，从窗口往外跳太冒险。

即使果真发生地震，不到万不得已，你不能那样做。”

H怔了一下，说：“这是我的自由，你干涉不着。”

我忍不住也说：“你别误会，从窗口跳出去的特权属于你了。因你为此付出了劳动。地震发生时，我们三个绝不会跟你争抢着夺窗而逃的。你放心好了。但沃克说的话，纯粹是为你好。你别辜负了沃克的一片好意。”

沃克因为我替他说了这样一番话，感激地望着我。

H却说：“其实我的目的并不自私。我们是四个人，宿舍只有一个门。少了一个从门往外逃的，对你们三个也都有利，是不是？只要你们三个到时候不和我争夺窗口，我也绝不和你们争夺门口，咱们今天君子一言，驷马难追，怎么样？”我们三个面面相觑，不知再说什么。

“小莫，你别听他俩的。”H希冀地望着小莫。

“我说出的话，绝不往回收。”小莫抱起被褥，同H调换了床位。

那天夜里下起了大雨，我起来关窗，见H的蚊帐被雨淋湿了，也想替他将那边的半扇窗子关上。

“你干什么？”蚊帐里传出H警觉的声音，原来他并未睡死。

我说：“替你将窗子关上。”

他说：“别关！”

我“哼”一声，钻入了自己的蚊帐。

两天后的夜里，大约一点多钟，我被一阵喧嚣的人声和杂乱的脚步声惊醒。有许多人咚咚地从四楼跑下三楼。跑过走廊，跑下二楼。

第一个意识——地震！

我一跃而起，仓皇间大叫：“小莫，沃克，快起来！……”随手拉亮了灯，觉得那盏日光灯，秋千似的来回摆晃。小莫和沃克机灵地一下子从蚊帐里蹦到地上。

沃克说：“快叫醒H！”

小莫一把撩开H的蚊帐，随即放下，气愤地说：“他妈的这小子早逃命了……”

我们三个光着脚，只穿着短裤和背心，跑出宿舍，跑出楼去。

外面，操场上站着几百名男女学生，一个个衣衫不全。女同学们大多赤着脚，男同学们有不少只穿短裤、光着脊梁。

过了半个多小时，却一点地震的预兆也没有，幢幢大楼岿然不动。

原来，“地震”的叫喊声，最先是从八号楼传出的。那是一幢女生宿舍。天热，她们睡觉时，敞窗开门，为了形成空气对流。出于女学生们特有的警惕心理，她们在宿舍门口横了一个条凳，上面还摆放了一个脸盆。有位女同学起夜，碰掉了条凳上的脸盆，脸盆骨碌碌顺着楼梯往下滚，于是她大叫起来："地震啦！"顷刻间整幢八号楼骚乱一片，紧接着附近的几幢楼也纷扰不安……一场虚惊，操场上那些衣衫不全，裸脊赤足的学生，都不免觉得大难为情，留下一片诅咒之声分散而去。

我、小莫和沃克一块儿走入四号楼，刚进楼口，见有几个没穿上衣的女同学，双臂护在胸前，隐蔽于楼梯的斜角下，像几只还没长出毛的麻雀，挤抱成一堆儿。她们还不晓得"地震"究竟过去没有，既不愿有失大雅地跑到外面去，也不敢离开她们认为那比较安全的角落。沃克一发现她们，就急忙转过身，伸开他那长长的胳膊挡在楼口，高声说："都请等一会儿再进楼！"连我和小莫也被挡在了他面前。

沃克又背对那几个女同学说："没发生地震，你们快回宿舍吧！"

她们便狼狈地跑上楼去了。

我们三个回到宿舍里，一时无法再入睡。

H还没回来。

小莫恨恨地说："这小子真他妈的，都不叫醒我们，不知什么时候出去的！"

我想，这符合H的为人。他准希望我们都被埋在废墟之下，创作专业只活着他一个，那么他就会如愿以偿，笃定可以入党，也可以分配得无比理想了。

沃克朝窗口瞅了一眼，忽然不安地说："他刚才会不会从窗口跳出去了？"

我和小莫不禁对视。

小莫走到窗口，探身朝下一望，立刻转过身，脸色苍白如纸，低声说："老天爷，果然如此！……"

我和沃克一步抢到窗口。我们看到的情形使我们吃惊得呆住了——月光下，一个人仰卧在被翻松了的那片地上，双腿几乎插进了地里，而头，撞在水泥护楼围墙上……

几天后，从医院里传来消息，H虽然保住了一条性命，却成了白痴。

毕竟是一个人，毕竟与我们共同生活过。我们对H都产生了一种恻隐之心。我们一块儿到医院去看望H，沃克买了许多东西。我们希望从医院传来的消息并不属实，或者夸大其词。但H的的确确变成了一个白痴，并且瘫痪，身上将永远地插着两只管子。医生说，丧失医疗价值了。

H的父亲，一位黑而瘦小的老农民，站在儿子的病床前不停流泪，兀自喃喃地说："为什么就你要跳？为什么就你要跳？……"

H两眼大瞪着，却不认人，脸上僵固着一种苦笑般的表情。

还有一位农村干部模样的人陪着他的父亲。那一天我们才知道，H入学前是某省某县某公社革命委员会副主任。我们丝毫不能从H平素的为人与他那位可怜而笃诚的老父亲之间找到什么相同之处。也觉得像他那样的一个人当上什么革委会副主任，是又在意料之中又匪夷所思的事。

那陪同者说："我们H若是党员，地革委主任也早当上了！唉，如今这……全完了！……"不胜惋惜之至地大摇其头。难怪H那么迫切地要入党！如果削尖了脑袋确能"钻"入党内，他是会舍得一颗头的。

我们对于H的种种记恨都不存在了，只觉得他是那么可怜，觉得他的老父亲更可怜。沃克给了那可怜的老父亲一百元钱。我和小莫是拿助学金的穷光蛋学生，只能表示我们的同情而已。

从医院回校的路上，沃克沉闷不语。

小莫有几分忏悔地说："也许我不该和他换床位，可我哪能预想到这么个结果呢！"我说："这也不能怪你，只能怪他自己。"

沃克说："我们三个都有责任，如果我们对他多加劝阻，他也许最终会听的。我心里真为此而难过。"之后他就再也没有说过一句话。

要我们对H的可怜下场负责任，我和小莫觉得太欠公道，却并没有同沃克争论。

H的老父亲委托我们帮助他收拾一下他儿子的东西。我们收拾H的东西时，发现了他的一个笔记本。上面的记载有几段与我有关，摘录如下：

"到北京去！一定要想方设法争取分配到北京去！只有分配到北京，才能前程似锦！"

"今天我已探听到底细，专业有两名分配到北京文化部的名额，据说首长指示，要善于在文化部门展开思想和路线斗争的毕业生，要能成为掺进文化部门的'沙子'的毕业生。要插队下过乡的上海知识青年。阴错阳差，竟使梁与C两个哈尔滨知青偏得机会……"

"原来专业里有好几个学生都暗知这两个名额的底细。他们都想进京。我们上一届分配到中央教育部的一个学生，已经当上了《教育革命》的负责人，前途无量。C的名额是别人所挤不掉的，她是专业支部副书记，系工宣队的红人。因此梁成了众矢之的，谁都想'整'垮他，取而代之，机不可失，时不再来……"

"其实我与梁并无积怨，也无近仇。但我不'整'他，别人也照样'整'

他。我不取而代之，别人最终也要取而代之。不是我坏，是前途如此，不得不为。否则，毕业后，我则可能‘社来社去’，再当那个小小的公社革委会副主任……”

“梁似乎变得处处谨慎了，但这么多人盯着他，他绝不可能从此不再说一句错话，做一件错事。他的下场注定了的，不过‘鹿死谁手’罢了……”

“梁的一封看过的信被我发现，在我手中，是黑龙江出版社一个人写给他的，信中有‘老妖婆’数句……这就足够了。天助我。现在我不忙抛出来，到毕业前来个‘奇袭’……”

这日记本先是小莫翻看的。他看了一会儿，递给我，恨恨地说：“你自己看吧！没想到这小子这么不是人，可我们还傻乎乎地同情了他一番！他妈的多不多余！”

我看过之后，许久没说话，觉得自己仿佛沉入了零下二百七十摄氏度的冰窖底。

入学两年多，我才明白为什么有人像密探似的时常监视我的言行；为什么有人连我在中文系的借书卡也要暗暗统计，阅读“封资修”作品比例多，也作为“思想意识问题”的一条向工宣队汇报；为什么我在阅览室学习《列宁选集》时，只因旁边放了一本没读完的《拿破仑传》，也会被诬为假学马列之名，行摘抄“拿破仑”言论之实；为什么我的信件时常不翼而飞……

沃克瞧着我，似乎也想看那本日记，但却不开口说。自从《学习与批判》事件之后，沃克“自觉”多了，我们不主动给他看的，即使他兴趣极大，也绝不提出请求。我将那日记本扔给沃克，说：“你愿看就看吧！这对你了解我们中国学生大有好处。”

沃克看完之后，望着我，低声问：“梁，你心里很难过是不是？”

我冷笑道：“不，我并不难过。老子他妈的这个大学不念了，让他们去为一个北京名额明争暗斗吧！”

小莫说：“别发傻，这个日记本得销毁。更重要的是，得找到你那封信！”

小莫帮我在H那些信件和书籍中翻找。翻找了半天，却未找到。

小莫说：“看来找不到了。他会不会已经交给工宣队了？”我想了一会儿，摇摇头，说：“大概不会的。他要是交了，工宣队早拿我开刀了。再说他日记上明明写着，要等到毕业前夕再对我进行‘奇袭’……”

小莫说：“如果你的判断不错，反正他已经那样子了，再也不会威胁到你了，你也就不必再担心了。”

可我找不到那封信，还是很有些担心。因为那封信如果落入别人手中，我的下场可能同样不堪设想，黑龙江出版社的肖沉老师将头上悬刀。

我和小莫当着沃克的面将H的那本日记烧了。

沃克直摇头，用谴责的语气说："你们这样做可不好。很不好。H的父亲委托我们代他整理H的东西，未经同意，怎么能……"

小莫打断他的话说："收起你那套西方式的道德观吧！你是在中国！让他的老父亲看到自己的儿子在日记里记下了这么见不得人的鬼心肠，未免太受刺激吧！"

我也生气地反问："难道别人存心坑害你，你连点措施都没权利采取吗？"

那是我和小莫第一次与沃克正面发生矛盾。

沃克受到我们的抢白，不再说什么，默默扫尽纸灰，用撮子端到厕所里冲走了……

放暑假了。

小莫不论寒暑假，必定要回贵州去的。

我和沃克一同送走了小莫。

我问沃克这个暑假打算怎么度过，他回答说想回国去看望他的老母亲。

"我已经一年多没见到母亲了。我从来没有离开母亲这么久过。"他微笑着对我说，脸上又显出那种纯真的大孩子神气来。

他反问我打算怎样度过这个暑假，我回答说要留在学校里多看些书。系阅览室的李老师对我不错，某些当时还封存的书，在假期他也肯偷偷借给我。入学后，我还一直没探过家。助学金十七元五角，刚够饭费。弟弟每月从乌苏里江边寄给我十元钱。弟弟的工资也低得可怜，三十二元，一级农工。我决心三年不探家，省下几笔路费。

沃克听我说假期要留在学校里，思忖片刻，改变了想法，说："那我也要留在学校里。"

我问："为什么？"

他说："和你做伴。没有人监视我们，我们之间可以交谈很多很多，对不？"

即使没有人监视了，我又能对沃克说些什么呢？我微微苦笑。

沃克果然就陪我留在学校了。

一天，我那双猪皮鞋开胶了，不能再穿了。而且，一条最像样的裤子也洗薄了，再搓洗一次就会破。我想，我得买一双鞋了，也得买一条裤子了。可弟弟尚未寄钱来。想朝沃克借，终觉羞于启齿，未借。

我决定将自己那块上海牌手表卖掉，暂解拮据。是在延安西路上一家小小的委托商店卖掉的，作价八十五元。我声明要现钱，便只得到六十五元。买了一双鞋，照例是猪皮的。买了一条裤子，照例是“三合一”的。走出商店，发现同学齐某，拎着大包小包，与哲学系的一高个子女同学边走边谈，亲亲密密，兴致勃勃。不愿被齐某看到，更不愿与他打招呼，我转身朝另一方向而去。

齐某算是个“干部”子弟，其父十二级。十二级干部并不显贵，若在北京大概总要数以万计的吧！但他却常常自诩“我们高干子弟……”如何如何。他带工资上学，这一点倒令我极羡慕。他专爱跟女同学，尤其爱跟那些年龄不大、思想单纯的女同学“建立友谊”。同学们对他颇有非议。但他根本不在乎，说这是他从小养成的习惯。说跟男同学们在一起没什么可谈的。仿佛他认为男同学个个都是“污浊之物”，那些年龄不大、思想单纯的女同学们才是“水”化成的清癯人儿。小莫说他患的是“贾宝玉症”。

回到学校，沃克不在宿舍里，不知干什么去了。忽然间我觉得异常空虚，异常孤独，靠着窗框，像只猴子似的坐在窗台上，手中拿着一本《新华字典》百无聊赖地翻看，全然不怕掉下去，落H那么个下场。

信手翻来，却翻到“女”字旁部。在偏旁索引中占的比例竟还不少。于是想到，大概世界上没有哪一个国家专门为女人们创造了那么多文字，在形容女人方面有那么多细致的学问。比如就说女人的笑吧，外国文字的形容，也不过就是大笑、微笑、冷笑、美好地一笑、天真地一笑、单纯地一笑，等等。而中国文字中，则有嫣然一笑、宛然一笑、妩然一笑、媚然一笑，思量起来，果然各领风骚。外国人形容女性身材，也不过就高低胖瘦，充其量再加上“线条”怎样怎样，如何如何富有“性感”。而中国文字中，除“苗条”之外，还有“婀娜”，“婀娜”之外还有“窈窕”，“窈窕”之外还有“亭亭玉立”、“风姿鉴人”一类，还有“秀色可餐”，要吞吃下去的意思。想起前些时候偷读一本《香艳诗抄》，其中更不乏什么“软玉温香”、“被翻红波”、“蝶浪蜂狂”一类。外国人叫“做爱”，或者直言曰——“睡觉”，就像阿Q对吴妈说得那么明白。可中国人却谓之曰“云雨”。怎么他妈的琢磨的呢！可见中国男人在女人身上动用的脑筋自古以来就很多。可是又自古以来都爱装正人君子。继而想到那位召见过我两次的工宣队队员，他在欣赏“白毛女”年历片时，目光就很有几分猥亵。倘若那年历片上没有女人的大腿，印的是仿宋体或隶书体或“狂草”的“最高指示”，谁知那粒革命的“沙子”会不会伏在玻璃板底下，时不时就低下头去“欣赏”起来，没够没了的？

我进一步想到周围那么多人都在“装孙子”，包括我自己。

我又在装什么呢？装大大具有“工农兵学员”的本色的样子。尽管工宣队们已经觉得我不具有了。但我却还要硬装下去。唯恐毕业分配时被划入“另册”。

这想法使我觉得自己可怜亦复可悲。

干脆他妈的退学的念头便又产生了。

校园外，马路对面，有一个什么陶瓷厂，时值下班，一帮姑娘们，刚刚在厂里洗过澡的样子，一个个披散着头发，结伴走出厂门。其中一个，抬头望见我，竟大声问：“嗨！大学生，想什么呢？”

我俯视她们一眼，高喊一句：“想你们哪！”话一出口，立刻觉得不对，怎么自己口中出了流氓语言？顿时面红耳赤，赶快溜下窗台，不敢露头，怕遭到辱骂。

窗外却一阵咯咯嘎嘎的笑声。

我弯着腰离开窗口数步，直起腰，见沃克站在门口，正对我微笑。

我觉得脸上是更加发烧了。

沃克走到窗口，朝下望了望，转身对我说：“她们还站在下边呢！”

我说：“我可没招惹她们！”

沃克愣愣地瞅了我一会儿，变微笑为哈哈大笑。我呆呆地坐在床上，仿佛犯了什么天条似的，没人问罪，陡自心中惶惶然。

沃克也坐在床上，面对面地望着我，那目光，仿佛在鉴别一个什么中国古董。

我被他望得不自在，就躺到床上，避开他那研究的目光。

他低声说：“我听到你对她们说的那句话了。”听到了又怎么样呢？我想。

他又问：“你在想什么呢？”

我回答：“想女人。”故意使他吃惊。

“哦！天哪！……”听他那语调，似乎果然大吃一惊。

我朝他扭过头去，见他的表情并非吃惊，而是快活。他说：“你真可爱。”

我说：“就因为我这会儿想女人？”

他说：“不，因为你对我说了一句真话。是真话吧？”我思考片刻，自认这会儿确是在想女人，便答道：“是的。”他又问：“你想的是你的未婚妻？”

我说：“我没有未婚妻。”

“那么，是在想情人？”

“中国人只许有老婆，不许有情人。有了情人是坏分子。”

“想女朋友？”

“从来没交过女朋友。”

“你二十几岁？”

“二十七岁。”

“二十七岁从来没交过女朋友？”

“从来没交过女朋友。”

“你打算奉行独身主义？”

“我刚才不是说过了吗？我正在想女人！”

“你想的是性吧？”

“什么？”

“性。做爱。”

“就是云雨啰？没云雨过，想也想不快活，不想！”

“瞧，你又不说实话了！”

“在你们瑞典，女人和性是同义词吗？”我腾地坐了起来，生气地瞪着他。

他莫名其妙地说：“我并没有侮辱你的意思，你为什么要生气呢？”

我又慢慢躺下去，自言自语地说：“我想的是女人。这会儿如果有个女人，无论年龄比我大还是比我小，只要不很丑，只要有温情，我就真愿意将我的头靠在她怀里，睡上整整一天不醒……”

“可是她如果有丈夫呢？”沃克仿佛存心大煞风景，从道德的角度提出了这个问题。

我简直恼火透了，大声说：“她有没有丈夫关我什么事？我不过就是想将头靠在她怀里，只要她愿意。”

沃克很认真地说：“她丈夫知道了会揍你的。”

这是一个很实际的问题。

我沉默了一会儿，说：“谢谢你的告诫。我现在不想女人了，现在想喝啤酒了。”

沃克说：“我陪你到五角场去，我请客。”

于是我们就到五角场去喝啤酒，啃五香鸡头。

七

沃克举杯说：“谢谢你今天跟我谈到女人。第一次一个中国人跟我谈到女人。”

我问：“你以为中国的男人们都是不谈论女人的吧？”他点点头：“给我的印象是这样。”

我冷冷一笑，说：“我们中国是个君子国。来，为君子国干杯吧！”……

我们都喝得醉意醺醺才回到学校里。

啤酒和五香鸡头代替不了女人。喝过了啤酒我更想女人。我感到我周围布着许多陷阱，防不胜防。我的心理时常处于戒备状态，它太累了。也许是它太需要靠在一个女人的怀里，太需要一种女性给予的温情了……想女人真是男人们心甘情愿的痛苦！二十七岁了，第一次明确地想女人。想得好苦哇！后悔早几年没将头往一个女人怀里靠过，想得就很朦胧。

那天夜里，我做了一个梦，梦见了一个真真实实的姑娘，我将头靠在她怀里，她用手轻轻抚摩着我的头发……第二天醒来，这个梦境仍历历在目。

多亏这个梦，使我想的女人具体了。

沃克仔细地瞅瞅我，问：“看你样子好像睡得不太好。”我说：“睡得还好，不过做了一个梦。”

“噩梦？”

“不，美梦。”

“梦见了什么？”

“梦见我将头靠在一个姑娘怀里。”

“真够味。”

“我今天要去找她。我很想见到她。”

“谁？”

“我梦见的这姑娘。”

“她是干什么的？”

“她是扫马路的。”

“那，我给你点钱吧！我看你最近好像很缺钱花。”

“谢谢，我已经把手表卖了。”

“你为什么要卖掉手表呢？为什么不向我借钱呢？”

“我没有借钱的习惯，更不会向一个外国人借钱。”

沃克注视着我，直摇头……

我匆匆洗罢脸，也不去吃早饭，就跑到一楼，给那姑娘挂了一个电话。

“喂，谁呀？”她婉声细语地问。

我低声说出了我的名字。

“你？……有事？……”

“我想……请你今天陪我玩玩。”

“这……我在上班啊！”

“也许……也许我不久就要离开上海……”

“为什么？……”

“不为什么，我累了……”

“累了？喂，喂！你听着，我今天请假，我在四十八路车站等你！……”

我缓缓地放下了电话，心情却更加忧郁。

我曾在上海杂技学馆深入过生活，每天清晨带着孩子们在新华路跑步。那姑娘每天在新华路扫马路。有一次我的手表掉了，自己却全然不知，等我带领孩子们从另一条马路绕回来，见她站在人行道上，招手叫住我，将手表还给了我……我们就那么认识了。以后每天我让一个大孩子带领全体孩子跑步，我和她就站在人行道上交谈。

她是上海音乐学院一位教授的女儿。两个姐姐都下乡了，都在北大荒。一个姐姐我还认识，是三师师部宣传队的队员。我们之间似乎从一开始就没有什么拘谨。除了小莫，我对她暴露的真实思想算最多了，我还经常将从学校图书馆借来的书送给她看——她是一个很清秀很文静的姑娘。

我跳下四十八路公共汽车，看见她站在路旁等我。见了她的面，我竟不知第一句话应当说什么。

她问：“我们到哪儿去玩呢？”

我说：“到哪儿都行。”

她想了想，说：“那我们上西郊动物园去吧。”我说：“那里有老虎吗？”

她说：“有的。”

我说：“好吧，我们就去看老虎。”

到了西郊动物园，老虎躲在洞里不出来。我们没看成，却也不觉得十分扫兴。

我们在小河边的一条长椅上并肩坐下，看鱼。不是金鱼，是青鱼。每条都一尺多长，又肥得笨笨拙拙，纷纷游到岸边觅食吃。

她从书兜里取出两本书，递给我，低声说：“还你吧。”我问：“看完了？”

她摇摇头。

我说：“那你留下看吧。”

她又摇了摇头，望着河面，用更低的声音说："我母亲前几天去世了。父亲被'扫地出门'了，过几天我就要跟我父亲回浙江农村老家了……可能我们今后再也不会见面了，谢谢你经常借书给我看……"

我怔怔地望着她，许久许久说不出话来。

我忽然觉得，我心中对这姑娘充满了无边无际的爱。也可能是同情，至今回想起来，分辨不清。爱情加同情，使男人对女人的爱成为怜爱。

她缓缓将脸转向我，凝眸睇视着我，几乎是用请求的语调说："对我讲几句话吧。"

我说："我想退学。"

"退学？……"她脸上显出十分意外的表情。

我又说："我实在不想念下去了。"

她问："为什么？"

我说："没意思。"

她很能理解我这句话的含义，沉思了一会儿，说："再有一年多你就毕业了，什么事儿都忍着吧。多少人都在忍着啊！"

我情不自禁地抓住了她的一只手，紧紧握着，她的手那么小，那么柔软。

她愣了一下，矜持地抽回自己的手，讷讷地说："你怎么了？……你……病了吗？"

我说："我也想到浙江农村去。和你们父女一块儿到你们的老家去。我可以当小学教师，也可以当农民。"她说："你胡说些什么呀？"

我说："不是胡说，我爱你。如果你同意，我明天就打报告退学。"

"不，不，你千万别这样。"她慌乱地说，"你就是打了退学报告，被批准了，也只能回北大荒去……咱俩没缘分……"

我又不知说什么好了，情不自禁地第二次抓住了她的手。

这一次，她没有将手抽回去，任我紧紧地握着。

河里的大青鱼，纷纷聚拢岸边，将嘴冒出水面，比赛吐水泡。

她的眼泪落在我手背上，一滴，两滴……她又抽出了她的手，从布包里取出一支笔，双手交给我，说："我特意买了送给你的，留着做个纪念吧！"我握住了那支笔，也再次握住了她的手。

她忽然将头靠在我怀里，说："我们没缘分……"说完，她就无声地哭了……

回到学校，沃克见我便问："你终于将头靠在一个姑娘怀里了？"

我说："和我梦到的相反，一个姑娘将头靠在我怀里了。"

沃克说："都一样。她很美丽吗？"

我说："女子们的美丽是不同的，有的使男人想到性，有的使男人想到绞刑架，有的使男人想到诗，有的使男人想到画，还有的能使男人们产生忏悔的念头……"

沃克说："这不过是男人们的想象，你那位姑娘属于哪一类呢？"

我说："她如同一颗橄榄，我要用心永久含着她。"

沃克看了我半天，说："你动真情了。"

我说："是的。"

沃克问："你果真爱上了她，为什么不跟她结婚？"

我说："我不知我的命运会在何方。"

沃克沉默了一会儿，又问："被H偷去那封信，是不是仍使你心中不安？"

我说："不安极了。"

"你仍恨他？"

"我恨不得一刀宰了他！"

她告诉了我离开上海的日期和车次，却不许我去送她，很坚决很断然地不许。

我还是到火车站去了，怕火车站人多，寻找不到她，很早就去了。

在一排长椅上，我发现了她，呆呆地坐着，脚旁放着一只帆布皮箱，身旁坐着她的父亲，一位头发苍白，气质斯文的六旬以上的老人。

我隐蔽在一个角落，不想让她发现我。

我望着她一手搀老父亲，一手拎那只旧的黑色的小皮箱，微微低着头，被缓缓移动的人流裹入了检票口，像一个幻影似的，从我眼前一晃，倏然消失了。

我呆呆地站在我隐蔽的那个角落，被充满心间的忧郁压迫得有些窒息。

她的命运将会是什么？

那一刻，我完全忘记了自己的命运中也画着一个问号……

开学后，复旦园内发生了一件重大的事情——物理系三年级的一位女同学，贴出了一张大字报，批驳张春桥和姚文元的两个小册子——《论资产阶级法权》和《论无产阶级专政条件下的继续革命》。

那是工农兵学员中反叛精神的第一次公开的大无畏的宣战。

那是孤单无援的勇士舍生取义的行为。

正直的师生们肃立在她那张大字报前，用他们严峻的表情，沉思的目光，互相传达着他们心中的敬佩。反叛的潜流在复旦园内暗暗地汇聚着。

政治投机者们却认为这是一个自我表现的大好机会。于是就有一些学生“自发”地前去围攻那个物理系的女学生。

幕后操纵的则是工宣队。

我们专业的支部副书记C，也带着她“革命的伙伴们”参与围攻。

她也叫我去，她说我善于辩论，最应该去。还应该“立功赎罪”。

我冷冷地问：“赎什么罪？”

她说：“别忘了你作为专业发言代表的那次发言。”我回答：“你忘了我有口吃的毛病吗？我现在正要读《列宁选集》。”便打开一本《列宁选集》，伏在桌上读起来。她悻悻地走了。我却读不下去。

我终于坐不住，便独自走到大字报栏前，看那张勇士的“宣战书”。大字报写得犀利极了，使人读罢，热血沸腾。一种强烈的冲动，促使我从衣兜取下钢笔，就想在那张大字报上署上自己的名字。然而那种强烈的冲动很快就变成了最大的怯懦，握着钢笔的手出了汗。产生得最快的勇气也消失得最快。任何冲动如果不能变成行为，不过就是一种心理本能而已。除了证明你有这种本能，再无其他意义。我默默地转身离开了，手中仍握着钢笔，内心里却对自己充满了蔑视。

“梁晓声，梁晓声，在那个无畏的女同学面前，你不过是一条被政治的电棒击怕了、学乖了的狗！”我一边缓缓地走着，一边这样诅咒自己。仿佛诅咒了自己，就能驱除内心里的羞耻感似的。

无畏者敢做真勇士。懦夫却只希望别人为真理拔出决斗之剑，将胜利的小旗背在身后，连一声助战的呐喊也不敢发出。倘邪恶倒下了，他们便举起小旗，分享勇士的荣耀。倘勇士倒下了，他们便悄悄丢掉小旗，退隐到什么安全的角落，固守着卑下的沉默，期待着另一位勇士挺身而出……回到宿舍里，我锁上门，为自己，也为许许多多像我一样的人，在一本日记的中页写下了这几行字，也写下了我对自己的认识和评判……

沃克回来了，一进门就气愤地大声对我说：“怎么可以这样！他们怎么可以打她！”

我合上日记本，问：“都是什么人打了她？”

沃克说：“有男学生，也有女学生！你们专业的C带的头。他们将她拽到一张桌子上，那么多人围攻一个姑娘！却没有一个人站出来保护她！他们还摔掉了她刚买回来的饭！他们还不许她穿上自己的鞋！我喊了一句‘不许打人！’就有许多人也围攻我！看，拽掉了我两颗衣扣！……”

我站了起来。我望着窗外。我流泪了。一个龟缩在安全角落的懦夫的眼泪。没有什么价值的眼泪。

小莫突然推开门闯进来，对沃克说："沃克，你快躲藏起来，有几个男学生要来揍你！"

沃克说："他们敢！我要向'留学生办'去汇报！"小莫说："就是'留学生办'那个姓庄的工宣队队员怂恿他们来教训教训你的！"

我说："沃克，你就先躲藏一下吧！"

沃克坚决地摇头："不！"

小莫扯着沃克想往外走，晚了。走廊里传来了来势汹汹的脚步声。

小莫刚放开沃克，门就被踢开了，闯进来四个男学生，也不开口说话，揪住沃克就打。

沃克没有反抗，没有还手。

我和小莫阻挡，被粗暴推开。小莫的头咚的一声撞在书架上，我的暖水瓶不知被哪个家伙踢碎了。

八

沃克毕竟是留学生，他们不敢过分放肆。所谓"教训教训"，不过是推过来搡过去，一拳一脚而已。其中一个极为可恨，打了沃克一记耳光。

他们离开我们的宿舍时，小莫大声谴责："你们怎么能殴打留学生？！"

为首的一个答道："叫他明白他是在中国。"

我说："你们踢碎了我的暖瓶，得赔我。"

那家伙冷笑道："就算你为我们的革命行动贡献了吧！"他们扬长而去。

沃克捂着脸在自己床上坐下，许久才喃喃地说："真想不到，在中国，我被中国人打了。如果我的老母亲知道了这件事，不知会怎么想。"

小莫说："沃克，你应该通过瑞典使馆向那几个家伙提出严正抗议！"

沃克摇摇头，说："不，我不会那么做的。瑞典是第一个和中国建交的西方国家，在我记忆中，瑞典政府从来没有向中国政府提出过任何形式的抗议。我不愿因为我自己，使两个国家之间的友好关系受到丝毫影响。"

我说："沃克，你回国吧！目前你在中国能学到什么呢？世界这么大，你又何必到中国留学呢？"

沃克沉默许久，又摇头，低声说："不，我不回国。也许他们以为我会害怕了，回国去。可是只要我还没被宣布为'不受欢迎的人'，我就要在中国待下去，亲眼看到你们这一场‘文化大革命’最终将导致中国发生什么局面！”小莫揉着头，无比歉疚地说：“沃克，真对不起你，我们没有能力保护你。”

沃克望着他，苦笑了一下，说：“你们每一个中国人也没有能力保护你们自己呀，不是吗？”

小莫无言。

我说：“是的。”

沃克说：“这真可悲。”

我果然又遭到了“算计”。

而事件凑成之情节，犹如小说家的巧妙构思。

先是，半年前，弟弟给我汇来了二十元钱。隔日，我要到邮局取钱，却找不到汇款单了。我在宿舍楼各楼口贴了“寻物启事”，两日后也无人送回。便到系里开了一张证明信，证明我汇单已丢，将二十元钱取了回来。

几天前，我又到杂技学馆去体验生活。一天傍晚，接到V从学校打来的电话，告知我弟弟又给我汇钱来了。正缺钱花，便匆匆赶回学校，拿到了汇单。邮局已经下班，只好将汇单带回杂技学馆。

第二天，和我一同在杂技学馆体验生活的C，有事要回学校，我就将汇单交给她，委托她代取。

她回到学馆，已经快晚上十一点了。

我已躺下，在看书。她敲门，我给她开了门。

她不进，站在门外对我说：“明天上午，系工宣队庄师傅叫你回校一次。”

我问：“什么事？”

她一笑：“不知道。”

我觉出她那一笑颇不善，但又想不出自己近来有什么失谨的言行足可被人“整治”，也就随她笑得不善，又问：“我的汇款单替我取出来了吗？”

回答：“E老师替你取。”

E老师是我们专业上一届的留校生，我们的“教导员老师”，负责抓政治思想工作的。因此而怪，不免再问：“怎么E老师替我去取？”

C又那么令人莫测高深地一笑，其意味更加不善，慢悠悠地答：“我没工夫。”一双眼中，放射出两股冷气，逼得我从脸到心一阵发寒。

复躺下后，总觉C那笑，那话，那目光，包含着什么幸灾乐祸，不再能看下书去，苦思苦索，终不悟其所以然。辗转反侧，难以安睡。

翌日，满腹狐疑回到学校，E老师和工宣队庄师傅在工宣队办公室联袂“召见”了我。

E老师随口问了几句在杂技学馆深入生活的情况后，话锋突然一转：“你最近丢什么东西了吗？”

我回答：“前几天将书包在四十八路公共汽车上丢了。”又问：“除了书包，还丢什么了？”

我一贯丢三忘四，想不明白为什么问我这个，还以为他们要发慈悲，补助我点钱呢！便答道：“除了书包再没丢什么。书包里有十几元钱，不过我弟弟又给我汇钱来了。”“是这张汇款单吗？”E老师拉开抽屉，将那张汇款单取出，朝桌子上一丢。我说：“是啊，您没替我取出来啊？”

E老师脸色顿变，厉色道：“你好好看看。”

我拿起那张汇款单“好好”看，写得一清二楚，是弟弟汇给我的没错，问：“怎么啦？”

“你看看邮戳！”

我就翻过来看邮戳，一时不免大为尴尬，讷讷地说：“这是我半年前丢的那张汇款单呀，从哪儿出来的呢？”“这正是我们要向你提出的问题！”一直正襟危坐的庄师傅，朝我瞪起了眼睛。

我说：“这得去问V呀，是他打电话叫我回来取的，那么他一定知道这张汇款单是谁从什么地方找到的。”

“V在宿舍，”E老师站起来说，“我这就去问。”E老师走出去后，那位工宣队领导一边吸烟，一边目不转睛地瞧着我。许多人在讯问别人时，都会自觉或不自觉地装出捷尔任斯基的样子。这位工宣队领导也不例外。他大概自以为他那双肉眼泡投射出来的目光，也必定称得上“鹰一样的目光”。

一会儿E老师回来了，身后跟着V。

不待E老师开口，V便冲我大声质问：“我没有给你打过电话！你怎么无中生有呢？”

“你……没有给我打过电话？可我明明听出来是你的声音啊！”

“你胡说！岂有此理！”他仿佛被牵扯进了什么极不光彩的事件之中，做了“严正声明”后，愤愤离去。

见他那种仿佛受了奇耻大辱的样子，我真怀疑自己从电话里听错了声音，低声说：“让我再想想，也可能是别人给我打的电话……”

E老师说：“你不必想了。我问过咱们专业所有的同学，谁都没有给你打过电话。”

我意识到问题很严重了—— 我企图用一张作废的汇单，再从邮局骗取二十元钱，且让别人代取，嫁祸于人之心，昭然若揭也。

庄师傅说："坦白交代吧，这张汇单你为什么保留至今？"

这句话的意思就等于是说—— 你半年前伪装丢失了汇单，从学校开出证明取了款，而将汇单保留至今——是有"蓄谋"的。

"我？！……我将汇单保留至今？！"我拍案而起。"你坐下！难道是别人替你保留至今的吗？！"工宣队领导者也拍案而起。

E老师说："这件事明摆着，性质是严重的，证明你的品质、手段也是恶劣的。你要抵赖是不行的。只有端正态度，老老实实承认错误。否则，你是不能带着这样一个没有交代清楚的问题毕业的！"

我说："你们想一想，一个头脑正常的人，会办这种蠢事吗？二十元啊！不是两百、两千，值得我从半年前就处心积虑，制造假象吗？难道我不知有人正希望我毕不了业吗？"E老师说："你不要将问题扯到别人身上去，这对你自己没什么好处！"

那位系工宣队副队长说："你的态度很坏，我们今天就谈到这吧！你回去想想，还是诚实点，别拖到毕业分配时处理！那样对你更不利！"

我简直发蒙了。弄不明白他为什么希望"莫须有"的事成为事实。更不明白他何以会因此而内心里产生了某种快感似的。

我说："我什么也不会交代的，随你们的便吧！"说罢，起身便走。

回到宿舍里，小莫见我脸色不对，问我发生了什么事。我将事情前后对小莫述说了一遍。

小莫追问："到底是不是V给你打的电话？"

我说："是。可他否认。"

沃克连声说："这太无耻了！这太无耻了！……"小莫沉思了一会儿，说："我问你一句朋友之间的话，你可别多心。"

我说："问吧。"

小莫说："你真希望分配到北京去吗？"

我说："见他妈的鬼吧！我只希望能让我平平静静地度过这最后一个多学期！我家有老母病兄，我想回哈尔滨。回不了哈尔滨，能让我回兵团也罢！"

小莫说："那就好办了。我代你找V去谈判！告诉他，他可以想方设法进北京，但不要和你竞争，更不要陷害你达到目的！"

似乎也只有这条路可走。我点点头，表示同意。沃克却说："这太软弱了，这太软弱了！我看让我找几个留学生狠狠揍他一顿才对！既然你们中国学生可以在工宣队的唆使下蛮不讲理地揍我，我也可以串联几个留学生揍V一顿！”

我说：“沃克，你要敢这样，你就不是我的朋友！”……

小莫的“谈判”以失败告终。

V将此事亦向工宣队汇报了。

于是我“莫须有”的“错误”更加“属实”，情节更为“恶劣”。

小莫懊悔不已。

我婉言相劝。

我忽又想起，那一天除了V给我打电话，还有一个人也在电话中对我嘻嘻哈哈了一阵。这个人是谁呢？我怎么也想不起来。

沃克仍想串联几个留学生揍V。我和小莫极为严厉地向他提出警告，他才彻底打消了念头。

好事无人知，丑事有人传，此话真不假。中文系许多学生，都渐知创作专业的梁晓声“出事”了。于是有人因此而莫名其妙地觉着高兴。虽然我与他们并无利害冲突，亦无什么不快的瓜葛。自己没什么值得高兴的事的某些人，见别人“出事”了，可不是会觉着也够高兴的吗！实乃中国人的心理遗传。

我走在校园里，出现在图书馆或食堂里，便不免招致某些人看一个“出事”了的人的特殊目光。沃克和小莫怕我觉着不自在，常有意一左一右陪着我。我也确实觉着大不自在。C和V，当然挺高兴的。因为这正是他们预期的“舆论效果”。

在给工宣队打的“证言”中，C写道：“某月某日，事发前，我与梁同返杂技学馆。途中我寄信，梁站在邮局内的‘汇款领款常识’前，看了许久—— 可见其犯错误前是有缜密准备的。”

确有其事。我承认了。她寄信，我没事，就看那东西。

“梁在将汇单交付我时，犹豫了一阵—— 这是其犯错误前矛盾心理的反应。”

我也承认了。确实犹豫一阵——因我本不愿劳她代办任何一件小事。

“当我对梁说‘E老师替你取’时，梁的脸色顿时苍白，呆呆地半天说不出话来——这是他预感到事情将要败露时的紧张心理的反应……”

这就有点不实事求是了。但她觉着我当时就是那样的，我也无法。

V的“证言”简单些，只有两条，但有分量：一、我根本没给梁打过电话，叫他回学校取汇单。二、莫替梁与我“谈判”，企图说服我承认给梁打过电话。

作废了的汇单押在工宣队那儿。人证物证俱全，只待我低头认罪了。

我离开学校，“逃亡”杂技学馆。

大学里有工宣队。杂技学馆也有工宣队，是上海某纺纱厂的几位女工。学员们尽是十几岁的男孩女孩，整日被关在曾是汪精卫的一个小老婆的独院别墅里练功，其实阶级斗争、路线斗争、思想斗争与他们无关的。但几位纱厂女工却不这么认为。她们也时常地造出什么“新动向”、“新情况”，折磨孩子们，折磨杂技老师们，也折磨她们自己。仿佛不唯此不足以显示出她们存在的价值。孩子们在她们的授意下，也常常写几张“大人腔”的思考“路线斗争”或“思想斗争”的大字报，贴在练功房里。

我是北方人，爱吃辣酱。学馆的赵老师就经常从家中带点辣酱来送给我。赵老师是学馆负责人，但受工宣队领导。被女工宣队队员领导更是不幸。故而学馆内的“路线斗争”、“思想斗争”便集中体现在她和几位女工宣队队员之间。她年近五十，身材高大，像马玉涛。她也是北方人，我们便认了“老乡”。她为人坦诚，性格耿直，我觉得她比几位严肃的女工宣队队员可亲，愿意接近她。她是中国的第一代芭蕾舞演员，而且是苏联舞蹈家西诺夫培训过的。工宣队认为她是“文艺黑线”上的人物。我则觉得她不唯可亲，亦复可敬。我亲她近她。女工宣队队员们大不高兴。她们认为：一名“工农兵学员”，理应对工宣队队员们亲而敬之，才对头。否则，就不对头。她们经常对C叨叨咕咕，说我“屁股坐歪”了。C是我在学馆体验生活时期的直接领导，非常乐于将学馆工宣队对我的这类意见反映给学校工宣队。其实我的屁股是常和她们坐在一条板凳上的。她们还是不高兴，认为我“屁股虽然和她们坐在一条板凳上了”，可“思想是与赵老师合拍”的——也即“与旧文艺思想合拍”。我无法讨她们欢心，只好随她们不高兴去。她们不免常以冷脸对我。

有一次我问赵老师：“她们怎么这样呢？”

赵老师说：“你别在意，只当她们是在更年期。”

我那时特傻，不知“更年期”为何意，因问：“更年期是怎么回事啊？”

赵老师想了想，回答：“女人到了不知把自己怎么办才好的年龄。”

我觉得身为女人真不幸。不但要和男人们一样受命运的摆布，还要受生育之苦，还要受“不知把自己怎么办才好的年龄”的捉弄。便对那几位女工宣队队员格外同情起来。中文系图书馆有“文革”前的《妇女杂志》，我便特意回校一次，大量翻阅，选出几册载有“妇女到了更年期怎么办”一类文章的，借出来带到学馆，推荐给几位女工宣队队员读。不料想她们甚为恼怒，以为我当面羞辱她们。其实我一向尊重妇女，而且确确实实一片好意。我净办傻事。

著名戏剧家黄佐临先生小女黄小芹，在杂技学馆做钢琴伴奏老师，与我是同龄人。我们之间亦颇有话说，心是相通的，常背人一起咒咒“老妖婆”，觉得彼此都一吐为快。我们唯独不避赵老师。小芹是赵老师调来的人。赵老师与我交谈时，常流露出对佐临先生的敬仰。她将小芹调到学馆，颇费了一番周折。几位“不知把自己怎么办才好”的女工宣队队员，当然自以为她们有非常充分的理由推断，一个“文艺黑线”上的人物，一个被“打翻在地”的“资产阶级戏剧艺术家”的女儿，再加上一个爱吃“文艺黑线”上的人物的辣酱，“屁股坐歪了”的工农兵学员凑在一起，所谈所论肯定都非“革命言论”无疑。

我从学校逃到学馆，连我给他们做了半年之久辅导员的孩子们也知道“大梁老师出事了”。C已将“舆论工作”做到家了，我真佩服她。被自己喜爱的孩子们用种种猜疑的眼光看待和不敬的态度对待，令我尤其不堪忍受。连赵老师和小芹也不知我究竟出了什么事，欲问而不便问。我也没心思向她们解释，只好再逃。

上海郊区有个小镇叫朱家角。据说电影《枯木逢春》中的一些镜头，就是在那里拍的。我的一位上海知青朋友的外婆家住在那小镇上。他回上海探家时，曾带我到他的外婆家住过几日。我很喜欢那小镇。那里似乎是一个宁静的世界。老阿婆非常真诚地欢迎我再去做客，视我为她的亲外孙一样。

我从大上海逃避到小小的朱家角，着实过了几天清静日子。老阿婆说我瘦得叫人可怜，顿顿给我做好吃的。

一天，沃克竟找到了我住的地方，令我大出所料。我问：“你怎么知道我住在这里？”

沃克回答：“小莫告诉我的。”

我只告诉了小莫一个人我在什么地方，而且嘱咐他不要告诉别人。他告诉了沃克，我有些不悦。我不愿被任何一个人扰乱我在小小的朱家角所感受到的清静。这小镇上最主要的一条街，又深又窄，两旁尽是歪斜的木板阁楼。对门住着的女人们，常一边坐在自家门槛上择菜，一边隔街拉话。姑娘们结伴从街上走过，木底拖鞋在石路上发出吧嗒吧嗒的响声，其声如梆，远远地传过来，又远远地消失了，给这小镇增添了一种独特的音韵。而老人们在敞开的窗口隔街对饮，那真是一幅妙趣横生的画。镇外还有一条河。河上有古老的石桥。河中有木船驶来驶往。就这些，对我已足够了。我喜爱上了这小镇。而最主要的是，这小镇的政治氛围较淡薄，不那么压迫人。没有男性工宣队。也没有“不知将自己怎么办才好”的女工宣队队员。也许，只有镇“革命委员会”那幢不大的二层楼里的人们，才像别的地方的某些人们一样，有兴趣去玩从中央到地方的那同一局政治桥牌。总之我是那么不愿离开朱家角，不愿回到上海，不愿回到杂技学馆，更不愿回到复旦去。我真希望就能在朱家角待到毕业，随便他们将我分配到什么地方。还有那张汇单，也见鬼去吧！随便他们给我下个什么结论！

沃克看出我有些不高兴，说："小莫本不想告诉我你住在这里，是我逼问出来的。我不能不来见你一面。因为……我是来向你告别的。我……要回国了，以后，也许不会再到中国来了……"

我心中倏然对这位瑞典留学生产生了一种依依不舍的感情。同时也因为对他的冷淡而自责。

我问："你为什么突然要回国呢？"

他说："我把V揍了一顿。"

"你被宣布为'不受欢迎的人'了？"

"没那么严重，不过我对中国感到失望了。"

九

我不知再说什么好。

老阿婆见一位外国人来找我，显出极为忐忑不安的样子。在这个小镇上，谁家里来了一位外国人，可是件不寻常的事情。不寻常的事情往往也会被认为是不正常的事情。小镇上的人们肯定都忌讳这一点的。我很理解老阿婆，便告诉她，沃克是我的外国同学，不会给她带来任何麻烦，见我一面就走，叫她打消疑虑。

随后，我陪沃克来到一家小饭馆。

落座后，我说："沃克，我请你吃顿便饭吧。"沃克说："还是我请你，我比你有钱。"拗他不过，让步。

随便点几样菜，要了三瓶啤酒。

沃克先替我的杯里倒满了酒，接着往自己的杯里也倒满了酒，之后盯着我，问："告诉我，我们是朋友吗？"我也盯着他，庄重地回答："当然是朋友。"

沃克说："在中国，有一个中国人承认我是他的朋友，我觉得自己不算白来中国留学一次。"

我说："不，沃克，你不只有我一个中国朋友。除了我，还有小莫呢！除了我和小莫，复旦园里一定还有许多中国学生把你当作朋友的。不过他们没有机会向你表示罢了。”沃克说：“谢谢你的话。”

我举杯，说：“让我们像朋友那样干一杯吧！”沃克说：“好，不但为了我们之间的友情，也让我们共同为一个中国姑娘少遭厄运而干杯！”

我问：“哪一个中国姑娘？”

沃克说：“就是你觉得你爱上了的那个中国姑娘。”一阵忧郁笼罩在我心间。

沃克问：“你现在还想着她吗？”

我说：“几乎天天都在想着她。”

我们的塑料杯无声地碰到了一起。

沃克问：“按照你们中国的习惯，这一杯得一饮而尽是不是？”

我说：“是的。”

于是我们眼睛注视着眼睛，一口气喝光了那杯啤酒。沃克用手背抹一下嘴，微微一笑，说：“我曾经有一个愿望，想找一个中国姑娘做我的妻子。我们西方人都认为，东方女性温柔多情，而且对丈夫，对孩子，对家庭比西方女性有责任感……”他遗憾地摇摇头。

我说：“中国的泼妇悍妇也是很可怕的，《聊斋》里将她们比作枕旁夜叉，将那些不幸的丈夫比作床头系羊。”沃克说：“我当然要找一个美好的中国姑娘做妻子啦！如果我再来中国，仍抱有这种愿望，你帮我寻找好吗？”我说：“你趁早打消这种愿望吧，难道你不明白一个外国人与一个中国人结成夫妻是多么困难吗？”

沃克说：“世上无难事，只要肯登攀。”

他天真得可爱。我哑然一笑。

刚吃罢饭，他就要往回赶。他说他已买妥了明天的飞机票。

我一直送他到公共汽车站。

他从兜里掏出一叠人民币，说：“我来不及兑换了，带回国没用，你收下吧！不多，不到一百元。”

我说：“我们中国古人有句话——不轻受一文。”他说：“你真怪。”

我说：“我们中国古人还有句话——不敢忘一餐。沃克，你跑到郊区来向我告别，你请我吃了一顿饱饱的饭菜，我不会忘记的。如果你真还会到中国来，如果那时我的处境好些，我一定请你在最高级的饭店吃一顿中国大菜。”沃克十分认真地说：“别忘了你还要替我寻找一位愿做我妻子的美好的中国姑娘。”

我也十分认真地说：“只要那时我们的政策允许一个中国姑娘嫁给一位外国

人，而且你保证不欺负她。”公共汽车来了，我们匆匆握了一下手，他便跳上了汽车。

汽车开出很远，我还看到沃克一只长长的胳膊从车窗伸出，向我不停招着。

我惆怅地在原地站了很久很久……我这“出事”了的工农兵学员，在朱家角生活了十来天后，心中渐感不安起来，总有种近乎“逃亡”的阴暗意识，时时地摆布着我。

我便告别了阿婆，鼓起勇气，回学校了。

回到学校的第二天，E老师把我叫到一个学生宿舍里，讯问我对自己的错误反省得怎么样了，还暗示我，工宣队认为，人证物证俱全，我拒不承认，也是可以定“案”的。那就不是我将被分配到何处的问题了，而是我有没有资格毕业的问题了。

V就住在这个宿舍里。我不知E老师为什么偏偏将我叫到这个宿舍。桌上有瓜子、果脯、软糖，毫无疑问都是V买的。他是我们专业带工资学员中工资最高的一个。每月七十多元。比我们有些老师的工资还高。除了我和E老师在宿舍里，V也在。他不离开，使我愤怒。按理说他是无权听我与E老师这番特殊内容的“谈话”的。可他却躺在床上一边吸烟一边看书，一副优哉游哉的样子。E老师不让他出去，也使我大为不解。

我老老实实告诉E老师，我这些天来根本没有进行过什么反省，而是到一个去处去躲清静。

“你当真不想要毕业证书啦？”E老师一边嗑瓜子，一边瞪着我问。

我说：“随你们他妈的便！”

V腾地坐了起来，质问我：“你骂老师？”

“滚！你有什么权利质问我！”我指着他大声说，真想和他打一架。

“你……”E老师脸气白了。

就在这时，门开了，进来的是专业的于老师。他到安徽去“开门办学”，昨天刚回来。他见我们三个虎视眈眈的样子，奇怪地问我们在争吵什么。

E老师就把我“犯错误”的事对他讲了一遍，还说：“大梁的态度这么不好，是毕不了业的呀！”

于老师说：“这事啊！那张汇单是我从阅览室一本《朝霞》中无意翻到的。我当时也没想到去细看邮戳，不知那是大梁半年前丢失的……”

V这时要往外走。

于老师叫住他说：“哎，小V，我不是亲手把汇单交给你，让你打电话告诉大梁回学校取的吗？”

V不免狼狈起来，支支吾吾说不成话。

E老师不禁转脸去看V。

V半天才憋出一句话：“可我也没叫你拿着作废的汇单再冒领啊！”

我气恨得浑身发抖。

这件事从此就算过去，不了了之。那位系工宣队副队长往后见了我，脸上也强作微笑了。

实事求是地说，V与C，在这件事上，并无“合谋”。他们各有各的想法，各干各的。千不该万不该，我不该让C代领汇款。如果换了别人，这事本不成其为事，最多埋怨我几句。C将这件事搞成一件事，当然没什么奇怪；对于某些人，能够有什么机会“整”别人一下，不“整”白不“整”。V不过是见C首先已将这事搞成了一件性质严重的事，顺水推舟，使其更为严重罢了。因为他是做梦都想进北京啊！自从我们上一届的毕业生中，就是对同学突然“袭击”，贴出“某某反动言论百例”的那个，进京后据说可能当教育部副部长，多少人都认为进京简直就等于跃龙门。

不久，复旦园内暗传，“四人帮”在北京被逮起来了。接着，马天水、王秀珍在北京交代问题一说被证实。

复旦园内人心扬沸。工宣队队员们一个个如丧考妣。在发生于复旦园内的许多大大小小事件中“革命”得过分的某些人们，像偷了汉子被揭发的女人似的，都变得有了几分扭捏，有了几分羞臊，有了几分不自在，低眉顺眼起来，而作过恶的，受到的心理冲击是太突然也太大了，未免惶惶而不可终日。

复旦大学与上海交大的学生，率各大学之先，深夜冲出校园，会聚外滩。市革委楼前，万头攒动。

徐景贤肩披棉军大衣，出现在阳台上，朝下招手，高喊：“革命的同学们，感谢你们的政治热情……”

他以为两校学生，是在以游行的方式，为“四人帮”及马天水、王秀珍之流向北京施加压力呢！

一片怒吼骤起：“打倒徐景贤！”

上海市革命委员会副主任那潇洒的身姿明显地抖了一下，军大衣落在地上，像个皮影似的，晃进室内不复出现。

两校学生的队伍，从市革委门前出发，几乎绕市游行十周。复旦学生归校，时间已过午夜。

我在游行队伍中发现了C，其情绪之昂奋，令我惊诧。围攻物理系女学生时的表现，大概也不过尔尔。健忘若此，真奇人也！我暗想，像她，总该转个弯子吧？却顺溜笔直地就从一条路线冲刺到另一条路线了！

中文系学生首先贴出一批揭发“四人帮”在复旦罪行与阴谋的大字报。C一手拎浆糊桶，一手持刷浆糊的笤帚，忙前忙后，颇不辞辛劳。

……

又过不久，毕业分配工作开始了。

E老师动员我留校，我表示愿意服从分配。

小莫暗中向我透露，动员我留校，是为了照顾V，将他分到北京去。因为他最怕被重新分回新疆去。而他留校是没指望的，老师们十之八九坚决反对。

我便找E老师，告诉他，我宁肯回北大荒，也不留校。E老师问我何以变卦。

我说：“你心里明白！”

那一天我卖了手表买的那件“三合一”的裤子晒在外边丢掉了。我只有两条裤子，丢的是体面的一条。V就拿着一条新裤子来送给我。

我说：“我穿着短裤毕业，也不会接受你给我的裤子。”他说：“我女朋友在北京，求求你。”

我说：“把你的裤子拿走，否则我从窗口扔出去。”他不拿走。

我便当着他的面从窗口扔出去了。

那条裤子悠悠地飘过了院墙，飘落在马路中间。一辆卡车驶过，车轮又将它卷入了路旁的水沟。

V尴尬地待了一会儿，又说：“我错了……”

我朝房门一指：“出去！”

V不得不离开了。

小莫走进来，问：“那小子来干什么？”

我沉思许久，低声说：“小莫，要不我就成全了他吧？他女朋友在北京……得理让三分才对是不是。”

小莫说：“狗屁！他女朋友是北大哲学系的，与我们同届，半年前就与他彻底断绝关系了！全专业哪个同学不知道？E老师也是明明知道的！……”

我说：“就算这样吧！反正我也不是北京人，北京对我并没什么吸引力。他刚才对我承认他错了……”

小莫说：“好，好，好，你是君子，你多好啊！可生活中的坏人，就是让你们这些人给他妈的惯的！你成全他吧，也成全你那颗自以为善良的心吧！老子从此和你绝交！……”便摔门而去。

我又想了很久，决定报复一次。

那是我生平第一次报复人。

直到如今，我仍每每回想此事，不知自己当初是对抑或错，得不出个结论。其实我并不算报复了V，我只不过是不肯原谅他对我的伤害，在完全可以成全他的情况下没有使他如愿以偿而已。这么想，似乎也就宽宥了自己。但进而一想，若我当初成全了他，说不定他分到北京之后，尚可能与其女友重归于好，结成伉俪，夫敬妇爱，一生幸福。爱是一种机缘，谁错过了则可能铸成千古恨。断送了别人爱的机缘，毕竟是有几分可恶的事，而且也太小人气度。这么想，又觉得自己当初很不应该。

临毕业更近了。每晚，在校园里谈心的人大大多起来。分离使人与人之间都变得友善起来。

C抓紧在校的最后时间开始谈情说爱。没什么政治的事儿可做了，对一个二十七八岁的，其貌不扬的，毫无女性魅力的大姑娘来说，赶紧抓住一个可以做丈夫的男人，就“悠悠万事，唯此为大”了。

每晚有比我们低一届的一个部队学生陪着她，与比我们高一届的一个留校生在校园里兜圈子。据说那部队女学生是“红娘”。逢熟人“红娘”便“此地无银三百两”地解释“我们谈工作”。

我在校园里碰见过他们几次。C总是将脸扭向别处，装未看见我。

我知这不是害羞。害羞的本能使女性可爱。在这一点上C挺不幸的。她避我另有缘故。她曾向我们专业一个比她小两岁的同学求爱，而对方又爱着新闻系一位女同学。她明知却又“锲而不舍”，结果还是竹篮打水一场空。按理说作罢算了。她不。她以创作专业支部副书记名义，到哲学系去“调查”人家的“不正常关系”。从法律的角度讲，这属于“刺探”别人的隐私，是非法活动。假专业党支部名义而行之，更是做得太过分了。她还不作罢，还要在专业的各种会上大讲特讲“上大学时期谈情说爱，对不起送我们上大学的人民”一类话……那位新闻系的女同学有次当众大骂了她一通，于是她的所作所为彻底败露。女人天生是女人的对手。那一次她真是大现其眼。有这个前因，她碰到我自然要将脸扭向别处。这绝不是害羞。套用句京剧道白，是——“叫奴的脸儿往哪搁？”不过我倒因此同情她了。那也算正经地谈恋爱吗？跟着个女“陪同”，像跟着个寸步不离的女保镖似的。碰上熟人还要来一句：“我们谈工作。”仿佛三个中央委员在一起似的，真真大煞风景！也太没诗意。没半点诗意，那爱还值得一谈吗？天可怜见的！

有人也邀我谈心，是专业的一个部队学员。我对他一向极好。除了小莫，视他为第二知己。他年龄比我小三岁，我拿他当弟弟对待。

我们从宿舍楼走至校门口，在毛主席塑像背后站住了。他忽然说："大梁，有件事我对你挺内疚。"

"你？……什么事？……"我诧然。

他说："你肯定已知道，装不知道。"

我说："真的什么也不知道。"

他说："V给你打电话，我在场。我还接过电话与你开了几句玩笑，你怎么能没听出？……"原来如此！我始终想不起那个"第三者"，竟是我这位"第二知己"！我又怎么能想到是他？几次电话里那声音使我想到了是他，我都将他从苦苦的追忆中排除了。我连问都不曾问过他。

"那你当时为什么不做证？"我觉得他变得那样陌生。

在毛主席塑像的阴影里，他脸上浮现出一种令我感到吃惊的纯粹概念化的笑。

他说："你了解的，我这个人，不愿与任何人发生矛盾。我的处世原则是，多一事不如少一事。我不愿卷到什么矛盾之中，所以……所以我要向你当面解释一下……"

我呆呆地看了他片刻，猛转身撇下他走了。直到毕业离校，我再没跟他说过一句话。他给我留下的最后印象不是可恨，而是实实在在的可怕……

毕业证书领了，火车票也订了，再过三天，我就要离开上海了。却总觉得有什么萦绕着我的心。仿佛我人离开了，心也会留下一半似的。我竟弄不明白自己何以会产生这样的失落魂魄般的情愫。不明白究竟是什么萦绕着我的心。第二天，有人喊我接电话。

我抓起话筒问："谁？"暗想没什么人会给我打电话的。

"我……"一个姑娘的声音，低低的，语调柔婉。

那一刻我觉得自己定住了，不能动，也不能发音，我听出她是谁了。

我明白究竟是什么萦绕着我的心了。

我明白我那种失魂落魄般的情愫究竟因何而产生了。

我明白某种感情一旦作用于我的心灵，我会变成怎样的一个人了。

"你怎么不说话？……"那低低的，柔婉的声音又问。"你在哪儿？"我用颤抖的语调反问。

"在校门口。"

“我去接你！”我一放下电话，就飞快地朝校门口跑去。跑到校门口，并未发现她。我旋转着身子寻找她。

“往哪儿看？”她却突然出现在我面前，笑吟吟地望着我。

她穿一件白色短袖衫，一条浅咖啡色裙子，显得那么清秀淡雅。她心情分明很好，脸上神采照人。难怪我看见了她，也未敢上前认她。

我笑了。

她说：“我父亲病了，我陪父亲回上海来看病。”我关心地问：“病得重吗？”

她说：“是大学里过去的一些老教授们想念他了，找借口把他接回来的。”

我说：“我见过你父亲了。”

她奇怪地眨着眼睛问：“在哪儿？”

我说：“在火车站，你们父女离开上海那一天。”“你到底去火车站了？”她收敛了笑容。

我点了点头。

“那你为什么不露面？”

“怕你不高兴见到我。”

“你……”她注视着我，摇摇头，“真傻啊！”有人注意我们。我说：“走吧，到我们宿舍去坐一会儿。”我带着她来到宿舍，将她介绍给小莫。

小莫打量了她一番，对我说：“是像橄榄。”

沃克将我对他说过的话告诉了小莫，小莫就常拿那句话开我的玩笑。

小莫借故走出。我们面对面坐在桌子两旁。

她说：“你的同学为什么说我像橄榄？”

我脸红了，说：“是吗？我没听见啊！”

她沉默了一会儿，低下头去，说：“知道你快离校了，来看看你。”

我说：“我分到北京了。”

她抬起头来，深深地看了我一眼，复低下头去，又沉默起来。

我说：“我本是可以留校的。”

她渐渐抬起头，问：“你不愿留校？”

我说：“谈不上愿意或不愿意。北京上海对我反正都一样。因为我将来总归是要回到哈尔滨去的。我有一个身体很不好的老母亲，有一个患精神病的哥哥，家庭需要我。”她轻轻叹息了一声，再次低下头去。

她的双手像幼儿园里等待阿姨给剪指甲的小女孩那么规规矩矩地平放在桌上。而她低着的头却扭向一旁，似乎永不会再抬起，永不会再看我一眼。

我站起来，走到她身旁，握住了她的双手。

她没有抽回她的手，有半分钟的时间，她保持着原来的姿势，一动未动。她坐在那里仿佛是一个石头人。她的双手在颤抖。

也许是我的双手在颤抖。

忽然她将她的脸贴在我的手背上。

我说："我爱你！"

她说："不……"

我不禁放开了她的双手，走到窗前去，背对她站着。她问："你生气了？"声音低低的。

我转过身，盯着她的脸说："那么请原谅。"

她说："我有老父，你有老母。我有侍奉我父亲的义务，你有孝子之心。我们虽然是在马路上偶然相识的，但我永远不会忘记你。因为你是第一个对我说'我爱你'这句话的人。今后南北相离，何必钟情呢？这是有缘无分，你我命定如此。"我怔怔地说不出话来。

她低下了头去，沉默着。

我也沉默着。

不知过了多久，她站起来说："我该走了。"朝我凄然一笑。

见我还怔着，不说话，她转身向房门走去。

"等等！"我叫了一声。

她在门前站住了。

我走到她跟前，将门锁落下了。

"你……"她吃惊地瞪着我。

我坚定地说："我要吻你一下。"

她凝视着我，低声问："你吻过几个姑娘了？"我觉得，她的凝视是那么幽深。

我说："在你之前，我没吻过任何一个姑娘。"

她说："在你之前，我未被任何一个小伙子吻过。"她闭上了眼睛。

我轻轻在她眉宇间吻了一下。

她睁开眼睛，问："你吻过了？"

我说："是的。"

她说："我什么也没觉得。"

我说："那我再来一遍……"

有人敲门……

第二天，我离开了上海。

小莫去送我。还有三个同学：小杜、小刘、小周。

我从车窗口探出身子，一边和他们说些告别的话，一边用目光在站台上的人群中寻找着。

小莫说："你寻找她？"

我突然发现了她，隐蔽在一根水泥柱后，呆呆地凝视着我。

我要从窗口跳出来。

列车开动了。

小莫、小杜、小刘、小周对我喊了些什么，我一句也没听到。

我的目光只望着那根水泥柱子，柱子后的她。

上海，别了！别了，你这在新华路扫马路的姑娘！

我们在新华路的人行道上相识。那时你手中拿着扫帚，我是一个"工农兵学员"。我们却在上海火车站相别！你隐蔽在水泥柱子后，就像我送你去浙江农村时隐蔽在候车室的一个角落一样。你有老父。我有老母，我有孝子之心。你也有孝女之心。今后南北相离，我们命定如此。我们没有缘分。你像一颗橄榄，我用我的心含着你。今后我将成为丈夫，但我不会忘记你。人人都有这点权利。

我又了解你多少呢？了解得那么少，那么少，那么少！我为什么竟爱你呢？我自己也不明白。永远也不想弄明白。列车向北、向北、向北……我望着车窗外，思考我这三年的大学生活。学到了识别人的一些经验和一些教训。如果这也是学问，三年还不算白过。

做过什么亏心事吗？做过的。"批邓"的时候贴过一张大字报。写过三篇"反小生产者"的短篇"小说"，没发表。写过一部"反文艺战线'走资派'"的长篇，没写完。如果不是粉碎了"四人帮"，短篇也发表了，长篇也写完了。为了什么呢？为了获得，为了获得什么呢？为了获得我所憎恶的那种政治势力的青睐。憎恶是真的，想讨好也是真的。产生过愤起疾呼果敢抗争的类乎勇士精神的冲动，更多的时候唯恐祸及自身，以懦夫的可鄙的沉默维护着一点点可怜的人格。如果讨好成功呢？如果想获得的获得了呢？我会不会加入"另一类勇士"的行列，顺着政治的竹竿往上爬，越爬越起劲呢？……

而我的毕业鉴定上却写着："同'四人帮'做过斗争……"一条永恒的荣誉。

我忽然觉得，自己并不比V、C一类人正派多少。

我忽然觉得，自己仿佛和一个娼妓鬼混了三年。

真真假假，假假真真。真亦是假，假亦是真。只有对一位姑娘的爱，是不打什么折扣的。

也算是收获——我认识了自己。

列车向北、向北、向北……我忽而又想到了沃克。如果他还在中国，我真愿将自己内心里最真实的一切一切都坦率地告诉他，让他真正了解一个中国人。

列车向北、向北、向北……我在心里对自己说：“梁晓声，梁晓声，你今后得多少变得好一些才行啊！……”

京华见闻录

一

一九七七年九月我从复旦大学毕业，分配到北京。

报到前有半个月假。三年没探家，很想家，想母亲。但我打算分配单位确定了，工作几个月后再探家。我非常希望尽早知道我的工作单位将是何处，非常希望尽早对这个单位产生感情。

走出北京站，像三年前走出上海站一样，我有些茫然。“大串联”时期，我作为“红卫兵代表”，曾往返两次到过北京。我是全校一千二百多学生，按每十五人一名代表选出的。我的中学母校在“文革”初期颇为“保守”，选“红卫兵代表”的条件还不是以“造反性”为原则，其实跟选“三好学生”的条件差不多。

到京后，据说大学、中学包括小学的“红卫兵”，已近百万之多。我们先是在天坛公园内的临时席棚里冻了一夜，而后住到了地质博物馆。各地的“红卫兵”见我们胸前别着“代表”的红绸条，大加嘲讽。说“革命串联”，赴京接受毛主席的检阅，是每一个“红卫兵”，每一个革命学生的权利。你们有何资格以“代表”身份剥夺他人权利？我们无不大惭，纷纷将引以为荣的“代表”标志扯下扔掉了。

被检阅后，我孤身前往四川的乐山，去探望父亲。父亲的通信地址是代号信箱，问许多人全不知，到邮局问，答晓得这地方，但属军工单位，保密，不能告诉我。无奈按信箱地址给父亲拍了一封电报。

父亲的回电只有三个字“速返哈”。后来听父亲说，当时他们那里太乱，死人的事是经常发生的。他怕我去了，就永远“留”在那儿了。

我又回到了北京。又幸福地赶上了一次“检阅”。怎样的形式，回忆不起来了，只记得居住在东单外交部家属宿舍，一位什么参赞的家里。我与武汉某“长征队”的九名男学生同住。一间十二平方方米左右的房间，薄薄的一层干草，上面铺着肮脏的被褥，还有虱子。

“长征队员”们对住的条件很不满意，就用大毛笔饱蘸墨汁往洁白的墙壁上写各种标语口号。我离开那天，四堵墙壁仿佛挂了四张荷兰奶牛皮，黑一块白一块。其实，主人家的“外婆”对我们挺亲热的。我虽然没往墙上涂过一笔，却替别人感到十分内疚……我伫立在站前广场，想到今后将要在北京工作，成为一名首都公民，心中自是不免有些激动。

我二十八岁复旦大学毕业分配到北影的第一张工作照

九月的阳光耀得我眯起了跟。柏油马路散发的热气在地表蒸腾，车辆行人街边树木似乎全在微微抖动。

车站的大钟敲响了。我扭回头望着它，心中喃喃自语：“北京，北京，今后请多关照啊！……”

哈尔滨—北大荒—上海—北京，十年弹指间。我仿佛由十八岁开始，做了一个长长的梦。一觉醒来，二十八岁了。可小时候，我连做梦都不曾想到过，二十八岁后我会成为一个北京人。

“大串联”时期北京并没给我留下什么好印象。到处都漆成红色，使人心里骚乱不安，而且秋季的风沙还那么大。到军事博物馆去参观，西风卷着巨尘在马路上奔嚣。使人联想到骠骑赳赳过长街，蹄下洪沙乱飞扬的“元大都”时期。

尽管北京并不使我觉得亲切，但我心中还是充满了幸运感。是幸运感，而不是幸福感。想想看，在我的同代人中，还有几十万仍留在北大荒呢！

其中包括十余万北京知识青年。可我这个哈尔滨的小子，竟不知命运中有哪位神祇保佑，摇身一变成了北京人！

人的命运真是充满了机遇啊！一切人的一切成功，都有着某个时期的某种机遇在起重大作用。这乃是人和社会既矛盾又统一的关系。对每个人来说，重要的是善于掌握住机遇，因为机遇毕竟不可能属于那些毫无准备的人。

比起同代人，我的命运这么好，无论我分配在哪个部门，哪个单位，我一定要好好工作，否则就太对不起我家的祖坟了。这就是我站在北京站广场上，头脑中所产生的最强烈的想法。我问许多人文化部在什么地方，都说不知道。

也难怪，我问的多半是外地人。在北京站，十个人中有六七个是外地人。而且我也根本看不出谁是北京人谁是外地人。我问一个年轻的警察。

他回答："不知道。你要问我公安部在什么地方，还算问对了。文化部……我压根儿就没想到过有人会问我文化部在什么地方。"

到底是大学生了，我的头脑比三年前灵活多了。我到车站对面的邮电局去查电话簿子。查到号码，拨通了电话，问我们共和国的最高文化机关在什么地方。

接电话的，是传达室的人，反问我是什么人，要到文化部来干什么，口气带有很高的警惕性。我恭而敬之地说明我是报到的大学毕业生。

"沙滩。"对方回答了两个字，就把电话放了。我买了一张北京市内交通路线图，不再问任何人，按图换车。一个半小时后，终于站在了文化部大门外。

持枪站岗的士兵问我有何公干，我从书包里翻出学校发的介绍信给他看。他看了一下，还给我，说："这不是文化部，这是《红旗》杂志社。"

《红旗》！难怪有士兵持枪保卫。积"文革"之成见，在我心目中，它是"文化司法部"的别称。

它是一个时期内代表"党中央"给文化艺术定罪的权威刊物。批《海瑞罢官》，批《燕山夜话》，批《上海的早晨》，批《红日》，它都发表过大块文章。一切文化艺术，一切文化艺术界的知名人物。经它一批，不是成了"反动"的，便是成了"封建主义"的，"修正主义"的。

这是一个在"文革"中专门罗织罪名，以进行"焚书坑儒事业"为已任的地方啊！不但给中国的文化艺术和文化艺术界人士定罪，还给外国的也定罪。

比如就洋洋万言地批判过斯坦尼斯拉夫斯基的艺术体系，批判过车尔尼雪夫斯基的《怎么办》，在一篇歌颂中国现代芭蕾舞的文章中，还批判过古典芭蕾舞。

我心想，我要找的是文化部，怎么来到了这么个地方啊！虽然我不过是普通的十亿中之一蚁，即使"文革"中犯了什么文化罪，也没有被《红旗》"坑"一下的资格。但我对这个地方还是有些诚惶诚恐。

我掉头便走。

走了两步，忍不住转身说："可人家告诉我文化部就在这个院里啊！"站岗的士兵说："不错，就是在这个院里，就在那大楼。这个门，是'红旗'的门，绕到前面那条街的正门，才是文化部的门。"

我请求道："那你就让我进去吧！"士兵说："不行！各走各的门。"

我说："好，好，好。"就又绕了十分钟，绕到了正门。看到文化部的牌子，犹如孩子看到了姥姥，心中涌起一番亲情。

"姥姥"家大门口也有持枪的士兵站岗。

被允许进入院内，急急地就往大楼奔去。

没想到在楼口又被一站岗的士兵横臂拦住，朝我要在大门外传达室填写的"来客登记单"。可我在院内急急走着时随手扔掉了。

士兵说："你找回来。"

我见那士兵是个没法商量的人，无可奈何，只得返身慢慢地边走边找。院里有两个人站住，好奇地瞅着我，大概以为我丢了钱包或什么贵重的东西。还找到了。怕受到士兵的斥责，认认真真地用手抚平展了，才敢持着重新入楼。

终于进入楼内，先前那种孩子见到了姥姥般的亲情，一扫而光。院门楼口，双重警卫，不算"戒备森严"，也可谓"步步设防"了。我怀疑自己来到的不是文化部，而是什么兵种的司令部。

上楼时，就一级级走得很稳重，怕毫无精神准备之下，又从哪里冷不防闪出一个士兵，被拦住盘查。还好，也就两重岗而已。

走上文化部那一层楼，碰到一位五十余岁的男同志，问他"毕业生分配办公室"在哪一房间。答曰："还没成立啊！"

我着急了，一时怔怔地竟不知说什么好，汗也顿时淌了下来。

他见我急成那样，说："有一个人可能将负责这方面的工作，我替你去问问。"

我便站在走廊等候。一会儿，那男同志引来了一位年近四十的女同志。她问我："你是来报到的？"

我说："是。"又问："哪个大学毕业的？"

我说："复旦。"再次翻出介绍信递给她。她看了看，说："你报到得太早了啊！还有半个多月呢！昨天才让我负责这项工作，我一点都没头绪呢，你十天后再来吧！"

我急忙说："那可不行，这十天我住哪儿啊？"她问："你家在哪儿啊？"我说："哈尔滨。"

她说："那你就回哈尔滨嘛，晚来报到几天也没什么的。"回哈尔滨——我衣兜里只剩下十来元钱了，都不够买火车票的。

我不好意思言明，只说："反正我是不能回哈尔滨的。要能，我就不在北京下车了。"她听了我的话，以为我有什么特殊的隐衷，又问："北京没有亲戚？"

我摇头道："没有。"再问："也没有同学？"我摇头道："没有。"

继续问："一个熟悉的人也没有？"

我说："有几个当年在北大荒同连队的北京知青。"她似乎替我解了一大愁，说："这就好啦！住他们家吧。三天后你来找我。不能再提前了。我这已经算照顾你了！……"

还说什么呢？不能再说什么了。我表示了十二分的谢意，心情沮丧地离开了文化部。四点多了，我不知该向哪里去。头脑里倏然想到一个人—— 黄宗江。便决定去找他。

那时我还不认识黄宗江老师，但已认识了黄宗英老师。在上海读书三年，我觉得最荣幸的事，便是认识了两个我极尊敬的人：一个是黄宗英老师，一个是茹志鹃老师。每每想到她们，心中便怀着感激。

我认识她们，说来也算"机遇"。粉碎"四人帮"后，上海召开了一次全市文艺工作者的大会，纪念《在延安文艺座谈会上的讲话》发表多少多少周年。复旦大学中文系出席了一名教师，两名学生。我是其中之一，参加小说组讨论，担任记录员。如果我没记错，茹志鹃老师，好像担任副组长。小说组还有巴金。

巴老那年身体尚健，行走时步子也很稳。给我的印象是不多言辞，平易近人，说话很慢，仿佛句句都须经过思考。虽然"文革"中遭受摧残，名誉还未得到公开恢复和平反，但毫不自轻。

大约一九八五年，我与一批作家应《上海文学》之邀去上海交流，这是去巴金老人家中拜访时，我们与巴金老人在一起

从那张“思想者”型的脸上，不难看出内心的刚强自尊。会议开了五天，我们常在一张桌上吃饭。我没与他交谈过，因为过于敬重这矮小而又难以压垮的老人。但吃饭时，常替他盛饭，或主动将他夹不到的菜盘往他面前递一下。茹志鹃老师发言不多。

身为讨论主持者不得不“请求”别人发言。我看得出她把那“差事”当成一种罪受。读过《百合花》的人，都说茹志鹃老师该是个清秀女性。似乎不应像她本人身材那么高，手那么大，还吸烟。似乎她写《百合花》时，不是个百合花般的女性就不太对劲。而且还有的说她的名字也是那样地文雅。

我没见到她之前，想象中这位使我崇敬的女作家，也不是她本人那个样子。但见到她之后，又觉得她就该是那个样子，觉得吸烟对她来说是一种特殊的风度。她那双男人般的大手，就是该写出《百合花》的手。如果她那双手小巧，倒是有点不像女作家茹志鹃的手了。

我基本上没发言。都是长者，都是令我崇敬的人。我不愿说，只想听。

但是有一天开全会，《朝霞》编辑部的一位代表发言，竟说什么“像《百合花》这样的小说，思想情调毕竟是不健康的，毕竟属于小资产阶级情调，学习了《在延安文艺座谈会上的讲话》后，文学工作者们应自觉地努力地加以克服……”云云。

这使我很恼火。《百合花》是我在中学时代就非常喜爱的小说。对一个我喜爱的人，或一篇我喜爱的作品，我容不得别人在大庭广众之下贬低。于是下午继续讨论时，我便措辞激烈地发了一次言。

那只不过是一种感情式的发言，没有谈出什么有逻辑的理论。当时我也谈不出什么理论。那次发言之前，我与茹志鹃老师虽然一块儿开了几天会，同桌吃了几次饭，但也并未说过话。我对自己所尊敬的人，只愿将尊敬放在心里，不愿溢于言表。

我发言时，茹志鹃老师目不转睛地望着我。神态有些惊讶，有些意外，似乎还有几分担心。兴许怕我说得“走了火”，说出什么不妥的话来。

我没“走火”。记得我说：我们无产阶级所谓的那种“小资产阶级”的情调，我认为实实在在是人类非常富有诗意的情调。

我们的生活中如果缺少了这种情调，那真不知道会变成什么样子。但愿我们的生活中多一些这样的情调，我们的文学中多一些这样的情调……

迄今为止，我认为自己说过而且说得挺好的话，实在不多。这番话便算是。所以我未忘。我发言后，众人沉默良久。没人支持我，也没人反对我。大家继而发言，都与这话题无关。

接着又开了一天半会。茹志鹃老师仍未与我说话。我也仍未与她说话。直至散会，她交给我一页从日记本上撕下来的纸，上面写着她家的地址，真诚地对我说："有空儿到我家来玩吧，我这人挺随便，绝不会使你感到拘束的，而且我也喜欢接近年轻人。"

我共去过她家两次。第一次是毕业前，带了两位同学，与她交谈了近一个半小时。她对我们很坦率，谈了许多与当时仍很"革命"的文艺理论相左的文艺观。交谈中间，她忽然说："我把我女儿叫下来和你们认识一下吧，她也喜爱文学。"

就是在那一天，我认识了王安忆。当时安忆还在徐州地区文工团，个子起码比现在矮半头，皮肤晒得很黑，披散着并不浓密的头发，穿着上海人常在家中穿的睡裤跟拖鞋。

茹志鹃老师对安忆说："他们称我老师，按理说你也该称他们老师，因为他们都是大学中文系的学生。"安忆并不称我们"老师"，也没打量我们，似乎是为了遵从母命，才不得不坐在我们对面，手中还拿着一本什么书。

茹志鹃老师又说："你们都是年轻人，今后都有志于文学，你们之间应该有更多共同的话题。"

安忆仍不作声。

我记不得自己对她提了一个什么问题，她才显然是出于礼貌不得不回答。怎样回答的，也记不得了。只记得她说话极快，标点符号不分明。

给我的印象是，她急于表达自己的思想，可她头脑中的思想又是多层次的，内涵广泛的，是只适于用笔而不适于用话表达的。另一个印象是，她从内心里不大瞧得起我们这三个工农兵学员。她说完，也纯粹是出于礼貌，陪坐了几分钟，便起身上楼去了。

茹志鹃老师连忙对我们解释："安忆的性格就这样，你们别见怪。"我们起身告辞时，茹志鹃老师对我说："晓声你先留步，我还有话跟你讲。"

我便留了下来。

她说："《朝霞》就要取消了，《上海文学》就要恢复了。你毕业后，如果愿意留在上海，我可以替你向学校争取。"我说："我是北方人，我还是想回哈尔滨。生活在上海人之间，我常常会感到孤独。"

她沉吟片刻，说："我能理解你。那么今后不管你分配到哪里，再来上海，我都欢迎你到我家里来。"

这话当时使我很受感动。她又说："你是一个好青年。你可别以为你替《百合花》说了些辩护之词，我才夸奖你啊！我是凭直感。你长得像上海人，性格却太是北方人的性格了。我喜欢北方人的性格。"

今年五月，我在上海为《上海文学》改稿，抽时间去茹志鹃老师家中看望她时，她向安忆的父亲介绍我，第一句话仍是："晓声是个好青年……"她说这话从来是很认真的。

也许她无法知道，这句话对我是多么重要。我从不认为自己是个好青年，但认为自己还不坏。

从复旦到北影，至今已经八年，在名利场上，在影视圈中，没有沾染什么很可恶的坏毛病，没有做什么见不得人的事，实在是因为经常情不自禁地想到：假如我变成了某一类人，茹志鹃老师将会如何看待我？假如我做了见不得人的事，将有何面目再见茹志鹃老师？

二

今年五月见到茹志鹃老师那一次，她还说："我向人探问过你的情况。让你当文学部副主任，你没当是不？没当对。你年轻，创作上刚刚取得一点成绩，不要就被官位所诱惑，那没出息。"

我想，她不真心关心我，是不会向人探问我在北影的工作情况的，也不会对我很坦率地说那番话的。

我真希望，受青年尊敬的，有威望的人们，能够很慷慨地对许多青年说："你是一个好青年……"即便这个青年本身并不怎么好，如我一样。

但那句话，具有某种使一个不怎么好的青年朝好的方面去努力，不朝坏的方面随意发展的约制力。当然，那句话也只有出自一个受这青年尊敬的人之口，才可能具有约制力。

为了这一点，和由这一点使我从生活中领悟的一个道理，我感激茹志鹃老师。与黄宗英老师相识，比与茹志鹃老师相识晚两天，因为开会的前两日她未到。

我是在楼梯上见到她的。我上楼，她下楼。她怀中抱着一大摞红彤彤的塑料贴面的《毛泽东选集》第五卷，掉了几册，我替她捡了起来。她道了谢，问："买一册吗？"

我说："不买。"又问："为什么不买啊？"

我说："有了。"

她说："有了也肯定不是这样的。这可是第一批塑料贴面的啊！"

我想：这人可真怪，我不愿买，干吗非动员我买啊！就答："那也不买。再伟大的著作保存一本也可以了！"

她笑了，说："回答得好。他们叫我帮忙卖，我只好尽这份义务。可是推销半天了，一本也推销不掉，岂不是令我感到有点扫兴吗？"我说："谁尽这份义务，都会感到扫兴的。如今肯定人人都有了啊！"

她又笑了，说："看来我只好'完璧归赵'，给会务组送回去了！我就对他们说你刚才那句话吧——再伟大的著作保存一本也可以了。你不买非常对，一楼正在卖新书，莫如省下钱多买一本没买过的书是不是？你快去！"

我立刻转身下楼。听到背后有人叫了一句："黄宗英！"不禁站住，见一个人在同她说话。我恍然大悟——热情的《毛泽东选集》第五卷的"推销员"，竟是大名鼎鼎的黄宗英！

我至今仍不确知她的年龄。但当时肯定已五十多岁了，却一点也不像五十多岁的女性，比实际年龄要年轻十岁左右。她神采奕奕，焕发着一种似乎永不会被生活的砺石所磨灭的热情、爽朗和乐观精神。

在大学里，我读过她的报告文学《小丫扛大旗》后，曾有意识地翻阅各种旧报刊，寻找她的作品当范文读。她讨论时发言很踊跃。我从她当时那些发言中得出结论，她是位非常重视深入生活的作家。

记得她当时曾这样说："只要有可能，我就一定争取深入到生活中去。要像一条蚯蚓钻入泥土中一样。在作家圈子以外的生活中，有许多人和许多事，实在是太令作家激动、太令作家感动了！我真想走遍全中国，深入到各种各样的生活中去！……"

于今重新思考她这番话，我仍认为很有道理。无论对于报告文学作家还是小说作家，熟悉各种各样的人和各种各样的生活，都是大有裨益的。

排除作家的文学功力和才情这两方面因素，一位作家究竟拥有多少生活底蕴，究竟拥有多么大的"创作园林"，决定作家将取得多大的成就。

会议结束后，我忽然产生了一个念头，想请她给我们复旦中文系的学生们，讲讲报告文学写作中的种种问题。但又怕她会拒绝，使我"下不来台"。最终还是鼓起勇气，讷讷地向她提出了请求。

她说："哎呀，这可不行！给你们复旦中文系的大学生们讲课，我真没那么高的水平！"

我说："我的许多同学都很喜爱读您的报告文学，我是在代表他们请求您呀！”她看了看我，说：“你好像还挺诚心诚意的？”

我说：“是诚心诚意的。”她犹豫着。

我又说：“您放心好了，我们会组织得很有纪律，绝不许任何一个同学跟您捣乱。”

她说：“我倒不怕这一点。大学生们和一位作家有什么过不去的呢？无非是提出几个使我为难的问题。那我就来一句‘无可奉告’，他们还能如何呢？”

我说：“您答应了？”她说：“并没有啊。”

我说：“您真令我失望。”她又犹豫了一会儿，说：“你这诚心诚意的样子也真叫我感动了，不是装的吧？”我说：“不是装的。”

她终于说：“好吧，我答应了。不过得给我几天时间准备准备。给你们复旦中文系的大学生们讲课，可不是随随便便的事。”就给我留下了她家的地址。

到了讲课那一天，上午七点多，我与中文系的一位老师，坐了一辆吉普车去接她。走进院子，见她正坐在一个小板凳上，膝盖上放着一个小小的笔记本，聚精会神地在思考什么。

她讲得很出色，许多外系的学生也去听了，总共三百余人。

我记得她讲到细节问题时说：“什么叫细节？细节就是你的‘珠子’。你要穿一串项链，这串项链要与别人的不同，你起码得有几颗自己的‘珠子’。一颗珍贵的珠子能使一串项链熠熠生辉，一个好的细节能使一篇作品读后难忘。”

还记得她举了一个例子：日本占领中国时期，有一个日本军官，养了一条狼狗，每天早晨让狼狗叼一个篮子到集市去。狼狗往哪家铺子前一蹲，铺主就得立刻将最好的鸡鸭鱼肉放进篮子里，不敢怠慢丝毫，几年如一日。

而那日本军官是从不在集市上露面的。狼狗驯顺得很，并不像有些电影里那样，见了中国人就龇牙咧嘴。但每个中国人却避之如猛虎……

举了这个例子后，她说：“这段生活提供给我们的细节的艺术魅力在于，那个日本军官一定不能露面。根本不必花费笔墨去写他作为一个侵略者的飞扬跋扈。那狼狗一定要写得非常之驯顺。而中国人畏之如猛虎的心理，一定要写得淋漓尽致。数年如一日啊！这就是文学艺术的反效果……”我和我的同学们，听了她的讲课，都觉得受益很多。

其后，我又带着《北方文学》的一位青年编辑到她家中向她组稿。

黑龙江省是有对不起黄宗英老师之处的。某一年举行全省业余文艺宣传队大汇演，我们兵团六师宣传队演出了一个小戏。恰值黄宗英老师在哈尔滨，观看了，很高兴，就说了一些热情支持知识青年业余创作，肯定和称赞那个小戏的话。

后来有人指出那个小戏写的是“中间人物”，违反了“三突出”创作原则。宗英老师予以肯定和称赞，当然是“别有用心”。这成了一条“罪状”，搞起了一场不大不小的批判风波。

《北方文学》那位青年编辑，顾虑有这个前嫌，宗英老师会不待见。见面后，宗英老师却只字未提当年无端受批判那件事。倒是那位青年编辑自己忍不住提起，代表黑龙江省文学艺术界表示歉意。

宗英老师说：“这件事我怎么会耿耿于怀呢？对于批判过我的青年人，我尤其应该原谅。青年人受当年极左文艺理论的影响，做了一些错事，我相信他们今后自己会有所认识的。那次在哈尔滨批判我，是有背景的。许多人也是违心的。过去的事今后不要重提了。”

她和茹志鹃老师一样，对青年是爱护和宽容的，不记仇。我认为名人对青年都应取这种态度。这是一种人格方面的修养，是极可敬的品质。当然，对那类做了值得反省值得内疚的事而不知忏悔的人，即使是青年，也当例外。

其实呢，普通人之间，也应善于原谅善于宽容。记仇是非常不好的心理，意味着有机会必将实行报复。前一时期“清查三种人”，有些人就翻旧账，谁谁谁“文革”中打了我一耳光，踢了我一脚，或者贴过我一张大字报，恨不得就将对方推入“三种人”的圈子里而后快。

干吗呀？“文革”都过去快十年了！要记一辈子呀？十七年前，十七八岁时，骂了你一句“狗东西”，往你头上戴过一次高帽，便没完没了，何必报复之心若此呢？我们党的干部如果都这等小肚鸡肠的，我看民心就要失尽了！

幸亏我们的邓副主席是宽宏大量的，不曾下一道什么指示，“清查”一下在“批邓运动”中，十亿中国人个个表现如何。真若这样搞，岂不是举国上下又搞个“鸡鸣狗跳墙”吗？

简短地说，毕业时，我到宗英老师家面别。

宗英老师主动问我：“在北京有什么亲戚没有？”我说：“没有。”

又问：“有什么熟人朋友吗？”

我说：“没有。”宗英老师道：“那你去北京，人生地不熟，可是够孤单的。遇到什么困难，连个帮你解决难处的人都没有。这样吧，我告诉你我两位哥哥黄宗江和黄宗洛的住址，有了困难你就去找他们。”便写下了两个地址交给我。

我说：“不得有您一封信才妥吗？”她正匆匆地欲出门，说：“有没有信都不妨。你就对他们说，是我的学生！”

我就是按照宗英老师写给我的地址，找到了黄宗江老师家。我的本意是，找个借宿之所。我想八一电影制片厂大编剧家，安排一位客人住一宿，大概总是不成问题的。

不料宗江老师家的居住条件，实在出乎我的意料。在杂院深处，好像只有两间屋。厨房是后接的，阳光也不充足。我便未谈“借宿”的话，只说是礼节性的拜访。

宗江老师听我自称是宗英老师的“学生”，放下了正在进行的写作，让我坐沙发上，他自己坐一把藤椅上，面对面与我交谈。

他问我何以成了宗英老师的“学生”，我实言告之。

他说：“原来如此，这个黄宗英，好为人师！”他又问我可有宗英老师的信，我说没有。

他大摇其头，道：“你看她，你看她，既是自己的学生嘛，却又不让你带封信给我！我要怀疑你是一个小骗子，拒之门外，你今后成名了，岂不要对我耿耿于怀吗？”我说：“您不是已经将我当成客人了吗？”他笑道：“这是因为我相信我的目光啊！你一身的学生味，毫无骗子行迹！”

说着我也笑了起来。我见阿姨摆好了桌子，便起身告辞。

他不放我走，说：“你这小青年太岂有此理了！你是我妹妹的学生，第一次到我家里来，又赶上了吃饭的时候，不留下吃这顿饭，怎么讲也都是我的不是了！”我只得留下。

一会儿，阮若珊老师回来了，他们的小女儿也回来了，加上阿姨，我们五个人，开始吃饭。宗江老师那天似乎特别高兴，为我开了一瓶什么名酒。我沾酒便醉，盛意难却，抿了小小两口，脸便通红了。

他们的小女儿瞅着我直抿嘴笑，使我大大发窘。吃罢饭，天已黑。我要走，宗江老师怕我果真是醉了，让我吃一个梨，喝杯茶再走。喝茶时，他问我住什么地方。

我撒谎搪过去了。他又问我有什么困难没有。我衣兜里只剩十来元钱了，想向他借二十元钱，但羞于开口。他一直送我至南锣鼓巷公共汽车站。

那一夜我是在火车站度过的。

至今我到北京已经整整八年了。我到北京去的第一家是宗江老师家，第一顿饭是在宗江老师家吃的，而且受到的是客人的款待。八年来，我再也没见过他。时时有人转话给我：“黄宗江问你好，叫你到他家去玩。”

“黄宗江说，晓声是不是有了点名气，就忘了当年自称是黄宗英的学生，在我黄宗江家里吃过饭啊？”

写到这里，我不禁想，这篇文字完成之后，一定一定要去看望他。八年了，太说不过去了。

我不善交往，又唯恐打扰别人，就有点离群索居。然别人对自己的关怀，帮助，照顾，一次，一点儿，常系心头，不敢轻忘的。谁忘了，谁没人味。

我的不善交往，实实在在是不愿交往。我的不愿交往，实实在在是对目前社会上的一种交际之风的“消极抵御”。

如今的中国人，好像都成了“有闲阶级”，睁眼看看我们周围，多少人的精力和时间是毫不吝惜地消耗在交际场上的。又不像人家外国人，人家的交际，也就是纯粹的交际而已。眼睛再睁大点，看看我们周围，多少人在交际之下，掩盖着种种个人的企图，过去说某某是“交际花”，专指女性而言。于今吾国男性“交际花”，如雨后春笋，参差而出。

真可以说是各条战线，百花齐放。我们老祖宗主张的那种“淡如水”的“君子之交”似乎在本时代有点“迂腐”了，“小人之交”倒大大时髦起来。你交我，你得给予我这种好处；我交你，我将报答你那种好处。各种好处人人想占，十亿之众，哪来那么多好处得以平均分配?

不够分，又不能印发优待券，可不就谁有本事谁捞呗！靠真本事兴许还捞不着，靠交际却往往得来全不费功夫。文坛本应是块“净土”，但素来总与名利藕断丝连，斩不断的“情缘”，刨不折的“俗根”，难免也有拉拉扯扯，蝇营狗苟之事，我看目下也受交际之风的熏扰。

所以我常想，老老实实地写小说吧，能写出来便写，写不出来便罢。别今天拜访这个，明日“探望”那个的。成了习惯，堕入男性“交际花”之流，那可不怎么样了！

我在北京站度过一夜，第二天早晨在车站大厅二楼的洗漱室洗了脸，像个“文明盲流”似的晃出了北京站。

我想，我这个未来的北京公民，今天无论如何得在北京找到个住的地方。我不能接连三天都像个“盲流”似的在火车站栖身。那也太对不起我书包里面的复旦大学毕业证书了。我的北京知青朋友不算少。但与他们在北大荒相处时，从没想到过有一天我会成为北京公民，也就从来没有记过他们之中任何一个的住址。

猛然间想起木材加工厂一个北京知青曾对我说起过，他的妹妹好像是在大栅栏的一个什么鞋帽商店当售货员，决定去碰碰运气。

大栅栏有好几家或大或小的鞋帽商店，我一一询问。不知道她的名字，只知道她哥哥的名字，这么找人真难找。天无绝人之路，我的运气不坏，还终于将她找到了。

她听我说与她的哥哥同在木材加工厂生活过，对我非常亲热，就请了假，将我带回家中。她家住大栅栏茶儿胡同十一号。

两间小屋，她的父亲瘫痪在床住外间屋，她和她的母亲住里间屋，睡一张很窄的双人床。她猜到了我没吃早饭，匆匆忙忙地给我做饭。一会儿她就将饭菜做好了。

我默默吃着，觉得胃肠饱胀，虽然昨天至今天，仅在宗江老师家吃过一顿饭，却吃不下什么，不忍辜负她的好意，强吃。她则静静地看着我。忽然起身去找出一本相册，重新在我对面坐下翻看。翻出一张，递给我，微笑着问："照片上就是你吧？"

我放下筷子，接过一看，果然是我。和她哥哥一块儿照的，两人各骑一匹高头大马，挺威风帅气。我很有感情地注视着那照片，说："是我。"心中暗想，不知这顿饭吃完了，我还该到哪去？

她收回照片，问："你为什么愁眉不展的啊？大学毕业了，又分到北京了，难道还有什么不顺心的事吗？"我想，朋友的妹妹，就是我的妹妹。实话实说了吧！兴许她真能帮我找个住处。就将自己这种暂时不太美好的处境告诉了她。

她思索了一会儿，说："你看，我们家也没你住的地方。这样吧，你住我男朋友家！你吃完饭我就带你去！"也只好如此。能暂时有个地方住，我一口饭也不想再吃。

三

她就将我带到了她男朋友家。离她家不远，在排子胡同。她和男朋友商量了几句，就引我走进一间新接盖起来的砖房里，不大，十来平方米。新的双人床，新的被褥，一对绣花枕头，一张新打的还没上油漆的写字台。

她红着脸说："这是我们未来的新房。"我也红了脸，说："这可不行，这可不行……"她说："有什么不行？你是我哥哥的朋友，就像是我的哥哥一样嘛！"

她的男朋友也说："别见外，我两个姐姐都在北大荒。她们每次探家，在哈尔滨转车，都要在你们哈尔滨知青家里住上一两天，都是哈尔滨知青接站送站。哈尔滨知青讲义气。我们北京人对哈尔滨知青也得够朋友！"我就这么的，在人家未来的新房里住下了。有了住处，最需要的便是睡觉。从上海到北京坐的是硬座，昨天奔波了一天，又在火车站“夜游”，困乏至极，他们走后，我倒头便睡，一觉睡到下午三点多才醒。

醒来就去逛大栅栏，逛天安门广场。逛够了才回来吃晚饭。吃罢晚饭，我那“妹妹”来看我，和她的男朋友一块儿陪我聊天。她临走时问：“梁哥，你肯定缺钱用吧？”

我说：“不缺不缺。”

她说：“不管你缺不缺，给你留二十元钱。”说着，将二十元钱压在枕下。我说：“我第一个月开支就还你。”

她说：“你看，你没说实话吧！这就是你的家一样呀，还客气什么！”

三天后，我又到文化部去。

接待过我的那个女同志问我：“你是愿留在部里，还是愿到具体文艺单位？”我反问：“留在部里将分配我做什么工作？”

她说：“可惜你不是党员。否则可以分到组织部、干部局。不过你的毕业鉴定不错——同‘四人帮’做过斗争，这一条很重要。凭这一条鉴定，你可以先到部‘清查办公室’协助工作，他们的工作量很大，正缺人。”

我说：“那还是分配我到某个具体的文艺单位吧。”她说：“这可关系到你今后的个人前途，你再慎重考虑考虑。留在部里有留在部里的好处，解决组织问题容易些，你档案中那条鉴定对你非常有利啊！”

我说：“没什么可考虑的。”

她说：“随你便！北京电影制片厂、电影学院、中央戏剧学院、中国青年艺术剧院，这四个文艺单位任你自己选择。”

我考虑了足有五分钟。我想，我到中央戏剧学院和电影学院去能干什么呢？当教师？我懂什么电影理论或戏剧理论？还不叫学生把我从讲台上轰下来？到青年艺术剧院？我对话剧又不甚感兴趣。到电影制片厂呢？我在电影制片厂又能担当起什么呢？那时，我才真正感到自己各方面的艺术知识、艺术修养太少了！

我讷讷地问：“有没有什么地方需要文学编辑呀？比如《人民文学》、《北京文学》这样的单位，我的最大愿望是今后能当一名好编辑。我相信我能。”

她说：“那你就到北京电影制片厂去吧！制片厂也有编辑部，需要编辑。”

我不再思考，说：“行！”暗想：以前我看的电影太少了，今后可有电影看了。

她留下了复旦给我开的介绍信，重给我开了一张文化部的介绍信。然后，她又把我的档案交给我，让我自己带着到北影去。我来到北影，见北影厂门旁也有士兵站岗，真是大惑不解。仿佛从文化部到北影，北京的文化艺术单位都在实行“军管”似的。北影人事科的一位同志看过文化部的介绍信后，说：“部里怎么事先不征得我们的同意就分配人来啊！我们的职工定额已经超编了。我们得向领导请示接受不接受你。你先回去，过几天来听信。”我的心凉了半截，问：“几天？”

他说：“三四天后吧！”我要把档案留下。

他说：“你自己先带着吧。”我沮丧地离开了北影，比三天前离开文化部时的心情还沮丧。

我那“妹妹”见我情绪不佳，询问我结果如何。我将在北影碰了一个“软钉子”的情况毫不隐瞒地告诉了她。

她劝慰道：“嗨，这也值得忧愁？北影不要你，不是还有好几个文艺单位可去嘛？你是光明正大的大学毕业生，还怕在北京成了个无业游民不成？”

我说：“这几天我给你们添了不少麻烦，再住下去，心中不安啊！”

我那“妹夫”说：“别不安。我们又没敬着你供着你的！拿你当自家人看待，你有什么不安的？明天是星期天，我们陪你到北海划船去，或者到颐和园去，开开心心地玩上一天。”经他们劝慰，我的忧郁才稍释。

星期天他们陪我到北海划船，分配去向没有着落，玩得不开心。

晚上回来，躺在床上，无法入睡。忽然产生了一个念头，想拆开自己的档案袋，看看里边都装了梁某一些什么材料。

看吧，也算是鬼鬼祟祟的行为。放回去了，重新躺在床，心里还是不甘罢休。为什么不允许一个人知道自己的档案袋里装着一些有关自己，有关自己父母和亲属的什么材料呢？

它像个影子似的，跟随着你一辈子。你觉得自己是个好人，你努力像个好人那么生活，但它却很可能向许多人证明你是个坏人。许多人相信它，远胜过相信你在生活中在工作中的实际行为和表现。“不得委以重任”，“有政治野心”，“思想意识不良”，“品行不端”，等等，等等。

这样的一些评语曾写在多少人的各种鉴定上啊！而写鉴定的人却又不见得是个正人君子。你死了，被火化了，装进了骨灰盒。你的档案，又成了你儿子或你女儿的档案的一部分。这样一想都够令人七窍生烟的！

虽然我明知自己的档案里绝不会有什么黑材料，虽然文化部那位女同志的话也证实了这一点，但我对自己的档案袋所产生的那种好奇心，简直就无法转移。

他妈的就算写的全是优点，我也想知道我这个人具体都有哪些优点。

有利于今后发扬光大嘛！谁叫他们让我的档案袋落在我自己手里呢？不看白不看！这样的机会很难得！

于是我又光着脚丫蹦到地上，第二次从书包里掏出了档案袋。拿在手里，就像拿着我自己的灵魂，别人为我制造的“第二灵魂”，掂了掂，很轻。他妈的一个二十八岁的人的“灵魂”，怎么才这么一丁点分量啊！

洗脚水没倒，就用洗脚水浸湿了封口，然后用大头针谨慎地挑开了，心情挺激动地从中抽出几页纸和表格来。

我的档案真是太简单了，简单得使我大大扫兴。小学的毕业鉴定，中学的毕业鉴定，都写得相当好。中学的毕业鉴定中，居然还有“责人宽，克己严”这样简直等于是赞美的话。

不由得想，但愿这一条我死后，悼词上也写着。在北大荒七年中的各种鉴定也相当好，不乏赞美之词。我忽然觉得奇怪，我既然这么好，怎么不发展我入党呢？逐页逐条细看，看出了点名堂。有两条是：不尊重领导。政治上不成熟。带着这样两条缺点可不是不太容易入党吗！难怪难怪。

不尊重领导这一条，是公正的。在老连队，和连长、指导员吵过架；在木材加工厂，和连长、指导员吵过架；在团机关时，顶撞过政治部主任，副政委，参谋长。我想这一条将来到了新的工作岗位后，真得努力改正。

政治上不成熟这一点，我有点不认可。政治上不成熟，能仅写过一张表态性的“批邓”大字报吗？政治上不成熟，能“同‘四人帮’做过斗争”吗？从书包里掏出钢笔，就要由着性子将那个“不”字改成“很”字。照量了几下，觉得笔画实在是不好改，悻悻作罢。

没有什么“黑材料”，“红”得还可以，令我不但觉着扫兴，甚至觉着有几分遗憾了。要是有点什么“黑材料”，不枉我做这番手脚。

拆开的档案袋撇在没油漆过的写字台上，索然地睡了。

从此我对装在自己档案袋里的“第二灵魂”不再产生任何好奇，也不再发生任何兴趣。让它在档案袋里安息吧！

倒是与我肉体同在的灵魂，因为自己的某些行为，某些没有变成行为的欲念，某些没有变成欲念的意识，某些连意识也没有变成的朦胧的不良的冲动，而时常感到羞愧。这个灵魂可是永不安息。

我第二次到北影。接待过我的那人不在，另一位我未见过的女同志说那人生病了，十几天内不会上班。我问我的工作定下来没有。她说不了解这件事。我又动肝火了，虎虎地问："你们厂长在哪儿？我要见他！"

她淡淡地说："你见不着他。在国外访问呢！"问："那你们党委书记在哪儿？"说："不能告诉你。在开会。"

我瞪起眼道："你不告诉我，误了我的分配大事我跟你没完！"她见我来者不善，改换了一种比较客气的口吻说："我告诉你也没用。他在二楼会议室，正开会，能接待你吗？"

我也不跟她啰唆，转身就走。蹬蹬蹬下了一层楼，找到会议室，按捺住肝火敲门。一个人将门开条缝，探出头说了句："开会呢！"又欲将门关上。

我的肝火终于按捺不住，一脚踹开门，气势汹汹闯将进去。十几人都愣愣地瞧我。我怒目环视他们，大吼："哪个是党委书记？！"一时无人作声，面面相觑。我将嗓门提得更高："哪个是党委书记？！"

一个黄瘦脸上布满皱纹的手十多岁的人，用嘎哑的带有湖南口音的语调颇不安地问："你找他什么事？"

我从书包里掏出档案袋（来时封上的，胶水还没干），当着他们的面，像撕信封一样撕开了封口，抽出我那几页"灵魂"，往一张茶几上使劲一摔，厉声道："我是复旦大学中文系的毕业生，由文化部分到北影的，可是过了三天，来了两次，竟然连个具体的答复都得不到！

"我在北京举目无亲，身上的钱已花光，连个栖身之处都没有。你们如此对待一个与'四人帮'做过斗争的大学毕业生，如此对待大学生分配工作，太不像话了吧？你们心目中还有没有文化部？！难道你们北影不在中华人民共和国文化部的领导之下？！

"你们不想要我，就干脆说明，也算一种答复！偌大个北京，文化艺术单位多着呢！我不是到你们北影乞求临时工作的盲流！……"我这一番即兴演说，振振有词，效果颇佳。

就有一位五十多岁的女同志很客气地说："你先别生气，坐下谈，坐下谈。"说着从茶几上拿起我那份档案看起来。看了一会儿，望着其他人又说："是同'四人帮'做过斗争。"白纸黑字，那还有假！

入厂后我才知道，她是北影政治部主任，也是当时北影的"清查小组"负责人，文化部"清查办公室"成员之一。一个与她年龄不相上下，黑红脸微胖的男同志说："我看一下档案。"

她就将档案递给了他。

他看了一会儿，对那个黄瘦脸的人说："我们编辑部要他了。"他是我入厂后的第一任编辑部主任。

黄瘦脸连连点头："同意，同意。"

他便是党委书记。过后我才知道，开的是敦促他"说清楚"的会。在座的都是党委委员，难怪他那么无精打采的。我主演的这出"春草闯堂"正赶在了锣鼓点上。我毕业鉴定中"与'四人帮'做过斗争"那一条，显然对他们每个人都起到了潜在的影响作用。

编辑部主任对我说："你去找人事科办关系吧。"真没想到奔波了数次，一个星期内忧愁得我吃不下睡不着的事，几分钟内就简简单单地解决了。

看来有些时候一味地温良恭俭让是不行的。该动肝火的事，还是得动动肝火。"与'四人帮'做过斗争"的"光荣"，虽然写在我的"第二灵魂"上，却常使我感到滑稽并羞臊。

政治有时对人过分慷慨……编辑部主任又问我："你的东西什么的都在哪啊？"我说："都打在托运行李里了。"他说："催领单到后，派车给你拉回来。"

我说："那得先给我解决个住处吧？"他说："这事以后再谈。你先到厂招待所去吧，我这就打电话，给你安排一个床位。今天休息，在厂里参观参观，明天上午到编辑部找我。"

我就这样成了北京电影制片厂编辑都的编辑，分配在外稿组。

成了北影厂的编辑后，我对自己的"闯堂"行为竟感到后悔，感到羞愧，感到不安起来。回想自己当时的样子，总觉得有点"耍光棍"的性质。只怕给那些党委委员们留下的第一印象并不佳。

编辑部的多数同志却对我格外好。从主任到我们的外稿组老组长。后者是"三人"式的延安老干部，"鲁艺"出身，《我的家在东北松花江上》的作词者之一，电影《画中人》的编辑，萧红的故乡人，当然与我也就沾着点老乡的关系。他个子矮矮的，形象似农民，穿着也似农民，尺半长的烟锅整日不离手。最初我还很奇怪，以为他是位什么老"农宣队"的遗留人员。了解后，极生敬意。

他常于无事时同我聊几句。多次问："在复旦怎么同'四人帮'斗争过的啊？讲讲，讲讲。"每一次都令我大惭。做谦虚状云："没什么可讲的，没什么可讲的。"他对我好感愈增，视我为一谦虚青年。

后来主任告诉我，如果我的鉴定中没有那一条，就凭我当时"闯堂"那种"红卫兵"遗风，他是绝不要我的。其实我当"红卫兵"时，反倒"温良恭俭让"。"大串联"回到哈尔滨，见了我的语文老师，当时被打成了"历史反革命”，剃了鬼头，我仍在校门口对她行礼，问“老师好”。因为我是她喜爱的学生。我的坏脾气，是到了北大荒后，在“接受再教育”的过程中，不知不觉养成的。

母亲从小对我的一句教诲——“头三脚难踢”。意思是，到了一个新地方，新单位，在新同志中间，尤其要谨言慎行，给人留下最初的好印象。母亲虽然是普通家庭妇女，目不识丁，但却很重视对我们的家教。希望我们几个子女长大成人后，都文质彬彬的，说话慢声细语的，办事稳稳重重的。她认为的好青年，是那种“像大姑娘”似的类型。我在十八岁前，身上这种家教的成绩特别显著。不但文质彬彬，而且“羞羞答答”。十八岁后，这种家教的印痕开始模糊，开始退化。因为母亲已无暇再训导我。社会替母亲效劳了。社会的教育内容与家庭与学校大不一样，也比家庭比学校的教育具有说服力。它采取的是另外一种方式，往往刺激起我的反抗心理。两种教育在我身上都有潜在影响。平素我要求自己尽量文质彬彬，以礼待人。一旦反抗起来，则“怒发冲冠”，恨不得“尸横二具，血溅数尺”，地地道道的“匹夫之怒”。幸亏我身材瘦弱，毫无拳脚功夫。否则，大概早已闹出什么人命官司了。这些只能在看功夫片时体验一下“情绪打斗”。

然而我认为母亲那句教诲不失为至理名言。“头三脚难踢”，便得“踢”好。一般说来，我每到一新单位，新地方，“头三脚”总还是“踢”得可以的。一旦天长日久，免不了来次“头球”或者“倒钩”。那“球”多半都是朝领导们射去的，结果常常是好印象一脚“勾销”。谁有忒好耐性一年三百六十多天，天天的“温良恭俭让”？偶尔露一下“峥嵘”也是要得的。

最初的日子，我在编辑部安分守己。每天早早地就从招待所来上班，拖地，擦桌子，打水，然后正襟危坐看外稿。穿得也很朴素，走在路上也不拿眼乱瞟姑娘们。不像某些年轻人见了有姿色的姑娘便“目灼灼似贼”，更不去搭搭讪讪、黏黏糊糊地结识年轻女演员或者“亚”女演员。下了班则关在招待所自己的房间里看书，从不在厂里东走西窜。节假日一个人闷得慌，就出厂门搭上十六路公共汽车，直达动物园，去看犀牛。所有的动物中，我最看不够的是犀牛。因为它从不在乎别人怎么看它，也从不作态。

总之我那时给人的印象是规规矩矩，老老实实，本本分分的。对编辑部的同志一律称“老师”。有时佯装乳臭未干，不谙世故，装得挺像。

一天终于做了件不文明的事，打了全国男女老少都熟悉的一名电影童星两记耳光。

我住的房间，四张床位。客满时一张床位也不空。那一时期时常客满。

住客中有位锦州汉子。人倒不错，但我对他的存在感到非常头疼。他是位“睡仙”，和你说着说着话，眼皮就合上了。眼皮一合上，就徐徐然如巨石倾倒。人一倒下，鼾声顿起，如雷贯耳。夜深人静，那鼾声犹如一台推土机在发动。我差不多快得神经官能症了。

终于盼着他与我“后会有期”，九点多便早早躺下，希望十几天来受摧残的神经得到充分休息。

然而，根本无法入睡。隔壁房间有几个人在高声谈天说地，杂以嘻嘻哈哈的男欢女笑。两个房间不是完全隔死的，一面墙上还开着一扇门，被一张床横住。他们等于是在我的房间里谈天说地，嘻嘻哈哈一样。请求他们雅静吧，我又不愿意。犯不着为这种事儿请求人。

就用被子蒙上头。无法睡，干眯着。眯到十点，招待所规定的作息时间。起身在那扇门上轻敲几下，以示提醒。雅静片刻，嘻嘻复嘻嘻，哈哈复哈哈。而且那些话语，就有些俗。我们北方人称之为“逗闷子”。

看看手表，十点半了。再忍。

四

忍至十一点，“闷子”还未逗完。超过招待所规定的作息时间整整一小时了，我认为我的涵养是够可以的了。第二次起身下床，在那扇门上重重敲了几下，以示警告。

“敲他妈什么敲！”那面咒骂了一句，听得出来是“童星”的声音。我按捺着性子，隔门道：“请你们小声一点行不行？我接连十几天没睡好觉了，照顾照顾。”

那面静了一会儿，忽然竟齐唱起“小小竹排”来，分明不予“照顾”。我披上大衣，走出自己的房间，推开隔壁房间的门，厉声质问：“太不自觉了吧？”

那童星说：“管得着吗？这又不是你家！”他看上去已有十四五岁了，个子已长得挺高，穿军装，“一颗红星头上戴，革命的红旗挂两边”。大眼睛，圆脸盘。有俩仨男女演员和几个孩子在那屋里。我说：“不是管你们，是求你们。招待所有规定，超过十点不得喧哗，影响其他住客睡眠。”

其实我的话是说给那俩仨男女演员的。我想，“童星”们不懂事，你们也不懂事吗？

那童星说：“我们不知道有什么规定，没人告诉我们。”我指着墙说：“每个房间里都贴着，你们自己好好看。”他说：“眼睛不好，看不清。”

这孩子是在电影圈里被宠爱坏了，显然也没受到多少好影响，那种自我感觉真是优越得很，俨然以为自己是天字第一号的“大明星”呢！我只好将贴在墙上的“住宿须知”念了一遍，转身离去。

我刚出门，就听他说：“唱！有什么了不起！”我复走进房间，怒问：“你刚才说什么？”他说：“你看你那德行！你当我怕你呀！”

这孩子简直是在逼我粗暴。我挥手打了他一记耳光。

他叫起来：“你敢打解放军？”我从他头上一把抓下军帽，扔在地上，又打了他一记耳光，说：“打的就是你这个解放军！再唱啊！”他捂着脸不作声了。

那几个小演员愣愣地瞪大了眼睛瞧着我。那俩仨男女演员不尴不尬地开口了：“哎，你怎么动手打人呀？”“有理讲理嘛！”

我说：“刚才对你们还不够讲理吗？”哼了一声，走回自己的房间，躺下独自气得不行。

第二天，导演找到编辑部来了，向我们的一位副主任告了我一状。“童星”罢演了，“生病”了。

副主任让人把我叫到她的办公室，当着导演的面儿说：“这就是我们小梁。你一定弄错了，我们小梁怎么会动手打人呢？你看他这副文质彬彬的样儿，只有挨打的份儿！……”我老老实实承认：“是我。”

副主任研究地瞧了我半天，疑问：“你是跟他闹着玩吧？”我脸红了，回答：“闹着玩。”

副主任说：“我猜想你也肯定是跟他闹着玩嘛！你这么老实的青年怎么会打人耳光呢！小演员也太娇气了！”接着当我的面，向导演夸奖我如何如何地稳重老实。还让导演回去对“童星”严格要求，加强教育。又说：“小小一个孩子演员，竟敢装病罢演，太张狂了！”

“头三脚”给人的印象如此重要！母亲的教诲真是伟大！

从那以后，我就再没见过那童星。然而这件事，却经常回忆起。因为它使我想到，人是否都具有欺弱畏强的某种本性？那童星当时固然令人着实可恼，我打了他两记耳光也算不得就是怎样地欺负了他。若他不是比我小近一半年龄呢？而是一个身魁力大的人呢？就是可着嗓子号个通宵达旦，我恐怕也是不敢先动手的。就是反过来他打我两记耳光，我恐怕也只有挨了的份儿。如此分析起来，我又似乎是有点“期负小孩”了。而我若非我，是个满脸横肉的彪形大汉，吼一句：“别他妈的乱吵吵乱嚷，惹急了老子扭断你们的脖子！”估计小小年龄的“少年”也断不敢对我那般无礼。看来“非礼勿动”，老祖宗的遗训只有成为全民族的德行，才会人人都不失“君子风范”！

某一年出差，在外地小报上看到一条消息——他因触犯法律，被判徒刑。看了挺难过。心想好端端一个孩子，尚未“童星”而“明星”，不是整个儿毁了吗？

前不久又从一份什么电影报上看到一条有关他的报道，说是到某学校学习了几年，拿到了毕业文凭，目前正参加一部影片的拍摄。还登有他的照片，仍穿军装。才知所谓“判刑”一说，纯属公开贩卖的谣言。某些小报也真正可恶，居然还在耸人听闻的谣言之下印上“本报记者”字样！获得了一次学习机会，拿到了毕业文凭，我挺为他高兴，希望他能成为一名真正的演员。

在北影一间办公室的工作照

我在北影做了两年外稿编辑。每月看五十余个剧本，有时还多。大概总共看了一千五百左右个外稿剧本，却一个也没有扶植成功过。从粉碎“四人帮”至今，寄到北影外稿组的剧本，绝不下六七万之多。经过扶植最后拍摄或发表了的，不超过五个。所以我真希望许许多多在业余创作电影剧本的人，还是量力而行，莫如将创作电影剧本的兴趣转移到看电影方面去。

两年来我没有扶植成功一个外稿剧本，但我自以为曾是一个很负责任的外稿编辑。从一千五百多个外稿中，我“慧眼识珠”，发现了张辛欣的电影创作才华，这无论如何是值得骄傲一下的事儿。

那天没吃午饭。一觉醒来，睡迷糊了，还以为是个早晨呢。看看手表，才知是下午。懒得起来，想起书包里还带回个不知什么鸟“剧本”，干脆躺着处理了吧！便掏出来侧头看。一看就没放下，一口气看完了。

稿纸相当干净，字迹很是工整。看得出作者是个对待创作极认真严肃的人。这一点先博得了我三分好感。

剧本的名字我已记不清楚，风格是属于较现代派的。明显看得出受苏联电影文学剧本《礼节性的访问》影响很大，过去式，现在式，未来式交叉闪现，剧中有剧，男女主人公是双重身份的剧中人。在一九七八年的北影，电影观念不像如今这么更新，这么解放。所以我断定这样的剧本，是既不能拍摄也不能发表的。

但我又不能不承认，这是我所看过的一千多个外稿中，最好的一个。一个真正的电影剧本。一千多个中发现了这么一个，我认为我那一千多个不算白看。剧本对于电影艺术的特点体现得颇有匠心。

我再也躺不住，爬起来，匆匆穿上衣服，又去到了办公室。剧本未写作者的姓名和通信地址，我迫不及待地想从信封上了解到。老王问我："怎么又来了？"

我说："发现了一个好剧本！"老王一笑："好剧本会寄到外稿组？"我也顾不上回答，找到信封一看——北医三院团委张辛欣。

北医三院离北影很近，而且是北影的"合同医院"。我便决定给作者写封信，邀"他"星期天到北影来面谈，意在结识个文学朋友。我那时在北京一个文学朋友也不认识，常感到无人交谈的寂寞。

写信前还研究了半天。张辛欣——怎么也没有女人味，字迹也颇似男人笔画，断它是"他"而非"她"。

二十九岁时的我，将自己束缚得多么紧固啊！未经组长允许，倘若是将一位女作者在整个主楼无人的情况之下邀到办公室交谈，又倘若不但是位女作者，还是个姑娘，那岂非会引起"瓜田李下"之嫌？谁知你们交谈的是剧本还是什么？外稿组当时有规定，不经组长同意，编辑是不得随意邀作者面谈的。

星期天，买了两盒带过滤嘴的"牡丹"，买了一包五香瓜子，一包茉莉花茶，比我信中约定的时间提前半小时来到办公室。可见我是多么心诚之至！

刚到约定时间，安安静静的走廊里便传来了脚步声。我暗想，这作者可真是个时间观念强的人。

我才站起，"他"已敲门。

开门，大诧——是一个"她"。个子不高，圆脸，戴着一副眼镜，短发。翻领银灰女青年衫，银灰裤子，接近银灰的蓝色刷得靠白了的胶鞋。一身银灰。若伸展双臂，如同降落在我办公室门前的一架微型"安二"。那张脸不太容易判断出实际年龄。说十八九不显大，说二十四五不显小。表情是矜持的，流露着不是我来求你，是你"请"我我才来的意味。互通姓名，果然便是张辛欣。我没料到她是个女的，大概她也没料到我是个"初出茅庐"的小编辑。我讶然，她扫兴。我的讶然掩饰着，她的扫兴却当"见面礼"全盘"赠"给我。"请"得"神"临，就得敬着。

引进。矜持地进来。让座。矜持地坐下。

矜持得反倒令我十分拘束。请茶。

说："不渴。"请嗑瓜子。

说："牙疼。"犹豫了一下，请吸烟。

说："你殷勤过分了。"我搓着手，像考生接受面试一样，有几分紧张地同她谈剧本。没谈几句，便被她打断，问："要拍？"我说："不拍。"

问："要发表？"我说："不发表。"

怫然站起，大声道："也不拍摄，也不发表，邀我来干什么？"我不知所措，交个文学朋友的目的，怎么能当她面说出口？

"我早就知道，没有名人推荐，没有后门方便，像我这样的，要在你们北影上一部电影，不过是痴心妄想！"她愤愤地说，从我手中夺去剧本，塞入自己的书包，也不告辞，拔脚便走。

我一时坐在那里发蒙。

忽而想起母亲的另一条教诲——凡事要善始善终，就追出去送行。她在前边走，我在后边跟。

她不回头，走得很快。我也不赶上，保持一段"送"的最佳距离。

相跟着走过走廊，走下楼梯，走出主楼，走到厂院内。她猝然回头瞪视我："你跟着我干什么？！"我讷讷回答："礼节性的送行。"

她火了："少来这一套！"转身加快脚步，扬长而去。我呆立了一会儿，没趣地回到办公室，心里这个气呀！茶水，泼了。五香瓜子，扔进纸篓。想了想，又捡出来，自己花钱买的东西，犯不着为如此不识好歹的"小子"扔掉，留着自己嗑！

坐在椅子上，看着她寄剧本的大信封，越看越来气。忍不住从笔筒中抽出一管大毫毛笔，饱蘸了红墨水，就在"张辛欣"三字上恶狠狠地画了个"×"，判处了她的"死刑"。暗暗发誓：今后只要是这个"小子"寄来的剧本，落我手中，一个字也不看！来一个退一个！……后来，翻《北京文学》，见有她的一篇小说发表其上，读了半页，一句："平庸！"不再看，心中却未免有点妒忌。那时我刚在《中国青年报》上发表了一篇不足千字的"豆腐块"，还不敢向往能在《北京文学》上发表小说。

再后来，北大荒知青朋友肖复兴、陆星儿、曹鸿翔，同榜考入中央戏剧学院，开始与我来往，每每谈及导演系有个张辛欣，这般那般的。

我问什么样的一个"张辛欣"。

他们就对我描绘。证实竟是与我打过交道的"那一个"。

心中不禁暗暗羡佩："小子"果有真才实学！不简单！但又很希望"这一个"并非"那一个"。她考入中央戏剧学院也使我妒忌，有点"工农兵学员"心理。再后来，《在同一地平线上》发表，文坛瞩目，"张辛欣"三字声誉鹊起。

找来那篇佳作拜读。读罢心怅怅然，妒忌却消除了。对有才华的人，妒忌是愚蠢的。所怅怅然者，自己尚无进取耳。那时安忆也已扬名。记不清是某月内了，竟在各刊几乎同时有六篇小说发表！

现在回想起来，安忆、辛欣两位青年女作家当初"异军突起"的创作开端，对我促进很大。丫头们能是，男儿何不能是？！遂更少玩乐，发奋读书，勤勉写作。

《这是一片神奇的土地》获奖，听到些溢美之词，多少有些飘飘然起来。领奖期间，安忆对我说："晓声，你那篇小说我认真看了。你是中篇结构，短篇写法。因此前半部从容，后半部拘谨。"我本期望也从她口中听到一些溢美之词，未想到她却兜头泼了我一盆冷水。

我便有些不悦，高傲地笑笑，不予回答。回到自己的房间，情不自禁地拿起刊物，重看自己的第一篇获奖小说，暗自承认，安忆对它的评价是公正的。

在文学朋友中，安忆从未对我说过言不由衷的话。一句也未说过。安忆是坦诚的，起码对我是这样。

安忆，谢谢你。比起来，倒是茹志鹃老师比安忆对我更"扬长避短"一些。

在第四届作协代表大会上，茹志鹃老师一见我，第一句话便是："《父亲》我看了，写得很质朴，很好。"还颇严肃地指责我："它是为我们写的，怎么后来你又给了《人民文学》？"

《父亲》原本确是为《上海文学》写的，因"债台高筑"，不得不"拆东墙补西墙"。

今年五月去上海，到茹志鹃老师家去看望她，她又对我说，《父亲》是篇成功之作。

安忆在旁听了，淡淡地道："妈妈，你别总说他爱听的话。我看父亲责备儿子为什么不要求入党那一段，就直露了些。"茹志鹃老师说："你总挑别人作品的毛病，就不怕别人认为你骄傲？"安忆说："晓声是自己人啊！我也希望他经常从我的作品中挑毛病。"又问我："我挑的毛病，你承认吗？"我说："承认。"

她笑了。茹志鹃老师也笑了……《今夜有暴风雪》发表后，中央戏剧学院的三位北大荒知青朋友都与我交谈过它的得失。

我对每一位都这样问："张辛欣看过没有？"他们都说看过。

我又问："她怎么评价？"

他们都说："辛欣挺喜欢这一篇的。"还问："真的？"

答："当然。"相信了，也增加了一点写作的自信。

我对自己的作品，常常像一只母鸡孵出了一只小鸭子，怀疑是"怪物"。听到我所敬重的文学朋友们的评价，是我求之不得的。

"清除精神污染"阶段，《青春》丛刊副主编李纪同志来京组稿，找到我，要求我带他去找辛欣。我问："辛欣眼下日子不好过，几家刊物将要发表的稿子都被抽下来了，你敢发她的作品？"

老李说："怕什么？对张辛欣今天批得有没有道理，公正不公正，还需明天做结论呢！"我说："你有这种气魄就好！我带你去！"已经晚上八点多了，天很冷，我们到了中央戏剧学院，九点多了。

辛欣不在，她同宿舍的一位同学告诉我们，她看什么戏去了。

五

中央戏剧学院的女大学生宿舍，简直就像东北的"跑腿子老客"们住的最下等的小客栈。起码才华横溢的青年女作家张辛欣，毕业前住的那个宿舍是那样。似乎根本没有暖气，或者有暖气但坏了，不比外边的温度高多少。四张床，两张空着，光床板上堆满杂七杂八的东西。还好，辛欣的被子是卷起来的，像花卷那种省事的卷法。我和老李就坐在她的床上。床头一张小桌，可桌面铺排着稿纸，纸篓里开满"雪莲花"。看来这宿舍中缺少位"撒花仙子"。一个墙角堆了一堆垃圾。碗啦、盘啦、饭盒啦，工艺品似的在窗台上摆了一溜。格外引起我注意的是，辛欣的桌上还有一个破损了的烟灰缸，里面大有"内容"。

辛欣那位同学，煞费苦心地在调一台九英寸的"牡丹"版黑白电视机，却怎么也调不出图像来。

我和老李干坐无聊，搭讪着问："是坏了吧？"她说："没坏啊，从家里搬来前我还看的。"又问："你们是哪儿的？"我说："我是北影的，他是《青春》的。"

问："北影的梁晓声你认识吧？"我说："那小子是我。"

她仔细地打量着我："是你？"我说："没错。"

"天啊！"她说，"我都认不出来你了。"我问："你是谁？"

她说："我是李小龙啊！我和我们老师到你家去过好几次，你记不起来了？”我终于记起来了，说：“你也变化很大。”

“胖了。”她说，“我结婚了。”

由女大学生而少妇，质的变化，我当然难以认出她。她复打量着我，感慨地说：“真没想到三年未见，你就变成这样子了！第一次见面时，觉得你还可以呀！”我说：“我当爸爸了。”

她非常同情地“哦”了一声。

我九月剃的光头，那时十一月，头发长出不足一寸，胡子却经久未刮，荒芜了满脸。而且大病初愈，神情倦怠，面如涂铅。穿着一件破“棉猴”，旧皮鞋不系鞋带，整个一副俗装恹态的恶和尚形象。变得不如以前“可以”了，倒也不仅仅是由于当了爸爸，由于剃了光头，由于病，还由于当了作家。当了演员们的女人，是越变越好看，越“摩登”，以“摩登”而维持着好看。当了作家们的男人，则注定越变越不“可以”了。工夫会花在“打扮”稿纸上，自己是什么鸟模样倒大抵不在乎了。

老李说：“我们多等会儿不打扰吧？”

她说：“没事，没事。”我问：“辛欣情绪如何？”

她说：“辛欣挨批的次数多了，好像也不太在乎了。”又是一种“不在乎”。我说：“不在乎，这是境界。中国的作家，要习惯挨批，泰然处之才好。”

她说：“没批到你头上，你才泰然。”我说：“是啊。别人的孩子被掐死了，总不像自己的孩子被掐死了那么痛不欲生。”

正说着，辛欣回来了。我将老李介绍给她，替老李向她表明诚意。她坐下去，默然无声。

我说：“老李是我朋友，诚心诚意来向你组稿的，不看僧面看佛面。”辛欣沉吟良久，方开口道：“晓声，不是我不讲交情，我近来差不多发一篇，挨批一篇。寄出去的，各编辑部都不敢发，你说我还写个什么劲？还他妈的写得下去吗？”她翻弄着桌上的稿纸给我看，又说：“其实倒也不是不想写了。还想写，但实在写不下去啊！一个星期了，写了还不到六千字。我想冷却一个阶段，思考一些问题，我希望能不受任何干扰地进行思考。”说完，她将桌上的稿纸全部收拢，放入抽屉，锁上。仿佛今生今世不再拿出。

老李说：“我不逼你为《青春》写稿。我来的目的更主要是看看你，代表本刊向你表示关注之情。留得青山在，不怕没柴烧，咱们来日方长。作为刊物负责人，不能作家有难，则疏之，作家扬名，则近之，那就太势利了！”

老李真是好编辑，不愧是我朋友。

我们聊了近一小时，十点后方告辞。夜风瑟瑟中，我们缓缓地走着，心中都有说不出的惆怅。当时《青春》也因为一篇什么小说，“散布了污染”，上了简报。我理解他的心情。自己顶着压力来京专程找辛欣组稿，作为一个刊物的负责人，这“侠肝义胆”使我敬佩。

至于我自己，用新中国成立前上海滩小报记者评论三四流这个“星”那个“星”的语言说——正很“走红”。然而我也忧郁，我也压抑，大有“兔死狐悲”的凄凉。因为我不可能终生扮演这个时代、这个社会的“歌手”或“鼓手”的角色。我一旦也对这个时代、这个社会皱皱眉，摇摇头，或者瞪瞪眼睛，说几句冷的、酸的、尖刻的话，哪怕这话是真的，也便会与辛欣“站在同一地平线上”了。而一个作家，不，一个人，某些时对某些事，大抵总难免要皱皱眉，摇摇头，或者瞪瞪眼睛的。也总难免要说些什么使某些人们不大受用的话的。达到了“采菊东篱下，悠然见南山”的境界，超脱则超脱矣，悠然则悠然矣，而作家也便在这种“超脱”和“悠然”中，不复是作家了！文坛从来不是佛殿。要想“超脱”倒莫如抛弃纸笔去数念珠，遁入空门为好。

后来有某报的编者来访，说是要写篇文章，举两位青年作家为例，梁晓声代表“正确的”创造道路，张辛欣代表“错误的”创作道路。逼我谈点“正确代表”的体会，始大厌，进而大怒，不客气地“送”出门去。

我并不老谋深算，也不愿在文坛沉浮中捞取什么“政治稻草”。需要你做某种“政治道具”时，便将你高高举起；紧锣密鼓一停，便甩手将你扔在台上，摔你个“四仰八叉”。积成人后之政治常识而非经验，这一点儿“悟性”还是有的。而某些编者记者，明明心中瞧不大起你，为了职业的缘故也许还为其他的什么缘故，却偏要将你涂了某种颜料，高高地插在什么幌子上，也忒不仗义了！

再后来，某刊约我写篇“我与文学”之类的文章。当时心中觉得有那么多话，似乎不吐不快，便写了。八千余字，其中有两千余字谈到辛欣及她的作品。记述了我与李纪同志深夜访她归来时那种心境，那种感受，那些思想。记得其中写到这样的话：“辛欣正在思考。我认为思考对任何一个人来说，都是严肃的时刻，神圣的时刻，是应当受到尊重的。而干扰别人的思考，无论以什么方式，出于什么动机，良好的也罢，善意的也罢，其实都是讨嫌的。在提倡精神文明的今天，起码是不文明的行为。奉劝他们学得懂点礼貌……”

一吐为快的文章必然失之含蓄。这篇文章当时被退回也是情理之中的事。本欲寄给辛欣看看，一想有讨好卖乖之嫌，便放置起来了。至今仍保存着。

四届“作代会”期间，一位评论家，问我：“读了张辛欣发在《人民文学》上的长篇散文《回老家》了吗？”答未读。

说：“一定要读，写得极好。”

后两天离开会议，带着那期《人民文学》到石家庄去。在招待所里看完了，果然好。那期《人民文学》上，刊有“推荐‘读者最喜欢的作品’启事”。便连夜写了一篇很严肃很认真的推荐信，约千余字，寄给了《人民文学》。《回老家》竟未评上“读者最喜欢的作品”，据说是仅有我那一份选票。唉，好作品常有被埋没之时！难怪王蒙同志主张编辑出版“落选作品选”，以补“遗珠之憾”。

至今我仍认为，辛欣有创作电影剧本的才华。在她的分配去向拖了半年多尚未落实前，曾托人达意她，愿“保举”她到北影来。读了《回老家》，不免后悔。暗想：梁晓声，梁晓声，你才是个大傻瓜！没谁会像你似的，拉来个强者“盖”自己！张辛欣进了北影，你自己就干脆“回老家”吧！心中产生了这想法，就好像一个人照镜子照出了一张狰狞的鬼脸，灵魂不由出汗。承认别人的某一篇作品比自己的作品好，还写封“推荐信”什么的，这类小小“高尚”，有利而无害，不过是“高尚”的自我表现。而要将别人拉到自己身旁，让别人的光彩照出自己的平庸来，心中那鬼就会啃你的灵魂了！

人啊，人！为什么都免不了有那么点嫉妒心理呢？回厂后我还是向领导“保举”了她，领导也表示可考虑。她自己又犹豫，我只好作罢……张辛欣，听着！你这辈子不写几个好电影剧本，你才对不起你自己呢！写吧，必要时我愿像当年那样，极负责任地为你当一次编辑。我如今已是编剧，不是哪个编剧都他妈的乐于给别人当编辑。而且有一条你是可以放心的，无论你写出多么好的剧本，我都不会在你的名字之后挂上我自己的名字。我这人从不沾别人的光。到时候你拿你的编剧费，我拿我的责编费。即使你写出的剧本可能得“奥斯卡”奖，我也不动心。这点职业道德还是有的，更何况你也不是个“善茬子”。

写到这里，我不能不替电影编辑们辩白几句。因为我又想起了数年前你第一次与我见面时说过的话：“我知道，一无名人推荐，二无后门方便，像我这样的，在北影上一部影片是痴心妄想……”

当时你我还都不是青年作家，都不屑“文学青年”一类。我“迂”得可怜，你“狂”得非凡。但我和你一样，都急切地要早日显示自己的能量，都不免感受到某种压制。

其实呢，我做了几年电影编辑，倒认为靠名人推荐，或走个什么“后门”，达到在北影上一部影片的目的，并不那么容易。编辑之上有编辑组长，编辑组长之上有编辑部主任们。主任们也说了不算，还得经过编辑部定稿小组讨论。讨论之后也还无效，得经党委通过，有时甚至还惊动电影局、文化部、中宣部。升到更高级的“阶段”，则非党中央的某某领导同志出面说一句话不可。

一部电影的拍摄，真是层层把关，难乎其难。如今“拍摄自主权”下放各厂，情况是略有好转，但那“犯错误”的可能也便同时下放到了各厂。把关者们还是比刊物的负责人们更顾虑重重。一篇稿子发排了又抽下来，也不过就损失个几千元，至多上万元。而一部影片若投入拍摄又中途“下马”，那损失则可能是十几万，甚至几十万。如今讲究“经济效益”，损失中包括了全厂职工的奖金，是“怨声载道”的。电影编辑们，除个别人热衷于假什么名人或首长之名，推平庸之作欲获责编费而外，多数还是有艺术良心的。我觉得自己在这一点上就无懈可击。谦虚过分实乃虚伪。

在我们北影的《电影创作》即将复刊时，一天主任把我叫到办公室，交给我一个剧本说：“别拖，早看完。看完写一份书面意见给我。”

我接过剧本，回到自己的办公室，坐下便看。

内中用大头针别着几份“批示”。

第一页，是当时的一位领导同志写给自己秘书的，只称作者名字，可见关系非同一般。大意是剧本看过了，很电影化，主题思想很有意义，人物形象突出，情节曲折生动云云。要秘书告作者，已代转电影局某负责同志。

第二页，是这位电影局某负责同志的“意见”，当然是“完全同意”上述的“意见”。大概是为了表示虔诚和态度认真，还提了几条无伤大雅的“似可修改”之处。一个“似”字，道出许多谨慎。

第三页，是我们北影厂当时厂长的批条——立转编辑部主任一阅。

主任积稿太多，很信任我，便由我“一阅”了。我看罢这些“官批”，对同室的一位老编辑笑道：“这位作者，不是大干部的儿子，也一定是侄子女婿之类。”老编辑揶揄道：“你的美差来了啊。”

我答：“看看再说吧。”

这个剧本是根据北影已故著名编剧海默同志的遗作《战马》改编的。

看过后，竟没看出什么“匠心”之处。凝思良久，又去资料室翻出原作细读。读罢，大不以为然了。海默同志的原作，写的是新疆剿匪时期，一名解放军排长的战马，在战斗中牺牲，战马是骑兵的“第二战友”，思念之情深切。后来在战斗中击毙一匪首，获得一匹与自己的“战友”一模一样的雪白马，遂结“生死之交”，屡立战功。小说原作，确不失为一篇较好的作品。

我一向以为，从小说到电影，所谓改编应是“再创作”，要重新体现改编者自己的艺术处理和艺术构思。“再创作”意味着艺术性的“再升华”，思想性的“再开掘”，情节细节方面的“再组合”。不见这些，那改编便是平庸的改编，当一名编剧也就太省事了。而且一篇短篇小说改编为电影，该补充多少改编者自己的生活和艺术方面的积累，是不言自明的。

基于这种艺术观点，我认为那剧本的改编是平庸的，这就与那些负责人的意见大相径庭了。

我又了解到，海默同志生前曾亲自改编过自己这篇小说，北影还曾打印，但在“文革”中“一扫而光”了。我便感到左右为难起来，不知该怎样写“书面意见”，索性拿着它找主任当面说。主任又问：“改编得如何？”

我说：“将小说‘断行’，不等于就算改编。”主任明白了我的意思，沉吟起来。

我又说：“题材也有些陈旧。刚刚粉碎‘四人帮’，人民希望看到正面或侧面反映‘十年动乱’的电影。再者，便拍，也应拍海默同志自己改编的剧本，亦算对我厂著名编剧的一种追忆和纪念。”

看得出，主任也颇感为难，默默吸了一会儿烟，终于说：“这样吧，再给副主任看看。刊物即将恢复，修改后发一下，也算了结了此事。”

副主任，一位德高望重，很有艺术判断水平的老同志，看后对我说：“即使发表，也需让作者再认真修改几遍。”

我就打电话与作者联系，约他到厂里来听取我和副主任的意见。他嫌路远，希望到他家谈。

我想到副主任家离他家较近，为了老头少走许多路，应诺了。那时我们的副主任正在家中休病假。从北影厂到火车站，路是够远的。倒了三次车到了火车站，还要倒一次车，下了车还要走十分钟。那一带我到北京后没去过，街道不熟，约定的时间又早——八点半。六点半便离厂，吃不上早饭，北京站附近买了一个面包，边走边吃。到了作者家中，我理所当然要请副主任先谈意见。老头看得很认真，用铅笔在稿纸格边做了许多记号，写了不少句“评语”，一边翻阅，一边谈。

老头谈一条，作者“解释”一条。或曰：“这里你没看明白。”或曰：“这里不能照你的建议改。”或曰：“我自己认为这里改得很好。”

我便有些看不下眼去，打断他说："我们尊重改编者本人的艺术见地，我们的意见也仅供你参考，要求你修改一稿不算过分。你修改后再寄我们看吧！"说罢起身，也不告辞，便往外走。

副主任也只好跟我走掉。走到街上，副主任批评我："干吗那么没耐心呢？"我说："他干吗那么不虚心呢？"

副主任说："他认为自己非一般作者可比嘛，这一点你还没看出来？"我说："看出来了，因此我这一般编辑不愿给他这非一般作者当责编，另请高明吧！"

副主任笑道："我们研究后，还非你当这责编不可呢！没吃早饭吧？到我家去吃，要不我们找个地方，我请你吃一顿。"数日后，剧本寄回。

我翻看一遍，除了我和老头勾出的几个错别字，毫无变动。再一项作者的"劳动"，便是用橡皮将老头在格边做的记号或评语擦掉了。

我心想也忒吝惜自己的脑细胞了！搁置抽屉，看他怎样？仅仅隔了一天，就打来电话，质问："你们到底做出决定没有？"我反问："什么决定？"

作者说："有关领导同志都很认真对待这个剧本，给予了充分的肯定，北影厂长也无反对态度，你们为什么鸡蛋里挑骨头呢？"

我说："那你就让他们直接下道生产令拍摄嘛！还给我这个责编打电话干什么？"说罢挂了电话。

六

十分钟后，第二次打来电话，说："既然你似乎有很多意见，那一天你未开口，我想当面听你谈谈。"

我说："我的意见，和我们副主任那天谈的意见是一致的。"

他沉默了一会儿，说："我还是想同你谈谈。"我说："我不到你家去谈了，路远，要谈你就到北影来谈吧！"他又沉默了一会儿，说："我明天就去。"

我说："请上午来。"因下午厂内放"观摩影片"，属于艺术学习，我不愿错过机会。他说："上午不行。我上午有事。"

我说："那你就改天来。下星期内哪一天都可以，上下午也请便。"他说："除了明天下午，我哪一天也没有时间。"

我火了，答："哪一天都行，就是明天下午不行！"我"啪"地挂上了电话，骂一句："你他妈的！"真够矫情的！第二天下午，我便去看电影。原以为只放一部影片，却放了两部。

五天后，政治部主任拿着厚厚一封挂号信，找到我的办公室，说："小梁，有人写信告你。"我吃一惊，暗想我没做什么违法犯科的事呀，也没搞过什么不正当的男女关系，谁告我什么呢？因问："张冠李戴了吧？"

政治部主任说："没错，告的就是你梁晓声，你看看这封信。"我接过信一看，是那位非同一般的青年改编者写来的，历数我的罪状。不算洋洋万言的一封信，起码也有八九千字。

我真有些"怒发冲冠"了，就要将那封信撕个粉碎。政治部主任手疾眼快，夺过信去，说："别发火，讲讲，怎么回事？"

我强按怒火，将事情来龙去脉，一五一十地述说一遍。正述说时，当时的一位厂党委负责人也找到了编辑部，由主任陪着，将编辑们召集一起，询问近期处理稿件中，谁可有什么渎职行为。众编辑回答：绝无。

这位厂党委负责人说：肯定有。

原来，他刚参加过一个会。一位负责同志在会上点了北影，说："你们北影要热情对待业余作者嘛，不要将业余作者拒之门外嘛，不要像'四人帮'时期一样，搞得像个独立王国，针插不入，水泼不进嘛！"

众编辑听了，面面相觑，不知这话从何说起。只有我心中明白。

因为在告我的那封信中写道："我一无靠山，二无'后门'（噫！与辛欣语同出一辙），全凭一片关心中国电影事业的热忱，写了这个电影剧本，竟受到种种刁难，被拒于北影大门之外。你们对一位业余作者是什么态度？！你们这种冷漠无情的态度，又如何能使中国的电影事业得以繁荣？！……"他的话同那位负责同志的话何其相似乃尔？

"拒之门外"——确属事实。

他下午来时，门卫没放他进厂。告诉他下午编导部门正进行艺术观摩研讨，请他改日再来。

故他信中还写道："我在凄风苦雨中徘徊于北影门外近一小时才离去。回家后感冒了，发烧三十九度。我的父亲和母亲，不得不放弃非常重要的革命工作，精心照料我……"是否真实，不得而知。

我对大家说："负责同志对北影的批评，并非'莫须有'，肯定是因我而发的。"政治部主任也说："肯定是。"

于是当即，我、政治部主任、编辑部主任和副主任，那位厂党委领导，一齐走到二楼小会议室，研究如何妥善对待来自上面的尖锐批评。厂长同志很重视这件事，也参加研究。

那位厂党委领导说："我看就让小梁写份检讨，由厂党委转给上级。"我不禁拍案而起，吼道："刀搁在脖子上，我也不检讨！我没什么可检讨的，要检讨你们自己检讨！"

编辑部主任说："让小梁检讨，莫如让我检讨。"副主任问："检讨什么？我作为编辑部副主任，亲自到一个并不成熟的剧本的改编者家中，认认真真地谈过意见，还要我们怎么样？"政治部主任说："我认为有的同志因为这件事而对北影做的批评，是言过其实的。"

厂长最后说："不必检讨，谁也不必检讨。要是这也值得检讨的话，莫如我检讨了！因为我是厂长嘛！"转脸看着我，又说："小梁，我要求你给领导同志写封信解释一下，你不觉得过分吧？解释，而不是检讨。"

我说："这可以。"

回到办公室，铺开信纸，就欲写。忽而想到，并没指名道姓地批评我，我对他解释得着吗？决定不给那位负责人写信，而给他的儿子写信。

握着笔，我想到了两件事。

一件事是：曾有一位山西农村的二十一岁的青年，某日来到编辑部，由我接待。他解释随身带来三个电影剧本，请求我在两天内看完，并当面向他谈意见。我问他为何给我的时间这样短？他说他是自费来京的，专程送稿。舍不得花钱住宿，在火车站过夜。问何以不寄来？说希望当面听到意见。问年终"分红"多少？说一百余元。问岂不是路费就用去了一半吗？说值得。大受感动，留他在我宿舍同住了一夜（那时我已分到一间十平方米左右的小房间）。第二天，就集中时间和精力将三个剧本全部看完。那三个剧本实在不值得谈什么意见，但唯恐刺伤那农村青年的自尊心，与之委婉地谈了一上午……

另一件事是：某日有一精神病患者纠缠在传达室，要求与编辑当面谈构思。传达室为难，组长也为难。传达室说，编辑部若无人出面，便只好找保卫科了。我便自告奋勇，前去进行安抚。我的哥哥也患精神病，我自信颇善安抚精神病人。

走入传达室，但见一个四十岁左右男子，像待审的犯人似的，双腿紧紧并拢，双手放在膝盖上，坐得那么规矩，规矩得可怜。他留中分头，一张瘦脸刮得干净。穿件新蓝干部服，连领钩也扣着。虽旧却熨出裤线的灰裤子。一双黄色塑料凉鞋，赤脚。表情安静。

瞧他那样，并不像精神病人。可传达室内除了他再无别人。

我问传达师傅："精神病在哪儿？"传达师傅朝那人努嘴。

我不禁转身诧异地再次打量那人。他缓缓站起，文质彬彬地说："我不是精神病，我是来送剧本的。"表情依然如故。

我说："我找的不是你啊，你误会了。我是编辑室的编辑，你带来的剧本可以交给我啊。"

他打量着我说："我看你不是编辑。"

我问："那你看我像干什么的？"

他一字一句地说："我看你像保卫股的。"

我说："你错了。"掏出工作证递给他看。

他看了，似乎信了，还给我。他从一个黄色的学生书包中掏出剧本，双手捧着，郑重其事地交给我。那表情，仿佛将千金至诚相托。

我接过剧本，问："你的姓名呢？"

他从传达室的长椅下拖出一个口大底小的白铁桶，自内取出一卷红绸，默默展开来——红绸上，梅花篆体赫然醒目地写着四个毛笔字——齐天大圣。

我惑然。

他说："这就是我的名字。"

我问："你住哪儿啊？"

他指桶——桶内一条毯子，说："盖天铺地。"那时他脸上才显出一种怪异的笑。

我说："外边在下雨啊，盖天铺地哪成？"

他说："行者苦中求乐。"

我便断定，他是属于那类主观狂想型精神病患者，一忽儿明白，一忽儿糊涂。这会儿是糊涂了。

传达师傅便上前替我"解围"道："你是'齐天大圣'，这里可不是花果山，也不是天宫，剧本留下，你快走，快走。"

他瞪目道："你把我当成疯子？"

我赶紧说："你若是精神病人，我便也是精神病人了！"又转对传达师傅说："让我带他入厂，我要和他谈谈。"

传达师傅愕然地问我："带他到办公室？"

我说："带他到我宿舍。"

传达师傅不放心地看着我，低声说："小梁，你何必？"

我说："不会发生什么事的。"见他还不放心，又说："我哥哥也是精神病。"

我带"齐天大圣"到我宿舍，待之为客，与之攀谈。他糊涂劲过了，又明白起来，谈吐很是文雅。

攀谈中，我知他是北大毕业生，一九五七年被打成右派，劳改六年。现虽已平反，重新分配了工作，单位却不要求他上班。无所事事，便写电影剧本。我心中对他充满了同情。当晚，留宿我处。

第二天，送至火车站，替他买了回河北的火车票。送入站内，又送至车上，与乘务员特别交代了一番，望着火车开走才返……

想起这两件事，我觉得，自己算得上一个有责任感的编辑。尤其对业余作者，从未劣待过，即使对方是一个精神病患者。

于是我倍感大有回一封信的必要。

我在信中写道："你的父亲是高级干部，你的靠山可谓固矣。你的剧本由各级负责人推荐，你的'后门'可谓大矣。像大作这种水平的剧本，北影厂每年收到数千份。我厂委派了一位编辑副主任和我这位编辑加以扶植，对你可谓另眼看待矣！你乃三十多岁人，感冒发烧，区区小病，你的父母便'放弃非常重要的革命工作，精心照料'也忒娇贵忒宝贝你了吧？老实讲，按一般稿件处理，你只能得到一张退稿笺罢了，而且将在三个月后……"

写完，装入信封，填了地址，怕自己忽然产生什么顾虑，立刻寄走。

之后，静坐片刻，想到文化部成立了一个什么"剧本委员会"，在部长同志直接领导之下，遂生一智，便又给"剧本委员会"写了一封信。

大意是：该剧本系某负责人之子改编，且有文化部及电影局领导同志肯定之评语。我厂拍摄任务已满，现寄你们，你们指示其他兄弟厂拍摄，似更加顺理成章，成人之美……附在剧本之内，一并寄走。

仅仅五六日后，"完璧归赵"。剧本被"剧本委员会"退回，附函曰："该剧本既然已经你们扶植，你们还是扶植到底吧！恕不提意见。"

碰上了和我一样"不具慧眼"，也"无伯乐精神"的编辑！走投无路，不再犹豫，不再顾虑，草草填了信封，便退。我想，主任要我来当这个剧本的责编，还真是选对了人。我自以为"不辱使命"。

我想，权力之与文学艺术，恰如铁树之与菊花，本非同科木，"嫁接"也难活。倘若移花接木，何类"狗扯羊皮"？

现今有种说法：一等智商者经商，二等智商者从政，三等智商者才从文。"文"的经济基础，在"倒爷"们之下；"文"的社会地位，在"政府官员"之下，因此某些干部子女，便经商，便从政。“三等智商”的，便往什么电影制片厂啦，电视台啦，以及其他与“文学艺术”有关的单位或部门挤。果有“文学艺术”才华的，自当别论。并无“文学艺术”细胞的，岂非授柄于人，传诟于世吗？且“文”假以权，权佐以“文”，结果必然是“文”腐蚀了权，权亵渎了“文”。那才是悲夫哉！

我顶讨厌文学艺术领域内现今种种假权势而压“文”、而欺“文”的风气。

动辄：“这个电影剧本某某领导同志看过，给予肯定了！”“这个电视剧本某某领导同志非常欣赏。”“这篇小说某某领导希望发表并配合评论。”

文学艺术的圈子里，也真真有些俗不可耐之人。某某领导“看过了”，“给予肯定”了又怎样？某某领导“非常欣赏”又怎样？

某某领导的“希望”便一定要“照办”吗？某某领导究竟是“领导”，还是文学艺术工作者？

你是市长，我是公民，公民该尽哪些公民义务，我听你的。我是编辑，你是市长，市长写电影剧本，或写小说，写诗，写话剧什么的，对不起，你听我的。

这才对劲。否则，大不对劲。

这叫“社会分工不同”，应该彼此尊重彼此的分工。这也是我们的老祖宗马克思共产主义的社会原则之一。一九七九年春，全国第四次高等教育会议在北京西苑召开，各新闻和文艺单位派代表列席参加。

和十届全国人大常委会副委员长、民盟中央名誉主席丁石孙老先生合影

我作为北影厂代表，参加了华南大组学习讨论。

会议最初几天，讨论内容是肃清“四人帮”极左教育路线的流毒，发言踊跃热烈。

“工农兵学员”—— 这新中国成立三十年来“高教”大树上结下的“异果”，令每一位代表当时都难以为它说半句好话。而每一位发言者，无论从什么角度什么命题开始，最终都归结到对“工农兵学员”的评价方面。不，似乎不存在评价问题—— 它处于被缺席审判的地位。如果当时有另外一个“工农兵学员”在场的话，他或她也许会逃走，再没有勇气进入会议室。

我有意在每次开会前先于别人进入会议室，坐在了更准确说是隐蔽在一排长沙发后不易被人发现的角落。我负有向编辑部传达会议情况和信息的使命，我必须记录代表们的发言。

我是多么后悔我接受了这样一个使命啊！然而我没有充分的理由，要求领导改换他人参加会议。

第三天下午，还有半个钟点散会，讨论气氛沉闷了。几乎每个人都至少发过两次言了。主持讨论者时间观念很强，不想提前宣布散会，也不想让半个钟点在沉闷中流逝。他用目光扫视着大家，企图鼓励什么人做短暂发言。

他的目光扫视到了我。我偏偏在那时偶然抬起了头。于是我品质中卑俗的部分，一瞬间笼罩了我的心灵，促使我扮演了一次可鄙而又可怜的角色。“你怎么不发言啊？也谈谈嘛！”主持者的目光牢牢盯住我。

多数人仿佛此刻才注意到我的存在，纷纷向我投来猜测的目光。大家的目光使我很尴尬。

坐在我前面的人，都转过身瞧着我，分明都没想到沙发后还隐藏着我这么个人。我讷讷地说：“我……我不是工农兵学员……”几乎是不由自主地这么说了。

这是我以列席代表身份参加讨论三天来说的第一句话，当着许多白发苍苍的老教授们说的第一句话，当着华南大组全体代表说的第一句话。

谎话，是语言的恶性裂变现象。说一颗纽扣是一颗钻石，并欲使众人相信，就得编出一个专门经营此种“钻石”的珠宝店的牌号，就得进一步编出珠宝店所在的街道和老板或经理的姓名……

我说，我是电影学院导演系“文革”前的毕业生。我说，某某著名电影导演曾是我的老师。

我说，如果不发生“十年动乱”，我也许拍出至少两部影片了……

为了使代表们不怀疑，我给自己长了五岁。

散会后，许多人对我点头微笑。“文革”前的毕业生，无论毕业于文、理、工学院，还是毕业于什么艺术院校，代表们都认为是他们的学生。

七

会议主持者在会议室门外等我，和我并肩走入餐厅。边走边说，希望我明天谈谈“四人帮”所推行的极“左”教育路线，对艺术院校教育方针教育方向的干扰破坏。我只好“极其谦虚”地拒绝。

我不是一个没有说过谎的人。但是，跨出复旦校门那一天，我在日记上曾写下过这样的话：“这些年，我认清了那么多虚伪的人，见过那么多虚伪的事，听过那么多谎话，自己也违心地说过那么多谎话，从此我要做一个诚实的人……”

我这“要做一个诚实的人”的人，在许多高等教育者面前，撒了一次弥天大谎！那的确是我离开大学后第一次说谎，不，第二次。第一次是—— 我打了“电影童星”一记耳光而说是跟他“闹着玩”。

我第二次说谎，像一个谎话连篇的人一样，说得那么逼真，那么周正。

我内心感到羞耻到了极点。一个毕业于名牌大学的青年，仅仅由于在某一个不正常的时期迈入了这所大学的校门，便如同私生子隐瞒自己的身世，在许多高等教育者面前隐瞒自己的“庐山真面目”，真是历史的悲哀！就个人心理来说，这是十分可鄙的。

但这绝非我一个“工农兵学员”的心理。这种心理，像不可见的溃疡，在我心中，也在不少“工农兵学员”心中繁殖着有害的菌类。对于一个国家的高等教育，又多么可悲！宛如太上老君的“炼丹炉”中倒出了“山楂丸”。

我的谎话，当晚就被戳穿：我们编辑部的某位领导来西苑看望在华南组的一位老同事……

第二天，我迟到了十分钟。在二楼楼口，被一位老者拦住。

他对我说：“你先不要进会议室。”

我迷惑地望着他。

他又说：“大家已经知道了。”

我问：“知道什么了？”

“知道你是一个‘工农兵学员’。”他那深沉的目光，严肃地注视着我。

我呆住了。

他低声说：“大家很气愤，正在议论你。你为什么要扯谎呢？为什么要欺骗大家呢？”他摇摇头，声音更低地说：“这多不好，这真不好！有的代表要求向大会简报组汇报这件事啊！……”

不但不好，而且很糟！

在全国“高教”会上，在粉碎“四人帮”后，谎言和虚伪正开始从崇高的教育法典中被肃清，一位列席代表，一位“工农兵学员”，却大言不惭地自称是“文革”前电影学院导演系的毕业生，这的确是太令人生气了。

我垂下了头，脸红得发烧。

我羞惭地对那老者说：“您替我讲几句好话吧，千万别使我的名字上简报啊！”

他说：“我已经这样做了。”

他的目光那么平和。

平和的目光，在某些时刻，也是最使人难以承受的目光。我觉得他那目光是穿透到我心里了。

他说：“我们到楼外走走好吗？”

我默默地点了一下头。

我们在楼外走着，他向我讲了许多应该怎样看待自己是一个“工农兵学员”的道理。当他陪着我走回到会议室门前，我还是缺乏足够的勇气进入。

他说：“世上没有一个人敢声明自己从未说过谎。进去吧！”挽着我的手臂，和我一齐进入了会议室。

那一天我才知道，这位令我感激不尽的老者，原来是老教育家吴伯箫。

吴老是我到北京后，第一个引起我发自内心的无比尊敬的人。

“高教”会结束后，他给我留下了他家的地址，表示欢迎我到他家中去玩。

那时他家住沙滩。我到他家去过两次。

第一次他赠我散文集《北极星》。

第二次他赠我散文集《布衣集》，并赠一枚石印，上刻“布衣可钦”四字。他亲自替我刻的。

两次去，都逢他正伏案写作。一见我，他立刻放下笔，沏茶，找烟，面对面与我相坐，与我交谈。

他是那么平易近人，简直使我怀疑他是个丝毫没有脾气的人。

他脸上的表情总是那么安详。与我说话时，眼睛注视着我。听我说话时，微微向我俯着身子。他听力不佳。

我最难忘的是他那种目光，那么坦诚，那么亲切，那么真挚。注视着我时，我便觉心中的烦愁减少了许多许多。

那时他家的居住条件很不好。因附近正在施工，院落已不存在。他家仅有两间厢房。每次接待我的那一间，有十三四平方米，中间以木条为骨，裱着大白纸，作为间壁。里边一半可能是他的卧室，外边一半是他的写作间。一张桌子，就占去了外间的大部分面积。我们两人落座，第三个人就几乎无处安身了。房檐下，生着小煤炉，两次去他家都见房檐下炊烟袅袅，地上贴着几排新做的煤饼子。

我问他为什么居住条件这样差。

他笑笑，说："这不是蛮好吗？有睡觉的地方，有写作的地方，可以了。"

告辞时，他都一直将我送到公共汽车站。

我向他倾诉了许多做人和处世的烦恼。他循循善诱地开导了我许多做人和处事的道理。

他这样对我说过：多一分真诚，多一个朋友；少一分真诚，少一个朋友。没有朋友的人，是真正的赤贫者。谁想寻找到完全没有缺点的朋友，那么就连他自己都不可能成为他的朋友。一个人有许多长处，却不正直，这样的人不能引为朋友。一个人有许多缺点，但是正直，这样的人应该与之交往。正直与否，这是一个人品质中最重要的一点。你的朋友们是你的镜子。你交往一些什么样的朋友，能衡量出你自己的品质来。我们常常是通过与朋友的品质的对比，认清了我们自己实际上是一个怎样的人……我们北影的一位同志，从前曾在吴老领导下工作过。他敬称吴老为自己的"老师"——他已经是四十五六岁了。我常于晚上看见他在厂院内散步，却从未说过话。

有次我们又相遇，他主动说："吴老要我代问你好。"我们便交谈起来，主要话题谈的是吴老。

他告诉我这样一件事：当年他与六个年轻人在吴老直接领导之下工作，某天其中一人丢了两百元钱，向吴老汇报了。吴老嘱他不要声张，说一定能找到。过了几天，六个年轻人都在场的情况下，吴老将两百元钱交给失主，说："你的钱找到了。不知是哪位同志找到后放到我抽屉里了。"失主自然非常高兴。当天，又有两百元钱出现在吴老抽屉里。原来他交给失主的那两百元钱，是他自己的。但对这件事，他再也没追究过。六个年轻人先后离开他时，都恋恋不舍，有的甚至哭了……

"因为吴老当时很信任我，只对我一个人讲过这件事。"我那位北影的同事说，"吴老认为，究竟谁偷了那两百元钱，并不重要。重要的是，六个年轻人中，有一个犯了一次错误，但自己纠正了。这使我感到高兴啊！”

听了这件事以后，我心中对吴老愈加尊敬。他使我联想到了苏联教育家马卡连柯。

对年轻人宽宏若此，真不愧老教育家风范。

因吴老身体不好，业余时间又在写作，我怕去看望他的次数多了，反而打扰他，就再未去过他家。

我最初几篇稚嫩的小说发表后，将刊物寄给他。

他回信大大鼓励了我一番，而且称我“晓声文弟”，希望我也对他的作品提出艺术意见，使我愧怍至极。信是用毛笔写的，至今我仍保存。

半年后，我出差在外地，偶从报纸上看到吴老去世的消息，悲痛万分。将自己关在招待所房间里，失声恸哭一场……《北极星》和《布衣集》，我都非常喜爱。我们中学时期语文课本中的一篇《延安的纺车》，便收在《北极星》中。但相比之下，我更喜爱《布衣集》。

我将《布衣集》放在我书架的最上一档，与许多我喜爱的书并列。

吴老，吴老，您生前，我未当面对您说过这句话，如今您已身在九泉之下，我要对您说——您是我在北京最尊敬的人。不仅仅因为当年您使我的姓名免于羞耻地出现在全国第四次“高教”会的简报上，不仅仅因为您后来对我的引导和教诲，还因为您的《布衣集》。虽然它是那么薄的一本小集子，远不能与那些大部头的长篇小说或什么全集、选集之类相比，虽然它也没有获得过什么文学奖，但您却真挚地召唤并在思想上、情操上实践着“布衣精神”。这种精神目前似乎被某些人认为已经过时了，似乎已经不那么光荣了，似乎已经是知识分子的“迂腐”之论了。

您在给我的信中却这样写道：“我所谓的‘布衣精神’，便是不为权，不为钱，不为利，不为名，不为贪图个人一切好处而思想，而行为，而努力工作的精神。知识分子有了这种精神，才会有知识方面的贡献。共产党人有了这种精神，才会有实现共产主义理想方面的贡献。因而‘布衣精神’不但应是中国知识分子的精神，尤其应是中国共产党人的精神……”

吴老，您是老知识分子，您亦是老共产党员。从这两方面，我都敬您。您是将“布衣精神”，作为一个知识分子的品格原则的，也是作为一个共产党人的品格原则的。您对这种精神，怀着一种儿童般的执着锲而不舍。但愿我到了您那样的年纪，能有资格毫不惭愧地对自己说：“我不为权，不为钱，不为利，不为名，清清白白地写作，清清白白地做了一辈子人，没损害过侵占过或变相侵占过老百姓一丁点利益！……”

如今穿布衣的知识分子少了，穿布衣的共产党人少了，穿布衣的共产党的领导干部也少了。因为有了的确良、的卡、混纺，其他什么什么的。共产党如果成了布衣党，在二十世纪八十年代的今天，未免滑稽可笑。但共产党如果成了失掉“布衣精神”的党，那则不滑稽也不可笑了，而令人心中产生别的一番滋味了！

您正是在身后留下“布衣精神”的一息微叹，召唤着一种党风，召唤着一种党的干部之风啊！

现实真真有愧于您生前那儿童般执着的信念和寓言般朴素的思想啊！我们这个国家，我们这个民族，因民族心理的积淀和种种历史渊源所至，一向是崇尚权力的。而封建王权便是以这种崇尚为其社会基础的。这是我们民族愚昧的一面。人类不应受王权的统治，而只应受知识的统治。这叫人类文明，或曰“精神文明”。有一个时期我们的社会似乎有一股崇尚知识的良好风气开始发端，但很快又被对金钱的崇拜所涤荡了。

金钱，这个讨人喜爱的怪物，吞噬着某些中国人的灵魂，吞噬着某些中国共产党人的灵魂。

前一时期，省委书记有兼某某公司经理者，市委书记有兼某某公司经理者，地县委书记们更趋之若鹜，甚至连军区司令员副司令员，也成了戴着红领章红帽徽的买卖人。是为老百姓赚钱吗？还是赚老百姓的钱？更有他们的妻子儿女，假经商之名，堂而皇之地行走私之实。不走私，国外银行何以能够几万十几万地立户头？

连《参考消息》上都登了，大概总不至于是无中生有，阶级敌人对共产党的诬蔑吧！不是说“先使一部分人富起来”吗？应该是先使人民中的一部分人富起来才对啊！倘我们共产党的干部们，都利用职权，着急忙慌地，争先恐后地先使自己富起来，还算什么“全心全意为人民服务的党”？

中国是中国人民的中国。中国的一切财富，巨细无遗，都是中国人民创造的。任何侵吞、挥霍、浪费人民财产的行为，都不应是中国共产党的干部们的行为，都是丑行，都应受到法律的制裁。人民希望是这样。如今人民对党也只有希望而已。希望“对外开放，对内搞活经济”的政策不变；希望党风彻底好转；希望党内有几位“包龙图”，铲除邪恶，辅佐“朝纲”；希望改革之举成绩更大，弯路更少。而最大的希望则是——党内损公肥己、以权谋私者们不再继续下去。人民是既痛恨他们，又拿他们没办法。因为人民已将权力交给了他们，就像李尔王将王杖交给了对自己始而恭顺继而飞扬跋扈的女儿女婿们一样。

老百姓有句话——“再一再二不可再三”。这也是希望。中国的老百姓是全世界最仁义最厚道的老百姓，他们很通情达理。江山是老共产党人打下的，打下了江山的人们有资格伸手向人民要好处。人民给，而且人民已经给了。包括他们的子孙辈们伸手向人民要或者就是像拿自己家里的东西一样去拿，去捞种种特殊的好处，人民也能宽宏地沉默着。中国的老百姓真是太仁义太厚道了。但是中国很穷啊！中国老百姓的生活普遍还很穷啊！要达到小康，还得努力奋斗到本世纪末呢！人民给不了那么多，人民负担不起。什么事情都得慢慢儿来，也得容人民慢慢儿给，别捞得太急了。即便是再一再二又再三，老百姓也还是只有希望而已。哪个国家的老百姓比中国的老百姓更仁义更厚道呢？哪个国家的老百姓比中国的老百姓更善于忍耐，更善于在忍耐之中仍怀抱着不泯的希望呢？以权谋私者，一心只想自己先富起来，全不将人民利益放在心上者，是应该感到羞愧的。

就在几天前，哈尔滨市一家制本厂厂长来找我，还讲到这样一件事：他们厂要买一台某种型号的印刷机，难以买到，就有人好心地为他介绍了一位经商的干部子弟。

对方说：你们要买的印刷机我有，可以卖给你们，但你们得给我百分之十的“个人劳务费”。给，明天就可提货。

一台印刷机十七万元，百分之十——十万七千元。问：“给开发货票吗？”

答：“‘个人劳务费’，开什么发票？”

拿国家生产的机器转手倒卖，一张口就敢一万两万地要“小费”，还美其名曰“个人劳务”，这叫干什么？！而且更让人百思不得其解的是：持介绍信为扩大再生产买不到，怎的竟会在某些人手中囤积居奇？他们靠的是哪方面的权力？

一天，我正在办公室写作，父亲来叫我，说家中来了一位个子高高的外国人。

我到北京后，素少交际，更从未结识过外国人，心中不免十分疑惑。

回到家中，果见一外国人静坐以待——申·沃克！

自从他离开复旦后，我从未见过他，以为他再也不会到中国来了。

想不到他竟从天而降，我们彼此的高兴心情，不必赘述。

我向父亲介绍道：“这是我的朋友，瑞典人。”

与英国一家电视台记者在一起

沃克站起身，头触到了吊灯罩子，噼里啪啦掉下无数塑料饰穗。

他脸倏地红了，立刻弯腰去捡。他那高个子，弯下去就很困难。只好曲一膝，跪一膝，像一个高高挑挑的外国小姐，正行着屈膝礼时一条腿抽筋了。

我忍笑帮他捡。

父亲则冷冷地瞧着他，又冷冷地瞧着我，不知我什么时候，在什么情况之下认识了这个外国人，而且称他为“朋友”。父亲是怕我出了点名，忘乎所以，犯什么“国际错误”。父亲习惯于将“里通外国”说成“国际错误”。对与外国人交往这种事，父亲的思想认识仍停滞在“文革”时期，半点也没“开放”。

他常说：“别看那些与外国人交往的中国人今天扬扬得意的样，保不准哪一天又会倒霉，到时候哭都来不及。”

沃克将那些被碰掉的塑料饰穗全部接过去，从容不迫地往吊灯罩上安装。

我见父亲那种表情，怕沃克敏感到什么，又补充介绍道：“在复旦时，我们俩在一个宿舍住过呢！”

沃克安装完毕，对父亲笑笑，落座，也说：“我和晓声是非常好的朋友，我在中国交往的第一个朋友。那时还是‘四人帮’时期呢，我们的友谊是经过了一些考验的。”说着转脸瞧我，意思是问我——对吗?

“正是这样。”我对他说，也是对父亲说。

父亲“哦，哦”应着，退出屋去，再未进来。

如今，一个中国人能称一位外国人为自己的朋友，倘若这外国人又是来自所谓西方世界，诸如瑞典这样一个“富庶国家”，并且还是一位年轻的博士，那么仿佛便是某些中国人的不寻常的荣耀了。

我称沃克为自己的朋友，不觉得在名分上沾了他什么光。他视我为朋友，也肯定不会自认为是对我的一种抬举。他的博士头衔，在我看来也并不光芒四射。他获得这学位的论文——《中国古代民歌研究》，还是在大学时我帮他搜集资料、抄写卡片，互相探讨之下完成的。

他这次是到驻中国的一个办事机构工作的。他从《青年报》上看到介绍我的小文章，才询问到我的住址的。

以后，他几乎每星期六晚上都到我家中来做客。他喜欢喝大米枣粥，喜欢吃炸糕、黄瓜罐头，还喜欢吃饺子。我们就每个月让他吃上两顿饺子，更多的日子只以粥相待。

八

榆树上有一种令人触目惊心的肉虫，我们北方人叫它“贴树皮”，又叫“洋辣子”。寸余，黑色，有毛，腹沟两侧尽蜇足。落人衣上，便死死贴住，抖而不掉。落人皮肤上，非揪之拽之不能去。虽去，则皮肤红肿，似被蜂刺，两三日方可消肿止疼。这一点类同水蛭，样子却比水蛭更令人讨厌。而且它还会变色，在榆树上为黑色，在杨树上为白色，在槐树上为绿色。

有些中国人，真像“贴树皮”。其所“贴”之目标，随时代进展而变化，而转移。研究其“贴”的层次，颇耐人寻思。先是贴“官”。

“某某局长啊？我认识！”

“某某司令员啊？他儿子和我是哥儿们！”

“某某领导啊？他女儿的同学的妹妹是我爱人的弟弟的小姨子！”

七拐八绕，十竿子搭不上的，也总能搭上。搭上了，便“贴”。

此真“贴”者。

还有假“贴”者，虽也想“贴”，却毫无机遇，难以接近目标，在人前故出“贴”者语而已，为表明自己是“贴”着什么的。

我们在生活中，不是经常能看到一些人，为了巴结上某某首长或某某首长的儿子女儿，极尽阿谀奉承，钻营谄媚，讨好卖乖之能事吗？图的什么呢？其中不乏确有所图者。也有些人，并无所图，仅获得某种心理安慰而已。仿佛“贴”上了谁谁，自己也便非等闲之辈，身份抬高了似的。

继而“贴”港客。港客本也黄皮肤黑头发黑眼睛，炎黄子孙，龙的传人，我们同胞。相“贴”何太急？盖因港客在“贴”者们眼中都挺有钱。有钱，现今便仿佛属“高等华人”一类了。其实，他们除了比一般大陆人有些许钱，究竟“高”在哪儿呢？就钱而论，香港也绝非金银遍地，香港人也绝非个个都腰缠万贯。“港客”中冒牌的“经理”、伪装的“富翁”，心怀叵测到大陆来行诈的骗子，近几年仅披露报端的还少吗？

然而“贴”者们为了捞到点好处，明知对方是骗子，也还是要不顾一切地“贴”将上去的。骗子身上揩油水，更能显示其“贴”技之高超。

“贴”港客，比“贴”某某领导某某干部实惠。小则打火机、丝袜、化妆品、假首饰什么的，大则录音机、照相机、彩电、录像机等。只要替他们在大陆效了劳，论功行赏，是不难得到的。港客还似乎比某某领导某某干部们大方。你要从某某领导某某干部家拎走一台录音机？休想！一般情况下，他们是习惯了收受而不习惯给予的。“贴”领导干部者，实“贴”权势二字也。古今中外，权势都并非可以白让人走“贴”的，得“上税”。以靠攀附上了某种权势而办成一般人们办不成的事的，统计一下，不付出什么的有几个？“贴”港客者，实“贴”钱“贴”物也。钱亦物，物亦钱，都是手可触眼可见的东西，“贴”到了，实实在在。

港客照我看也分三六九等。

一等的正派地办事业和正派地经商。

二等的就难免投机牟利。

三等者流，行诈行骗，不择手段，要从大陆揣两兜钱回去吃喝玩乐罢了。

某一时期大陆上穿港服者，留港发者，港腔港调者，港模港样者，“贴”港客者，假充港客者，着实使我们的社会和生活热闹了一阵子。

“贴”者为男性，不过令人讨厌；“贴”者为女性，那就简直越发令人作呕了。男性“贴”者凭的则是无耻和技巧，女性“贴”者凭的是无耻和色相。凡“贴”，技巧也罢，色相也罢，总都得无耻一点。恰如馒头也罢，叉烧也罢，总都少不了要用点“面引子”的。

有一次我到北京饭店去访人，见一脂粉气十足的妖丽女郎，挽着一位矮而胖的五十余岁的丑陋港客，在前厅趋来复去。女郎本就比港客高半头，又足蹬一双特高的高跟鞋，犹如携着一个患肥胖症的孩子，实在令人“惨不忍睹”。那女郎还傲气凌人，脖子伸得像长颈鹿，“富强粉”面具以下就暴露出一段鹅黄色来。仿佛被她挽着的是拿破仑。真让你觉得大陆人的脸，被这等男女“贴”者们丢尽了。

还有一次，我在一家饭店与我一位中学语文老师的女儿吃饭，邻桌有俩港仔，与几个大陆“摩登”女郎举杯调笑，做派放肆。

其中一个港仔，吐着烟圈，悠悠地说：“我每分钟就要吸掉一角七分钱啦！”炫耀其有几个臭钱。

那几个女“贴”者便口中啧啧有声，表示无限崇拜，一个个眼角荡出风骚来。

另一个港仔，不时地朝我们的桌上睃视。终于凑过来，没事找事地与我对火。然后盯着我的女伴，搭讪道：“小姐，可以敬您一杯酒吗？”

她红了脸，正色道：“为什么？”

“因为您实实在在是太美丽了呀！我来到北京许多天啦，没见过您这么美丽的姑娘呀！”那种港腔港调，那种涎皮赖脸的样子，使我欲将菜盘子扣他脸上。

我冷冷地说：“谢谢你的奉承，她是我妻子。”对方一怔，旋即说：“真羡慕死你了，有这么美丽的一位妻子哟，一看就知道她是位电影演员啦！”

我女伴的脸，早已羞红得胜似桃花。她的确是位美丽的姑娘，那几个女“贴”者与之相比愈加显得俗不可耐。“你的眼力不错。”我冷冷地说，决定今天扫扫这两个港仔的兴。

“咱们交个朋友好不好呢，我们是……”他摸出一张名片放在桌上，一股芬芳沁入我的鼻孔。

名片我也有。两百张。印制精美。我们编辑部为了工作需要，给每个同志印的，也是喷香的。

我用手指轻轻一弹，将那张名片弹到地上，说：“你们可不配与我交朋友。”

他打量了我一番，见我一身衣服旧而且土，问：“您是什么人物哇？”口气中含着蔑视。

我从书包里翻出自己的作协会员证，放在桌上，说：“我是中国作家协会会员，虽然是小人物，可这家餐厅的服务员中，就必定有知道我的姓名的。”

一位服务员小伙子来撤菜盘，我问：“看过电视剧《今夜有暴风雪》吗？”

那几天正连续播放。

回答看过。

我说：“我就是原作者。”

小伙子笑了，说：“能认识你太高兴了，我也喜欢文学，就是写不好，以后可以去打扰你吗？”

我说：“当然可以。”就从记事本上扯下一页，写了我的住址给他。

那港仔讷讷地不知再啰唆什么话好，识趣地退回到他们的桌旁去了。

那一伙俗男荡女停止了调笑，用各种目光注视着我们。我的女伴低声说：“咱们走吧。”

我说：“不。饭还没吃完呢！你听着，我出一上联，看你能不能对——男‘贴’者，女‘贴’者，男女‘贴’者‘贴’男女。”

她毫无准备，低下头去。

我又说：“听下联——红苍蝇，绿苍蝇，红绿苍蝇找苍蝇！”说罢，站了起来。

她也立刻站起。

我低声说：“挽着我的手臂，咱们走。”

她便顺从地挽着我的手臂，与我一块儿走了出去。走到马路上，走了许久，我一句话未说。

她欲抽回手臂，然而我紧紧握着她的手。

她不安地问：“你怎么了？”

我这才说：“听着，你知我将你当妹妹一样看待，你就要调到广州去工作了，那里这类港客也许更多，那类女孩子也许更多，如果你变得像她们一样分文不值，一样下贱，你从此就别再见我了。见了我，我也会不认识你！”

她使劲握了一下我的手，低声说：“你看我是那种女孩子吗？”

我知她绝不会变成像她们那样，我完全相信这一点。我常想，中国人目前缺的到底是什么？难道就是金钱吗？为什么近几年生活水平普遍提高了，中国人反而对金钱变得眼红到极点了呢？在十亿中国人之中，究竟是哪一部分中国人首先被金钱所打倒了？！社会，你来回答这个问题吧！

有一次，我在北太平庄碰到这样一件事：一个外地的司机向人询问到东单如何行驶路近。那人伸手毫不羞耻地说：“给我两元钱就告诉你，否则不告诉。”

司机又去问一个小贩，小贩说：“先买我一条裤衩我再告诉你。”

司机长叹，自言自语：“唉，这还是在首都啊……”那天我是推着自行车，带儿子到北太平庄商场去买东西。儿子要吃雪糕，尽数兜中零钱，买了四支。交存车费时，没了零钱，便用一元向那卖雪糕的老太婆兑换。

她却问：“还买几支？”

我说：“一支也不买了，骑车，还带孩子，拿不了啦。”

她说：“没零钱。”将一元钱还我，不再理我。我说：“我可是刚刚从你这儿买了四支啊！”

她只作没听见，看也不看我一眼。

倒是看自行车那老人，怪通情达理，说：“算啦，走吧，走吧。”又摇首道：“这年头，人都变成‘钱串子’了……”

所幸并非人人都变成了“钱串子”。否则，吾国吾民达到了小康生活水平，那社会光景也实实在在并不美好。

看来，生活水平的提高与民族素质的提高，并不见得就成正比。

门户开放，各种各样的外国人来到中国。“贴”者们又大显身手，以更高的技巧去“贴”外国人。

此乃“贴”风的第三层次。

我看也就到此了。

因为“火星人”三年五载内不会驾着飞碟什么的到中国来。据说“火星人”类似怪物——果而有的话，不论技巧多么高超的男女“贴”者，见之也必尖叫惊走。

“贴”风有层次，“贴”者则分等级。

一等“贴”者，“贴”美国人、英国人、法国人、日本人、加拿大人、意大利人、瑞典人……二等“贴”者，就“贴”黑人。

在这一点上，颇体现了中国人的国际态度——不搞种族歧视。

三等“贴”者，只有依旧去“贴”港客了。一边“贴”住不放，一边又不甘心永远沦为二等，用俗话说：“骑着马找马。”

有一次沃克对我说：“你们中国人如今在外国人面前怎么变得这么下贱了啊？和外国人认识没三天，就会提出这样那样的请求。想摆脱，却纠缠住你不放……”

我虎起脸，正色道：“请你别在我家里侮辱中国人！”

他没想到我会对他说出如此不客气的话，怔怔地望了我片刻，不悦而辞，其后旷日不至。我以为我把他得罪了。他终于还是来了，并诚恳地因那番说过的话向我道歉。

其实沃克的话，对某些中国人来说，是算不得什么侮辱的。他不过说出了一种“下贱”的现象。

“贴”外国人者，已不仅是为了钱，为了物，还为了出国。“廉者不受嗟来之食”，我们的老祖宗自尊若此，实乃可敬。

有时不免胡思乱想，倘哪一个外国阔佬，别出心裁，在天安门广场大摆案条，置种种外国货于案上，大呼：“嗨，你们中国人来随便拿吧！”会不会有千人万众，蜂拥而抢，挤翻案条，打破脑袋呢?

沃克常到我家来，而且次次开着小汽车来，就引起一些人对我的格外注意。

于是就有人问我：“能不能帮忙换点外汇券？”我总是干干脆脆地回答两个字：“不能。”

便被某些人认为太“独”，连点“方便”也不给予则个。我自己也不走这个“方便”之门。

那时我的家里还没有录音机，没有电冰箱，没有彩电，只有十二英寸的黑白电视机。比较而言，电冰箱对我们的生活，比录音机重要得多。北京的夏季太热了，剩饭剩菜，孩子的牛奶，隔日必坏。电冰箱简直成了我们梦寐以求的东西。而电冰箱又脱销，实在不易买到。但“友谊商店”却是有卖的。可我无一张外汇券。

妻不免经常对我说："你就开口求沃克一次吧！咱们就求他一次还不行吗？凭你和沃克的友谊，求他用外汇券替咱们买一台电冰箱，难道他还会拒绝呀？咱们给他人民币……"连老父亲也说："我看沃克会帮这个忙的，你开一次口，求求看。"

我想，只要我开口请求，沃克是肯定会答应的。

我向自己发誓，绝不对沃克提出这样的请求，以及类似的请求。

因为有一天，晚饭后，喝茶时，沃克望着我在地板上搭积木的儿子，忽然说："我第一次到你们家，小梁爽还不会单独玩耍，如今小梁爽已经会叫我'沃克叔叔'了，可我连一件玩具还没送给他过。"他面有愧色。

妻说："他的玩具可不少啦！"

沃克说："我下次来，一定送给他一件玩具。"我说："你何必这么认真呢。"

沃克看我一眼，说："晓声，你是我结识的中国人中，唯一没向我提出过任何请求的。"

我说："我们中国有句话——'君子之交淡如水'，我不愿在你我的友谊之中，掺入任何一点杂质。"

从那天以后，我牢牢记住了沃克的话——"你是我结识的中国人中，唯一没向我提出过任何请求的。"

我不甚知道沃克——一位年轻的瑞典博士——在中国结识了多少中国人，也不甚知道这些中国人曾向他提出过怎样的请求。但有一点我是知道的，在他结识的那些中国人中，"政府官员"是不少的。而我，北京电影制片厂的一名编辑，在全部他结识的那些中国人中，是社会地位最低的一个。"如果你我不是复旦同窗，你我就根本不会结识。因为以你的性格，你不太可能进入我所结识的那些中国人的社会圈子。"——这是他对我说的话。

我相信他的话。

"我很尊敬你们中国的学者、专家和知识分子们，他们谦虚，普遍事业心强，在外国人面前不卑不亢。对于他们提出的请求，我从来都尽力而为。他们提出的请求，很少涉及个人物质方面，都仅限于事业方面。我能帮助他们做某些事，心里常常感到很高兴。他们的事业，代表着中国的某些事业。事业与个人利益，文化科学知识与物质，这两类截然不同的请求，区别了我所结识的两类截然不同的中国人的素质。"——这是他对我说过的另一番话。

他的这些话，使我为某些中国人自豪亦为某些中国人悲哀。

有一次我故意问他："在你结识的中国人中，有请求你帮助他们买电冰箱的吗？"

他说："岂止是买电冰箱啊！"

他告诉我，有一位什么什么局长，通过什么什么关系认识了他，然后便多次主动请他到家中做客，并把自己的两位女儿介绍给他。再后来通过第三者向他暗示，希望他这位年轻的瑞典博士成为他的大女婿或二女婿。"无论我爱上哪一个都可以。'两个之中任你挑'——他们就是这么对我说的！"沃克那张英俊的、王子气质的脸上，呈现出极其鄙夷的表情。

我说："那你就挑一个呗！你不是希望寻找一个中国姑娘做你的妻子吗？"

沃克愤愤地说："可我是要在中国自己寻找，而不是要别人向我兜售！"

我说："你应该理解他们的心情！"

沃克说："我当然理解，简直太理解了！我直言不讳地告诉他们，在那两个姑娘之中，我一个也爱不上！并劝他们死了这条心！我觉得他们是在侮辱我，可你猜他们继而又向我提出什么样的请求？"

我说："猜不到。"

沃克说："你认真猜猜。"

我想了一会儿，摇头。

沃克说："他们请求我，将别的外国人介绍给那位局长的两个女儿！我问他们，中国男人那么多，为什么非要替自己的女儿找一个外国人做丈夫？他们回答得很坦率：'在北京，局长一级的干部多得是。而且我这位局长快退休了，女儿们没什么大本事，找个外国人做丈夫，将来可以到国外去，幸福有个依靠。'你们某些中国人替自己女儿考虑的所谓的幸福，竟是找一个外国人做丈夫！"

他感到又失口了，连忙看着我说："请原谅。"我说："你的话有道理。"也许我的表情过于严肃，沃克的表情也郑重起来。

他思考片刻，低声道："我今后再遇到这类事情，当面轻蔑他们不过分吧？"

我说："随你。"

妻接着我的话说："沃克，别听他的！他是存心想当现行反革命，我今年才三十二岁，对这类事连听也不听。我可不想当现行反革命家属！"

我说："如果我说这番话便被打成现行反革命，那他妈的中国算是没救了！"

妻用恳求的目光瞪着我，我不忍再增加她心中的不安，便换了个话题。

但接下来的交谈却显得非常勉强。

九

那天，沃克分明也是怀着一种不佳的心情告辞的。

我没料到父亲在门外偷听到了我与沃克的那番谈话。沃克走后，父亲进屋来，指着我狠狠地大声训斥：“你小子别烧包！你他妈的从北大荒到了上海去念大学，又从上海分配到北京，每个月六十多元的工资拿着，连奖金算上起码七十元，比我当四级泥水工时的工资少不了几元，老婆也有了，儿子也有了，你还对这不满那不满，你还怂恿一个外国人去骂共产党的干部！我要是共产党，我要有权，也坐地打你一个现行反革命！再把你发配到北大荒去劳改一辈子！看你还烧包不烧包！……”

对于父亲的怒斥，我只有低头默默而已。

父亲还说：“我告诉你，以后你写文章，只许说共产党好，不许说共产党不好，一句不好都不许说！一篇文章一百多元的稿费，再好的党也不肯花钱雇你骂它的！”

我依旧默然而已。

有这样一位老父亲，我常感到在家中的言论颇不自由。别说我脑后并无“反骨”，即便生着块所谓“反骨”，有老父亲天天对我“警钟长鸣”，“反骨”也会渐渐变成软骨的。何况我对我们的党，没来由怀什么刻骨仇恨，不过是希望它更伟大更纯洁更光明更正确罢了。

但为了向父亲表示我铭记了他的话，我就将儿子从地板上抱起，亲了一下，说：“爸爸是绝不会被打成现行反革命的，今天的共产党已经不是过去的共产党了！爷爷的担心是不必要的。”

儿子却从我怀中挣向妻，奶声奶气地说：“妈妈抱，摸咂咂！……”

下一个星期六，沃克又来时，果然给儿子带来一个玩具，是一只黄色的、毛茸茸的、会叫的小狗，说是在友谊商店买的。

妻问：“那里有电冰箱吗？”

沃克回答：“有啊。有双开门的日立牌电冰箱，你们要买？”我瞪了妻一眼，妻立刻回答：“不，我们已经托别人买了。”沃克说：“要是买不到，我给你们买。”

我说：“能买得到。”

儿子从床底下拖出一个纸板箱，把里面的玩具一样样摆在地板上：飞机、火车、大炮、坦克、小狗、小猫，等等，摆了一长溜。

儿子不知从哪儿翻出一个小盘大的毛主席像章，还挺新的。

沃克用一串钥匙从儿子手中哄过主席像章，一边欣赏一边说："只听说中国'文革'中有这么大的毛主席像章，今天头一次见到！"欣赏一会儿，拿着问儿子："知道这是谁吗？"两岁半的儿子回答："大胖子！"说着从沃克手中夺过像章，就在地板上滚着玩。

我非常生气，从地上捡起像章，举手就欲打儿子。妻赶快将儿子抱走，说："你打孩子干什么？他出生的时候，毛主席已经逝世五年了，他不知道毛主席是什么人就成过错了？"

我举起的手，缓缓地放下了。

我暗想：一代人有一代人的崇拜。这就是历史。历史有它自己的法则，不以人的意志为转移。将来儿子长大了，当然会知道毛泽东是一位什么样的历史人物的。但是会不会崇拜毛主席，那就很难说了。也许他会崇拜一位足球名将、电影明星、哲学家、艺术家、作家、歌星、音乐家，或者一位时装模特，或者一位改革者，或者一位非常非常有钱的什么什么人……

让他自己去选择吧！

他那一代的精神和思想，应比我们这一代获得更大的自由。

而精神和思想，它所代表的全部人类社会的文明，其实只用两个字就可以概括——自由。

没有精神的自由和思想的自由，所谓社会文明，不过是写在布满灰尘的桌面上的词句，在擦桌子的时候便被抹布一块儿擦掉了。

儿子受到我那一句喝骂，又见我欲打他，吓哭了，哭得十分之委屈。妻便将他抱往邻居家去。

沃克见我沉思，问："你想什么呢？"

我说："我在想崇拜这个问题。"

沃克又问："你至今仍崇拜毛主席？"

我沉思良久，说："崇拜是人类的童年心理，我们这一代人的崇拜季节已经过去了。"

于是我们的话题很自然地谈到了毛主席的功过方面。我说："我依然认为毛主席是中国历史上从古至今十分伟大的人物，也是世界历史上十分伟大的人物。"

"可你刚才还说你们这一代人的崇拜季节已经过去了……"沃克表示不解。

我一时不知如何才能向他解释清楚。

我又陷入了沉思，在沉思之中回顾我们这一代人的心理历程和思想历程。

我耳畔仿佛有千百万童声在齐唱着这样一首歌：

我们新中国的儿童，
我们新少年的先锋，
团结起来，
继承我们的父兄，
不怕艰难不怕担子重，
为了新中国的建设而奋斗，
学习伟大的领袖毛泽东……

我们这一代人，就是唱着这首歌长大的。红领巾是我们的骄傲。少先队队礼表达着我们对美好事物的崇高敬意。少先队队鼓使我们的童心激动无比。我们这一代中的大多数人幼年、童年乃至青少年时期不知巧克力为何物。五十个人的玩具加在一起也没有儿子的玩具多。一件新衣服会使我们欢欣雀跃。新衣服是爸爸或者妈妈买的，可我们都普遍地认为最应该感激的是毛主席和共产党。没有毛主席，就没有共产党。没有共产党，就没有新衣服。我们的父辈虔诚地在我们的头脑中打上这种“胎记”。全社会唯恐我们忘却了我们来到这个世界上并且生存下去的意义只有一个——知恩图报。后来我们长大了。我们就开始唱另外一首歌：

我们年轻人，有颗火热心，要为真理而斗争，
哪里有困难，哪里有我们，赤胆忠心为人民，
不怕千难万险，不怕山高海深，高举革命的大旗，
激浪滚滚永向前，永向前！……

我们唱着这首歌经历了三年自然灾害。我们这一代大多数人的胃，消化过野菜、草籽、树叶。而人造肉、豆饼、糠皮在我们看来都是好东西。可我们唱那首“青年进行曲”时声音嘹亮，并不气短。

我们这一代人当时的悲剧在于我们追求一种“革命思想”的热情，超过我们追求文化知识的热情，而任何“革命思想”如果没有文化知识作为奠基石，与宗教教义相差无几。我们不懂得这一点，社会也不懂得这一点。我们所接受的文

化教育，是在“革命思想”的灰锰氧中浸泡过的。而我们所受到的一切“革命思想”教育的全部内涵，其实只用两句词儿就足以概括——热爱吧！感激吧！在中学政治课堂上，我们的头脑中渐渐形成了这样一条结论——领袖即党。

于是，我们的热爱之情，感激之情，集于一人一身，明白而又明确。

于是，在“文化大革命”中我们这一代人的热爱、敬仰、崇拜、服从便达到了“无限”的“光辉顶点”。这是整整一代人的狂热，整整一代人的迷乱。而整整一代青年的迷乱与狂热对于社会来说，是飓风，是火，是大潮，是一泻千里的狂澜，是冲决一切的力量！当这一切都过去之后我们累了。当我们感到累了的时候，我们才开始严峻地思考。当我们思考的时候，我们才开始真正长大成人。当我们长大成人了，我们才感到失落。当我们失落了，我们才感到愤怒。当我们愤怒了，我们才感到失望。当我们感到失望了，我们才觉醒。当我们觉醒了，我们才认为有权谴责！

试问，有谁比这一代人精神上所造成的失落更空洞？有谁比这一代人所感到的失望更巨大？有谁比这一代人的谴责更激烈？

然而今天，当中国的历史又翻到崭新一页的时候，我与我的同龄人谈到毛主席的时候，几乎所有的人都说过这样的话：“毛主席毕竟是一个伟大的人物。”

历史的评价是那么公正地体现在我们这一代人身上。我们不再是历史的奴仆。我们拿历史来做我们的眼睛。我们用我们的思想来做中国这一段历史的终结。它将不仅仅是用文字写在种种历史的或政治的教科书上，它是用我们昨天的和明天的社会行为写在我们的心路历程和思想历程上。

我对沃克讲到这样一件事：不久前我到河南某市某工厂去体验生活，见一车床前竖立一木牌，上写“光荣车”三个红字。我以为操作这台车床的青年工人是劳模，一问却不是。原来某某中央领导同志到这个工厂来视察过，同这个工人握过手，说过几句话。

因问：“谁让竖这块牌子？”

答曰：“厂党委决定的。”

又问：“不影响视线吗？”

答曰：“当然影响。”

再问：“出了事故怎么办？”

那青年工人默然。

问：“你并不喜欢在自己车床前竖这块牌子吧？”说：“叫我如何回答你呢？”

我对他讲，他应该向领导阐明利害，建议领导去掉这块牌子。

他说："这样的建议怎么能向领导去提呢？"

我说："那我替你去向领导提。"

他慌了："千万别，领导会以为我对你说了什么不该说的话。"

我说："你放心好了，我只字不提你。"

我便去找这个厂的领导们，希望他们去掉那块木牌。

他们大不以为然，都用不乐意接受的目光瞧我。我说："这不仅是我的希望，也是我的批评。每个中国人在今天都有权对这一类事情提出批评。第一，那块牌子竖在车床前，一天不擦，就会积满灰尘，有碍观瞻。天天都擦，使工人增加了一件小小的麻烦事。他们嘴上不说，心里并不高兴。崇敬若非出于自愿，定然适得其反。第二，它挡住光线，也挡住工人的视线，违反安全生产条例，也许会成为什么不幸事故的隐患。第三，中央领导同志肯定不知道你们这种做法，知道了也会批评你们。第四，它早早晚晚是要被去掉的。早去掉，主动。晚去掉，被动。晚去掉莫如早去掉的好。第五，它竖立在那里，没有任何实际意义。"他们面面相觑了一阵，其中一个说："我们将那块牌子竖在那儿还没多久。竖在那儿的时候，无须解释什么，人人明白。再由我们决定去掉，就总得解释几句吧？不解释不太像话吧？可又叫我们如何向工人们解释呢？"

传统是一种无形的力量。照"传统"去做什么事，人们大抵心安理得。但某些"传统"也往往是一种腐朽的力量。正是借助了这种力量，封建帝王的黄绫圣旨才会演变成为"最高指示"……

我想，他们在车床旁竖起那块木牌时，内心里的虔诚无疑是要比迷信的老太婆拜菩萨少得多的，否则他们绝不会对我说出那么一番左右为难的话。他们不过是习惯地按照"文革"中的一种"传统"行事罢了。没竖起之前是木头，竖起之后就成了"圣物"。若再去掉则有亵渎之嫌。我想了一会儿，便对他们说："不必为难，小事一桩。我有三全其美之策，保证做得使你们满意。"

几日后我离开那工厂时，他们主动问我，那"三全其美"之策落实没有？

我回答落实了。

他们继而追问何策？

我告诉他们，我已给中央办公厅写了一封信，请他们转中央领导，由领导批示，他们照办就得了。

他们尽数哑然、怔然、愕然。

我笑盈盈道："由中央领导同志亲自批示去掉'光荣'牌，显示了中央领导同志以身作则地反对个人迷信、反对个人崇拜的共产党人风范，此谓一美。你们坚决照办，坚决执行，只需向工人传达此示即可，不必做任何解释，此谓一美。工人们受一次反对个人迷信，反对个人崇拜的现场教育，此又谓一美。故谓‘三全其美’，难道你们还有什么不满意吗？”沃克听我讲到这里，忍俊不禁，大笑起来。

一个月后，我陪沃克到八达岭游玩。正值京郊万山红遍季节，风和日丽，天高云淡，站在万里长城之上，俯瞰四野，极目远眺，心旷神怡，顿生叹人间沧桑，发思古之幽情。我斜倚长城堞口，吸着烟，向沃克讲了“孟姜女”万里寻夫，哭倒长城的故事。

“太美了，太悲了，爱得太伟大了！孟姜女的爱情，是应该与长城共存于后世的！”年轻的瑞典文学博士竟大受感动，泪水旋旋欲坠。

沃克要为我拍一张照片，忽然有一人鬼鬼祟祟地凑到我们跟前，低声问沃克：“买毛主席像章吗？要外汇。”“你卖毛主席像章？”沃克惊讶地反问。

那是一个年轻人，身材很高，穿一件驼色毛料西服，皮鞋闪闪发光，几乎一尘不染。发式也很潇洒，架宽边珐琅框眼镜，样子颇有几分书卷气。我早已见他在游览长城的外国人中周旋，以为他是陪同翻译，未格外加以注意。我问：“你是干什么的？”

他也斜了我一眼，说：“你刨根问底的干吗？我是在和这位外国先生做买卖，又不是和你！”转对沃克说：“先让您见识见识货色！”便解开西服扣子，将衣襟对沃克一敞——在他的西服里子上，在他的毛衣上，缀挂了大大小小、各式各样的毛主席像章，向我们展示了一个“琳琅满目”。“一手交钱，一手交货，人民币一分不要！”对方说着，关上了他的“商品橱窗”。斯文的瑞典文学博士，突然用极其粗野的中国话骂了一句：“滚你妈的蛋！”

“不买拉倒，你怎么骂人？！”对方慌乱地扣着衣兜。我说：“你真是生财有道啊！快滚，要不对你可没好处！”“我滚，我滚，何必呢？买卖不成仁义在嘛……”那人嘟囔着转身快快地溜掉了。

我和沃克互相望着，游兴一扫而光。

沃克低声说：“我想回去了。”

我说：“那我们走吧。”

我们默默走下长城，乘沃克的小汽车离开了长城。

作为一个中国人，我在自己的外国朋友面前，心中已不复是感到羞耻，更加感到悲哀。

人类有一种不良的心理，我们叫它“报复”。历史有一种无情的规律，被历史学家们解释为“逆转”，被哲学家们解释为“走向反面”，被迷信者们解释为“轮回”。

迷信的瓦解是神祇的悲剧，权威的沦丧是伟人的不幸。“一句顶一万句”实现不了共产主义。对金钱的贪婪却也必定迷乱一个民族的心智。建设“中国式的社会主义”是对“以阶级斗争为纲”的“社会主义”的反思，但物质文明并非就是与精神文明天生连体的双胞胎。所以我最反感在我们党和国家的各种报纸上，宣扬“时间就是金钱”这种观念。

时间是历史，是生命，是无尽的永远接续的成功与失败的记录，是一个国家一个民族的命运。时间意味着一个人，一个民族，一个国家的存在。而后者存在的真正意义绝不是用金钱覆盖地球。

时间不等于金钱。“时间就是金钱”却等于说“金钱就是一切”。于是我想到了北京流传的一句话——“十亿人民九亿‘侃’，还有一亿在发展”。

“侃”者——“侃大山”之谓也。虽然夸大其词到了耸人听闻的地步，却道出了现实的某一“剪影”。

富则兴许富得很快，但却未必会使中国人变得更像二十世纪八十年代的现代人。一路望着车窗外飞闪的树木，我的头脑中闪生着许多思想的碎片。

与沃克分手时，他说：“当着你的面骂中国人，我总感到对你是一种严重的伤害。”我说：“别介意。”

他笑了，我却笑不起来。

他告诉我，他要到重庆去一次。我问他公事私事？多长时间？

他说一切待他回来后再向我“汇报”。

半个月后，沃克又出现在我家里。我用枣粥、炸年糕款待他。

我不主动问他到重庆干什么去了，虽然我那么想知道。不探问别人的私事——我尊重这种西方的礼貌。

不知为什么，我断定他到重庆去是为了某件私事。他脸上洋溢着发自内心的快乐，似乎更年轻了，也似乎更潇洒了。

吃过晚饭，我吸烟，他喝茶。他不吸烟，正如我对再好的茶也不感兴趣。他跟我谈最近的几场足球赛。

我在电视里看足球赛时，无论如何也激动不起来。我坦率地告诉他，能够使我激动起来的只有两件事——看书和打斗片。再谈一次恋爱都白搭。他表示大为怀疑地问：“你也看打斗片？”

我说：“太爱看了！不知为什么，我走在马路上的时候，经常产生一些极其古怪的念头，比如一掌击断一根水泥电线杆，运用气功使一辆疾驶的大卡车骤然停住什么的……”他就开心地笑。笑罢，瞧着我的脸，忽然问：“你为什么不问我？”我佯装莫名其妙，反问：“问你什么？”

他说：“问我到重庆干什么去了啊。”我说：“你说过回来后向我‘汇报’的。”

他说：“我不‘汇报’，你便不问？”我说：“是的。”

他说：“我现在希望你问我。”我说：“如果是这样，那么我问——你到重庆干什么去了？”

他说：“为了爱情。”“爱情？”这我可万万没想到。

“我爱上了一个重庆姑娘。”他庄严地说。我这才看出，洋溢在他脸上的，不仅是快乐，而且是由衷的幸福。

他问：“你还记得我们当年离别时，在上海朱家角小饭馆的谈话吗？”我回答：“记得。”

是的，我记得。他曾说他如再到中国来，希望寻找到一个配做他妻子的中国姑娘，而且望我帮他寻找。我认为爱情靠的是机遇，靠的是命运。所以我从未履行自己当年承接的义务。沃克毕竟是个外国人，将一个优秀的中国姑娘介绍给一个外国人做老婆，总有点那个。

十

据我所知，目前凡做了外国人老婆或者差不多做了外国人老婆的中国姑娘，大抵凭的是脸蛋和身材。外国人可不会因为一个中国姑娘“心灵美”而爱她。

选择带有物质属性的东西便要讲求质量。只有漂亮的脸蛋和美好的身材那不过是“包装美”，算不上十分优秀。拿这样的标准来衡量，就我所知的几例，不过是“输出”的“花瓶”而已。物质属性为主的东西。

我无法猜测到沃克爱上了一位什么样的重庆姑娘，希望他爱上一个优秀的，他到底还是我的朋友。沃克见我一言不发，忍不住又说：“你为什么不问我爱上了一位什么样的姑娘？”

我说：“我想她一定很漂亮。”沃克说：“比你们的刘晓庆还漂亮。”

我说：“我认为刘晓庆是位出色的电影演员，可从来也不认为她是个漂亮女人。”沃克说：“影迷们不是都认为刘晓庆很漂亮吗？”我说：“道理很简单，刘晓庆如果不是电影演员，就不会有那么多影迷认为她漂亮了。”

沃克大为扫兴，情绪有些低落。我其实并不愿扫他的兴，便问他是怎么与那姑娘认识的。

他含糊地告诉我，是在一位什么干部家中认识的。“她报考电影学院表演系，没考上，被那位干部的儿子看上了，我就与她的情人展开了一场争夺，结果我大获全胜。”我一声不吭。

我知道，电影学院或戏剧学院或其他什么剧团歌舞团招考时期，正是纨绔子弟们“采花逐蝶”的季节。文明点的就“凤求凰”，“蝶恋花”，肆无忌惮的就“王老虎抢亲”。考场上被淘汰的姑娘们，就转向情场上去碰碰运气。当不成演员，能做某某大人物的儿媳妇、孙媳妇或近乎的什么角色，虚荣心理也获得了些许满足。世界从来分为两大阵营——男人和女人。某些姑娘的美貌在她们自己看来不过是“通货”，是“股票”。可悲的是不能存入什么银行，吃点“利息”。岁月无情，时间总使美貌贬值。不趁行情看涨换点什么是最大的浪费，而有时间有精力有不泯的兴趣在她们之中“采购”的非纨绔子弟们莫属。所以她们的归宿也就大抵只能有一个，成了他们的配偶。这个词比老婆、爱人或妻子更准确。“自古红颜多薄命”，一点不假。穷小子买不起，买得起的也便换得起。“红颜”们也忒命苦！

沃克见我半天不语，低声问：“你是不是认为我……不道德？”

我说：“争夺者的胜利从来都是被争夺者的最终选择。我不过是在考虑你碰到的究竟是不是一个好的。”他说：“小雯当然非常好！不但漂亮，还很……”嗫嚅着不说下去。

“还很性感？”我替他说完。

“是的。”他脸微微一红，又说，“就是文化太低，才小学水平。字也写得太糟糕。不过这不要紧，我会帮助她提高文化水平的，还要教她学外语。我想在我的帮助下，她以后至少能掌握两门外语——英语和瑞典语。”他有些兴奋起来，接着便对他的小雯大加赞美。

我的外国朋友对我赞美一个中国姑娘，而且这姑娘又将成为他的妻子，我心中自是很高兴的。这总比他当着我的面骂中国人好。但他的许多赞美之词却使我心中产生忧郁。一个才小学文化水平，字也写得太糟糕，还想当电影演员，当不上了还成为一个素昧平生的纨绔子弟家中的寄宿客，最终又倒入一个外国人怀抱的中国姑娘，总有令人感到不那么可爱的地方。

于是我就说：“沃克，百闻不如一见啊，哪天你带她来玩吧！”沃克说：“我怎么能不带她来呢？下个星期六我们来，一定！”

沃克告辞后，我的情绪一直忧郁。妻问：“你又怎么了？”我反问：“你觉得沃克与小雯的结合会美满吗？”妻说：“你脸上的皱纹够多了，省点心吧！”

我想也是，就开始跟儿子疯一阵。我一边给儿子当马骑，在地板上奔跃驰骋，一边不可摆脱地继续想：将来我的儿子长大了，我是无论如何绝不允许他给我搞回来一个才小学文化水平，字也写得太糟糕，一心想当电影演员的儿媳妇的。这种姑娘怎么也不能引起我的好感。当客人对待也觉得别扭，别说当儿媳妇了！

星期六，妻提前半天下班，从三点多就开始忙忙碌碌地做饭炒菜，预备款待沃克和他的小雯。我拿本书，带着儿子在厂院玩。

忽然一辆小汽车在我身旁停住，我认出是沃克那辆乳白色的旅游小汽车。车门开处，沃克春风满面地钻出，打开后车门，牵着手引下一位姑娘来，向我介绍她便是小雯。她身材窈窕，穿件样式美观大方的藕荷色连衣裙，一双咖啡色高跟皮鞋，长发披肩，化了妆，不算过分。颈上挂着一串金项链。对我笑笑，脸腮上梨涡浅现。我暗想：还可以。没看出多少明显的俗来，但也说不上如何漂亮。北影厂漂亮姐每天出出入入的，我见得多了，对美貌的评价就有点苛刻。

她可不像二十四岁的姑娘，倒像一位颇有风韵的少妇。也许正因为如此，在沃克眼中，才很性感。这是女人们对付男人们的强大武器。我想沃克肯定已受“内伤”。还有她那笑，也说不上妩媚，也说不上娇娆，更说不上天真烂漫。怎么说呢？总之令我觉得放射出一种独特的魅力，也显示出性感的成分。

这可真是挺要命的！笑非表情，而属武器，女人身上可怕的意味就大大超过可爱的意味了。

我已在电影制片厂工作多年，对这类女人和她们的笑颇有研究。这是一门学问。掌握了这门学问，就不太容易被她们所迷乱了。她们尽是一元一次方程，你不必列式便能解出“根”。

虽然表面看不太俗，但却分明不属优秀。我心中暗暗替沃克悲哀。我深知我这位外国朋友并非到中国来寻花踏柳的，他是要找一个妻子。可他对所谓“东方女性美”，却有点书呆子的盲目崇拜，殊不知这玩意儿目前已成了“大熊猫”。我抱起儿子，陪他们回家。

儿子却要叫“阿姨”抱。她便将儿子抱了过去。儿子不回家，要进小汽车里玩。她说：“那我就陪孩子先在车里玩会儿吧。”

沃克见我的儿子很喜欢他未来的妻子，特别高兴，同意了。我们上楼时，沃克问：“你看她怎么样？”我说：“挺好，挺好。用你们西方人的话讲，挺性感的。”

却暗想：沃克，沃克，你是太求妻心切了些嘀！沃克说：“你一定没看出来吧？她非常爱生气呢！前天我陪她逛友谊商店，她看到一件貂皮大衣，要我买下来，我没买，她就生气了，晚上不理我。今天我把钱都带出来了，是她先陪我到你这里，还是我先陪她去友谊商店，我和她争论了半天，最后我大获全胜！”他脸上洋溢出一种快乐，仿佛女人的脾气对他是特殊的受用。

我说：“博士先生，女人的脾气永远和男人对她们的爱成正比，这一点你都不懂吗？我看她是个很聪明的女人，会掌握分寸，不超过极限的。”

沃克笑了，说：“想不到你对女人很有见解。”我说：“别忘了我是作家，研究女人是我的职业本能。”

上了楼，见在走廊里做饭的妻子，正忙碌到高潮。

妻急切地要见到小雯是个什么样的姑娘，关了煤气，停止了操作。我和沃克连屋也没进，又陪同妻走下楼来。这两个女人的见面，好像两位外交官夫人的初次结识。妻腰里还扎着围裙，将小雯当成老朋友似的，拉着手亲亲热热地说话。小雯则显得那么矜持，矜持中流露出几分高傲。那种对于男人是武器的微笑，在妻面前又变为盾牌，遮掩着只有女人们之间才能敏感地看出的什么。

她的高傲在我内心里引起了一种潜在的厌恶。虽然什么也没交谈，我却觉得已经将她看透了。我心中忽然产生一个念头，趁她还没与沃克结婚，我应该坦率对沃克讲出我的直觉印象，否则对不起朋友。如果沃克只是一时迷乱地爱上了一个女人而不打算与之结婚，我的话未必起什么作用。但他是要娶一个女人做自己的妻子，我的话对他肯定会产生重大影响。我知道这一点。

妻和沃克却分明什么也没看出来。既没看出小雯那种令我厌恶的高傲，也没看出我内心有所活动。他们都高兴得太早了。沃克的高兴，无疑是因为感到幸福，妻是因为沃克高兴自己才高兴。

儿子不肯从小汽车上下来。

小雯提议，让沃克带着她和我的儿子去兜兜风。沃克征询地看着我，我点头表示同意。儿子早已与“沃克叔叔”厮熟，会乖乖地听他的话。

他们开车走后，我和妻回到家中，首先交换印象。妻说：“挺漂亮的。”我说：“包装如此。”将心中的念头告诉了妻子。妻说：“你可千万别作孽啊！”

我就有些犹豫起来，不知对沃克讲算作孽，还是不讲算作孽。我帮妻将饭菜做好，沃克“伉俪”还不回来。我一次次蹬着自行车到厂门口去迎，终不见他那辆小汽车的影子，心中不悦。

妻一遍遍嘱咐我：“他们回来后，你可千万别给人家冷脸看啊！”两个半小时后，他们才回来。沃克抱着儿子，儿子抱着一个电动火车，小雯拎着一个纸板衣箱。

儿子一被放到地上，就将全副注意力集中在那辆电动火车上。它呜呜呜叫，在地板上跑来跑去，儿子在它后面爬来爬去。我相信那时对儿子说电动火车要用爸爸换，他也会舍得我的。妻问小雯："买了件什么衣服？"

小雯回答："貂皮大衣。""貂皮？那得多少钱呀？"妻不胜惊羡。

小雯淡淡一笑："才三千九百多元。""天！……"妻瞪大了眼睛，就请求小雯打开衣箱让她欣赏欣赏。

我瞪了妻一眼说："吃饭吧！"这顿饭吃得并不怎么欢快。

刚刚吃完，小雯便看手表。妻问："你们今晚还有别的事？"

小雯说："去海员俱乐部参加舞会，瑞典使馆举办的。"我说："那我就不留你们了。"沃克看着小雯说："再坐会儿吧？"

小雯不语。他只好站起。

妻送小雯下楼，沃克有意缓步，对我说："三天后我们将在海员俱乐部举行婚礼。我希望你们夫妻能抽出时间去参加。你知道，我的中国朋友不多。你是我在中国留学时期的同学，是我最好的中国朋友，又是一位年轻的中国作家，你能参加我会感到特别高兴的。"

我说："到那天再说吧！有没有时间参加，我会提前打电话告诉你的。"他从皮包里派出一份打印着中英文的精美请柬，郑重地交给我。

那时刻我真想将一直盘绕在头脑中的念头说出来，但努力克制了。沃克又说："你了解的，我们瑞典人，对性的观念是很解放的。我之所以要在中国与小雯举行婚礼，而不在瑞典，为的是让人们知道，我是按照中国的观念娶她为妻的，将来我也要尊重中国这一观念。你相信吗？"

我说："相信。"是的，我完全相信。沃克是位对待爱情和婚姻比较严肃的外国人。正因为我完全相信，心中才忧郁。

我没去参加他们的婚礼。几天后收到沃克一封短信，知他与小雯完婚后第三天，便双双回瑞典探望他的父母去了。信中说他们要在瑞典住一个月。

但是三个半月后他才又出现在我家里，内心里似乎藏着许多难言之隐。我问他为什么不带小雯一块儿来。他说："小雯今晚跳舞去了。"我便不再问什么。

以后他又恢复了单身时的习惯，每个星期六晚上必开着车到我家来吃晚饭，却再也没有带小雯来过一次。他的快乐消失了。

他内心的烦恼似乎愈来愈重了。

十一

一九八五年的除夕之夜，沃克也是在我家中度过的。仿佛他仍是单身汉。那一天我们喝酒了。他带来一瓶外国酒，我拿出的是中国红葡萄酒。他喝得有些醉了。

我忍不住开诚布公地说："沃克，你再也不能对我隐瞒什么！你和小雯之间究竟发生了什么事？我要求你告诉我！因为我是你在中国最好的朋友，我有责任了解！""我真没想到，她会是那样的女人！"沃克盯着酒瓶说，"她严重地践踏了我的自尊和人格，我恨她！她什么都不肯学。她自私。她认为有了美貌就有了一切！她以我妻子的身份，整天出入各种社交场合，认识的外国人比我认识的还多！她居然背着我接受其他外国人送给她的贵重首饰！这是我无法忍受的！她还与人约会，情书往来。""什么人？"我简直不能相信。

"美国人。""什么身份？""记者。"

"哪家记者？"沃克说出了美国一家大报。"你胡说！"我吼道，"你在用谎话欺骗我！……"

"我？……胡说？……"沃克的眼睛定定地瞧着我。"对！就是这样！"我站了起来，在房间里来回走动，最后站在沃克面前，大声说，"你在中国耐不住单身汉的寂寞了，你希望有一个中国姑娘能在中国合法地晚上陪你睡觉，在你感到无聊的时候为你解闷儿！如今你对她腻烦了，就编造出这些谎话，为你抛弃她在我面前制造口实！如果你拿不出充分的证据证实你的话，你就不再是我的朋友！你在我心目中就与那些欺骗和玩弄我们中国姑娘的外国佬没什么两样！……"

在地板上搭积木的儿子抬起头，不安地瞧着我，不理解我何以突然对"沃克叔叔"大发其火。

"你这是干什么？！你怎么能这样对沃克说话？！"妻严厉地制止我。沃克呆望着我。

"对不起，我有些醉了。"我因自己的失礼感到羞愧，重新在沃克对面坐下。"你没醉。"沃克低声说，从衣兜里掏出一封信递给我，"你看吧！既然你把我想象得那么坏，你看吧！如果你刚才不对我说那样一番话，我绝不会将这样一封信给你看的。我的自尊心不允许我这样做。"

我犹豫了一下，接过来看。那是一封情书，是小雯的字。在沃克送给我的他们的八寸结婚彩照背后，有沃克的签名，也有她的签名。

我认出了信上确是她的字迹。笔画歪歪扭扭，紧紧巴巴的，像蜷缩在母腹中的婴儿。满纸难看的中国字，写的尽是不知羞耻的词句。确是写给美国人的。不，一个美国人。

看完后，我半天不知对沃克说什么好，也找不到能够安慰他的话。妻从我手中拿过那封信去看。看完后，愤愤地说："沃克，离婚！你和她离婚！这样的女人，怎么还配做你的妻子？你不肯离的话，我们可就太瞧不起你了！……"

沃克说："不，我不能。这正是她巴不得我做出的决定。只要我一与她离婚，那个美国人就会想方设法将她带到美国去的。我就会遭到耻笑！那个美国人比我有钱，有地位！这件事会使我的父母感到难堪，也会影响到我回国后谋求职业的问题！……"他拍了一下桌子，显得那么冲动。我和妻都同情地望着他。一阵长久的沉默之后，沃克又低声说："也许我不该对她讲实话。"

我问："什么意思？"他说："我告诉她，也许在中国的这两年，是我以后十几年内经济情况最好的两年。因为我在中国享受的是专家待遇。虽然我获得了博士学位，但回国后得自谋职业。如果没有地方聘用我，我就会成为一个失业者。所以我劝她，为了我们今后的生活，不应要求我给她买那么多奢侈而无用的东西。在我同她进行了这样一场严肃的谈话后，她才结识了那个美国人。就是这样，我什么都如实地告诉你们了……"

我说："你能不能将她带来一次，让我同她谈一谈？"他说："这我办不到。这根本不可能。虽然你是一位作家，但在她心目中毫无地位。她瞧不起你，正如你瞧不起她这一类中国姑娘一样。她对文学不感兴趣，她对一切艺术都不感兴趣。她崇拜的只是金钱，她感兴趣的只是社交、舞会、服装首饰和吃喝玩乐……"

妻忍不住打断他的话说："那么对她就毫无办法了吗？"他又沉默了一会儿，喃喃自语地说："只有一个办法，我在中国的合同一到期，就带她立刻回瑞典，摆脱了那个美国人的纠缠，她也许会变好……"

一九八五年的除夕，我们度过得一点也不愉快。沃克十一点之后才忧虑地告辞。我和妻躺在床上，熄了灯，还一直在谈论他和小雯的事。妻后悔地说："当初我真不该反对你阻止沃克与小雯结婚。"我什么都没说。

我在想：金钱、金钱、金钱，它使多少中国姑娘，包括少女，将自己的青春和美貌，廉价地奉献给了某些外国人啊！或者一次性的"拍卖"，或者"零售"。她们在这种交易中显得那么匆匆忙忙，那么迫不及待，仿佛"机不可失，时不再来"。她们简直有点"不惜血本大牺牲"。在这种交易中，她们的青春和美貌是秤砣，爱情，如果有的话，不过是秤星。为了金钱，舞蹈演员嫁给浑身铜臭的鄙俗港商。为了金钱，电影明星甘做外国佬的“厨房夫人”。也许是一百比一，出了个小雯，像外国人玩弄中国姑娘一样，玩弄了一个外国人！是一报还一报吗？不过它落在我的外国朋友申·沃克头上，有欠公允，也不仁义。

小雯使我联想到了巴尔扎克笔下的“贝姨”，“搅水女人”，左拉笔下的“娜娜”。外国人在中国廉价地得到了多少，总有一天他们也将为此付出多少！就好比火药从中国传到外国，八国联军的洋枪队再利用它入侵中国一样！这是观念对观念实行的报复，生活方式对生活方式实行的报复。金钱——美貌能够兑换金钱，不妨也可视为金钱——对金钱实行的报复。小雯以多么特殊的方式向到中国来寻花踏柳的外国人警告：小心报复！

只是我又多么为沃克悲伤！

枯干的树枝被月辉投映在窗帘上，像动脉、静脉、毛细血管。野猫在天棚乱窜，发出一阵阵令人惊悸的叫声……整整两个月内，沃克没有再来我家。

他最后一次来时，车内放着一台二十英寸“日立”牌彩色电视机。

他告诉我，他在中国工作的合同已经期满，办事机构对他的工作很满意，希望他延长合同，他没有答应。他要回瑞典，机票已订好了，第二天。

“我唯一感到欣慰的是，一直到我离开中国，你都是我的朋友。两年多来，你们夫妻一直视我为最受欢迎的客人。每次到你家，我都体会到了这一点。十年内，也许我不会再到中国来了，这辆小汽车，这台电视机，送给你们做纪念吧！……”他真挚地对我说。

我表示接受他的好意，却不能接受他的小汽车和电视机。

我拿出储蓄存折给他看——我的存款当时已足够买三台彩色电视机，不过有黑白的看着，不急于买。

至于小汽车，我不会开，没处存放，更弄不到汽油，它只能给我带来许多麻烦。

“我真傻，”沃克说，“明知你不会接受，可我还是……”我说：“沃克，记住两句话，‘君子之交淡如水’，‘不轻受一文，不敢忘一粥’。这是我们更多的中国人做人的原则。我们要努力保持我们中国人的民族自尊。我们不但靠发展经济，也靠保持民族自尊，才能自立于世界各民族之林。接受了你的小汽车和电视机，我作为一个中国人的心理，将会感到永远失去了平衡。希望你能谅解我……”

我将预先买下的一对景泰蓝花瓶送给了他……

沃克回国一个半月后，我才收到他的信。

信中说：我在中国，按照中国的观念，与小雯结婚。我在瑞典，按照瑞典的法律，已与小雯离婚。她将在瑞典居住半年以上，获得瑞典国籍。请你不必为她的处境担忧，按照我们瑞典的离婚法，半年内我将担负她起码的生活费用。她很善于交际，周围已经开始有了一些新的朋友。她还有“本钱”。我倒有点佩服她了，一个重庆街道小工厂每月三十多元工资的保育员而能到瑞典；继而将去美国，不靠权势，不靠关系，她不是很有点了不起吗？我已不再恨她。我重新评价她，认识她。我觉得她身上有一种西方女性的冒险精神。上个世纪是不少西方人到中国冒险，如今某些中国姑娘到西方冒险的世纪似乎开始了，用你们中国的话说，她算不算一个“女强人”呢？但愿她在美国交好运……

我回信说：目前的中国，政策对外开放，几乎使每一个中国人都渴望扩展自己精神的、思想的、观念的、经历的和生活的天地。更多的中国人凭的是天才、学问、知识、勤奋，在国外获得荣誉和学位，使全世界相信中国人的普遍智商一点也不比西方人低。他们是真“强人”。而小雯，不过是一个商品化了的女人。因而她的冒险精神，不过是“通货膨胀”现象。这种女人，中国有，瑞典有，美国也有。过去有，现在有，将来还有。

半年后，沃克从英国给我来信，告知他经朋友推荐，在英国某大学任教。附带一笔，小雯已获瑞典国籍，到美国去找那个美国人了……

我就想到了《娜娜》这本书结尾的两句话：打到巴黎！打到巴黎！……

算来她已经二十五岁了，小学文化水平，字写得很糟糕，没有任何才情，只有一张漂亮的脸，只有一具女人的身体，再从纽约“打”到巴黎，她又能混得怎样呢？作为一个将自身当成征服世界的武器的女人，她永远达不到“娜娜”那么“辉煌”的顶点。

我将沃克与她那张彩色结婚照翻了出来，一剪刀从中间剪下了她，撕碎后扔进了纸篓。她已不再是中国人，也不再是我的外国朋友的妻子，我没来由在我的影集中保存这一“商品”的“广告”。

除了沃克，我还与几位外国人有过友好交往：三位日本人，一位美国人。三位日本人是：北京大学中文系留学生佐藤素子、外语学院留学生原田秀美、日本综研化学株式会社工程设计事业部中国室室长味方重雄。那位美国人是美国加州大学圣地亚哥分校中国研究课程主任毕克伟教授。

门户开放，身在文学艺术界，谁没几个外国朋友呢？我引以为荣引以为傲的，从来都不是我的作品。我深知它们在中国当代文学中应摆列哪一档级。我值得自傲的是，在我与外国朋友的交往中，我遵循着老祖宗们的一句古训——“不轻受一文”。我从来没有向外国朋友提过任何请求，诸如出国啦，从国外带什么东西啦，兑换外汇券啦……对于为了得到某些洋货，为了出国，为了其他种种个人好处和欲望，而忘记自己应该怎样做一个中国人者，我——一个共和国的同龄人，大声对你们说——我一概瞧不起你们！

我这人今后可能会犯三类错误：因为写了一篇什么不合时宜的作品而受批判；违反交通规则而被罚款；有朝一日失去理智堕入情网而播“逸事”于文坛，传垢柄于世人。

即使在我犯了这三类错误以后，我也还要对你们说——我瞧不起你们！

噫！不好了！

打住！打住！我这篇笔记是该就此打住了！言多必失！而且我已“失”过几次了！就在前不久，有同志要求我去给中央党校研究生班讲点有关文学的什么。本不愿去。到中央党校，我算个人物吗？配去讲吗？但那诚意实很难却。断然拒绝，又未免显得过于“高傲”。拖了几次，终拖不过。便去了。便讲了。结果就生出是非来，有人写信至某中央领导同志，说是梁晓声大谈自己不是一个共产党员，并且永远不想加入中国共产党！于是中央领导同志指示：查查这个梁晓声平时表现如何，查查是谁“请”他到党校去。果有其事，要严肃处理。于是就有调查人员到中央党校去调查。

果有其事？

我们的党毕竟正在恢复着实事求是的作风。调查结果——“梁晓声的讲话基本上还是进步的”。一个非党作家在中央党校的讲话，“基本上”是“进步”的，也就可以了吧？如今谁敢说自己的话句句都正确无比？

党的实事求是的作风保护了我，人生易老天难老。

屈指算来，我成为北京公民已经九个年头了。九年内，我们的共和国热热闹闹地发生了许多重大变革。我们北影厂的大门，架上了民族风格的牌楼。我由二十八岁而三十六岁。跻身于热热闹闹的文坛，离群索居，苦心经营地“爬格子”，同时往自己的瘦脸上刻皱纹。

今天，我在离首都四十多公里的昌平县境内一座园林招待所里写下这篇散记的最后文字，这地方叫红泥沟，附近有个小村叫虎峪村。时已入冬。西北风从大山深处蹿出来，猛烈地呼啸着，嘶号着，从树枝上往下掠着枯叶。整个招待所大院里，算服务员在内，只五六人，几排空房，门扉作响，仿佛闹鬼。还没来暖气，我的房间冻手冻脚，呼气可见。桌上，几枝月季，插于瓶内，蓓蕾维持着最后的生命力。是我白天剪下来的，不忍它们于寒冷过后，落红满地。

稿纸旁放着一封无落款地址的匿名信—— 编辑部转来的，刚刚读罢。信中说："梁晓声，你小心点！像《溃疡》那类狗屁小说，奉劝你今后少写！用小说和我们对着干，没你什么好结果！有朝一日看我们如何整治你！……"

充满威胁的一封信。倒不怕，就是有点冷。冷也还是要写下去，我们毕竟是社会主义国家。他——他们，是否也沿用一颗子弹夹在信中，向一个作家挑战？

好吧，我就应战！手在抖，心在寒。不是因为冷，是因为愤怒……北京，北京，我在心中呼唤着你，像呼唤母亲一样。我多想依偎在你的怀中，暖暖我的身子，暖暖我的心！同时，让我倾听母亲的心脏—— 是在怎样有力而安稳地跳动着。母亲心脏的动音，对我——是一支摇篮曲。

也是我们时代的沉重的鼓音。我仿佛倾听到了，沉重，然而多么有力！母亲，母亲，我爱你！

我们爱你……

克隆一个我

结婚以后，对于做父亲，我心理上一直是挺诚惶的。说穿了是怕承担起那一份儿责任。因为此前做哥哥，做弟弟，做儿子的责任，早已使我忧患多多。由于我的坚决，妻忍痛割爱，“舍弃”了我们的第一个孩子。妻深知我极愿有一个女儿，如今每每口出谶言：“那头胎必是女儿无疑。”

起初只当玩笑，不以为然。后来渐渐地竟有了罪过感。甚至，数次梦见我那“女儿”——一岁多的一个小裸孩儿，亦灵亦拙地朝我爬过来，其声甜甜怨怨地叫我“爸……”

妻知我陷于认真后，劝我：“想开点儿。如果对得起那女儿了，眼前这个大儿子不就不存在了吗？”

话倒是有理，可心内从此平添了一份惆怅。我的罪过感源于这样一种心理——那已然是一个小生命了啊！竟由于我的坚决，我的意志，便没有了出生的权利！我是谁？我是上帝吗？上帝即使真的存在，他漠视生命权利的做法也是该诅咒的啊！那小生命倘若出生，该在这世界上演绎怎样的人生故事呢？我的意志，对于“她”是“不可抗力”。一个凡夫俗子以仿佛上帝般的“不可抗力”，吾语即出便灭绝了一个一旦出生就可以编织童年、少年、青年、老年四篇漫长故事的小生命，难道还不是罪过吗？姑且不论那故事精彩或平庸。事实上，在我看来，人的出生本身即是奇迹。我破坏了一个奇迹，它永不能再次发生。我极其憎恶我曾经“上帝”过一次……

但这并不意味着我对儿子的爱深受影响。事实上我做了父亲以后，一直视父亲的责任为我人生最主要的责任之一。

我关心他的心脏是否健康。

也关心他的心灵是否健康。

我希望他将来成为这样一个男人——为人处世有原则。善良，富有同情心。不沾染任何纨绔的习气。

有时电视里播映某部打动人心的专题片，我必将他唤来，命他坐我身旁一道看。当然，他往往并不情愿，但不敢违抗。他早已领教我此时是相当严厉的。

我欣慰的是，他的老师们都这么评价他："这孩子特实诚。"

我做人有恪守的原则。

我当然只能按照我以为好的原则要求我的儿子。我希望他在做人的某些方面像我。

我惭愧的是——自从他升入初二以后，我在学习方面一点儿也辅导不了他了。

高一期末考试前，我郑重地对他说："爸爸已经看到你刻苦用功的状态了，那么分数就顺其自然吧。如果你面对某一科的试卷头脑发蒙，全做不上来，我主张你干脆交白卷。谁也没理由责备自己刻苦用功了的儿子。因为这种责备是可恶的。"

考试前一天儿子睡得极酣。

我也是。

当然，他发挥得也还正常……

我与儿子

我曾以为自己是缺少父爱情感的男人。

结婚后，我很怕过早负起父亲的责任。因为我太爱安静了。一想到我那十一平方米的家中，响起孩子的哭声，有个三四岁的男孩儿或女孩儿满地爬，我就觉得简直等于受折磨，有点儿毛骨悚然。

妻子初孕，我坚决主张“人流”。为此她倍感委屈，大哭一场——那时我刚开始热衷于写作。哭归哭，她妥协了。

妻子第二次怀孕，我郑重地声明：三十五岁之前决不做父亲。她不但委屈而且愤怒了，我们大吵一架——结果是我妥协了。

儿子还没出生，我早说了无穷无尽的抱怨话。倘他在母腹中就知道，说不定会不想出生了。妻临产的那些日子，我们都惴惴不安，日夜紧张。

那时，妻总在半夜三更觉得要生了。已记不清我们度过了几个不眠之夜，也记不清半夜三更，我搀扶着她去了几次医院。马路上不见人影，从北影到积水潭医院，一往一返慢慢地小小心心地走，大约三小时。

每次医生都说：“来早了，回家等着吧！”

妻子哭，我急，一块儿哀求。哀求也没用。

始终是那么一句话——“回家等着，没床位”。

有一夜，妻看上去很痛苦，但她咬紧牙关，一声不吭。她大概因为自己老没个准儿，觉得一次次地折腾我，有点儿对不住我。可我看出的确是“刻不容缓”了——妻已不能走，我用自行车将她推到医院。

医生又训斥我："怎么这时候才来？你以为这是出门旅行，提前五分钟登上火车就行呀！"

反正你要当父亲了，当然是没理可讲的事了。

总算妻子生产顺利，一个胖墩墩的儿子出世了。

而我是半点儿喜悦也没有的，只感到舒了口气，卸下了一种重负。好比一个人的头被按在水盆里，连呛几口之后，终于抬了起来……

儿子一回家，便被移交给一位老阿姨了。我和妻住办公室。一转眼就是两年，两年中我没怎么照看过儿子。待他会叫"爸爸"后，我也发自内心地喜爱过他，时时逗他玩一阵。但是从所谓潜意识来讲是很自私的——为着解闷儿。心里总是有种积怨，因为他的出生，使我有家不能归，不得不栖息在办公室。

夏天，我们住的那幢筒子楼，周围环境肮脏。一到晚上，蚊子多得不得了。点蚊香，喷药，也是起不了多大作用的。蚊子似乎对蚊香和蚊药已有了很强的抵抗力。

有天早晨我回家吃早饭，老阿姨说："几次叫你买蚊帐，你总拖，你看孩子被叮成什么样了？你真就那么忙？"

我俯身看儿子，见儿子遍身被叮起至少三十个包，脸肿着。可他还冲我笑，叫"爸……"我正赶写一篇小说，突然我认识到自己太自私了。我抱起儿子落泪了……

当天我就去买了一顶五十多元的尼龙蚊帐。上海文艺出版社的编辑修晓林初次到我家，没找到我。又到了办公室，才见着我。我挺兴奋地和他谈起我正在构思的一篇小说，他打断我说："你放下笔，先回家看看你儿子吧，他发高烧呢！"

我一愣，这才想起：我已在办公室废寝忘食地写了两天。两天内吃妻子送来的饭，没回过家门……

从这些方面讲，我真不是一位好父亲。如今儿子已经五岁了。我也已经三十九岁半了。人们都说儿子是个好儿子，许多人非常喜欢他。我的生活中，已不能没有他了。我欠儿子的责任和义务太多，至今我觉得对儿子很内疚。我觉得我太自私。但正是在那一两年内，我艰难地一步步地向文坛迈进。对儿子的责任和自己的责任，于我，当年确是难以两全之事。

儿子爱画画，我从未指导过他。尽管我也曾爱画画，指导一个五岁多的孩子，那点儿基础还是够用的。

儿子爱下象棋。我给他买了一副象棋，却难得认真陪他"杀一盘"。他常常哀求："爸爸，和我杀一盘行不行啊？"结果他养成了自己和自己下象棋的习惯。

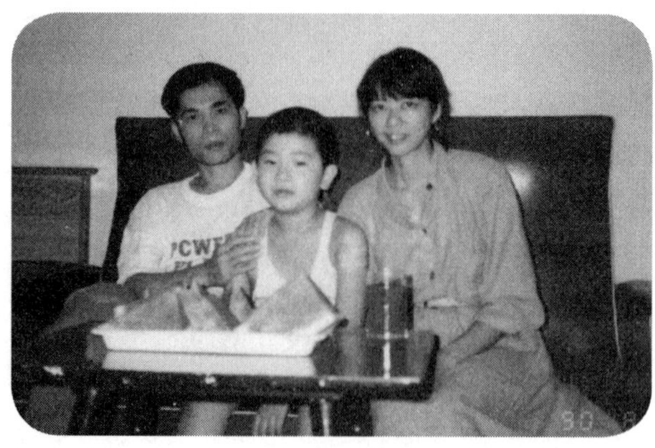

与来访的香港记者在一起，中间是犬子

记得我有一次到幼儿园去接儿子，阿姨对我说："你还是作家呢，你儿子连'一'都写不直，回家好好下功夫辅导他吧！"

从那以后，我总算对儿子的作业较为关心了。但要辅导他每天写完幼儿园的两页作业，差不多也得占去晚上的两小时。而我尤视晚上的时间更为宝贵——白天难得安静，读书写作，全指望晚上的时间。

儿子曾有段时间不愿去幼儿园。每天早晨撒娇耍赖，哭哭啼啼，想留在家里。我终于弄明白，原来他不敢在幼儿园做早操。他太自卑，太难为情。以为他的动作，定是极古怪的，定会引起哄笑。

我便答应他，做早操时，到幼儿园去看他。我说话算话。他在院内做操，我在院外做操。有了我的奉陪，他的胆量壮了。

事后我问他："如果你连当众伸伸胳膊踢踢腿都不敢，将来你还敢干什么？比如，看见一个小偷在公共汽车上扒人家腰包，你敢抓住他的手腕吗？"

他沉吟许久，很严肃地回答："要是小偷没带刀，我就敢。"

我笑了，先有这点儿胆量也行。

我又对他说："只要你认为你是对的，谁也别怕，什么也别怕！"

我希望我的儿子在这一点将来像我一样。谁知道呢？

总而言之，我不是位尽职的父亲。儿子天天在长大，今年就该上学了。我深知我对他的责任，将更大了。我要学会做一位好父亲，去掉些自私，少写几篇作品，多在他身上花些精力。归根结底，我的作品，也许都微不足道。但我教育出怎样一个人交给社会，那不仅是我对儿子的责任，也是我对社会的责任。

我不希望他多么有出息——这超出我的努力及我的愿望。

我开始告诉儿子……

儿子九岁。明年上四年级。

我想，我有责任告诉他一些事情。

其实我早已这样做了。

儿子爱画画。于是有朋友送来各种纸。儿子若自认为画得不好，哪怕仅仅画一笔，一张纸便作废了。这使我想起童年时的许多往事。有一天我命他坐在对面，郑重地严肃地告诉他——爸爸读小学三年级的时候，从来没见过一张这么好的纸。爸爸小时候也爱画画，但所用的纸，是到商店去捡回来的，包装过东西的，皱巴巴的纸。裁了，自己订了。便是那样的纸，也舍不得画一笔就作废的。因为并不容易捡到。那一种纸是很黑很粗糙的。铅笔道画上看不清。因为那叫“马粪纸”……

“怎么叫‘马粪纸’呢？……”

于是我给他讲那是一个怎样的年代。在那样的一个年代，几乎整整一代共和国的孩子们，都用“马粪纸”。一流大学里的教授们的讲义，也是印在“马粪纸”上的。还有书包，还有文具盒，还有彩色笔……哪一位像我这种年龄的父母，当年不是把书包补了又补，文具盒一用几年乃至十几年呢？

……

“爸爸，我拿几毛钱好吗？”

“干什么？”

“想买一支雪糕吃。”

我同意了。几毛钱就是七毛钱，因为一支雪糕七毛钱。

于是儿子接连每天吃一支雪糕。

有一天我又命他坐在对面，郑重地严肃地告诉他——七毛钱等于爸爸或妈妈每天工资的一半。爸爸从小学一年级到六年级，总共吃了还不到三四十支——当然并非雪糕，而是“冰棍儿”，且是三分钱一支的。舍不得吃五分一支的，更不敢奢望一毛一支的。只能在春游或开运动会时，才认为自己有理由向妈妈要三分钱或六分钱……

我对儿子进行类似的教育，被友人们碰到过几次。当着我儿子的面，友人们自然是不好说什么的。但背过儿子，皆对我大不以为然。觉得我这样做父亲，未免煞有介事，甚至挖苦我是借用“忆苦思甜”的方法。

友人们的“批判”，我是极认真地想过的。然而那很过时的，可能被认为相当迂腐的方法，却至今仍在我家里沿用着。也许要一直沿用到儿子长大成人。打算在他干脆将我的话当耳旁风的时候打住。

所幸现今我告诉了他的，竟对他起到了一定的影响。

一次，儿子把作业本拿给我看，虔诚地问：“爸爸，这一页我没撕掉。我贴得好吗？”

那是跟我学的方法——从旧作业本上剪下一条格子，贴在了写错字的一页上。

我是从来舍不得浪费一页稿纸的，尽管是从公家领的。

那一刻我内心里竟十分激动，情不自禁地抱住他亲了一下。

“爸爸，你为什么哭呀？”

儿子困惑了。

我说：“儿子啊，你学会这样，你不知爸爸多高兴呢！”

我常常想，我们这一代人中的绝大多数，都是拉扯着我们父母的破衣襟，跟着共和国趔趄的步子走过来的。怎么，我们的下一代消费起任何东西时的那种似乎理所当然和毫不吝惜的损弃之风，竟比西方富有之国富有之家的孩子们要甚得多呢？仿佛我们是他们的富有得不得了的爸爸妈妈似的。难道我们也荒诞到这么认为了吗？如果不，我们为什么不告诉他们一些他们应该知道的事呢？

我的儿子当然可以用上等的复印纸习画，可以有许多彩色笔，可以不必背补过的书包，可以想吃“紫雪糕”时就吃一支……

但他必须明白，这一切的确便是所谓“幸福”之一种了！

我可不希望培养出一个从小似乎什么也不缺少，长大了却认为这世界什么什么都没为他准备齐全，因而只会抱怨乃至憎恶的人。

无忧无虑和基本上无所不缺，既可向将来的社会提供一个起码身心健康的人，也可“造就”成一批少爷。

而这个国家这个民族，是再也养不起那么多少爷的。现有的已经够多的了！

难道不是吗？

少爷小姐型的一代，是对任何一个国家一个民族最大的报应。而对一个穷国一个正在觉醒的民族，则简直无异于是报复。

体恤儿子

现在，儿子是一点儿良好的自我感觉也没有了。稍微的一点儿也没有了。起码我这个父亲是这么看他的。

由小学生到中学生，他已算颇经历了一些事，或直白点是一些挫折。在学业竞争中呛了几次水，品咂了几次苦涩。

儿子自小就受到邻居的喜爱。“干妈”不少。“干妈”们认他这个“干儿子”，绝非冲着我认的。一个写作者的儿子没有什么稀罕的，在人际关系中对谁都不可能有实际的帮助，犯不着走“干儿子”路线，迂回巴结。当然也绝非冲着他亲妈认的。他亲妈我的“内人”乃工人阶级之一员，更是谁都犯不着讨好的。别人们喜爱他，纯粹是因为他有招人喜爱之处。长得招人喜爱，虎头虎脑，一副憨样儿。性情招人喜爱，不顽不闹，循规蹈矩，胆子还有些小，内向又文静。

在小学六年里，他由“一道杠”而“两道杠”，由小组长而班委，连续三年是“三好生”。这方面那方面，获奖获了不少。而优于我的一点是，“群众关系”极佳。同学们都乐于跟他交朋友。小学中的儿子，是班里的一个小“首领”，不是靠了争强好胜，而是靠了随和亲善。

六年级下学期，他挺在乎的一件事，便是能否评上“三好生”了。评上了，据他自己讲，就可以被“保送”了。然而儿子小学的最后一次考试，亦即毕业考试，却并没有考好。在我印象中，似乎数学九十六分，语文八十五分，平均九十点五分。结果可想而知，他在全班的名次排到了第二十几名。儿子终于意识到，“保送”是绝无希望了！

“但是我们老师说，一百二十三中也不错！以后可能升格为区重点中学呢！”他这么安慰自己，也希望他的父亲能从这番话中获得安慰。

我当然有些沮丧，但主要是替他感到的。

我说：“儿子，好学生不只出在重点中学里。你能自己往开了想，这一点爸爸赞成。”

在我印象中，一百二十三中是我们那一市区普通得不能再普通的一所中学。

然而儿子连这一所中学也没去成。

两天后他回到家里，表情从来没有过的抑郁。

他说：“爸，老师说去一百二十三中的同学，名次必须在二十名以前。”

我说：“那，你如果连一百二十三中也去不成的话，能去哪一所中学呢？”

“老师悄悄告诉我，推荐我去北医大附中。”听来倒好像老师格外惠顾着他似的。而北医大附中，据我想来，已属“最后的退却”了。

我问：“你们老师不是说，考卷要发给家长们看看的吗？”—— 我这么问，是因为我凭着大人的社会经验，开始起了些疑心的。

“又不发了。”

“为什么？”

“不知道。”

“你自己怎么想？”

“我……怎么想也没用了……”

我说：“儿子，听着。如果你希望进一所较好的中学，爸爸是可以试着办一办的，只不过这太违反爸爸的性格。但爸爸从来没给你开过一次家长会，觉得很愧疚，也是肯在你感到需要时……”

“爸你别说了！我不怪你。我去北医大附中就是了。”看得出，儿子是不愿使我这个“老爸”做什么违心求人之事的。

然而儿子连北医大附中也没去成。第二天他接到同学打来的一个电话后，伤心地哭了。他被分到了一所仿佛是全市最差的中学。

我说：“别哭，也许是不一定的事儿呢！”

发榜那一天，结果却正是那么一回事儿。只不过他拿回了小学的最后一份“三好学生”证书。

于是该轮到我安慰他了。

我说：“哪怕最差的中学，只要学生自己努力，也是有可能考上最好的高中的。你难道没有信心做一名这样的中学生？”

他流着泪说："有的……"

于是开学那一天，我亲自送他去报到……

但是他的"干妈"们，和一直关心着他升学去向的我的朋友们，获知消息后，一个个都感到十分意外了，纷纷登门了——有的严厉地批评我对子女之不负责任，有的"见义勇为"地向儿子保证着什么……

在正式开学的第三天，儿子转入了一所重点中学——这是我根本没有能力扭转，也不知究竟该怎么去办的事。全靠别人们的热心……

如今，上了重点中学的儿子，仅仅一年，性情彻底变了，也成了家中最没有"业余时间"的成员——早晨我还在梦乡之中，他就已经离开家骑着自行车去上学了。晚上，妻子都已经下班了，儿子往往还没回到家里。一回到家里，就一头扎入自己的小房间，将门关起来。吃过晚饭，搁下饭碗就又回到他的小房间……

有一次我问他："在同学中有新朋友了吗？"

他摇头，摇过头说："都只顾学习，谁跟谁都没时间建立友谊。"

倒是他小学的同学们，星期天还常一伙一伙地来找他玩儿。瞧这些个小学的学友们在一起那股子亲密劲儿，我真从内心里替孩子们感到忧伤——缺乏友谊，缺少愉悦的时光，整天满脑子是分数、名次和来自于家长及学校双方的压力。这样的少年阶段，将来怕是连点儿值得回忆的内容都没了吧？几分之差，往往便意味着名次排列上前后的悬殊。所以为了几分乃至一分半分，他们彼此间的竞争态势，绝不比商人们在商场上的竞争性缓和……

由我的儿子，我也很是体恤中国当代的所有上了中学的孩子们。他们小小年纪，也许是活得最累的一部分中国人了……

当爸的感觉

尽管我的儿子早已不是儿童，而是初二的学生了。尽管我已经纯粹为了自己得以从稿债中解脱，根本不睬他的抗议，拿他作过两次文章了。我常想我若有五个六个儿子就好了，便可轮番地写来。甚至可以在几个儿子之间采取小小的“重点政策”，使儿子们相互嫉妒，认为当老子的写了谁，乃是谁的殊荣。那我不是就变被动为主动了吗？无奈我只有这么一个儿子。无奈他对我的容忍度，已然放宽到连自己都十分难为情的地步了……

儿子刚刚背着行李，参加军训去了，临走前见我铺开稿纸，煞有介事地思考，犹犹豫豫地写下题目，凑过来瞟了一眼，嘲讽地说：“爸，你真天才。从我这么一个平庸的儿子身上，你竟能发现那么多可写的素材！”

我说：“儿子，向你保证，这是最后一次！”

儿子说：“别保证，用不着保证，你发誓我都不会相信！说相声的常拿自己的‘二大爷’逗哏儿，你跟相声演员们犯的是同一种职业病，我充分理解！”

我说：“好儿子，谢谢。”

他说：“不用谢。因为我也开始写你了，而且已经公开发表了一篇。”

我一惊，忙问：“发在哪了？”

儿子说发在班级的墙报上了。

我这才稍稍心定，又严肃地问：“都写了我些什么？为什么不先让我过过目？”

儿子说：“你写我，也没先征得我的同意啊！咱俩彼此彼此。”

我一时很窘，无话可说……

半夜解题

儿子中考前的一天，刚吃过晚饭就写作业。写到十点半，还有一道几何题没解出来。我几次主动“请缨”，说儿子要不要我和你一块儿攻下这道难题啊？几次都遭到儿子颇不耐烦的拒绝。最后我不顾他的拒绝，粗暴参与。结果正如他所料，既干扰了他的思路，也浪费了他的时间，以己昏昏，使儿子昏昏。那时快十二点了。妻说你还让不让儿子睡觉了？他明天还得上一天课呀！不像你，可以在家里睡懒觉！于是我强行收起他的作业卷，以不容争辩的命令的口吻，催促他洗漱了躺到床上去。儿子也真是困到了极点，头一挨枕便酣然入眠。而我却不再睡得着。用冷水冲了脸，强打精神，继续替儿子钻研那道几何难题。半小时后，我对陪在一旁织毛衣的妻说——老爸出马，一个顶俩，我解出来了！博得了妻对我羡佩的一笑。

第二天儿子刚起床，我便从自己枕下摸出作业卷，大言不惭地对儿子说：“这么简单的题你都不开窍？这有何难的？站到床边儿来，听老爸给你讲讲——这两个直角三角形，有两个角相等，还都有一个角是直角。三角相等，故两个三角形全等。而三角形A又全等于三角形B，而三角形B又全等于……”

儿子脸上便呈现出冷笑。

我生气了，说儿子你冷笑什么？你的态度怎么这样不谦虚？

儿子说：“两个锐角相等的直角三角形就全等啊！直角三角形哪儿有这么一条定理？”——于是画图使我明白，它们也有可能仅仅是相似……

我愣了半天，讷讷地说：“难道……是我想象出了这么一条定理？”

儿子说：“反正书上没有，老师也没教过这么一条全等直角三角形的定理。”

我羞惭难当，无地自容，躺在床上挥挥手，大赦了儿子……

我明白——我再也辅导不了儿子数理化了，从那一天起，直至永远。当年我初三下乡，当年的初三数理化教材，比如今的初二教材只低不高。我太不自量力太无自知之明了。

自己承认了这一点，使我内心里涌起一种难言的悲哀。以后，不管他写作业到多么晚，不管他看上去多么需要一个头脑聪明的人的指点和帮助，我是再也不往他跟前凑了……

给儿子写信

按照学校的要求，我得给儿子写一封信，而且此事不让学生知道，更不能让学生看到信。在某次活动中，信将由老师分发给每一名学生，希望以这种方式，在他们普遍十四周岁以后，带给他们每个人一份儿意外的欣喜。于是我生平第一次给我的儿子写信。

我竟不知在这一封信里该写些什么。我不愿在信中流露出我对他的体恤。因为几乎每个城市里的初二的儿女都如他一样地似箭在弦，他不应格外地得到体恤。我也不愿用信的方式鞭策他。因为他早已深知每次在分数竞争中失利，对自己都意味着一种严峻。我不愿在信中写入对他所寄的希望。我不望子成龙。事实上只祈祝他能有幸受到高等教育。而仅仅这一点已使他过早地成熟了。他的日渐成熟正是我倍感欣慰的，同时又是倍感悲哀的。刚刚十四岁就开始思考人生和忧患自己未来的命运，这太令我这个当父亲的替他感到沮丧了。我自己的少年时代就是从忧患之中度过来的。我真不愿他和当年的我一样。当年的我是因为家境的贫寒，如今的他是因为变成了中国的高考制度的奴仆。我极端憎恶这一种现代八股式的高考制度，但我又十分冷静地明白—— 此一点最是我丝毫也不能流露在字里行间的……

“爸爸，你怎么想了这么久还不写？”

儿子忽然在我背后发问。显然，他站在我背后多时了。我赶紧用一只手捂住稿纸上端——捂住“给儿子的信”一行字。

良久，我听到坐在沙发上的他说：“爸，对不起，给你添麻烦了……”

顿时，我眼眶有些潮了……

儿子“采访”我

儿子上星期的一项作业是—— 采访父母。妻上星期几乎每天加班，不加班便上夜校。只得由我来接受“采访”。否则儿子就完不成作业。于是我和儿子之间，有了如下一次较为特别的谈话：

“你是哪一年下乡的？”“这还用问？”“不问我怎么清楚？”“六八年。”“哪一年上大学的？”“七四年。”“哪一年毕业的？”“七七年。”“你经历过坎坷吗？”“经历过。”“说说。”“这还用说？”“你不说我怎么会知道。”……

我凝视着儿子，觉得他是那样地陌生。或者反过来说，他怎么对我一无所知似的？他要了解他问的那一切，是多么地简单！书架上陈列的，几乎每一部书脊上印着我名字的书，都有我的简历。从我的许多篇小说中，都能看到他老爸的身世。而他从来没有触摸过我的任何一部书一下。那些书对他来说仿佛根本就不存在，他从来也不曾扫视过那一格书架一眼。他甚至远不及别人家的，比如朋友或邻人的初二的儿女们对我的大致经历有所了解。

有一次我无意中偷听到他和他的几名男同学背地里如此谈论我的书：

“你爸爸可真写了不少书。”

“你别翻他的书！”

“你自己喜欢看吗？”

“我为什么要喜欢看他写的书？”

“借我一本看行吗？”

“不行！”

听来他似乎生起气来了。

“你干吗这样牛气呀？他这些书迟早会过时的！”

“他这些书已经过时了！以后我也不看他的书。世界上那么多经典还看不过来呢！”

没想到，我以近二十年的精力和心血所获得的创作成果，在他眼里似乎皆是些没有什么意义的，仿佛一文不值的东西。

“你对你至今的人生满意吗？”——儿子继续“采访”我。

我回答：“谈不上满意不满意。我的人生已经这样了，我习惯了。”

“假如有一件最使你高兴的事，目前而言那可能是一件什么事？”

我几乎是恶狠狠地回答：“你的学习成绩又前进了五名！”

儿子目不转睛地看了我一阵，淡淡地说：“我的采访结束了，就到这儿吧！”

我意识到，我深深刺伤了儿子的自尊心，正如儿子也深深刺伤过我的自尊心一样。于是我联想到了王朔的小说《我是你爸爸》。进而又想，有一个多少具有点儿精神叛逆色彩的儿子，也好。这样的一个儿子，时刻提醒我明白，我只不过是一个初二男生的父亲。除此之外，也许再什么都不是，更没有任何可得意的资本。儿子在家里教我夹起尾巴做人。

读者，如果你的儿子已经初二了，如果你是一位父亲，我想你一定会同意我的看法——和你初二的儿子交朋友并非一件容易的事。有时他似乎将你当作朋友了，其实在他内心里，你仍然只不过是他的父亲。

当爸的感觉在现代是越来越变得粗糙而暧昧了啊！

给儿子的留言

儿子：

你今天放学，爸爸已回哈市了。在你期末考试前，不知能否回来。因为四叔昨天夜里突然从哈市打电话告诉奶奶病了，正于医院抢救中……当时你睡了，爸爸没告诉你。

你无法完全理解爸爸对奶奶的亲情。这亲情中包含着太多太多儿子对母亲的内疚。等我从哈市回来再讲给你听——爸爸有一种极不祥的预感，可能爸爸此一去，将永远失去爸爸的妈妈了。写到这儿，眼泪在爸爸眼里打转……

但爸爸给你留言，主要是关于你对考试的态度嘱咐你几句——当了爸爸妈妈的中年男人女人几乎都这样，一颗心分几瓣儿。主要的两瓣儿给儿女，给自己的爸妈。所谓“上有老，下有小”，你将来也会人到中年，那时你也会有深切的体会……

我认为——你已经努力学习了。这爸爸看到了，妈妈也看到了。所以，无论你此次考得多么差，爸爸妈妈都不会埋怨你的。因为你已经尽到了自己是学生的义务，已经表现出了自己对自己的责任心。爸爸妈妈因某一次考试的失利而埋怨你这样一个儿子是错误的，对儿子也是极不公平的。

考试——能否正常发挥自己的学习水平很重要。所谓正常，其实就是尽量做到凡自己会的，能答对的，不丢太多的分，甚至不丢分。

当然，要做到这一点也不容易。因为考场是一种氛围特殊的“场”。在规定时间内，面对那么多考卷，难免心里紧张。一紧张，每每会的，也似乎不会了。

一道难题卡住，纠缠过久，时间不允许；干脆放弃，丢分又太多。以为对于别的同学根本不算难题，自己觉得难，乃因自己太笨。于考场的氛围中这么一想，先自气馁，于是自信崩溃……

以上种种，皆考场紧张的心理原因。一半源自于外界，比如以前没考好，爸爸妈妈曾给脸色看。一半源自于内心，怕在同学中太失面子。

爸爸妈妈以前确因你没考好曾给你脸色看过。但那时的你太贪玩，学习缺乏上进心。现在你不是改变了吗？你既改变了，爸爸妈妈对你考试成绩的态度，不是也改变了吗？

好固可喜，差亦欣然——这就是爸爸妈妈的态度。我保证，首先绝对是爸爸对你考试成绩的真实不相欺的态度。

丘吉尔也曾是中学的成绩差生。

巴尔扎克还是中学的厌学生。

中国的教育体制有问题，这是你们这几代学生所面对的现实；你们必须顺应这有问题的教育体制，这是你们这几代学生所面对的另一现实。

两种现实加起来，严重影响你们的人生。但再严重，也仅仅是影响而已，断不会是裁定。目前中国求知识的途径正多起来。别的途径也是可以成才，并进而推动人生的。

这么一想，一次考试成绩不理想又怎么样？高考落榜又怎么样？——是遗憾，但绝非人生的深渊。

总之我是在指出——爸爸妈妈能正确对待了，你反而不太能正确对待了似的。否则你为什么临考前总失眠呢？为什么仅仅一科失利，就阴云满面呢？

想想那些参加奥运会的各国运动员们吧！四年一赛，有人苦练四年，只为一搏。也有人一搏失利，由于年龄原因，以后再无搏的时机，那他们就不活了吗？

要学他们面对挫折的心理承受力。

除了心理要调整，“战术”上也要调整。

爸爸给你的建议是——不在难题上纠缠太久。看了两遍还没找到解题的良好感觉，干脆绕过。将会的题易的题全解完，回过头来再“攻克”。倘已没时间，拉倒。总之，一味只管做下去，遇难题就绕行，先将有把握的分数拿下再说。

高考前的一切考试，不过是“热身”式的考试。意义在于经验的积累和教训的总结。

考数学前一天，不必再苦苦钻研。干脆放松，连书也不翻。倒是应该静下心来，回想一下——自己以往所遇难题，有几种类型？解题和思路有什么规律性？

其题可变异为另外的哪几种类型？如何看出特征，识别其变异？

考语文前一天仍需看看书，还有外语，两门是须强记的学科。多记一点儿，便有多获几分的可能。作文勿跑题。不求事例新，但求事例准，较严格地符合题意。

倘或“出师不利”——第一天没考好，哪怕两门都没考好，也不要沮丧。

只不过是高二第一学期，说明不了什么根本问题。

临行匆匆，留言仓促，倘不认为是多此一举，则父望记。

儿子，请在内心里替奶奶祈祷几次！

爸爸

“过年”的断想

我曾问儿子：“是不是经常盼着自己快快长大？”

他摇头断然地回答：“不！”

和我的四弟梁绍文在一起

我也曾郑重地问过其他小朋友们同样的话，他们都摇头断然地回答并不盼着自己快快长大。说长大了多没意思哇。现在才是小学生，每天上学就够累了。长大了每天上班岂不更累了？连过年过节都会变成一件累事儿。多没劲啊！瞧你们大人，年节前忙忙碌碌的，年节还没过完往往就开始抱怨——仿佛是为别人忙碌为别人过的……

是的，生活在无忧无虑环境之中的孩子是不会盼着自己快快长大的。他们本能地推迟对任何一种责任感的承担。而一个穷人家庭里的孩子，却会像盼着穿上一件新衣服似的，盼着自己早一天长大。他们或她们，本能地企望能早一天为家庭承担起某种责任。《红灯记》里的李玉和，不是曾这么夸奖过女儿吗——提篮小卖拾煤渣，担水劈柴也靠她，里里外外一把手，穷人的孩子早当家。

我从童年起，就是一个早当家的穷人的孩子。

有时我瞧着自己的儿子，在心里默默地问自己—— 我十二岁的时候，真的每天要和比我小两岁的弟弟到很远的地方去抬水吗？真的每天要做两顿饭吗？真的每个月要拉着小板车买一次煤和烧柴吗？那加在一起可是五六百斤啊！在做饭时，真的能将北方熬粥的直径两尺的大铁锅端起来吗？在买了粮后，真的能扛着二三十斤重的粮袋子，走一站多路回到家里吗？……

连我自已也不敢相信，残存在记忆之中的童年和少年时期的生活情形都是真的。而又当然是真的，不是梦……

由于家里穷，我小时候顶不愿过年过节。因为年节一定要过，总得有过年过节的一份儿钱。不管多少，不比平时的月份多点儿钱，那年那节可怎么个过法呢？但远在万里之外的在四川工作的父亲，每个月寄回家里的钱，仅够维持最贫寒的生活。我从很小的时候就懂得体恤父亲。他是一名建筑工人。他这位父亲活得太累太累，一个人挣钱，要养活包括他自已在内一大家子七口人。他何尝不愿每年都让我们—— 他的子女，过年过节时都穿上新衣裳，吃上年节的饭菜呢？我们的身体年年长，他的工资却并不年年涨。他总不能将自己的肉割下来，血灌起来，逢年过节寄回家啊。如果他是可以那样的，我想他一定会那样。而实际上，我们也等于是靠他的血汗哺养着……

穷孩子们的母亲，逢年过节时是尤其令人怜悯的。这时候，人与鸟兽相比，便显出了人的无奈。鸟兽的生活是无年节之分的，故它们的母亲也就无须在某些日子将来临时，惶惶不安地日夜想着自已格外应尽什么义务似的。

我讨厌过年过节完全是因为看不得母亲不得不向邻居借钱时必须鼓起勇气又实在鼓不起多大勇气的样子。那时母亲的样子最使我心里暗暗难过。我们的邻居也都是些穷人家。穷人家向穷人家借钱，尤其逢年过节，大概是最不情愿的事之一。但年节客观地横现在日子里，不借钱则打发不过去。当然，不将年节当成年节，也是可以的。但那样一来，母亲又会觉得太对不起她的儿女们。借钱之前也是愁，借钱之后仍是愁。借了总得还的，总不能等我们都长大了，都挣钱了再还。母亲不敢多借。即或是过春节，一般总借二十元。有时邻居们会善良地问够不够，母亲总说：“够！够……”许多年的春节，我们家都是靠母亲借的二十元过的。二十元过春节，在今天看来仿佛是不可思议之事。当年也真难为了母亲……

记得有一年过春节，大约是我上初中一年级十四岁那一年，我坚决地对母亲说：“妈，今年春节，你不要再向邻居们借钱了！”

母亲叹口气说：“不借可怎么过呢？”

我说："像平常日子一样过呗！"

母亲说："那怎么行？你想得开，还有你弟弟妹妹们呢！"

我将家中环视一遍，又说："那就把咱家这对破箱子卖了吧！"

那是母亲和父亲结婚时买的一对箱子。

见母亲犹豫，我又补充了一句："等我长大了，能挣钱了，买更新的，更好的！"

母亲同意了。

第二天，母亲帮我将那一对破箱子捆在一只小爬犁上，拉到街市去卖。从下午等到天黑，没人买。我浑身冻透了，双脚冻僵了。后来终于冻哭了，哭着喊："谁买这一对儿箱子啊……"

我将两只没人买的破箱子又拖回了家。一进家门，我扑入母亲怀中，失声大哭……

母亲也落泪了。母亲安慰我："没人买更好，妈还舍不得卖呢……"

母亲告诉我——她估计我卖不掉，已借了十元钱。不过不是向同院的邻居借的。而是从城市这一端走到那一端，向从前的老邻居借的，向我出生以前的一家老邻居借的……

如今，我真想哪一年的春节，和父母弟弟妹妹聚在一起，过一次春节。而父亲已经去世了。母亲牙全掉光了，什么好吃的东西也嚼不动了，只有看着的份儿。弟弟妹妹们已都成家了，做了父母了。往往针对我的想法说——"哥你又何必分什么年节呢！你什么时候高兴团聚，什么时候便当是咱们的年节呗！"

是啊，毕竟，生活都好过些，年节的意义，对大人也就不那么重要了。

所以，我现在也就不太把年当年，把节当节了。正如我从来不为自己过生日。便是有所准备地过年过节，多半也是为了儿女高兴……

给妹妹的信

妹妹：

见字如面。知大伟学习成绩一向优异，我很高兴。在孙女外孙女中，母亲最喜欢大伟。每每说起大伟如何如何疼姥姥，善解人意。我也认为她是个非常懂事的孩子。她学习努力，并且爱学习，不以为苦，善于从学习中体会到兴趣，这一点实在是难能可贵的。因而要由做父母的克服一切生活困难，成全孩子的学志。否则，便是家长的失责。前几次电话中，我也忘了问你的身体情况了。两年前动那次手术，愈后如何？该经常到医院去进行复查才是。

我知道，你一向希望我调动调动在哈市的战友关系、同学关系，替你们几个弟弟妹妹，转一个经济效益较好的单位，谋一份较稳定的工薪，以免你们的后顾之忧，也免我自己的后顾之忧。不错，我当年的某些知青战友、中学同学，如今已很有几位当了处长、局长，掌握了一定的权力。但我不经常回哈市，与他们的关系都有点儿疏淡了，倘为了一种目的，一次次地回哈重新联络感情，铺垫友谊，实在是太违我的性情。他们当然对我都是很好的。我一向将我和他们之间的感情、友情，视为“不动产”，唯恐一运用，就贬值了。所以，你们几个弟弟妹妹的某些困难，还是由我个人来和你们分担吧！何况，如今之事，县官不如现管。便是我吞吞吐吐地开口了，他们也往往会为难。有一点是必须明白的——我这样一个写小说的人，与某些政府官员之间，倘论友谊，那友谊也更是从前的某种特殊感情的延续。能延续到如今，已太具有例外性。这一种友谊在现实之中的基础，其实是较为薄脆的，因而尤需珍视。好比捏的江米人儿，存在着便是美好的，但若以为在腹空时可以充饥，则大错特错了。既不能抵一块巧克力什么的，也同时毁了那美好。更何况，如说友谊也应具有相互帮助的意义，那么也只有我求人家帮我之时，而几乎没有我也能助人家之日。我一个写小说的，能指望自己在哪一方面帮助别人呢？帮助既已注定了不能互相，我也就很有自知之明，封唇锁舌，不吐求字了。

除了以上原因，大约还有天性上的原因吧？那一种觉得“上山擒虎易，开口告人难”的天性，我想一定是咱们的父亲传给我的。我从北影调至童影，搬家我也没求过任何一个人，是靠了自行车、平板车，老鼠搬家似的搬了一个多星期。有天我一个人往三楼用背驮一只沙发，被清洁工赵大爷撞见了，甚为愕异。后来别人告诉我，他以为我人际关系太恶，连个肯帮我搬家的人都找不到。当然，像我这么个性极端了，也不好。我讲起这件事，是想指出——哈尔滨人有一种太不可取的“长”处，那就是几乎将开口求人根本不当成一回事儿。本能自己想办法解决之事，也不论值不值得求人，哪怕刚刚认识，第二天就好意思相求，使对方犯难自己也不在乎，遭到当面回绝还不在乎。总之仿佛是习惯，是传统。好比一边走路一边踢石头，碰巧踢着的不是石头，是一把打开什么锁的钥匙，则兴高采烈。一路踢不着一把钥匙，却也不懊恼，继续地一路走一路踢将下去。石头碰疼了脚，皱皱眉而已。今天你求我，明天我求你，非但不能活得轻松，我以为反而会活得很累。

我主张首先设想我们在生活中所遇到的困难，是没有任何人可求任何人也帮不上忙的，主张首先自己将自己置在孤立无援的境地，而这么一来，结果却很可能是——我们发现，某些困难，并非我们估计的那么不可克服。某些办成什么事的目的，即使没有达到，也并非我们估计的那么损失严重。我们会发现，有些目的，放弃了也就放弃了。企望怎样而最终没有怎样，人不是照样活着吗？我常想，我们的父亲，一个闯关东闯到东北的父亲，一个身无分文只有力气可出卖的山东汉子，当年遇到了困难又去求谁啊！我以为，有些时候，有些情况下，对于小百姓而言，求人简直意味着是高息贷款。我此话不是指求人要给人好处，而是指付出的利息往往是人的志气。没了这志气，人活着的状态，往往便自行地瘫软了。

妹妹，为了过好一种小百姓的生活而永远地打起精神来吧！小百姓的生活是近在眼前伸手就够得到的生活。正是这一种生活才是属于我们的。牢牢抓住这一种生活，便不必再去幻想别的某种生活。最近我常想，这地球上的绝大多数人，其实都在各个不同的国家，各种不同的生活水平线上，过着小百姓的生活。生活中最不可或缺的，我以为乃是温馨二字。没了温馨的生活，那还叫生活吗？温馨是某种舒适，但又不仅仅是舒适。许多种生活很舒适，但是并不温馨。温馨是一种远离大与奢的生活情境。一幢豪宅往往只能与富贵有关。富贵不是温馨。温馨是那豪宅中的小卧室，或者小客厅。温馨往往是属于一种小的生活情境。富人们其实并不能享受到多少温馨。他们因其富，注定要追求大追求奢追求华靡。而温馨甚至是可以在穷人的小破房里呈现着的生活情境。

温馨乃是小百姓的体会和享受。我说这些，意思是想强调—— 房子小一点儿没关系，只要小百姓主人勤快，收拾得干干净净就好。工资收入低一点儿没关系，只要小百姓自己善于节俭持家就好。只要小百姓善于为了贴补生活再靠诚实的劳动挣点儿钱就好，哪怕是双休日在家里揽点儿计件的活儿。在小的住房里，靠低的工资，勤勤快快、节节俭俭、和和睦睦地生活，即为小百姓差不多都能把握得住的温馨日子，小百姓的幸福生活。这样的生活，绝对是我们想过上便能过上的。还记得我们小时候，我们将一个破家粉刷得多亮堂，收拾得多干净啊！每查卫生，几乎总得红旗。我们小时候，家里的日子又是多么困难呀！但不也有许多温馨的时候吗？

在物质生活方面，我是一个绝对的胸无大志之人。但愿你们也是。不要说小百姓只配过小日子的沮丧话，而要换一种思想方法，多体会小百姓的小日子的某些温馨。并且要像编织鸟一样，织一个小小的温馨的家，将小百姓的每一个日子，从容不迫地细细地品咂着过。你千万不要笑我阿Q精神大发扬。这不是在用阿Q精神麻痹你，而是在教你这样一个道理—— 任何情况之下，只要不是苦役式的命运，完全没有自由的生活，那么人至少可取两种不同的生活态度，至少可实际地选择两种不同的生活—— 积极的态度和消极的态度，较乐观的生活和非常沮丧的生活。而这也就意味着获得同一情况之下两种不同的生活质量……

哈市国有企业的现状是严峻的，令人担忧的。东北三省大多数国有企业的现状都是严峻的。这是一个艰难时代。对普遍的国有企业的工人尤其艰难。据我看来，绝非短时期内能全面改观的。国家有国家的难处，这难处不是一位英明人物的英明头脑，或一项英明决策所能一朝解决的。这个体制的负载早已太沉重了。从前中国工人的活法是七分靠国家，三分靠自己，现在看必得反过来了，必得七分靠自己，三分靠国家了。那三分，便是国家对国有企业的工人阶级的责任。它大约也只能负起这么多责任了。这责任具有历史性。

既然必得七分靠自己了，你打算怎样，该认真想想。你来信说打算提前退休或干脆辞职。我支持，这就等于与自己所依赖惯了的体制彻底解除“婚约”了。这需要很大的勇气，因为你毕竟有别于年轻人。而且得清楚，那体制不会像一个富有的丈夫似的，补偿你什么。届时你的心态应该平衡，不能被某种“吃了大亏”的想法长久纠缠住。而最主要的，是你做出决定前必得有自知之明，反复问自己什么是想干的，什么是能干的。在想干的和能干的之间，一定要确定客观实际的选择。

总之，你一旦决定了，你的困难，二哥会尽全力周济帮助的。

过些日子，我会嘱出版社寄一笔稿费去的。

抽时间去医院看望大哥。

今天，我集中精力写信。除了给你们三个弟弟妹妹写信，还要抓紧时间再写几封。告诉大伟，说二舅问她好。也替我问春雨好，嘱他干活注意安全。

余言后叙。

兄晓声

一九九六年五月三日于北京

关于“罐头”的记忆

不知“罐头”一词究竟是外语的直译，还是中国百姓的惯说。每每视其而想，“罐”字似乎有些道理，后边连着“头”字却又是何意呢？百思不得其解。

我大约已有十年没吃过罐头了。确切地说，是没吃过自己花钱买的罐头。当然不是舍不得自己花钱买了吃。如今罐头实在是很便宜，瓶装的才四五元，和一个半大不小的西瓜等价。生活不是特别困难的人家，买几听罐头吃绝对不算奢侈。当然也不是吃够了，事实上我活到如今没吃过几次罐头。

有时开什么会或参加什么活动吃公饭，饭桌上往往有一盘罐头水果，或梨、或桃、或荔枝、或菠萝什么的。众人离开餐桌时，那一盘罐头水果，又往往没有明显地减少。有人可能吃了一口，有人可能都懒得向那盘中伸筷子或勺子。我属于后一种人。正是在那样的时候，便不禁浮想联翩起来。

逢年过节，客人登门，配衬着些小礼物，总有一两听罐头。客人一走，就放入冰箱保存。而这一放，也许一两个月甚至更长的时间忘了打开吃。终于某一天清理冰箱取出来，免不了大加指责。指责当然首先是冲妻子的。

“怎么回事？为什么到现在还没吃？以为放在冰箱里就不会坏吗？在冰箱里放久了照样会坏的！这么点起码的常识都不懂吗？放坏了不是一种浪费吗？”

妻子则会说：“那你吃啊！快打开吃！吃了就不必再往冰箱里放嘛！还省得占地方呢！”

“我吃就我吃！”话一出口，自己听着也觉得不太对味儿，仿佛体现着一种“见危险就上”的大无畏精神似的。家庭中出现了危险，勇于舍己的当然应是丈夫应是父亲。可这不是危险啊！这是吃罐头啊！怎么了？吃罐头对于中国人，竟成了这样的事了？仿佛还需要“战前动员”似的。心里这么想着，就打开了。倒在碗里，自己先吃，有那么点儿以身作则的意味儿。吃了点儿，喝了一口汁，觉得和记忆中的罐头的好吃简直没法比。深知自己一个人无论如何是吃不完的，于是分在三只碗里。

“哎，你也得吃！”这话是对妻子说的。

“还有你，别以为没你的事儿！”这话是对儿子说的。

嘴上这么说着，自己听了，越发觉得不像话了，好像在分派给妻儿极不情愿的“任务”。

妻子说：“先放那儿吧！没见我这会儿正忙着清理冰箱吗？”

“一会儿别忘了吃啊！”与其说是叮嘱，莫如说是告诫。

儿子说：“我不吃。”态度是那么干脆。

“你不吃？凭什么你不吃？”

“爸你这是什么话啊！什么叫凭什么啊！”

“好，算我表达有误。那就不问你凭什么，问你为什么，为什么不吃？”

“不为什么。不想吃而已。”

“不想吃？还……还而已？！难道罐头不好吃吗？”

“我也没说不好吃啊！”

“没说不好吃，那就等于承认，罐头其实是一种好吃的东西！好吃的东西而不想吃，就得说出个理由来！”

“说理由就说理由，我胃疼。”

“胃疼？撒谎！早不胃疼晚不胃疼，让你吃一小碗罐头就开始胃疼了？胃疼也得吃！吃罐头治胃疼！”

妻子在旁听不下去了，帮儿子解围：“你也太专制了吧！儿子已经说了他胃疼，你干吗还非逼他吃凉罐头？你也甭逼他，我替儿子吃！真是的，不就是一小碗罐头吗？”听那口吻，大有舍身代罚的意味儿。

不愿意弄得妻儿都不愉快，于是不再说什么，默默吃自己那一小碗。心中不禁又浮想联翩……

待吃光了自己那一小碗，妻子也关上了清理后的冰箱。

我搭讪着说：“同志，我已经吃完了，你也得吃完啊！包括儿子的那一份儿！”

“去去去，别啰唆！我什么时候吃，是我的事儿，不必你管。”妻子洗了手，径自看电视去了。

可自己的心思，还在那两小碗罐头上。见妻子看电视看得那么专注，一副根本没有“使命感”的模样，于是端了一小碗，凑过去，尽量以亲热的口吻说：“我替你端来了，一边看一边吃，怎么样？啊？”

妻子吃了两口，起身离开。我在妻身后“监视”着，见她将两碗罐头并为一碗，又放进了冰箱。

于是好言批评：“你看你，都打开了，倒出来了，不吃完，仍往冰箱里放，你不是成心要放坏吗？”

“那，我现在吃不下去怎么办？是罪？该杀？”

于是自己一赌气，从冰箱捧出，捧着闷坐一旁，暗暗发誓非吃个一干二净不可。的确吃了个一干二净。但是第二天自己的肠胃就闹起病来……

妻子不是富家女。全世界的富有人家并不整天吃水果罐头，这是谁都知道的，因而妻子不存在是否吃伤的问题。自从她成为我的妻子，似乎只买过几次水果罐头。儿子小时候，我是为他买过几次罐头的，可数的几次，最多不超过五次。他一上到小学，就再也不爱吃水果罐头了。

罐头是西方人发明的。最先是军用食品的一种，后来才普及于市民。水果罐头只不过是水果保存的方式。在西方，富人当然不吃水果罐头，而吃应时鲜果。水果罐头是大众食品，是专供百姓吃的。

近年来，中国人的生活水平提高得较快，显著的提高体现在吃一方面。市场规律刺激了果农的积极性，所以近年来中国市场上瓜果梨桃供应极为丰富，有时甚至呈现过剩趋势，而且价格一年比一年便宜。即使按照低工资的消费水平比照，中国也几乎是寻常果类售价最便宜的国家。以北京为例，除了荔枝、桂圆、芒果、猕猴桃等南方果类的售价平民百姓轻易不敢问津，苹果、梨、桃、杏、菠萝、葡萄等，通常价几乎与菜蔬相等。自然地，水果罐头便不怎么受待见了。如今，连城里人送礼，也不再考虑水果罐头了。水果罐头的身价一贬再贬，只有农村和小乡镇还沿袭着以水果罐头作为礼品相送的人情遗风。据我所知，全国的水果罐头厂，经济效益皆不景气。

在我小的时候，水果罐头却是平民百姓家的孩子眼中的罕见之物。

小学六年级，我才知道世界上有水果罐头这一种东西。

当年一名同学正与另几名同学大谈水果罐头如何好吃，我走过去听了一耳朵，只听清了“罐头”二字，便从旁插言道：“那谁没吃过？也不像你说的那么好吃呀！”

那同学相讥道："就你们家那么穷，你会吃过罐头？鬼才信呢！"

我比画着说："我当然吃过一次的！不就比月饼大一圈儿吗？很硬很硬的。白面烙的，细嚼怪香的！"

他说："哈！哈！你吹牛吧？那叫罐头吗？那叫'杠头'！'杠头'不过是一种干粮！水果罐头，那是把水果削了皮，切成块儿，放进一个铁罐子里，再加上糖水，然后把铁罐子封上。你吃过吗？你吃过吗？"

我说："你才吹牛呢！把水果削了皮，剔了核，切成了块儿，却不吃，反而要装进铁罐儿里，还要封上盖儿，那是干什么嘛！那不是精神病吗？"

于是我们彼此攻击。

另外的同学们，只有一两个见过罐头的，便都站在事实一边儿，竭力支持他说世上有罐头这一种东西。其余的同学和我一样，不但从未见过，而且从未听说过，就像从未听说过巧克力、麦乳精、乐口福、冰淇淋一样，当然盲目而又自信地站在我这一边儿，异口同声地冲着那个吃过罐头的同学嚷："精神病！精神病！"

几天后，在校门外，在刚刚放学的时候，那名吃过罐头的同学和几天前支持过他的同学拦住了我。

他说："你不是不相信世界上有罐头吗？来，让你见识见识什么是罐头！"

他将我引到一处僻静的地方，从书包里掏出了一听罐头—— 后来我知道，因他父亲是飞行员，所以他才有幸能吃上罐头。那是一种筒装啤酒一样的铁皮罐头。盖儿上有环，一拉盖儿便彻底翻开……

于是他和那几个支持过他的同学当着我的面儿轮番喝罐头汁，接着又轮番用手指夹出果块津津有味地吃……

后来他说："还有呢！"——说着，他示意他们中个子最高的同学，将罐头放在了人家院门的柱顶上。

望着他们走远，我扬头看那"高高在上"的罐头。我心里对自己说，你可要有点儿志气，脚步却不由自主地走了过去。我踮起脚跟、伸长一只手臂，却怎么也够不到柱子顶上那听罐头。但同学们喝时吃时故意做出的夸张表情，惹得我真馋啊！我四下里找了几块碎砖头，摞起来，一只脚站上去才将那罐头够在手里。偏巧那人家里有人出屋，在院里大喝一声："干什么？！"我一慌，摔了个屁墩儿，手里仍拿着那听罐头……

院子里的人并没出院子，又回到屋里去了。站起来，低头看罐头，见里面其实空空如也。当然很沮丧，但也非常不甘心，举起空罐头盒子仰起头张大嘴耐心地承接着，许久，终于有一滴特别甜特别甜的汁滴落口中。那是我长到十三四岁从未品咂过的一种甜，它仿佛将我的嘴甜得“麻木”了。仿佛在我胃里顿时溶解为一片，并经由胃渐渐渗入到我周身的血管里，好比世界上一块含糖量最高的冰糖渐渐溶解在一杯凉水里一样……

如今回想起来，用“天上甘露”来形容绝不算夸张。忽然我听到一阵大笑。一转身，见一堵墙后，闪现出了那几个同学的身影。我羞愧难当，丢了空罐头盒，拔腿便跑……

从那以后，“罐头”两个字，便深深地印在了我的脑海里。我开始常梦见罐头，如常梦见新书包……

老百姓家的孩子，只有在生病时，才可能吃到自己很馋，而平时又吃不到的东西。比如煎鸡蛋、面条、一个苹果一只梨什么的……

我因馋罐头而巴望自己生一场大病。不久我真的病了。不过不是什么大病，是由于中耳炎引起的高烧。老百姓家的母亲们，在这种时候问病了的小儿女们的话照例是——“孩子，想吃点儿什么呀？”

我鼓足勇气，犹犹豫豫地说：“妈，我想吃罐头。”

母亲愣了愣，问站在一旁的哥哥：“他说他想吃什么？”

哥哥替我回答了一遍：“妈，二弟说他想吃罐头。”

母亲又是一阵发愣，之后将哥哥扯到外间屋去。

我听到母亲在外间屋悄声说：“这老二，想吃什么不好，怎么偏偏想吃起罐头来了呢？他从哪儿听说罐头好吃的呢？以为咱们是什么人家了啊！”

而哥哥悄声说：“妈，就给我二弟买听罐头吃吧。吃罐头有利于退烧呢！”

母亲低声训斥：“住嘴，别胡说！”——片刻后又问：“一听罐头得多少钱？”

哥哥说一听罐头九角多。

“九角多？那么贵？够三四天的菜钱了！你就说哪哪儿都没买到罐头，给你二弟买两根冰棍儿就行了。冰棍儿更有利于退烧……”

接着，母亲回到里间屋，俯下身，充满爱意地注视着我说：“我让你哥给你买罐头去了！”

我羞愧地说：“妈，其实我也不怎么想吃罐头，随口说说的，你别那么当真。”

母亲却说：“一听罐头，妈还是舍得买给你吃的……”

母亲离开后，弟弟妹妹们围了过来，一个个咽着口水问我，罐头究竟是种什么东西？怎么个好吃法儿？

而我，不禁就流泪了——因自己过分高的要求，也因母亲那份儿兑现不起的母爱……

第二年，父亲从大西北回来探家了。我从他的背包翻出了两个“赤身裸体”、没有任何纸包装的铁皮罐儿。眼睛一亮，心想那必是罐头无疑了。一问父亲，果然是。父亲说，那是他用一双劳保鞋和几双劳保手套在列车上与人换的。说为的是春节饭桌上能多道稀罕的菜。我问里边是什么，父亲说他也不知道。我说你与人交换时怎么不问问啊？父亲说，列车上许多人都争着用不能吃的东西换能吃的东西，自己挤上前换到手就谢天谢地了，哪儿还顾得上问啊！

“三十儿”晚上，父亲亲自开罐头。父亲不慎将手指划了个大口子，流血不止。母亲替父亲包扎手指之际，我将两听罐头分别倒在两个盘子里……

第一个盘子里出现的是没削皮的大红萝卜块儿；第二个盘子里出现的也是同样的东西。由于做罐头的铁皮不过关，由于过期，倒出的汁水浮着一层铁锈，变质的红萝卜块儿发出一股怪味儿。

它们根本就不能吃了……

我下乡后，连队的小卖部就有罐头卖。但我哪里舍得买来吃呢？“够三四天的菜钱了！”看见罐头，母亲当年的话便在我耳边响起。我宁愿自己永远也不吃罐头，为在城市里过贫穷日子的母亲和弟弟妹妹省下三四天菜钱……

但是我当班长时，班里的战士病了，我每每为他们买罐头。连队小卖部里除了罐头，也再无别的什么好吃的东西可买……

当小学教员时，学生病了，我也为学生们买过罐头……

每次探家，我去精神病院探视考上了大学而又因家境贫困读不起大学所以精神失常的哥哥，总是要拎上几听罐头……

怀着感激去到那些帮助过我家以及帮助过我的好心人家里做礼节性的走动时，罐头往往也是必买的东西之一……

一九七四年我接到大学录取通知书后，回老连队去向知青战友们告别。他们在大宿舍里为我“饯行”。几只饭盒摆在一起时，有一个战友看一看说：“怎么觉得少点儿什么呢？哎，你们看还少点儿什么？”

我一言不发，默默起身去了小卖部，将每种罐头都买了一听。

那一年我二十四岁，第一次吃罐头，而且是吃自己买的罐头。我只象征性地吃了几口，不知为什么，竟没感到特别好吃……

大学毕业五年后，我成家了。我的工资五十元多一点点，妻的工资高我几元。有了儿子后，开销增加了，我们必得“勤俭持家”。

于是我在夏季西红柿便宜时，向邻居们学做西红柿“罐头”。那是“土法上马”的“制作”。诚所谓“有条件要上，没有条件，创造条件也要上”——这是毛泽东当年的“最高指示”。做法说麻烦也麻烦，说简单也简单——将些葡萄糖瓶子水煮消毒，将西红柿洗净，切成条，由瓶口塞入瓶中，再加入糖醋，然后放在蒸锅里蒸。最后塞严橡皮瓶塞，再用塑料薄膜扎紧瓶口，摆放在阴凉处即可……

有一年夏季我做了二十几瓶。冬季吃不了，送给别人家，甚至也送给岳父母家。接受的人享用后，都说很好吃……

然而我却极少吃自己亲手做的罐头。天生吃不来一切罐头化了的水果或其他食品。在这一点上，我这个贫穷之家出身的人，又似乎显得太娇情了。

可当年落入口中的那一滴罐头汁，为什么特别特别甘甜呢？个中缘由，我没细想过，自己也说不大清。

如今，在任何一家副食商店，罐头的专柜，大抵琳琅满目。品种之多，包装之美，非常吸引人的目光。

我喜欢站在罐头专柜前欣赏，但绝不会买。

有时，竟会由欣赏而陷入浪漫的遐想，希望自己是一位神仙，口中暗念咒语，轻轻一挥手，将全中国大小商店里的，仓库里的，以及大小罐头厂里正在生产着的各种各样的罐头，全靠意念搬运到许多偏远农村的贫穷农民家里去……

本命年联想红腰带

牛年是我的本命年。屈指一算，我已与牛年重逢四次了。于是联想到了孔乙己数茴香豆的情形，就有一个惆怅迷惘的声音在耳边喃喃道：“多乎哉？不多也。”自然是孔乙己的传世名言，却也像一位老朋友作难之状大窘的暗示——其实是打算多分你几颗的。可是你瞧，不多也。真的不多也！

在本命年拍的一张照片

于是自己也不免大窘。窘而且凄惶。前边曾有过的已经消化在碌碌的日子里了，希望后边儿再得到起码“四颗”，而又明知着实地太贪心了。只那意味着十二年的“一颗”，老朋友孔乙己似乎都不太舍得超前“预支”给我。

人在第四次本命年中，皆有怅然若失之感。

元旦前的某一天，妻下班回来，颇神秘地对我说：“猜猜我给你带回了什么？”

猜了几猜，没猜到。妻从挎包掏出一条红腰带塞在我手心。

我问：“买的？”

妻说：“我单位一位女同事不是向你要过一本签名的书吗？人家特意为你做的。她大你两岁。送你红腰带，是祈祝你牛年万事遂心如意，一切烦恼忧愁通通‘姐’开的意思……”

听了妻的话，瞧着手里做得针脚儿很细的红腰带，不禁忆起二十四岁那年，另一位女性送给我的另一条红腰带……

小时候，家里孩子多，又穷，母亲终日为生计操劳，没心思想到哪一年是自己哪一个儿女的本命年，我头脑中也就根本没有什么本命年的意识，更没系过什么红腰带。

二十四岁的我当然已经下乡了，是黑龙江生产建设兵团一师一团七连的小学教师。七连原属二团，在我记忆中，那一年是合并到一团的第二年，原先的二团团部变成了营部。小学校放寒假了，全营的小学教师集中在营部举办教学提高班。

几天后的一个傍晚，我去水房打水，有位女教师也跟在我身后进入了水房。

她在一旁望着我接水，忽然低声问：“梁老师，你今年二十四岁对不对？”

我说：“对。”

她紧接着又问：“那么你属牛？”

我说：“不错。”

她说：“那么我送你一条红腰带吧！”——说着，已将一个手绢儿包塞入我兜里。

我和她以前不认识，只知她是一名上海知青。一时有点儿疑惑，水瓶满了也未关龙头，怔怔地望着她。

她一笑，替我关了龙头，虔诚地解释：“去年是我的本命年，这条红腰带是去年别人送给我的。送我的人嘱咐我，来年要送给比我年龄小的人，使接受它的人能‘姐’开一切烦恼忧愁。这都一月了。提高班就你一个人比我年龄小，所以我只能送给你。再不从我手中送出，我就太辜负去年把它送给我那个人的一片真心了啊！……”

见我仍怔愣着，她又嘱咐我：“希望你来年把它转送给一个女的，让‘姐’开这一种善良的祈祝，也能带给别人好运。这事儿可千万别传呀！传开了，一旦有人汇报，领导当成回事儿，非进行批判不可……”

又有人打水。我只得信赖地朝她点点头，心怀着种温馨离开了水房。

那条红腰带不一般。一手掌宽，四余尺长。两面儿补了许多块补丁。当然都是红补丁。有的补丁新，有的补丁旧。有的大点儿，有的小点儿。最小的一块补丁，才衣扣儿似的。但不论新旧大小，都补得那么认真仔细，那么结实。我偷偷数了一次，竟有二十几块之多。与所有的补丁相比，它显露不多的本色是太旧了。那已经不能被算作红色了，客观地说，接近茄色了。并且，有些油亮了。分明地，在我之前，不知多少人系过它了。但我心里却一点儿也未嫌弃它。从那一天起，我便将它当皮带用着了……

它上边的二十几块补丁，引起了我越来越大的好奇心。我一直想向那一名上海女知青问个明白，可是她却不再主动和我接触了。在提高班的后几天我见不着她了。别人告诉我她请假回上海探家了。

一个月后我收到了她从上海川沙县寄给我的一封信。信中说她不再回兵团了，已经转到川沙县农村插队了，也不再当小学老师了。

“我想，”她在信中写道，“你一定对那条红腰带产生了许多困惑。去年别人将它送给我时，我心中产生的困惑绝不比你少。于是我就问送给我的人。可是她什么也不知道，说不清。于是我又问送给她的人。那人也不知道，也说不清。我一个人接一个人地追问下去，终于有一个人告诉了我一些关于它的情况。现在，我把我所知道的告诉你——一九四八年，在东北解放战场上，有一名部队的女卫生员，将它送给了一名伤员。那一年是他的本命年。后来女卫生员牺牲了。他在第二年将它送给了他的新婚妻子。一九四九年是她的本命年。以后她又将它送给了她的弟弟。他隔年将它送给了他大学里的年轻的女教师。到了一九五九年，它便在一位中年母亲手里了。她的女儿赴新疆支边。那一年是女儿的本命年，女儿临行前，当母亲的，亲自将它系在女儿腰间了。一九六八年，它不知怎么一来，就从新疆到了北大荒。据说是一位姐姐从新疆寄给亲弟弟的。也有人说不是姐姐寄给亲弟弟的，而是一位姑娘寄给自己第一个恋人的……关于它，我就追问到了这么多。我给你写此信，主要是怕你忘了我把它送给你时嘱咐你的话——来年你一定要转送给一位女性。还要告诉她，她结束了她的本命年后，一定要送给比她年龄小的男性。只有这样，才能使‘姐’开人烦恼忧愁的祈祝一直延续下去……”

她的信，使二十四岁的我，非常之珍视系在我腰间的红腰带了。

我回信向她保证，我一定遵照她的嘱咐做。我甚至开始暗中调查，在我们连的女知青中，来年是谁的本命年……

但是不久我调到了团里。

第二年元旦后，我将它送给了团组织股的一名女干事。她是天津知青。

当天晚上她约我谈心。她非常严肃地问我：“你送我一条红腰带是什么意思呢？你应该明白，你是初中知青，我是高中知青，咱俩谈恋爱年龄不合适。而且，我已经有男朋友了！……”

我说：“你误解了，这事儿没那么复杂。今年是你本命年，所以我才送给你。按年龄我该叫你姐。我送给你，是‘弟’给你好运的意思啊！”

她说：“那这也是一种迷信哪！”

我说：“就算是迷信吧。可迷信和迷信有所不同，不能一概而论的。”

“迷信和迷信会有什么不同？”她又严肃地板起了脸。

我思想上早有准备，便取出特意带在身上的那封信给她看。待她看完，我说：“现在你如果还不愿接受，就还给我吧！”

她默默地还给了我——还的当然不是红腰带，而是那封信。我见她眼里汪着泪了……

在我二十四岁那一年，心中的烦恼和忧愁，并不比二十二岁二十三岁时少。可以说还多起来了。我却总是这么安慰自己——也许我本该遭遇的烦恼和忧愁更多更多。幸运的红腰带肯定替我“姐”开了不少啊！……

二十五岁那一年我离开兵团上大学去了。

我曾在自己的一个本命年里，系过一条独一无二的红腰带。

在我人生的这第四个本命年，妻的一位女同事，一位我没见过面的“姐”送给我的红腰带，使我忆起了几乎被彻底忘却的一桩往事。

不知当年那一条补着二十几块补丁的红腰带，是否由一位姐，又送给了某一个男人？是否又多了二十几块补丁？也许，它早就破旧得没法儿再补了，被扔掉了吧？但我却宁肯相信，它仍系在某一个男人腰间。

想想吧，一条红布，一条补了许多补丁的红布，一条已很难再看到最初的红颜色的红布，由一些又一些在年龄上是“姐”的女人，虔诚地送给一些又一些男人，祈祝他们在自己的本命年里“姐”开一些烦恼忧愁，这份儿愿望是多么美好啊！它某几年在亲人和亲爱者间转送着。某几年又超出了亲情和友情的范围，被转送到了一些素无交往的男人手里。如当年那位也当过小学教师的上海女知青在水房将它送给我一样。而再过几年，它可能又在亲人和亲爱者间转送着了。它的轮回，毫无功利色彩。仅只为了将“姐”开这一好意，一年年地延续下去。除了这一目的，再无任何别的目的了……

让“姐”开烦恼忧愁和“弟”给好运的善良祈祝，在更多男人和女人的本命年里带来温馨吧！

兄长

如果，谁面对自己的哥哥，心底油然冒出“兄长”二字的话，那么大抵，谁已老了。并且，谁的“兄长”肯定更老了。

和我哥哥的合影

这个“谁”，倘是女性，那时刻她眼里，几乎会悠忽地漫出泪来；而若是男人，表面即使不动声色，内心里也往往百感交集。男人也罢，女人也罢，这种情况之下的他或她以及兄长，又往往早已是没了父母的人了。即使这个人曾有多位兄长，那时大概也只剩对面或身旁那唯一的一个了。于是同时觉得变成了老孤儿，便更加互生怜悯了。老人而有老孤儿的感觉，这一种忧伤最是别人难以理解和无法安慰的，儿女的孝心只能减轻它，冲淡它，却不能完全抵消它。

有哥的人的一生里，心底是不大会经常冒出“兄长”二字的。“兄长”二字太过文化了，它一旦从人的心底冒了出来，便会使人觉得，所谓手足之情类似一种宗教情愫，于是几乎想要告解一番，仿佛只有那样才能驱散忧伤……

几天前，在精神病院的院子里，我面对我唯一的哥哥，心底便忽然冒出了“兄长”二字。那时我忧伤无比，如果附近有教堂，我将哥哥送回病房之后，肯定会前去祈祷一番的。我的祷词将会很简单，也很直接："主啊，请保佑我，也保佑我的兄长……" 我一点儿也不会因为这样的乞求而感到羞耻。

我的兄长大我六岁，今年已经六十八周岁了。从二十岁起，他一大半的岁月是在精神病院里度过的。他是那么渴望精神病院以外的自由，而只有我是一个退休之人了，他才会有自由。我祈祷他起码再活十年，不病不瘫地再活十年。我不奢望上苍赐他更长久的生命。因为照他现在的健康情况看来，那分明是不实际的乞求。我也祈祷上苍眷顾于我，使我再有十年的无病岁月。只有在这两个前提之下，他才能过上十年左右精神病院以外的较自由的生活。对于一个四十八年中的大部分岁月是在精神病院中度过的，并且至今还被软禁在精神病院里的人，我认为我的乞求毫不过分。如果有上帝、佛祖或其他神明，我愿与诸神达成约定：假使我的乞求被恩准了，哪怕在我的兄长离开人世的第二天，我的生命也必结束的话，那我也宁愿，绝不后悔！

在我头脑中，我与兄长之间的亲情记忆就一件事：三四岁那一年，我病了一大场，高烧；母亲后来是这么说的。我却只记得这样的情形—— 某天傍晚我躺在床上，对坐在床边心疼地看着我的母亲说我想吃蛋糕。之前我在过春节时吃到过一块，觉得那是世上最好吃的东西。外边下着瓢泼暴雨，母亲保证说雨一停，就让我哥去为我买两块。当年，在街头的小铺子里，点心乃至糖果，也是可以论块买的。我却哭了起来，闹着说立刻就要吃到。当年十来岁的哥哥，于是脱了鞋、上衣和裤子，只穿裤衩，戴上一顶破草帽，自告奋勇，表示愿意冒雨去为我买回来。母亲被我哭闹得无奈，给了哥哥一角几分钱，于心不忍地看着哥哥冒雨冲出了家门。外边又是闪电又是惊雷的，母亲表现得很不安，不时起身走到窗前外望。我觉得似乎过了挺长的钟点哥哥才回来，他进家门时的样子特滑稽，一手将破草帽紧拢胸前，一手拽着裤衩的上边。母亲问他买到没有，他哭了，说第一家铺子没有蛋糕，只有长白糕，第二家铺子也是，跑到了第三家铺子才买到的。说着，哭着，弯了腰，使草帽与胸口分开，原来两块用纸包着的蛋糕在帽兜里。那时刻他不是像什么落汤鸡，而是像一条刚脱离了河水的娃娃鱼；那时刻他也有点儿像在变戏法，是被强迫着变出蛋糕来的。变是终归变出来了两块，但却委实变得太不容易了，所以哭，大约因为觉得自己笨。

母亲说：你可真死心眼儿，有长白糕就买长白糕嘛，何必多跑两家铺子非买到蛋糕不可呢？

他说：我弟要吃的是蛋糕，不是长白糕嘛！

还说，母亲给他的钱，买三块蛋糕是不够的，买两块还剩下几分钱，他自作主张，也为我买了两块酥糖……妈你别批评我没经过你同意啊，我往家跑时都摔倒了……

其实对于我，长白糕和蛋糕是一样好吃的东西。我已几顿没吃饭了，转眼就将蛋糕狼吞虎咽地吃了下去。

而母亲却发现，哥哥的胳膊肘、膝盖破皮了，正滴着血。当母亲替哥哥用盐水擦过了伤口，对我说也给你哥吃一块糖时，我连最后一块糖也嚼在嘴里了……

是的，我头脑中，只不过就保留了对这么一件事的记忆。某些时候我试图回忆起更多几件类似的事，却从没回忆过起第二件。每每我恨他时，当年他那种像娃娃鱼又像变戏法似的少年的样子，就会逐渐清晰地浮现在我眼前。于是我内心里的恨意也就会逐渐地软化了，像北方人家从前的冻干粮，上锅一蒸，就暄腾了，只不过在我心里，热气是回忆产生的。

是的—— 此前我许多次地恨过哥哥。那一种恨，可以说是到了憎恨的程度。也有不少次，我曾这么祈祷：上帝喃，让他死吧！并且，毫无罪过感。

我虽非教徒，但由于青少年时读过较多的外国小说，大受书中人物影响，倍感郁闷、压抑了，往往也会像那些人物似的对所谓上帝发出求助的祈祷。

千真万确，我是多次憎恨过我的哥哥的。我上小学三年级时，哥哥已经在读初三了，而我从小学四年级到六年级的三年里，正是哥哥从高一到高三的阶段。那时，我身下已又有了两个弟弟一个妹妹。而实际上，家中似乎只有我和两个弟弟一个妹妹四个孩子。除了晚上，年、节和星期日，我们四个弟弟妹妹平时是不大见得到哥哥的。即使星期日，他也不常在家里。我们能见到母亲的时候，并不比能见到哥哥的时候多一些。而是建筑工人的父亲，则远在大西南。某几年这一省，某几年那一省。从我小学一年级的时候起父亲就援建“大三线”去了—— 每隔两三年才得以与全家团圆一次，每次十二天的假期；那对父亲如同独自一人的万里长征，尽管一路有长途汽车和列车可乘坐，但中途多次转车，从大西南的深山里回到哈尔滨的家里，每次都要经历五六天的疲惫途程。父亲的工资当年只有六十四元，他每月寄回家四十元，自己花用十余元，每月再攒十余元。如果不攒，他探家时就得借路费了，而且也不能多少带些钱回到家里了。到过家里的父亲的工友，曾同情地对母亲说：“梁师傅太仔细了，舍不得买食堂的菜吃，自己买点儿酱买几块豆腐乳下饭，两分钱一块豆腐乳，他往往就能吃三天！”那话，我是亲耳听到了的。

父亲寄回家的钱，十之八九是我去邮局取的。从那以后，每次看着邮局的人点钱给我，我的心情不是高兴，而竟是特别地难受。正是由于那种难受，使我暗下决心，初中毕业后，但凡能找到份工作，一定不读书了，早日为家里挣钱才更要紧！那话，哥哥也是当面听到了的。父亲的工友一走，哥哥哭了。

母亲已经当着来人的面落过泪了，见哥哥一哭，便这么劝：儿子别哭。你可一定要考上大学对不对？家里的日子再难，妈也要想方设法供你到大学毕业！等你大学毕业了，家里的日子不就有缓了吗？爸妈不就会得你的济了吗？弟弟妹妹不就会沾你的光了吗？……

从那以后，我们平常日子见到哥哥的时候就更少了，学校几乎成了他的家了。从初中起，他就是全校的学习尖子生，也是学生会的和团的干部。他属于那种多项荣誉加于一身的学生。这样的学生，在当年，少接受一种荣誉也不可能，那是自己做不了主的事。将学校当成家，一半是出于无奈，一半也是根本由不得他做主。我们的家太小太破烂不堪，如同城市里的土坯窝棚。在那样的家里学习，始终保持全校尖子生的成绩是不太可能的，所以他整天在学校里，为那些给予他的荣誉尽着尽不完的义务，也为考上大学刻苦学习。

每月四十元的生活费，是不够母亲和我们五个儿女度日的。母亲四处央求人为自己找工作。谢天谢地，那几年临时工作还比较好找。母亲最常干的是连男人们也会叫苦不迭的累活儿脏活儿。然而母亲是吃得了苦的。只要能挣到份儿钱，再苦再累再脏的活儿，她也会高高兴兴地去干。每月只不过能挣二十来元吧。那二十来元，对我家的日子作用重大。

一年四季，我和弟弟妹妹们的每一天差不多总是这样开始的：当我们醒来，母亲已不在家里，不知何时上班去了。哥哥也不在家里了，不知何时上学去了。倘是冬季，那时北方的天还没亮。或者，炉火不知何时已生着了，锅里已煮熟一锅粥了，不是玉米粥，便是高粱米粥。或者，只不过半熟，得待我起床了捅旺火接着煮。也或者，锅火并没升，屋里冷森森的，锅里是空的，须我来为弟弟妹妹们弄顿早饭吃。煮玉米粥或高粱米粥是来不及了的，只有现升火，煮锅玉米面粥……

我从小学二三年级起就开始做饭、担水、收拾屋子，做几乎一切的家务了。在当年的哈尔滨，挑回家一担水是不容易的。我家离自来水站较远，不挑水也要走十来分钟的路。对于才小学二三年级的孩子，挑水得走二十来分钟了，因为中途还要歇两三歇。我是决然挑不起两满桶水的，一次只能挑半桶。如果我早上起来，发现水缸里居然已快没水了，我对哥哥是很恼火的。我认为挑水这一项家务，不管怎么说也应该是哥哥的事。但哥哥的心思几乎全扑在学习上了，只有星期日他才会想到自己也该挑水的，一想到就会连挑两担，那便足以使水满缸了。

而我呢，其实内心里也挺期待他大学毕业以后，能分配到较令别人羡慕的工作，挣较多的钱，使全家人过上较幸福的生活。这种期待，往往很有效地消解了我对他的恼火。

然而我开始逃学了。

因为头一天晚上没写完作业或根本就没顾得写，第二天上午忙得顾此失彼，终究还是没得空写——我逃学。

因为端起锅时，衣服被锅底灰弄黑了一大片，洗了干不了，不洗再没别的衣服可换（上学穿的一身衣服当然是我最体面的一身衣服了）——我逃学。

因为一上午虽然诸事忙碌得还挺顺利，但是背上书包将要出门时，弟弟妹妹眼巴巴地望着我，都显出我一走他们会害怕的表情时——我逃学。

因为外边大雪纷飞，天寒地冻，而家里若炉火旺着，我转身一走不放心；若将炉火压住，家里必也会冷得冻手冻脚——我逃学。

因为外边在下雨，由于房顶处处破损，屋里也下小雨，我走了弟弟妹妹们不知如何是好—— 我逃学。我对每一次逃学几乎都有自认为正当的辩护理由；而逃学这种事，是要付出一而再、再而三的代价的。我头一天若逃学了，晚上会睡不着觉的，唯恐面对老师当着全班同学面的训问不知如何回答是好。结果第二天又逃学，第三天还逃学。最多时，我连续逃学过一个星期，并且教弟弟妹妹怎样帮我圆谎。纸里包不住火，谎言终究是要被戳穿的。有时是同学受了老师的指派到家里来告知母亲，有时是老师亲自到家里来了。往往，母亲明白了真相后，会沉默良久。那时我看出，母亲内心里是极其自责的，母亲分明感觉到对不住我这个二儿子。

而哥哥却生气极了，他往往这么谴责我：你为什么要逃学呢？为什么不爱学习呢？上学对于你就是那么不喜欢的事吗？你看你使妈妈多难堪，多难过！你是不对的！还说谎，会给弟弟妹妹们什么影响？！明天我请假，陪你去上学！

却往往地，陪我去上学的是母亲。母亲不愿因为陪我去上学而耽误哥哥的课。

哥哥谴责我时，我并不争辩。我内心里有多种理由，但那不是几句话就自我辩护得明白的。那会儿，我是恨过我的哥哥的。他一贯以学校为家，以学习为“唯此为大”之事。对于家事，却所知甚少。以他那样一名诸荣加身的优秀学生看来，我这样一个弟弟简直是不可理喻的，也是一个令他蒙羞的弟弟。在我的整个小学时期，我是同学们经常羞辱的“逃学鬼”；在哥哥眼中是一个令他失望的、想喜欢也喜欢不起来的弟弟。

一九六二年，我们搬了一次家。饥饿的年头还没过去，我们竟一个也没饿死，几乎算是奇迹。而哥哥对于我和弟弟妹妹，只不过意味着有一个哥哥。他在家也只不过就是我们学习的榜样。

那一年我该考中学了，哥哥将要考大学了。

六月，父亲回来探家了。

那一年父亲明显地老了，而且特别瘦，两腮都塌陷了。快五十岁了，为了这个家，每天仍要挑挑抬抬的。他竟没在饥饿的年代饿倒累垮，想来也算是我家的幸事了。

一天，屋里只有父亲、母亲和哥哥在的时候，父亲忧郁地说："我快干不动了，孩子们一个个全都上学了，花销比以前大多了，我的工资却十几年来一分钱没涨，往后怎么办呢？"

母亲说："你也别太犯愁，那么多年苦日子都熬过来了，再熬几年就熬出头了。"

父亲说："你这么说是怪容易的，实际上你不是也熬得太难了吗？我看，千万别鼓励老大考大学了，让他高中一毕业就找工作吧！"

母亲说："也不是我非鼓励他考大学，他的老师、同学和校领导都来家里做过我的工作，希望我支持他考大学……"

父亲又对哥哥说："老大，你要为家庭也为弟弟妹妹们做出牺牲！"

哥哥却说："爸，我想过了，将来上大学的几年，争取做到不必您给我寄钱。"

父亲火了，大声嚷嚷："你究竟还是不是我儿子？！难道我在这件事上就一点儿也做不了主了吗？！"

他们都以为我不在家，其实我只不过趴在外屋小炕上看小说呢。那一刻，我的同情是倾向于父亲这一边的。

在父亲的压力之下，哥哥被迫停止了高考复习，托邻居的一种关系，到菜市场去帮着卖菜。

又有一天，哥哥傍晚时回到家里，将他一整天卖菜挣到的两角几分钱交给母亲后，哭了。那一刻，我的同情又倾向于哥哥了。

他的同学和老师都认为，他似乎是天生可以考上北大或清华的学生。

我也特别地怜悯母亲，要求她在父亲和哥哥之间立场坚定地反对哪一方，对于她都未免太难了。

是我和哥哥一道将父亲送上返回四川的列车的。

父亲从车窗探出头对哥哥说："老大，我该说的都说了，你自己再三考虑吧！"

父亲流泪了。

哥哥也流泪了。

列车就在那时开动了。

等列车开远，我对哥哥说："哥，我恨你！"

依我想来，哥哥即使非要考大学不可，那也应该暂且对父亲说句谎话，以使父亲能心情舒畅一点儿地离家上路，可他居然不。

多年以后，我理解哥哥了。母亲是将他作为一个"理想之子"来终日教诲的，说谎骗人在他看来是极为可耻的，那怎么还能用谎话骗自己的父亲呢?

哥哥没再去卖菜，也没重新开始备考。他病了，嗓子肿得说不出话，躺了三天。同学来了，老师来了，邻居来了，甚至街道干部也来了，所有的人都认为父亲目光短浅，不要听父亲的。连他的中学老师也来了，还带来了退烧消炎的药。居然有那么多的人关心我的哥哥，以至于当年使我心生出了几分嫉妒。直至那时，我在街坊四邻和老师同学眼中，仍是一个太不让家长省心的孩子。

哥哥考上了唐山铁道学院——他是为母亲考那所学院的。哈尔滨当年有不少老俄国时期留下的漂亮的铁路员工房。母亲认为，只要哥哥以后成了铁道工程师，我家也会住上那种漂亮的铁路房。

父亲给家里写了一封有一半错字的亲笔信，以严厉到不能再严厉的词句责骂哥哥。哥哥带着对父亲对家庭对弟弟妹妹的深深的内疚踏上了开往唐山的列车。

我上的中学，恰是哥哥的中学母校。不久全校的老师几乎都认得我了。有的老师甚至在课堂上问："谁是梁绍先的弟弟？"——哥哥虽然考上的不是清华、北大，但他是在发着烧的情况之下去考的呀！而且放弃了几所保送大学，而且是为了遵从母命才考唐山铁道学院的！一九六二年，在哈尔滨市，底层人家出一名大学生，是具有童话色彩的事情。这样的一个家庭，全家人都是受尊敬的。

我这名初中生，虚荣心在当年获得了巨大的满足。我开始以哥哥为荣。我也暗自发誓要好好学习了。第一个学期几科全考下来，平均成绩九十几分，我对自己满怀信心。

饥饿像一只大手，依然攥紧着大多数中国人的胃，从草根草籽到树皮树叶，底层中国人几乎将一切能吃的东西都吃遍了，吃光了，并尝试吃许多自认为可以吃的，以前没吃过不敢吃的东西。父亲在大西北挨饿，哥哥在大学里挨饿，母亲和我们在家里挨饿。哥哥居然还不算学校里家庭生活最困难的学生，每月仅领到九元钱的助学金。他又成了大学里的学生会干部，故须带头减少口粮定量，据说是为了支援亚非拉人民闹革命。父亲不与哥哥通信，不给他寄钱，也挤不出钱来给他寄。哥哥终于也开始撒谎了——他写信告诉家里，不必为他担什么心，说父亲每月寄给他十元钱。那么，他岂不是每月就有十九元的生活费了吗？这在当年是挺高的生活费标准了，于是母亲真的放心了，并因父亲终于肯宽恕哥哥上大学的“罪过”而感动。哥哥还在信中说他投稿也能挣到稿费。其实他投稿无数，只不过挣到了一次稿费，后来听哥哥亲口说是才三元……

哥哥第一个假期没探家，来信说是要带头留在学校勤工俭学。第二个假期也没探家，说是为了等到父亲也有了假期，与父亲同时探家。而实际上，他是因为没钱买车票才探不成家。

哥哥大学的第二个学年开始不久，家里收到了一封学校发来的电报——“梁绍先患精神病，近日将由老师护送回家”，电文是我念给母亲听的。

母亲呆了，我也呆了。

邻居家的叔叔婶婶们都到我家来了，传看着电报，陪母亲研究着，讨论着——精神病与疯了是一个意思，抑或不是？好心的邻居们都说肯定还是有些区别的。我从旁听着，看出邻居们是出于安慰。我的常识告诉我，那完全是一个意思，但是我不忍对母亲说。

母亲一直手拿着电报发呆，一会儿看一眼，坐到了天明。

而我虽然躺下了，却也彻夜未眠。

第二天我正上最后一堂课时，班主任老师将我叫出了教室——在一间教研室里，我见到了分别一年的哥哥，还有护送他的两名男老师。那时天已黑了，北方迎来了第一场雪。护送哥哥的老师说哥哥不记得往家走的路了，但对中学母校路熟如家。

我领着哥哥他们往家走时，哥哥不停地问我：“家里还有人吗？父亲是不是已经饿死在大西北了？母亲是不是疯了？弟弟妹妹们是不是成了街头孤儿？……”

我告诉他母亲并没疯时，不禁泪如泉涌。

那时我最大的悲伤是——母亲将如何面对她已经疯了的“理想之子”？

哥哥回来了，全家人都变得神经衰弱了。因为哥哥不分白天黑夜，几乎终日喃喃自语。仅仅十五平方米的一个破家，想要不听他那种自语声，除非躲到外边去。母亲便增加哥哥的安眠药量，结果情况变得更糟，因为那会使哥哥白天睡得多，夜里更无法入睡。但母亲宁肯那样。那样哥哥白天就不大出家门了，而这不至于使邻居们特别是邻家的孩子们因为突然碰到了他而受惊。如此考虑当然是道德的，但我家的日子从此过得黑白颠倒了。白天哥哥在安眠药的作用下酣睡时，母亲和弟弟妹妹们也尽量补觉。夜晚哥哥喃喃自语开始折磨我们的神经时，我们都凭意志力忍着不烦躁。六口人挤着躺在同一铺炕上，希望听不到是不可能的。

当年城市僻街的居民社区，到了夜晚寂静极了。哥哥那种喃喃自语对于家人不啻是一种刑罚。一旦超过两小时，人的脑仁儿都会剧痛如灼的。而哥哥却似乎一点儿不累，能够整夜自语。他的生物钟也黑白颠倒了。母亲夜里再让他服安眠药，他倒是极听话的，乖乖地接过就服下去。哥哥即使疯了，也还是最听母亲话的儿子。除了喃喃自语是他无法自我控制的，在别的方面，母亲要求他应该怎样不应该怎样，他表现得都很顺从。弟弟妹妹们临睡前都互相教着用棉团堵耳朵了。母亲睡前也开始服安眠药了。不久我睡前也开始服安眠药了……

两个月后精神病院通知家里有床位了。于是一辆精神病院的专车开来，哥哥被几名穿白大褂的男人强制性地推上了车。当时他害怕极了，不知要将他送到哪里去，对他怎么样。母亲为了使他不怕，也上了车。家人的精神终于得以松弛，而我的学习成绩也一败涂地。我又旷了两天课。也不用服安眠药，在家里睡起了连环觉。

哥哥住了三个月的院，在家中休养了一年。他的精神似乎基本恢复正常了。一年后，他的高中老师将他推荐到一所中学去代课，每月能开回三十五元的代课工资了。据说，那所中学的老师们对他上课的水平评价挺高，学生们也挺喜欢上他的课。

那时母亲已没工作可干了，家里的生活仅靠父亲每月寄回的四十元勉强维持。忽一日一下子每月多了三十五元，生活改善的程度简直接近于幸福了。

那是我家生活的黄金时期。家里还买了鱼缸，养了金鱼。也买了网球拍、象棋、军棋、扑克。在母亲，是为了使哥哥愉快。我和弟弟妹妹们都知道这一点的至关重要，都愿意陪哥哥玩玩。如今想来，那也是哥哥人生中的黄金时期。

他指导我和弟弟妹妹们的学习十分得法，我们的学习成绩都快速地进步了。我和弟弟妹妹们都特别尊敬他了，他也经常表现出对我们每个弟弟妹妹亲爱的关心了。母亲脸上又开始有笑容了。甚至，有媒人到家里来，希望能为哥哥做成大媒了。

又半年后，哥哥的代课经历结束了。他想他的大学了。精神病院开出了“完全恢复正常”的诊断书，于是他又接着去圆他的大学梦了。那一年哥哥读的桥梁设计专业迁到四川去了，而父亲也仍在四川。父亲的工资涨了几元，他也转变态度，开始支持哥哥上大学了。父亲请假到哥哥的大学里去看望了哥哥一次，还与专业领导们合影了。哥哥居然又当上了学生会干部，他的老师称赞他跟上学习并不成问题，同意他从大三第一学期开始续读。因为他在家里自学得不错，大二补考的成绩还是中上。一切似乎都朝良好的方面进展。

那一年已经是一九六五年了。然而哥哥的大三却没读完——转年“文革”开始，各大学尤其乱得迅猛，乱得彻底。有人“大串联”去了，有人赴京请愿告状了，有人留在学校打“派仗”。

哥哥又被送回了家里。这一次他成了“政治型”的疯子。他见到母亲说的第一句话居然是：“妈，我不是反革命！”

哈尔滨也成了一座骚乱之城，几乎每天都有令人震动的事发生，有时也有悲惨恐怖之事发生。全家人都看管不住哥哥了，经常是，一没留意，哥哥又失踪了。也经常是，三天五天找不到；找到后，每见他是挨过打了。谁打的他，在什么情况下挨的打，我和母亲都不得而知。母亲东借西借，为哥哥再次住院凑钱。钱终于凑够了，却住不进精神病院去。精神病人像急性传染病患者一样一天比一天多，床位极度紧张。盼福音似的盼到了入院通知书，准备好的住院费又快花光了。半年后才住上院。那半年里，我和母亲经常在深夜冒着凛冽严寒跟随哥哥满城市四处去“侦察”他幻觉中的“美蒋特务”的活动地点。他说只有他亲自发现了，才能证明自己并非反革命。他又整夜整夜地喃喃自语了。他很可怜地对母亲解释，他不是自己非要那样折磨亲人，而是被特务们用仪器操控的结果。还说他的头也被折磨得整天在疼。母亲则只有泪流不止。

在那样的一些日子里，我曾暗自祈祷：上帝啊，让我尽快没了这样的一个哥哥吧！即使那时我也并没恨过哥哥，只不过太可怜母亲。我怕哪一天母亲也精神崩溃了，那可怎么办呢？对于我和弟弟妹妹们，母亲才是无比重要的。我们都怕因为哥哥这样了，哪一天再失去母亲，怕极了。

哥哥住了三个月的院，花去了不少的钱，都是母亲借的钱。报销单据寄往大学，杳无回音。大学已经彻底瘫痪了。而续不上住院费，哥哥被母亲接回家了；他的病情一点儿也没减轻。

在接下来的一年里，全家人的精神又备受折磨，整天提心吊胆。哥哥接连失踪过几次，有次被关在某中学的地下室，好心人来报信，我和母亲才找到了他，他的眼眶已被打青了。还有一次他几乎被当街打死，据说是因为他当众呼喊了句什么反动口号。也有一次是被公安局的造反派关押了起来，因为他不知从哪儿搞到了笔和纸，写了一张反动的大字报贴到了公安局门口……

“上山下乡”运动开始了。我毫不犹豫地第一批就报了名。每月能挣四十多元钱啊！我要无怨无悔地去挣！那么，家里就交得起住院费了，母亲和弟弟妹妹们就获拯救了。

我下乡的第二年，三弟也下乡了。我和三弟省吃俭用寄回家的钱，几乎全都用以支付哥哥的住院费了。后来四弟工作了，再后来小妹也工作了。他俩的学徒工资头三年每月十八元。但毕竟的，四个弟弟妹妹都能挣钱了。尽管如此，还是支付不起哥哥的常年住院费，因为那每月要八十几元。幸而街道挺体恤我家的，经常给开半费住院的证明。而半费的住院者，院方是比较排斥的。故每年还有半年的时间，哥哥是住在家里的……

有一年我回家探亲，家里的窗上安装了铁条，玻璃所剩无几，钉了木板；镜子、相框，甚至暖壶，一概易碎的东西一件没有了；连菜刀、碗和盘子都锁在箱子里。

我发现，母亲额上有了一处可怕的疤，很深。那肯定是皮开肉绽，四分五裂所造成的。我还在家里发现了自制的手铐、脚镣、铁链，四弟的工友帮着做的。四弟和小妹谈起哥哥简直都谈虎变色了。

四弟说哥哥的病不是从前那种“文疯”的情况了。而母亲含着泪说，她额上的伤疤是被门框撞的。那时，我内心里产生了憎恨。我认为哥哥已经注定不是哥哥了，而是魔鬼的化身了。那时，我暗自祈祷：上帝啊，为了我的母亲、四弟和小妹的安全，我乞求你，让他早点儿死吧！以往我回家，倘哥哥在住院，我必定是要去看望他两次的。第二天一次，临行一次。

那次探亲假期里，我一次也没去看他。临行我对四弟留下了斩钉截铁的嘱咐：能不让他回家就不让他回家！我的一名知青朋友的父亲是民政部的领导，住院费你们别操心，我要让他永远住在精神病院里！我托了那种关系。哥哥便成了精神病院的半费常住患者……

而我回到兵团的次年，成了复旦大学的“工农兵学员”。这件事，我是颇犯过犹豫的。因为我一旦离开兵团，意味着每月不能再往家里寄钱了，并且，还需家里定期接济我一笔生活费。我将这顾虑写信告诉了三弟，三弟回信支持我去读书，保证每月可由他给我寄钱。这样的表示，已使我欣然。何况当时，我自觉身体情况不佳，有些撑不住抬大木那么沉重的劳动了。于是下了离开兵团的决心。

在复旦的三年，我只探过一次家，为了省钱。分配到北京电影制片厂后，我又将替哥哥付医药费的义务承担了。为了可持续地承担下去，我曾打算将独身主义实行到底。两个弟弟和小妹先后成家，在父母的一再劝说和催促之下，我也只有成家了，接着自已也有了儿子；将父母接到北京来住；埋头于创作；在北京“送走了”父亲；又将母亲接来北京；攒钱帮助弟弟妹妹改善住房问题……

各种责任纷至沓来，使我除了支付住院费一事，简直忘记了还有一个哥哥。哥哥对于我，似乎只成了“一笔支出”的符号。

一九九七年母亲去世时，我坐在病床边，握着母亲的手，问母亲还有什么要嘱咐我的。

母亲望着我，眼角淌下泪来。母亲说："我真希望你哥跟我一块儿死，那他就不会拖累你了……"

我心大恸，内疚极了，俯身对母亲耳语："妈妈放心，我一定照顾好哥哥，绝不会让他永远在精神病院里……"

当天午夜母亲也"走了"……

办完母亲丧事的第二天，我住进一家宾馆，命四弟将哥哥从精神病院接回来。

哥哥一见我，高兴得像傻小孩似的笑了，他说："二弟，我好想你。"算来，我竟二十余年没见过哥哥了，而他却一眼就认出了我！

我不禁拥抱住他，一时泪如泉涌，心里连说：哥哥，哥哥，实在是对不起！对不起……

我帮哥哥洗了澡，陪他吃了饭，与他在宾馆住了一夜。哥哥以为他从此自由了。而我只能实话实说：现在还不行，但我一定尽快将你接到北京去！

一返回北京，我动用轻易不敢用的存款，在北京郊区买了房子。简易装修，添置家具。半年后，我将哥哥接到了北京，并动员邻家的一个弟弟"二小"一块儿来了。"二小"也是返城知青，常年无稳定工作、稳定住处。由他来照顾哥哥，我给他开一份工资，可谓一举两得。他对哥哥很有感情，由他来替我照顾哥哥，我放心。

于是哥哥的人生，终于接近是一种人生了。那三年里，哥哥生活得挺幸福，"二小"也挺知足，他们居然都渐胖了。我每星期去看他们，一块儿做饭、吃饭、散步、下棋，有时还一块儿唱歌……

却好景不长。"二小"回哈尔滨探望他的哥哥及妹妹，某日不慎从高处跌下，不幸身亡。这噩耗使我伤心了好多天，我只好向单位请了假，亲自照看哥哥。

我对哥哥说："哥，二小不能回来照顾你了，他成家了……"

哥哥愣怔良久，竟说："好事。他也该成家了，咱们应该祝贺他，你寄一份礼给他吧。"

我说："照办。但是，看来你又得住院了。"

哥哥说："我明白。"

那年，哥哥快六十岁了。他除了头脑、话语和行动都变得迟钝了，其实没有任何可能具有暴力倾向的表现。相反，倒是每每流露出次等人的自卑来。

我说："哥，你放心，等我退休了，咱俩一块儿生活。"

哥哥说："我听你的。"

哥哥在北京先后住过几家精神病院，有私立的，也有公立的。现在住的这一所医院，据说是北京市各方面条件最好的。每月费用四千元左右。幸而我还有稿费收入，否则，即或身为教授，只怕也还是难以承担。

前几天，我又去医院看他。天气晴好，我俩坐在院子里的长椅上，我看着他喝酸奶，和他聊天。在我们眼前，几只野猫慵懒大方地横倒竖卧。而在我们对面，另一张长椅上坐着一对老伴儿，他们中间是一名五十来岁的健壮患者，正专心致志、大快朵颐地吃着烧鸡。那一对老伴儿，看去是从农村赶来的，都七十五六岁了。二老腿旁，也都斜立着树杈削成的拐棍。他们身上落了一些尘土，一脸的疲惫。

我问哥，你当年为什么非上大学不可？

哥哥说："那是一个童话。"

我又问："为什么是童话？"

哥哥说："妈妈认为只有那样，才能更好地改变咱们家的穷日子。妈妈编那个童话，我努力实现那个童话。当年我曾下过一种决心，不看着你们几个弟弟妹妹都成家立业了，我是绝不会结婚的……"他看着我苦笑。

原来哥哥也有过和我一样的想法！我心一疼，黯然无语，呆望着他，像呆望着另一个自己的化身。

哥哥起身将塑料盒扔入垃圾筒，复坐下后，看着一只猫反问："你跟我说的那件事，也是童话吧？"

"什么事？"我的心还在疼着。

"就是，你保证过的，退休了要把我接出去，和我一起生活……"

想来，那一种保证，已是六七年前的事了，不料哥哥他始终记着。听他的话，也显然一直在盼着。

哥哥已老得很丑了。头发几乎掉光了，牙也不剩几颗了，背驼了，走路极慢了，比许多六十八九岁的人老多了。而他当年，可是一个一身书卷气、儒雅清秀的青年，从高中到大学，追求他的女生多多。

我心又是一疼。我早已能淡定地正视自己的老了，对哥哥的迅速老去，却是不怎么容易接受的，甚至有几分慌恐，恓惶，正如当年从心理上排斥父亲和母亲无可奈何地老去一样。

“你忘了吗？”哥哥又问，他目光迟滞地望着我。

我赶紧说：“没忘，哥你还要再耐心等上两三年……”

“我有耐心。”他信赖地笑了，话说得极自信。随后，眼望向了远处。

其实，我晚年的打算从不曾改变——更老的我，与老态龙钟的哥哥相伴着走向人生的终点，在我看来，倒也别有一种圆满滋味在心头。对于绝大多数的人，人生本就是一堆责任而已。参透此谛，爱情是缘，友情是缘，亲情尤其是缘，不论怎样，皆当润砾成珠。

对面的大娘问：“是你什么人呀？”

我回答：“兄长。”话一出口，自窘起来；现实生活中，谁还说“兄长”二字啊！

大娘耳背，转脸问大爷：“是他什么人？”

大爷大声冲她耳说：“是他老哥！”

我问大娘：“看望的是你们什么人啊？”

她说：“我儿子。”看儿子一眼，她又说：“儿子，慢点儿吃，别噎着。”

大爷说：“为了给他续上住院费，我们把房子卖了。没家了，住女婿家去了……”

他们的儿子，津津有味地吃着，似乎老父亲老母亲的话，他一句也没听到。

我心接着一疼。这一次，疼得格外锐利。

我联想到了电视新闻报道的那件事——一位崩溃了毅忍力的母亲，绝望之下毒死了两个一出生便严重智障的女儿；也联想到了电影前辈秦怡在接受采访时讲述的实情——她患精神病的儿子一犯病往往劈头盖脸地打她……

中国境内，不是所有精神病患者的家里，都有一个有稿费收入的小说家，或一位著名的电影演员啊！

我又暗自祈祷了：上帝啊，人间有些责任，哪怕是最理所当然之亲情责任，亦绝非每一个家庭只靠伦理情怀便承担得了的！您眷顾他们吧，您拯救他们吧……

这一次，在我意识中，上帝不是任何神明，而是——我们的国……

二零一一年六月八日于北京

倘我为马

成了作家，我在自己智力所及的前提之下，多少领略到了一些自由想象的快乐。

马的一生像人的一生，也有着命运的区别。

军马的一生豪迈荣誉；赛马的一生争强好胜；野马的一生自由奔放；而役马一生如牛，注定了辛劳到死。

法国启蒙运动时期的卓越作家布封，写过大量动物素描的散文，其中著名的一篇就是《马》。

布封这篇散文简直可以说精美得空前绝后。因为对于马，我想，不可能有第二个人比布封写得更好。

布封认为："在所有动物中，马是身材高大而身体各部分又都配合得最匀称、最优美的。"

我也这么认为。

我觉得马堪称一切动物中的模特。

布封是那么热情地赞美野马。

他写道："它们行走着，它们奔驰着，它们腾跃着，既不受拘束，又没有节制；它们因不受羁勒而感觉自豪，它们避免和人打照面；它们不屑于受人照料，在无垠的草原上自由地生存……所以它们远比大多数家马强壮、轻捷和有劲；它们有大自然赋予的美质，也就是说，有充沛的精力和高贵的精神……"

在第十届百花奖颁奖仪式上和毕淑敏等人合影

是的，如果在对生命形式进行选择时，我竟不幸没了做人的资格，那么我将恳求造物主赐我为一匹野马。

成了作家，我在自己智力所及的前提之下，多少领略到了一些自由想象的快乐。

但我对于自由思想的权利的渴望，尤其是对公开表达我的思想权利的渴望，也是何等之强烈啊！

想象的自由和思想的自由是不一样的。

美国电影《侏罗纪公园》是自由想象的成果；苏联小说《日瓦格医生》是自由思想的作品。前者赚取着金钱，后者付出了代价。

如果我的渴望真的是奢侈的，那么——就让我变成一匹野马，在行动上去追求更大的自由吧！

我知道是野马就难免会被狮子捕食了。

在我享受了野马那一种自由之后，我认野马不幸落入狮口那一种命。

做不成野马，做战马也行。

因为在战场上，战马和战士的关系，使人和动物的关系上升到了一种几乎完全平等的程度。一切动物中，只有战马能做到这一点。它和人一样出生入死，表现出丝毫也不逊于人的勇敢无畏的牺牲精神。“不会说话的战友”——除了战马，没有另外的任何动物，能使人以“战友”相视。人对动物，再也没有如此之高的评价。当然，军犬也被人视为“战友”。猎人对猎犬也很依赖。但军犬何曾经历过战马所经历的那一种枪林弹雨炮火硝烟？再大的狩猎场面，又岂能与大战役那一种排山倒海般的悲壮相提并论？

不能如野马般自由地生，何妨像战马似的豪迈地死！

大战前，几乎每一名战士都会情不自禁地对他的战马喃喃自语，诉说些彼此肝胆相照的话。战马那时昂头而立的姿态是那么高贵。它和人面对面地注视着，眼睛闪烁，目光激动又坦率。

它仿佛在用它的目光说：人，你完全可以信任我，并应该像信任自己一样。

在古今中外的战场上，战马舍生救战士的事多多。战士落难，往往还要杀了战马，饮它的血，食它的肉。

人善于分析人的心理，但目前还没有一篇文字，记录过战马将要被无奈的战士所杀前的心理。

连布封也没写到过。

倘我为战马，倘我也落此下场，倘我后来又有幸轮回为人，我一定将这一点当成我的文学使命写出来……

我相信战马那时是无怨无悔的。虽然，我同时相信，战马也会像人一样感到命运安排的无限悲怆。

倘我为战马，我也会凝视着战士向我举起的枪口，或刺向我颈脉的尖刀，宽宏又镇定。

因为战斗或战役的胜利，最后要靠战士，而不能指望战马。因为那胜利，乃战士和战马共同的任务。因为既是战马，它的眼一定见惯了战士的前仆后继，肝脑涂地，惨伤壮死。

战士已然如此，战马何惧死哉？

在内蒙古电影制片厂优秀导演赛夫的一部电影中，有一段三四分钟之久的长镜头，将几名骑者策马驰骋在草原上的身姿拍摄得令人赞叹不已——

夕阳如血，草原广袤而静谧。斯时人马浑然一体。马在草原上鹰似的飞翔，人在鞍上蝶似的翻转。人仿佛是马的一部分，马也仿佛是人的一部分。人马合二为一，协调着无比优美的律动，仿佛天生便是两种搭配在一起的生命。

我觉得那堪称中国电影史上关于人和马的最经典的镜头。

战马的生命与战士的生命，既达到过那么密不可分的境界，既相互地完全属于过，战马倘为战士而死，死得其所也！死而无憾也！

车辚辚，马萧萧，行人弓箭各在腰。
爷娘妻子走相送，尘埃不见咸阳桥……

无论何时，吟杜工部的《兵车行》，常不禁悲泪潸潸。既为男儿，亦为战马。

战斗结束，若战士荣归，战马生还，战士总会对战马表示一番友爱。

战马此时的神态是相当矜持的。它不会因而得意忘形，不会犬似的摇尾巴。它对夸奖历来能保持高贵的淡然。

这是我尤敬战马的一点

倘做不成战马，做役马也行。

布封对役马颇多同情的贬义。

他在文中写道："它的教育以丧失自由而开始，以接受束缚告终；它被奴役和驯养得已太普遍、太悠久，以至于我们看见它们时，很少是处在自由状态中；它们在劳动中经常是披着鞍辔的；它们总是带着奴役的标志，并且还带着劳动与痛苦所给予的残酷痕迹——嘴巴被衔铁勒出的皱纹使嘴变了形，腹部留着被马腹带磨光了毛的深痕，蹄子也都被铁钉洞穿了……"

但某些人身上，不是也曾留下了劳动者的标志吗？手上的老茧，肩上的死肉疙瘩，等等。

只要那劳动对世界是有益无害的，我不拒绝劳动；只要我力所能及，我愿承担起繁重的劳动；只要我劳动时人不在我头顶上挥鞭子，我便不会觉得劳动对一匹役马来说是什么惩罚……

正如我不情愿做宠犬，我绝不做那样的一类马——"就是那些在奴役状况之下看似自我感觉最良好的马，那些只为着人摆阔绰、壮观瞻而喂着的马，供奉着的马，那些为着满足主人的虚荣而戴上金银饰物的马。它们额上覆着妍丽的一撮毛，颈鬃编成了细辫，满身盖着丝绸和锦毡。这一切之侮辱马性，较之它们脚下的铁蹄还有过之而无不及"。

是的，纵然我为马，我也还是要求一些马性的尊严的。故我宁肯充当役马，也绝不做以上那种似乎很神气的马。因为我知道，役马还起码可以部分地保留自己的一点儿脾气。以上那种马，却连一点儿脾气都不敢有。人宠它，是以它应绝对地没有脾气为前提的……

我也不做赛马。

我不喜欢参与竞争。不喜欢对抗式的活动。这也许正是我几乎不看任何体育赛事的主要原因……

马是从不互相攻击互相伤害的动物，它们从来不发生追踏一只小兽或向同类劫夺一点儿东西的事件。

马群是最和平相处的动物群体。即使在发情期，两匹公马之间，也不至于为争夺配偶而势不两立你死我活。我们都知道的，那样的恶斗，甚至在似乎气质高贵的公鹿之间和似乎温良恭让的公野羊之间，也是司空见惯的。

倘我为马，我愿模范地遵守马作为马的种种原则。

我将恪守马性的尊严。

而我最不愿变成的，是希腊神话传说中的人马——要么是人；要么是马；要么什么也不是，请上帝干脆没收了我轮回的资格！……

我的使命

据我想来，一个时代如果矛盾纷呈，甚至民不聊生，文学的一部分，必然是会承担起社会责任感的。好比耗子大白天率领子孙在马路上散步，蹿在窗台上的家猫发现了，必然会很有责任感或使命感地蹿到街上去，当然有的猫仍会处事不惊，依旧蜷在窗台上晒太阳，或者跃到宠养者的膝上去喵喵叫着讨乖。谁也没有权利，而且也没有办法，没有什么必要将一切猫都撵到街上去。但是在谈责任感或使命感时，前一种猫的自我感觉必然会好些。在那样的时代，有些小说家，自然而然地，可能由隐士或半隐士，而狷士而斗士。有些诗人，可能由吟花咏月，而爆发出诗人的呐喊。怎样的文学现象，更是由怎样的时代而决定的。忧患重重的时代，不必世人翘首期待和引颈呼唤，自会产生出忧患型的小说家和诗人。以任何手段压制他们的出现都是煞费苦心徒劳无益的。

倘一个时代，矛盾得以大面积地化解，国泰民安，老百姓心满意足，喜滋乐滋，文学的社会责任感，也就会像嫁入了阔家的劳作妇的手一样，开始褪茧了。好比现如今人们养猫只是为了予宠，并不在乎它们逮不逮耗子。偶尔有谁家的娇猫不知从哪个土祠旮旯逮住一只耗子，叼在嘴里喵喵叫着去向主人证明自己的责任感或使命感，主人心里一定是甭提多么腻歪的了。在耗子太多的时代，能逮耗子的才是好猫。人家里需要猫是因为不需要耗子。人评价猫的时候，也往往首先评价它有没有逮耗子的责任感和使命感。在耗子不多了的时代，不逮耗子的猫才是好猫。人家里需要猫已并不是因为家里还有耗子。逮过耗子的猫再凑向饭桌或跃上主人的双膝，主人很可能正是由于它逮住耗子而呵唬它。嗅觉敏感的主人甚至会觉得它嘴里呼出一股死耗子味儿。在这样的时代，人们评价一只猫的时候，往往首先评价它的外观和皮毛。猫只不过是被宠爱和玩赏的活物，与养花养鱼已没了多大区别。狗的价值的嬗变也是这样。今天城里人养狗，不再是为了守门护院。狗市的繁荣，也和盗贼的多起来无关。何况对付耗子，今天有了杀伤力更强的鼠药。防患于失窃，也生产出了更保险的防盗门和防盗锁。

时代变了，猫变了，狗变了，文学也变了，小说家和诗人，不变也得变。原先是斗士，或一心想成为斗士以成为斗士为荣的，只能退而求其次变成狷士，或者干脆由狷士变成隐士。做一个现代的隐士并不那么简单，没有一定的物质基础虽然“隐”而“士”也总归潇洒不起来。所以旁操他业或使自己的手稿与“市场需求接轨”，细思忖也是那么地情有可谅。非但情有可谅，简直就合情合理啊！鲁迅先生即便活到现在，并且继续活将下去的话，在当代青年对徐志摩的诗和梁实秋的散文很热衷了一阵子之后，还要坚持他的《丧家的资本家的乏走狗》的风骨吗？他是不是也会面对各方约稿应酬不暇，用电脑打出一篇篇闲适得不能再闲适的文章寄出去期待着稿费养家糊口呢？……

但是问题在于——我们这个时代，究竟是忧患更多了矛盾更普遍更尖锐了，还是忧患和矛盾已被大面积地化解，接近于国泰民安，老百姓只要好好过日子就莺歌燕舞了？……

任何一个人几乎都有一百条理由仍做一个忧患之士，比如信仰失落，道德沦丧，民心不古，情感沙化，官僚腐败，歹徒横行，吸毒卖淫，黑社会形成，贫富两极悬殊，大款穷奢极欲一掷万金，穷山沟里的孩子上不起学，男人娶不起老婆，拐卖妇女儿童案层出不穷……

这些足令某些人身不由己地变成忧患之士。如果他不幸同时还是小说家或诗人(今天诗人已经被时代消化得所剩无几了)，那么他的小说里他的诗里，满溢着责任感使命感什么的，他大声疾呼文学要回归责任感使命感呀什么的，当他是个偏执狂，并不多么地公道，也难以证明自己才更是小说家或诗人。在他之前古今中外有过许许多多他这样的小说家和诗人，并不都是疯子，起码并不比尼采疯多少。比如杜甫和白居易的诗，直到今天仍在被世人经常引用，一点儿也不比被自作聪明的后人贴上“纯诗”之标签的李清照和“超现实主义”之标签的李白缺少价值……

任何一个人几乎又都有一百条理由做一个闲适之士。如果他刚好同时还是小说家或诗人，便几乎又都有一百条理由认为，文学的责任感已变得那么多余，已成一种病入膏肓的呓语。改革已取得了举世瞩目的伟大业绩，市场繁荣生活提高，“海”里很热闹“岸”上很消停，老百姓人人都一门心思挣钱奔小康，朗朗乾坤光明宇宙，文学远离现实的时代明明已经到来了，还逞论什么责任感使命感喋喋不休地干什么哇，烦人不烦人呀？在他之前古今中外有过许许多多这样的小说家和诗人。他们的小说和诗正被一批又一批地重新发现重新评价重新出版，掀起过一阵阵的什么什么热，似乎证明了没什么社会责任感使命感的远比有责任感有使命感的小说或诗文学之生命力更长久……

倘偏说他们逃避现实也当然值得商榷。因为他们为文的选择是不无现实根据的。

我的夙愿

当然，我和别人一样，从小到大，是有过多种梦想的。

童年时的梦想是关于“家”，具体说是关于房子的。自幼生活在很小，又很低矮，半截窗子陷于地下，窗玻璃破碎得没法儿擦，又穷得连块玻璃都舍不得花钱换的家里，梦想有一天住上好房子是多么地符合一个孩子的心思呢？那家冬天透风，夏天漏雨，没有一面墙是白色的。因为那墙是酥得根本无法粉刷的，就像最酥的点心似的。微小的震动都会从墙上落土纷纷。也没有地板，甚至不是砖地，不是水泥地。几乎和外面一样的土地。下雨天，自家人和别人将外边的泥泞随脚带入屋里，屋里也就泥泞一片了。自幼爱清洁的我看不过眼去，便用铲煤灰的小铲子铲。而母亲却总是从旁训我：“别铲啦！再铲屋里就成井了！”——确实，年复一年，屋地被我铲得比外面低了一尺多。以至于有生人来家里，母亲总要迎在门口提醒：“当心，慢落脚，别摔着！”

哈尔滨当年有不少独门独院的苏式房屋，院子一般都被整齐的栅栏围着。小时候的我，常伏在栅栏上，透过别人家的窗子，望着别人家的大人孩子活动来活动去的身影，每每望得发呆，心驰神往，仿佛别人家里的某一个孩子便是自己……

因为父亲是新中国成立后的第一代建筑工人，所以我常做这样的梦——忽一日父亲率领他的工友们，一支庞大的建筑队，从大西北浩浩荡荡地回来了。父亲们以只争朝夕的精神，开推土机推平了我们那一条脏街，接着盖起了一片新房，我家和脏街上的别人家，于是都兴高采烈地搬入新房住了。小时候的梦想是比较现实的，绝不敢企盼父亲们为脏街上的人家盖起独门独院的苏式房。梦境中所呈现的也不过就是一排排简易平房而已。八十年代初，六十多岁胡子花白了的父亲，从四川退休回到了家乡。已届不惑之年的我才终于大梦初醒，意识到凡三十年间寄托于父亲身上的梦想是多么地孩子气。并且着实地困惑——一种分明孩子气的梦想，怎么竟可能纠缠了我三十几年。这一种长久的梦想，曾屡屡地出现在我的小说中。以至于有评论家和我的同行曾发表文章对我大加嘲讽：“房子问题居然也进入了文学，真是中国文学的悲哀和堕落！”

我也平庸，本没梦想过成为作家的。也没经可敬的作家耳提面命地教导过我，究竟什么内容配进入文学而什么内容不配，已经被我很罪过地搞进文学去了，弄得“文学”二字低俗了，我也就只有向文学谢罪了！

但，一个人童年时的梦想，被他写进了小说，即使是梦，毕竟也不属于大罪吧？

现在，哈尔滨市的几条脏街已被铲平。我家和许多别人家的子女一代，都住进了楼房。遗憾的是我的父亲没活到这一天。那几条脏街上的老父亲老母亲们也都没活到这一天。父亲这位新中国第一代建筑工人，凡三十年间，其实内心里也有一个梦想，那就是——动迁。我童年时的梦想寄托在他身上，而他的梦想寄托于国家发展步伐的速度。

有些梦想，是靠自己的努力完全可以实现的，而有些则完全不能实现，只能寄托于时代的国家发展步伐的速度。对于大多数人，尤其是这样。比如，家电工业发展的速度加快了，大多数中国人拥有电视机和冰箱的愿望，就不再是什么梦想。比如，中国目前商品房的价格居高不下，对于大多数中国工薪阶层，买商品房依然属于梦想。

少年时，有另一种梦想楔入了我的头脑——那就是当兵。而且是当骑兵。为什么偏偏是当骑兵呢？因为喜欢战马。也因为在电影里，骑兵的作战场面是最雄武的，动感最强的。具体一名骑在战马上，挥舞战刀，呐喊着冲锋陷阵的骑兵，也是最能体现出兵的英姿的。

头脑中一旦楔入了当兵的梦想，自然而然地，也便常常联想到了牺牲。似乎不畏牺牲，但是很怕牺牲得不够英勇。牺牲得很英勇又如何呢？——那就可以葬在一棵大松树下。战友们会在埋自己的深坑前肃立，脱帽，悲痛落泪。甚至，会对空放排枪……

进而联想——多少年后，有当年最亲密的战友前来自己墓前凭吊，一往情深地说：“班长，我看你来了！……”

显然，是因受当年革命电影中英雄主义片段的影响才会产生这种梦想。

由少年而青年，这种梦想的内容随之丰富。还没爱过呢，千万别一上战场就牺牲了！于是关于自己是一名兵的梦想中，穿插进了和一位爱兵的姑娘的恋情。她的模样，始终像电影中的刘三姐，也像茹志鹃精美的短篇小说中那个小媳妇。我——她的兵哥哥，胸前渗出一片鲜血，将死未死，奄奄一息，上身倒在她温软的怀抱中。而她的泪，顺腮淌下，滴在我脸上。她还要悲声为我唱歌儿。都快死了，自然不想听什么英雄的歌儿。要听忧伤的民间小调儿，一吟三叹的那种。还有，最后的、深深的一吻也是绝不可以取消的。既是诀别之吻，也当是初吻。牺牲前央求了多少次也不肯给予的一吻。两口久吻之际，头一歪，就那么死了——不幸中掺点儿浪漫掺点儿幸福……

当兵的梦想其实在头脑中并没保持太久。因为经历的几次入伍体检，都因不合格而被取消了资格。还因后来从书籍中接受了和平主义的思想。于是祈祷世界上最好是再也不发生战争，祈祷全人类涌现的战斗英雄越少越好。当然，如果未来世界上又发生了反法西斯战争，如果兵源需要，我还是很愿意穿上军装当一次为反法西斯而战的老兵的……

在北影住筒子楼内的一间房时，梦想早一天搬入单元楼。

如今这梦想实现了，头脑中不再有关于房子的任何梦想。真的，我怎么就从来也没梦想过住一幢别墅呢？因为从小在很差的房子里住过，思想方法又实际惯了，所以对一切物质条件的要求起点就都不太高了。我家至今没装修过，两个房间还是水泥地。想想小时候家里的土地，让我受了多少累啊！再望望眼前脚下光光滑滑的水泥地，就觉得也挺好……

现在，经常交替产生于头脑中的，只有两种梦想了。

这第一种梦想是，希望能在儿子上大学后，搬到郊区农村去住。可少许多滋扰，免许多应酬，集中更多的时间和精力读书与写作。最想系统读的是史，中国的和西方的，从文学发展史到社会发展史。还想写荒诞的长篇小说。还想写很优美的童话给孩子们看。还想练书法。梦想某一天我的书法也能在字画店里标价出售。不一定非是“荣宝斋”那么显赫的字画店，能在北京官园的字画摊儿上出售就满足了。只要有人肯买，三百元两百元一幅，一手钱一手货，拿去就是。五十元一幅，也行。给点儿就行。当然得雇个人替我守摊儿。卖的钱结算下来，每月够给人家发工资就行。生意若好，我会经常给人家涨工资的。自己有空儿，也愿去守守摊儿，砍砍价。甚而，“老王卖瓜，自卖自夸”几句也无妨。比如，长叹一声，自言自语道："偌大北京，竟无一人识梁晓声的字吗？"——逗别人开心的同时，自己也开心，岂非一小快活？

住到郊区去，有三四间房，小小一个规整的院落就是可以的。但周围的自然环境却要好。应是那种抬头可望山，出门即临河的环境。山当然不能是人见了人愁的秃山，须有林覆之。河呢，当然不能是一条被污染了的河。至于河里有没有鱼虾，倒是不怎么考虑的。因为院门前，一口水塘是不能没有的。塘里自己养着鱼虾呢！游着的几十只鸭鹅，当然都该姓梁。此外还要养些鸡。炒着吃还是以鸡蛋为佳。还要养一对兔。兔养了是不杀生的。允许它们在院子的一个角落刨洞，自由自在地生儿育女。纯粹为看着喜欢，养着玩儿。还得养一条大狗。不要狼狗，而要那种傻头傻脑的大个儿柴狗。只要见了形迹可疑的生人知道吠两声向主人报个信儿就行。还得养一头驴，配一架刷了油的木结构的胶轮驴车。县集八成便在十里以外，心血来潮，阳光明媚的好日子，亲自赶了驴车去集上买东西。驴子当然是去过几次就识路了的，以后再去也就不必管它了，自己尽可以躺在驴车上两眼半睁半闭地哼歌儿，任由它蹄儿嘚嘚地沿路自己前行就是……当然并不每天都去赶集，那驴子不是闲着的时候多吗？养它可不是为了看着喜欢养着玩儿，它不是兔儿，是牲口，不能让它变得太懒了。一早一晚也可骑着它四处逛逛。不是驴是匹马，骑着逛就不好了。那样子多脱离农民群众呢？

倘农民见了，定会笑话于我："瞧这城里搬来的作家，骑驴兜风儿，真逗！"——能博农民们一笑，挺好。农民们的孩子自然是会好奇地围上来的，当然也允许孩子们骑。听我话的孩子，奖励多骑几圈儿。我是知青时当过小学老师，喜欢和孩子们打成一片……

还要养一只奶羊，身体一直不好，需要滋补。妻子、儿子、母亲，都不习惯喝奶。一只奶羊产的奶，我一个人喝，足够了。羊可由村里的孩子们代为饲养，而我的小笔稿费，经常不断地，应用以资助他们好好读书。此种资助方式的可取之处是——他们幼小的心灵中，完全不必念我的什么恩德，能认为是自己的劳动所得，谁也不欠谁什么，最好。

倘那时，记者们还有不辞路远辛苦而前来采访的，尽管驱车前来。同行中还有看得起，愿保持交往的，我也欢迎。不论刮风下雨下雪，自当骑驴于三五里外恭候路边，敬导之……

"老婆，杀鸡！"

"儿子，拿抄子，去水塘网几条鱼！"

如此这般地大声吩咐时，那多来派！

至于我自己，陪客人们山上眺眺，河边坐坐，陪客人们踏野趣，为客人们拍照留念。

将此梦想变为现实，经济方面还是不乏能力的。自觉思考成熟了，某日晚饭后，遂向妻子、儿子、老母亲和盘托出，却不料首先遭到老母亲的反对。

“我不去。要去你自己去！”老母亲的态度异常坚决。

我说：“妈，去吧去吧，农村空气多好哇！”

老母亲说：“我一个八十多岁的老太太，需要多少好空气？我看，只要你戒了烟，前后窗开着对流，家里的空气就挺好。”

我说：“跟我去吧！咱们还要养头驴，还要配套车呢！我一有空儿就赶驴车拉您四处兜风儿！”

老母亲一撇嘴：“我从小儿在农村长大，马车都坐得够够的了，才不稀罕坐你的驴车呢！人家的儿女，买汽车让老爸老妈坐着过瘾，你倒好，打算弄辆驴车对付我！这算什么出息？再者，你们这叫什么地方，叫太平庄不是吗？哈尔滨虽够不上大城市的等级，但那叫市！你把我从一个市接来在一个庄，现在又要把我从一个庄弄到一个村去，你这儿子安的什么心？”

我说：“妈呀！那您老认为住哪儿才算住在北京了呢？你总不至于想住到天安门城楼上去吧？”

老母亲说：“我是孩子吗？会那么不懂事儿吗？除了天安门，就没更代表北京的地方了吗？比如‘燕莎’那儿吧！要是能住在那儿的哪一幢高楼里，到了晚上，趴窗看红红绿绿的灯，不好吗？”

我说：“好，当然是好的。您怎么知道北京有个‘燕莎’呢？”

老母亲说：“从电视里呗！”

我说：“妈，您知道‘燕莎’那儿的房价多贵吗？一平方米就得一万多！”

她说：“明知道你在那儿是买不起一套房子的，所以我也就是梦想梦想呗！怎么，不许？”

我说：“妈，不是许不许的问题，而是……实事求是地说……您的思想怎么变得很资产阶级了啊？”

老母亲生气了，瞪着我道：“我资产阶级？我看你才满脑袋资产阶级呢！现在，资产阶级已经变成你这样式儿的了！现在的资产阶级，开始从城市占领到农村去了！你仗着自己有点儿稿费收入，还要雇人家农民的孩子替你放奶羊，你不是资产阶级是什么？那头驴你自己有长性饲养吗？肯定没有吧？新鲜劲儿一过也得雇人饲养吧？还要有私家的水塘养鱼！我问你，你一个人一年吃得了几条鱼？吃几条买几条不就行了吗？烧包！我看你是资产阶级加地主！……”

我的梦想受到老母亲严厉的批判，一时有点儿懵懂。愣了片刻，望着儿子说：“那么，儿子你的意见呢？”

儿子干干脆脆地回答了两个字——“休想”。

我板起脸训道：“你不去不行！因为我是你爸爸。就算我向你提出要求，你也得服从！”

儿子说：“你不能干涉我的居住权。这是违法的。法律面前，父子平等。何况，我目前还是学生，一年后就该高考了！”

我说：“那就等你大学毕业后去！”

他说：“大学毕业后，我不工作了？工作单位在城市，我住农村怎么去上班？”

智者千虑，必有一失，这个问题我还真没考虑。儿子不去农村，分明有正当的理由。

我又愣片刻，期期艾艾地说：“那……你可要保证常到农村去看老爸！我就你这么一个儿子，你有关心我的责任和义务！其实，对你也不算什么负担。将来你结婚了，小两口儿一块儿去！”

儿子淡淡地说：“那就要具体情况具体分析，看我们有没有那份儿时间和精力了！”

我说：“去了对你们有好处！等于周末郊游了嘛！回来时，老爸还要给你们带上些新鲜的蔬菜瓜果。当然都是自家种的绿色植物！……”

妻子这时插言了：“哎，等等，梁晓声同志，先把话说清楚。自家种的，究竟是谁种的？你自己亲手种的吗？……”

老母亲又一撇嘴：“他？……有那闲心？还不是又得雇人种！富农思想！地主思想！比资产阶级思想还不如！……”

我不理她们，继续说服儿子：“儿子，亲爱的儿子呀，你们小两口儿每次去，老爸还要给你准备一些新下的鸡蛋，刚腌好的鸭蛋、鹅蛋！还有鱼，都给你们剖了膛，刮了鳞，收拾得干干净净的……”

妻子插言道：“真贱！”

我吼她：“你别挑拨离间！我现在要的是儿子的一种态度！”

儿子终于放下晚报，语气郑重地说：“我们带回那么些杂七杂八干什么？你收拾得再干净，我们不也得做熟了吃吗？我们将来相中一个小饭店，去了就吃，吃了就走，那多省事儿！”儿子一说完，看也不看我，起身回他的房间写作业去了……

妻子幸灾乐祸地一拍手：“嘿，白贱。儿子根本没领情儿。”

我大为扫兴，长叹一声，沮丧地说：“那么，只有我们上了！”

妻说：“哎哎哎，说清楚说清楚——你那‘我们’，除了你自己，还有谁？”

我说：“你呀。你是我妻子呀！你也不去，咱俩分居呀？”

妻说：“你去了，整天看书、写作，再不就骑驴玩儿，我陪你去了干什么？替你洗衣服、做饭？”

我说：“那么点儿活还能累着你？”

妻说：“累倒是累不着。但我其余的时间干什么？”

我再次发愣——这个问题，也忽略了没考虑。我吭哧了半天，嗫嗫嚅嚅地说：“那你就找农民的妻子们聊天嘛！”

妻说：“你当农民们的妻子都闲着没事儿哇？人家什么什么都承包了，才没精力陪城里的女人聊大天呢！只有老太太们才是农村的闲人！”

“那你就和她们聊……”

“呸！……”

“你们都不去，我也还是要去的！我请个人照顾我！”

“可以！我帮你物色个半老不老的女人，要四川的，还是河南的，安徽的？你去农村，我和儿子，包括咱妈，心理上还获得解放了呢！是不，妈？”

老母亲连连点头：“那是，那是……”

我抗议地说：“我在家又妨碍你们什么了？”

老母亲说：“你一开始写东西，我们就大声儿不敢出。你压迫了我们很久，自己不明白吗？还问！”

我的脾气终于大发作，冲妻嚷：“我才用不着你物色呢！我才不找半老不老的呢！我要自己物色，我要找年轻的，模样儿讨人喜欢的，性子温顺的，善解人意的！……”

妻也嚷：“妈，你听，你听！他要找那样儿的！……”

老母亲威严地说：“他敢！”——手指一戳我额心：“生花花肠子了，啊？！还反了你了呢！要去农村，你就自己去！半老不老的也不许找了！有志气，你就一切自力更生！”

哦，哦，我美好的梦想啊，就这样，被妻子、儿子、老母亲，联合起来彻底捣碎了！此后我再也没在家里重提过那梦想。

一次，当着一位朋友又说。朋友耐心听罢，慢条斯理地开口道：“你老母亲批判你，没批判错。你那梦想，骨子里是很资产阶级！那是时髦呀！你要真当北京人当腻歪了，好办！我替你联系一个农村人和你换户口，还保证你得一笔钱，干不？”

我脸红了，声明我没打算连北京户口也不要了……

朋友冷笑道：“猜你也是这样！北京人的身份，那是要永远保留着的，却装出讨厌大都市，向往农村的姿态。说你时髦，就时髦在这儿……”

我说：“我不是装出……”

朋友说：“那就干脆连户口也换了！”

我张张嘴，一时不知再说什么好。

此后，我对任何人都不敢再提我那自觉美好的梦想了。

但——几间红砖房，一个不大不小的农家院落，院门前的水塘、驴、刷了油漆的木结构的胶轮车等梦想中的实景实物，常入我梦——要不怎么叫梦想呢……

现在，我就剩下一个梦想了。那就是——在一处不太热闹也不太冷清的街角，开一间小饭店。面积不必太大，一百多平方米足矣。装修不必太高档，过得去就行。不为赚钱，只为写作之余，能伏在柜台上，近距离地观察形形色色的人，倾听他们彼此的交谈。也不是为了收集什么写作的素材，我写作不靠这么收集素材。根本就与写作无关的一个梦想。

究竟图什么？也许，仅仅企图变成一个毫无动机的听客和看客吧！既毫无动机，则对别人无害。

为什么自己变得喜欢这样了呢？连自己也不清楚。

任何两个人的交谈或几个人的交叉交谈，依我想来，只要其内容属于闲谈的性质——本身都是一部部书，一部部意识流风格的书。觉得自己融在这样一部部书里，觉得自己的存在毫无意义地消解在那样的，也毫无意义的意识流里，有时其实是极好的感觉。我的第二种梦想，与我对那一种感觉的渴望有关。

经常希望在某一时间和某一空间内，变成一棵植物似的人——听到了，看见了，但是绝不走脑子，也不产生什么想法。只为自己有能听到和能看见的本能而愉悦。好比一棵植物，在阳光下懒洋洋地垂卷它的叶子，而在雨季里舒展叶子的本能一样。倘叶子那时也是愉快的，我的第二种梦想，与拥抱住一切类似的愉快有关……

责任编辑：姚劲华　许　挺
装帧设计：九　五

图书在版编目（CIP）数据

梁晓声自述 / 梁晓声 著. —北京：人民出版社，2015.10
ISBN 978-7-01-015165-6
Ⅰ.①梁…　Ⅱ.①梁…　Ⅲ.①梁晓声－自传　Ⅳ.①K825.6
中国版本图书馆CIP数据核字(2015)第198069号

梁晓声自述
LIANG XIAOSHENG ZISHU
梁晓声　著

人民出版社 出版发行
(100706 北京市东城区隆福寺街99号)

环球印刷（北京）有限公司印刷　新华书店经销

2015年10月第1版　2015年10月北京第1次印刷
开本：787毫米×1092毫米　1/16
印张：22　字数：380千字

ISBN 978-7-01-015165-6　定价：48.00元

邮购地址 100706　北京市东城区隆福寺街99号
人民东方图书销售中心　电话（010）65250042　65289539

版权所有·侵权必究
凡购买本社图书，如有印刷质量问题，我社负责调换。
服务电话：（010）65250042